U0735403

陽明學要籍選刊　主編　張昭煒

# 莊子通義

（明）朱得之　著
蔣麗梅　編校

教育部人文社會科學重點研究基地武漢大學中國傳統文化研究中心創新工程系列成果
武漢大學中國傳統文化研究中心「明清朱子學導論」階段性成果

武漢大學出版社
WUHAN UNIVERSITY PRESS

**圖書在版編目(CIP)數據**

莊子通義/(明)朱得之著;蔣麗梅編校.—武漢:武漢大學出版社,2023.1(2023.12重印)
陽明學要籍選刊/張昭煒主編
ISBN 978-7-307-22497-1

Ⅰ.莊…　Ⅱ.①朱…　②蔣…　Ⅲ.①道家　②《莊子》—研究
Ⅳ.B223.55

中國版本圖書館CIP數據核字(2021)第147609號

責任編輯:程牧原　　責任校對:汪欣怡　　版式設計:馬　佳

---

出版發行:**武漢大學出版社**　(430072　武昌　珞珈山)
(電子郵箱:cbs22@whu.edu.cn 網址:www.wdp.com.cn)
印刷:武漢郵科印務有限公司
開本:787×1092　1/16　印張:32.75　字數:392千字
版次:2023年1月第1版　2023年12月第2次印刷
ISBN 978-7-307-22497-1　定價:129.00元

---

# 《陽明學要籍選刊》出版緣起

自從王陽明創學立説後，「門徒遍天下，流傳逾百年」（《明史·儒林傳》），陽明後學亦隨之而起。陽明後學有狹義與廣義之分：狹義的陽明後學是指與王陽明有明確師承關係的弟子，覃及再傳、三傳等，具體而言，主要指列入《明儒學案》的浙中王門、江右王門、南中王門、楚中王門、北方王門、粵閩王門、止修學派、泰州學派等八大門派的學者，並可擴展至有明確陽明學師承關係的孫應鰲、李贄、郭子章等；廣義的陽明後學既包括在學統方面與陽明後學緊密聯繫的林兆恩、虞淳熙等，還涵蓋王陽明講友湛若水後學中摇擺於湛門、王門之間的唐樞、何遷等，乃至由此脉絡發展出來的許孚遠、馮從吾、劉宗周、黄宗羲等後學。

陽明學是明代的顯學，既有風行天下的展開，陽明講會興盛，良知異見紛呈，精彩迭出，亦有末流猖狂自恣，漸失陽明之傳。陽明後學文獻體量龐大，研究内容非常豐富，而陽明後學文獻整理是深入研究陽明學的基礎。進入清代後，由于學風轉變和政治高壓，許多陽明後學文獻在國内遭到禁毁。民國期間雖有所重視，但鑒于形勢所迫，未能大規模整理出版。中華人民共和國成立後，陽明後學文獻的整理與出版提上了日程，其成果主要有兩種形式：一是以某一學者爲對象，搜集整理類似個人全集的文集；二是以某一文集爲對象，盡可能收集其他傳世版本校勘，最終形成該文集精校本。第一種形式的代表性成果如容肇祖整理的《何心隱集》（中華書局，一九六〇年）；第二種形式的代表性成果如中華書局編輯部整理的《焚書》（一九六〇年）。這些高質量的成果是陽明後學文獻整理參考的典範。

二十一世紀以來，陽明學研究日趨升温，陽明後學文獻整理出版成爲一項重要的基礎性工作。二〇〇七年，江蘇鳳凰出版傳媒集團出版發行了《陽明後學文獻叢書》（第一編），共收録文集七種，分别爲：《徐愛・錢德洪・董澐集》《鄒守益集》《歐陽德集》《王畿集》《聶豹集》《羅洪先集》《羅汝芳集》。此後，上海古籍出版社推出《陽明後學文獻叢書》（第二編），于二〇一四年至二〇一七年陸續出版了《薛侃集》《黄綰集》《劉元卿集》《胡直集》《張元忭集》《王時槐集》《北方王門集》共計七種。此外，北京大學《儒藏》「精華編」項目收録了十餘種陽明後學的單部精校文集，包括《聶雙江先生文集》《東廓鄒先生文集》《王龍溪先生全集》《南野先生文集》《近溪子集》等。

陽明後學文獻的整理出版極大促進了陽明後學的深入研究，如依據江西顔氏家族珍藏的《顔山農先生遺集》整理而成的《顔鈞集》，李學勤在序言中稱之爲「是我們三十多年來屢次訪求而不能得的孤本秘籍」，這爲研究陽明學在民間的演化提供了嶄新的視角。又如國内早佚、僅見藏于日本内閣文庫的泰州學派鄧豁渠的《南詢録》，由島田虔次、荒木見悟相繼研究，黄宣民、鄧紅相繼點校出版，深化了學界對所謂泰州學派「異端」的認識，而這些重要的陽明後學思想文獻並未出現在學界奉爲圭臬的《明儒學案》中。如今，這種現象又復現在泰州學派的管志道文獻整理與研究中。又如能够推原陽明未盡之旨的再傳弟子萬廷言，《江西通志》稱其平生著述多有所發明，有《學易齋前後集》《易原》《易説》等若干卷，其書皆失傳。經張昭煒多年搜集，點校整理了北京國家圖書館藏明刻善本《學易齋集》二十卷、日本尊經閣文庫藏明刻本《學易齋集》十六卷、《易原》四卷（附《易説》二卷）、臺灣圖書館藏明刻本《學易齋約語》二卷，以及南昌萬氏族譜中萬廷言的誥命、傳記等珍貴資料，彙集成《萬廷言集》，已由中華書局二〇一五年出版。在國内，影印古籍亦推動了陽明後學文獻整理。圍繞《四庫全書》，影印出版的《四庫全書存目叢書》《續修四庫全書》《四庫未收書輯刊》《四庫禁燬書叢刊》收録了爲數不少的陽明後學文獻。在日本，位于京都的中文出版社與九州大學合作影印出版了大量的宋明古籍，由九州大學教授岡田武彦、荒木見悟任主編，在臺北與京都兩地刊行了《和刻影印近世漢籍叢刊》（「初編」「續編」「三編」「四編」），每種書前均附有解題，給研究者提供了極大的方便。其中，「初編」「續編」「三編」收録宋明理學典籍，包括《龍溪王先生全集》《王心齋全集》《近溪子明道録》等陽明後學文獻。

由上可見，經過半個多世紀的不懈努力，學界在點校整理和影印出版陽明後學文獻方面成績斐然，然而，相對于數量龐大的陽明後學文獻來説，已有的成績尚顯不足，實有必要繼續大規模整理出版。有鑒于此，二〇一三年一月二十二日至二十三日，在杜維明先生的支持下，在北京大學高等人文研究院召開了陽明後學文獻叢書新項目啓動會，一批年富力强的學者組建了陽明後學文獻整理的團隊，通過了叢書編校體例，制定了工作細則及工作計劃，確定了具體選題：《泰州王門集》《陳九川集》《李材集》《鄒元標集》《鄒德涵、鄒德溥、鄒德泳集》《周汝登集》《陶望齡集》《耿定向集》《唐樞集》《季本集》《楊起元集》等，杜維明先生任課題負責人，張昭煒、錢明任主編。二〇一四年十二月，在浙江省社科院支持下，錢明先生爲課題負責人，《泰州王門集》《許孚遠集》《王宗沐集》《楊東明集》《管志道集》《楊起元集》立項啓動，成立第四編。二〇一五年八月二十八日至二十九日，由張昭煒召集，在北京大學高等人文研究院召開第三編推進會，根據提交的文獻整理成果，課題已完成總量的近八成。經研究，由于張昭煒已離開北京大學高等人文研究院，杜維明先生不再負責第三編，改由張昭煒任第三編課題負責人。鑒于耿定向文集已有其他點校者出版，第三編終止《耿定向集》，改爲《查鐸集》。《泰州王門集》《季本集》《楊起元集》轉至錢明先生任課題負責人的第四編。十月，國家社科基金重大項目課題立項「陽明後學文獻整理與研究」，錢明先生任首席專家，課題包括《泰州王門集》《季本集》《許孚遠集》《王宗沐集》《楊東明集》《管志道集》《楊起元集》等，成爲新的第四編。張昭煒主編的第三編更新爲《陶望齡全集》《李材集》《鄒元標集》等。目前，《陽明後學文獻叢書》第三編、第四編兩編同步進行。正如杜維明先生在第三編推進會上所言：「陽明後學文獻整理及相關學術研究工作是一項長期的學術事業，需要我們對陽明學這一課題投入極大的關注與興趣。目前國內不少省份的地方政府以及高校社科機構對陽明後學的研究投入了不少的人力、物力、財力，已經形成了一個良性競爭的局面，但是我們需要一種『大氣魄』『大格局』，在一種『學術健康』的情況下，開展相互合作。」

在完成鳳凰出版社、上海古籍出版社兩次大規模文獻整理後，在第三編文獻陸續交稿、第四編啓動的基礎上，未經整理出版的陽明學重要典籍日益成爲文獻整理與研究的重要內容。研究者偶遇善本、佚文，不以己珍獨享，輯佚成册，以廣流傳，一己之力有限，衆智群力無窮，結合前期整理成果，《陽明學要籍選刊》雛形漸成。二〇一七年八月二十七日，在陳來先生的支持下，課題組成員在清華大學國學院召開第三編交稿會，討論了《陽明學要籍選刊》。《陽明學要籍選刊》以重要單部文集爲主體，延及與王陽明及其後學密切相關的重要散佚文獻，選題以與陽明學關聯性爲準則，包括但不限于以下選題：

一、與王陽明相關的文獻，如王瓊的平藩公移等。

二、未列入第一編、二編、三編、四編，但《明儒學案》有列傳或有特殊貢獻的陽明後學的文獻，尤其是未整理的文獻、新發現的善本等；未列入《明儒學案》，但有充分證據顯示屬於陽明後學範圍的散佚文獻，如吴應賓的《宗一聖論》等。

三、已出版的第一編、二編未收録的散佚文獻。

四、輯録的文獻以思想性爲主，避免寒暄問候的書信、應酬性的墓志銘等。輯録的文獻包括但不限于以下内容：地方志、書院志、家譜、族譜、墓碑、出土文物、博物館中有重要文字的實物等，如《復真書院志》的學者語録。輯佚的文獻，每條必須標明出處，整理體例與文集相同；數書同引文獻，原則上以最早文獻爲底本，並與他本對校，出校勘記。

五、不屬於陽明後學，但若該文獻涉及陽明學的重要問題時，亦可考慮輯録。

在整理成果逐步付梓之際，感謝團隊全體成員的努力，感謝那些曾經提携及支持我們的師友！感謝我的研究生導師張學智老師！他指導我的碩士、博士學位論文，研究與文獻整理結合，從而極大推進了《胡直集》《鄒元標集》的整理，並爲我主編第三編奠定了基礎。感謝陳來先生給予的專業指導及推薦！感謝武漢大學中國傳統文化研究中心馮天瑜先生、楊華先生兩位主任的支持！在整部第三編的編校過程中，杜維明先生一直非常支持我們，兩次北大會議，杜先生均親臨指導。「靡不有初，鮮克有終。」我們曾經歷過既無依靠單位，又無資金支持的艱難困境。亦曾想過放弃，深感綿薄之力無以擔此重任，現在能堅持完成，實有賴于各位師友的鼎力相助，謹向各位的支持表示由衷的感謝！

張昭煒

二〇一八年端午于武漢大學中國傳統文化研究中心

# 編校説明

《莊子通義》十卷，爲明朱得之所作，該書曾見録于《明史·藝文志》《傳是樓書目》《續通志》《續文獻通考》《雲自在龕隨筆》中，四庫館臣曾對此存目書寫作了提要。焦竑《莊子翼》之《莊子書目》中也有著録，並于《筆乘》中將朱註與林疑獨、陳道、黄幾復、吕惠卿、王元澤、林希逸、褚秀海等諸家莊註並列。《莊子通義》是明代最早的一部系統性解莊著述，不僅是陽明後學的重要著作，也是明代莊子學發展的代表成果。

## 一

朱得之，字本思，號近齋，直隸靖江（今江蘇省靖江市）人。少負大志，從學于陽明先生，是南中王門的代表人物[一]，陽明曾稱其「入道最勇，可與任重道遠」。《傳習録》《明儒學案》都有關于其親炙于陽明的記載。朱得之也彙編有《稽山承語》，記述其從學陽明期間所聞之陽明語録。《靖江縣志》之《人物志·儒學》評價他説「大抵得之之學，體虚静，宗自然，最得力處在立志之真。自起居食息一言一動，皆以真心檢點，其間雖幽獨，無少懈，教人亦以立志爲先」。

[一] 《明儒學案》卷二十五《南中王門學案一》曰：「南中之名王氏學者，陽明在時，王心齊、黄五嶽、朱得之、戚南玄、周道通、馮江南，其著也。」（北京：中華書局，2008年，第578頁）

朱得之愛好虛静、自然之學，自號「參玄子」「虚生子」，曾註解《老子》《莊子》《列子》，黄宗羲也曾評價他「其學頗近于老氏，蓋學焉而得其性之所近者也」。但得之之學仍以儒學爲根基，《重修常州府志》（萬曆）記載「幼學時能于傳註外時出意見，尤好説《中庸》」[一]，《靖江縣志》也記載：

某年郡城大旱，太守夜夢城隍神語「明日南門外有眇一目書生可請祈雨」。清晨遇得之狀貌與神語，符以祈雨，請得之登臺講《中庸》第一章，講將畢而雨立降。郡人稱之曰朱中庸。

除《三子通義》外，他还著有《正蒙通義》、《杜律闡義》、《四書詩經忠告》、《心經註》、《鍊宵參元三語》（一说《練宵匣參元三語》）、《蘇批孟子補》、《印古詩説》，纂修《靖江县志》。這些著作大部分已佚亡，僅存《三子通義》《稽山承語》《宵練匣》[二]，《靖江縣志》中還保存有《蘇批孟子補》之自序、《題孤山詩》、《答三石知言理財辨》、《大同感》、《八景因革記》等诗文，并記録了其對衛所軍壯巡司弓兵之類、分野、田賦等問題的論説。李光地在《榕村集》中對吕柟、朱得之説詩論進行了辯證，認爲朱得之「所謂雅鄭者，即二雅與鄭詩也」的看法才真正得到了聖人之意。李詡《戒菴老人漫筆》

[一]《重修常州府志》（萬曆）卷十三《人物志·理學》。

[二]《宵練匣》現僅存一卷十七條語録，但原《練宵匣》共十卷，根據《四庫全書總目》的記載，「是書凡分三編。曰《稽山承語》，紀其聞于師者也。曰《烹芹漫語》，紀其聞于友者也。曰《印古心語》，紀其驗於經典而有得于心者也。皆提唱心學，陽儒陰釋。其曰《宵練匣》者，案《列子》，宵練，劍名，晝則見影不見光，夜則見光不見形，觸物而不覺，喻其析理之入微，不在名象間也。曰匣者，理寓于書，如劍藏于匣也。即其名之不衷，而書可想見矣」。

中則記載了朱得之對「父在觀父之志，父没觀父之行」的看法。〔一〕

根據《稽山承語》的兩條記録：「此乙酉十月，與宗範、正之、惟中聞于侍坐時者，丁亥七月追念而記之，已屬渺茫，不若當時之釋然，不見師友之形骸、堂宇之限隔也」「嘉靖丁亥，得之將告歸，請益」，可推知朱得之最遲當于嘉靖四年（1525 年）十月就從學于陽明，于嘉靖六年（1527 年）七月歸家。《毘陵人品記》曰「從陽明先生游，究良知之旨」，《古今圖書集成・名賢列傳》也記載得之「習制義，自出理解，不襲訓詁塵詮」，從學于陽明期間，「時陽明門多高足，得之日與講論，剖析所得漸真」。陽明殁于粤，得之走數千里，至南安迎之，哭之盡哀，〔二〕《靖江縣志・人物志・儒學》也稱「與經紀文成公之喪，在及門中，尤爲篤摯」。《戒菴老人漫筆》中記載其藏有陽明繭紙手書一幅，筆畫徑寸：

靖江朱近齋來訪，問余何自有此寶，余答以重價購之吴門，謂曰：「先師手書極大者爲得之，所藏修道説若中等字，如此者絶少，而竟爲君所有。心印心畫，合併在目，非宗門一派氣類默承，詎能致是乎？」遂手摹之以去。

這個故事中得之崇師之情躍然紙上。朱得之從學陽明時間雖短，但其入于陽明之學却却深。晚年朱得之

〔一〕《戒菴老人漫筆・卷七》云：「『父在觀父之志，父没觀父之行』，先意承志繼志述事之教，非孔子觀人也。若曰父在子不得自專，而志則可知，是啓人以陰蓄叛父之志也。此是朱近齋之説，極爲有理。攷亭聞之，當亦心肯。」《蕉軒隨録・父在觀志解》也引録曰：「明朱近齋曰『父在觀父之志，父没觀父之行』，先意承志繼志述事之教，非孔子觀人也。若曰父在子不得自專，而志則可知，是啓人以陰蓄叛父之志也。」

〔二〕見《重修常州府志》（萬曆）之卷十三《人物志・理學》記述。

發明陽明「格物」之說，訓「格」爲「通」，《擬學小記·格物通解序》記載：

至近齋朱先生，乃始訓格爲通，而專以通物情爲指，謂「物我異形，其可以相通而無間者，情也」。蓋亦本老師後說，而文義條理加詳焉。然得其理必通其情，而通其情乃得其理。二說只一説也。但曰「正」曰「則」，取裁于我，曰通，則物各付物。取裁于我，意見易生，物各付物，天則乃見。且理若虛懸，而情爲實地，能通物情斯盡物理。而曰正曰則，曰至兼舉之矣。是雖老師未言，實老師之宗旨也。

得之反對以「正」以「則」說「格物」之「格」，認爲格物就是要通物情，破除物我之隙，使物各付物，從而破除我之偏見，從實地窺見天理。顯然得之此說是對陽明後學中「玄虛而蕩」風氣的修正，也是其將本體與工夫相融貫的體現。《明儒學案》中記載：

其（朱得之）语尤西川云：「格物之见，虽多自得，未免尚为见闻所梏。虽脱闻见於童习，尚滞闻见於闻学之后，此笃信先师之故也。不若尽涤旧闻，空洞其中，听其有触而觉，如此得者尤为真实。子夏笃信圣人，曾子反求诸己，途径堂室，万世昭然。」〔一〕

〔一〕《與近齋先生書·八》，《擬學小記續録》卷三《質疑》上。

朱得之主張學問之道當脱離見聞的桎梏，反求「真實」，以實見、實解破除空洞之學，因此他以爲陽明後學中只有趙麟陽、尤西川、羅念庵三人「可承先師之志」[一]。其中他與尤西川過從甚密，嘉靖二十三年（1544年）西川從學于劉晴川時得遇朱得之，其後兩人常有通書，商證學問，西川在爲學之道上受到了朱得之較大的影響，「談學平易切實，不爲高遠玄虚之論」[二]，朱得之的一些話語也多賴西川弟子編纂的《擬學小記》得以保存[三]。

朱得之曾出任過新城縣丞和桐廬縣丞，在任時「以正學啓士類，以古誼教百姓，士民咸服」（《桐廬縣志》），但他却淡泊名利，掛冠而歸后能「閉門讀書，鬱有著述」（《毘陵人品記》）。徐問曾有一首《贈朱得之》詩曰：

當年腹笥傾多士，百戰文場老息機。紫綬金魚心落莫，丹丘瑶草路依微。湖邊春色浮新蟻，檻外晴光動舞衣。莫向山中論歲月，仙遊應與世人違。

這首詩裹徐問讚許得之鄙薄紫綬金魚，將同通之情落實于生活的細節之中，欣賞自然之美。朱得之在

[一] 「朱近齋謂趙麟陽云：天地真機，周孔心竅，是先師一口發露諦觀。及門之士，最久而最親者莫不挾帶攙和，以爲妙用固如此，吾誰欺乎。不肖極目長天，以爲世之豪傑，惟執事與洛陽尤西川、吉水羅念庵可繼先師之志。三兄之外，豈謂遂無其人，但不肖未之見耳。」見《孟雲浦先生集》卷一《尊聞録·附録》。

[二] 《西川先生要語》序。

[三] 《擬學小記》卷四《質疑》載有西川《與近齋先生》八篇，其中丙寅兩篇，丁卯三篇，戊辰一篇，還有一篇未載具體時間，當在戊辰年或以後。其中關于近齋回信的記載有：乙丑冬西川就有奉書，丙寅七月才領回近齋回書并再次去信，丙寅十一月二十三日近齋又有去信回復于西川。丁卯三月初八與八月十二日有兩書回復西川。書信中顯示二人于1565—1567年書信往來頻繁，只因途長日遠，不能及時收到對方回信。

《題孤山詩》中也説：

兀立波濤無際中，根盤海底戴蒼穹。兩儀變化紛紛過，一氣升沈默默通。聊補東南坤道缺，時瞻西北太微隆。茫茫宇宙間經理，應與崑崙效協恭。

孤山是靖江本地唯一的小山，朱得之以孤山自引，將主體的精神挺立于浩漫的宇宙之中。趙麟陽曾爲朱得之寫墓表曰：

明興絶學之後，陽明首唱良知之説于東南，蓋愕胎未定之日也。先生崛起于素無文獻之邦，非有師承目擊之素，一旦盡舍其故，惟良知之是宗，其識固遠矣。昔孔子殁而西河之民疑子夏于孔子，使及門之士皆如先生，則陽明之殁亦可以無疑于後世矣。〔一〕

趙麟陽以子夏之于孔子以比得之與陽明，可謂甚贊之詞，但得之以陽明良知之學是從，一生致力于陽明之學講學、傳授，但又自有己見。朱得之内侄張衮有诗曰：「近齋先生七十强，白日著書分聖狂。堂中揭名止至善，静裡養晦思無疆。良知在我德豈昧，忠告于人情不忘。我有夙懷歌仰止，大江東註山蒼蒼。」〔二〕

〔一〕見《重修常州府志》（萬曆）之卷十三《人物志·理學》，《靖江縣志稿》（咸豐）卷十四《人物志·儒學》也曾記載「會稽趙太宰錦爲之墓表」。

〔二〕《望靖江孤山祝近齋姑丈》，《靖江縣志》（嘉靖）卷七《附録》。

朱得之《列子通義·自序》中也説「愚今所通之義，率所見也，非有所授也」，他的三通之作正是他以己見發揚陽明心學、建構自己思想體系的代表作品。

## 二

《莊子通義》之《刻莊子通義引》末手署有「皇明嘉靖庚申蜡日靖江朱得之書」，根據這一記録，此書大約于 1560 年年終蜡祭之時付梓，其印刷時間要早于《老子通義》和《列子通義》〔一〕。《读庄评》第十二條的記載，該書緣起于得之同門好友王潼，〔二〕王潼性好遊歷，于嘉靖初年至滇南時見到褚伯秀《義海纂微》并手録以歸，乙卯年（1555 年）王潼去世時將此抄本託付給朱得之，并期望得之能使其廣爲流傳。朱得之以此本爲底本，「刻從其情」，「俱仍其舊」，盡可能保存了王潼所抄録褚本的原貌，并以己之「通義」附于其間。《莊子通义》书首有《刻莊子通義引》（行書），後接《讀莊評》十三條，下續《莊子通義目録》。〔三〕其後有十卷《莊子通義》正文，以褚伯秀本《義海纂微》爲底本加以通解，朱得之在《莊子》原文中加有旁註，直接己見以「通義」標題，後隨褚氏之「管見」，章末低一格以褚氏《統論》

〔一〕《列子通義》自序作于嘉靖四十三年（1564 年），《老子通義序》作于嘉靖四十四年（1565 年）孟夏，但有嘉靖四十二年（1563 年）陳爍刻本。三浦秀一認爲《莊子通義》呈現了朱得之獲得自己思想時的軌跡，而《老子通義》則以完整成熟的方式呈現此種思想見解（見氏作：《王門朱得之的生平與思想》，《王學研究》第三輯，第 277 頁）。

〔二〕根據《杭州府志》和《錢塘縣志》的記載，王潼，字本澄，号雲谷，錢塘人。幼嗜學，讀朱子語録，遂絶意舉業。聞餘姚王守仁講學，負笈徃從守仁，嘉其篤志命其子與之共學。王潼性好遊歷，「登泰山攬日觀，望太行遊都門並海而南，遵吳適越下武昌，訪竹樓赤壁之勝」。兼工繪畫，善諷詠，勤于著述，于程子張子遺書皆有補注。這些記載也可與朱得之所説相印證，二人也因同學于陽明先生而有交往。

〔三〕《目録》中章節要點承自陳景元《南華真經章句》而來，與《南華真經藝海纂微》道藏本和四庫本不同。

爲結，間或附己見于《統論》之後，加○并以「通義」爲標題。該書書末録有褚伯秀《褚氏後序自撰》[一]（草書）。

朱得之所本王潼録《義海纂微》提供了一個不同于通行傳世的版本，對于更好地理解褚本有重要的價值，張京華在點校時就以得之本爲重要的參校本，并總結認爲這一傳本「實爲褚氏之功臣」[二]。《莊子通義》一書録入了褚伯秀《管見》《統論》，但對褚氏所集之十三家註却並不録入。今以道藏本、四庫本褚伯秀本《義海纂微》與《莊子通義》相校，可以發現朱得之本《纂微》中褚氏部分音訓、字訓并未見録，但朱本也保留了許多未見之信息，比如《逍遥遊》中《義海》云「此有係乎道之卷舒、時之當否耳」，朱本「當」作「泰」，當以朱本爲是。《庚桑楚》中《義海》云「『鬱鬱乎』，勇進於子，充乎顔貌」，朱本「子」作「學」，當以朱本爲是。此外，朱得之《莊子通義》卷末保存的《褚氏後序自撰》，《道藏》本《南華真經義海纂微》後序缺「莆田艾軒先生，先朝工部侍郎文節林公，字謙之。一傳爲網山林公亦之，字學可。再傳爲乐山陳公藻，字元潔。皆有文集行於世。竹溪林公鬳齋先生，艾軒[三]之嫡嗣也，其口義有所受」一段文字。朱本所録却可與《武林玄妙觀志》所録《褚伯秀南華真經義海纂微跋》印證，略有不同，蓋因武林本個别草字辨認有誤。張京華通過對比序言之行書和《後序》之草書，以爲

[一] 見張京華點校：《莊子義海纂微》（上），上海：華東師範大學，2014年，第35～36頁。而北京師範大學圖書館所藏浩然齋本則在《通義引》后直接褚氏《後序》，再接《讀莊評》。李栻本《後序》也在前，題爲「南華真經義海纂微序」。但根據朱得之《莊子通義目録》下一段小字「褚氏《義海纂微》，其籍自擬篇目，自爲後序，今刻既附其籍，因亦附注其目于篇目之下，並存其序于後」，可見《後序》當在卷末爲是。

[二] 褚伯秀撰，張京華點校：《莊子義海纂微》（上），上海：華東師範大學，2014年，第34頁。

[三] 「艾軒」，李本作「樂軒」。

《後序》當爲褚伯秀手跡，并推測得之所本有可能爲褚伯秀手訂之稿本，後來輾轉流傳到雲南爲王潼所録。

四庫館臣對本書評價並不太高，以爲「得之所解，議論陳因，殊無可採。至于評論文格，動至連篇累牘，尤冗蔓無謂矣」。館臣此説未必中肯，從《四庫全書總目》來看，四庫館臣對明代莊學較多批評之辭，比如批評陶望齡《解莊》「無所發明」，文德翼《讀莊小言》「未能拔奇于舊注之外」，論憨山德清的《觀老莊影響論》「大都欲援道入釋，多惝恍恣肆之言」，批評方以智《藥地炮莊》「大旨詮以佛理，借滉洋恣肆之談，以自攄其意，蓋有托而言，非《莊子》當如是解，亦非以智所見真謂《莊子》當如是解也」，蓋因其推重郭象《莊》註，鄙薄明人博而不實的學風，潛在地形成了對明代莊註的成見，因此這些評價未必客觀，只能聊作一説。

朱得之的通義並非冗蔓無謂之作，在《讀莊評》中朱得之就指明「修辭立其誠，學問之全功也」，將反性道、理心性作爲辭章之學的目的。「通義」之通，在筆者看來大約有三義。其一是通解，朱得之對整個《莊子》三十三篇進行了疏解，他在褚伯秀音訓字義的基礎上對莊子文句大意和章節要義進行歸納總結，並通過旁註和通義建立起章節内部和篇章之間的邏輯聯繫；其二是會通，《莊子通義》是得之勘破學派偏見、醍醐世人的重要著作。他曾將所作《莊子通義》與南中王門薛甲討論，薛甲引近齋爲同志，極爲讚同其以儒説道的做法，以爲儒道二家殊途合轍[一]。《莊子通義》刊刻流行后，尤西川就曾評論

[一] 薛甲：《與朱近齋書》，見《藝文類稿·卷七·書》。薛甲以爲「大抵三子之學出自易與中庸……實與吾儒殊途同轍，譬之温寒黑弱之水不同，趨海則同也」。

説「列莊通義至精矣，讀之怳然自失，不敢言學問矣」[一]。朱得之承接陽明「三間之喻」，他「以掃跡爲義」體會出「格物」之説並通過「實」的工夫實現良知本體的當下直覺。其三則是通情，如上文所言，朱得之以爲格物應結合聞學與聞見但却不能爲二者桎梏，他主張從篤信和反求諸己中體會出自己的真見。[二]他于《老子通義·序》中指出「通義之作，由自然而通其心之所安也」，正是在這種格物思想的指導下。他非常注重對《莊》書的真實感受，他以爲莊子是一位樂天憫世之人，惻怛慷慨[三]，他「特惜此老一段精神」並引老莊列爲立命之方，用以經世致用。朱得之對《莊子》一書評價極高，認爲其可與《詩》《書》相媲美、與孔孟相發明，不應被摒黜于儒門之外。他于《讀列評》中指出：

列莊二籍益于後學甚多，務詞章者可以仿步驟，好談論者可以資聞見，耽名利者可以廣襟度，求長生者可以堅形骸，志道德者可以理心性，其柰何之不求親見，不求自得而隨聲附和何？

莊子之學當非枯寂之學，雖此書不易讀却不可不讀，而學未齊莊、造詣未同者都不能把握莊生之旨。此書不僅在詞章上可爲後世的典範，在破除名利、增廣見聞、長視久生和心性之學等問題上也于後人大有裨益。朱得之以爲莊子文義馳騁，隨意出詞，絶無結構，但其言時有播弄處。閲讀《莊子》不能僅僅爲

[一] 《與近齋先生·二（丙寅）》，見《擬學小記》卷四《質疑》。

[二] 薛甲也以爲「後世箋註太詳，講説太明，初學之士于神化性命之言，即能縷析毫分，至反求諸心，實無一得」。見薛甲：《與朱近齋書》，《藝文類稿·卷七·書》。

[三] 見《讀莊評》。朱得之也于《天運》之通義中指出「莊子挽世還淳之志不得慰，又惜古德之不作，故書此以寄無窮之心」。

其詞句所惑，還應從莊子之言中體會其未盡之意，知其反于性道，通其心性之學。

隨着陽明後學研究的深入，學界除了關注朱得之所記《稽山承語》外，也開始重視他的其他著作。《莊子通義》中得之會通儒道、溝通孔老、以儒解莊的立場，正可補正《明儒學案》中朱得之「元是統成一間」的觀點，也與陽明三教看法相輔正。朱得之以陽明心學的視角疏解莊學思想，以良知説明莊子自然率直之真心，附莊于孔，使其莊注成爲明代莊學的重要代表，並影響了後來陸西星、宣穎、林雲銘、劉鳳苞等人對莊子的注釋。

## 三

朱得之《莊子通義》承續了褚伯秀《義海》中以儒、佛解莊的思想方法，更爲明代三教合流風氣熏染。朱得之又學承陽明，因此更深受陽明三教觀的影響。陽明曾遍求百家、出入佛老，構建了融儒釋道于一體的心學體系。朱得之在其所著《宵練匣》和《稽山承語》中均記載了一段陽明論三教的論述：

或問三教同異，陽明老師曰：「道大無外，若曰各道其道，是小其道矣。心學純明之時，天下同風，各求自盡。就如此廳事，元是統成一間。其後子孫分居，便有中有傍。又傳，漸設藩籬，猶能往來相助。再久來，漸有相較相争，甚而至于相敵。其初只是一家，去其藩籬，仍舊是一家。三教之分亦只似此。其初各以資質相近處，學成片段，再傳至四五，則失其本之同，而從之者亦各以資質之近者而往，是以遂不相通。名利所在，至于相争相敵，亦其勢然也。故曰『仁者見之謂之仁，知者見之謂之知』。纔有所見，便有所偏。」

這段記述也見録于《明儒學案》，陽明以房子爲喻説明三教本是一家，不可有門户藩籬之見。得之不僅記録了陽明的這一立場，還以方言爲喻進一步繼承和發展這一看法，提出「異者辭也，不異者道也」，從還元和本意上發現彼此在大道之上的相通性。他于《老子通義》中更指出「竊嘗爲之説曰：道者無方之仁，仁者有象之道，仁而不道者有矣，未有道而不仁者也。故通義之指歸大約在此，而世儒之説不能悉與之辯，亦望虚心者因是而有悟也」。儒家之仁説是道家之道的具體展現，而玄虚之道不過是仁的形而上之表述，二者没有本質的差别，[一]甚至還因其無方無象的特性而使道相比于更爲本體。

爲了更好地説明莊儒之間的聯繫，朱得之辨析了《莊》書中與儒學相牴牾的文字，他從文句、史實、例旨、詞氣、義理、聲氣體裁等方面判斷書中「非莊子之文」，特别是對于《莊》書中孔老、莊孔相衝突的段落，朱得之點明其中可能存在的後世攛入附會之處，立意要掃除莊子之跡以振其淳樸。他肯定歷史上孔老之間的授受關係，指出孔老之間相聞甚久，其中必定有相規相正之言但也不乏相同相許之處[二]，由此可見「一聖之心，二聖者自知之」（《莊子通義·天運》）。朱得之還根據「莊子稱『魯國之儒一人』」「坐忘」斷定莊子與孔子同時（《列子通義自序》），並認爲莊子篤信儒學、尊孔之至，他于《大宗師》

[一] 朱得之也以佛说庄，如引《金刚经》、解脱、應生無所住心、黍米、终日背負死尸，等加以分說，见《齊物論》《养生主》《大宗師》《在宥》《天地》篇通義。

[二] 見《莊子通義》于《天道》《天運》《達生》等篇中朱得之所指出的「孔之許老」「老之許孔」。

説中指出這是「莊子篤信孔顔處」，《田子方》「莊子見魯哀公」一段朱得之讚同褚伯秀「尊孔子者莫若南華」的觀點，直言「此見當時信莊孔爲真儒」，《寓言》莊子與惠子言孔子一段「以見其尊信孔子者」。根據他直接閲讀《莊》書的體會，莊子思想是可與孔孟相發明的〔二〕，故而在通義時他就常常使用孔孟之論來説明莊子的觀點，並常引《周易》經傳、《大學》、《中庸》與莊子相詮釋，並兼及理學的代表文獻。〔三〕

表一　《莊子通義》儒學用典舉例

| 《莊子》原文 | 用典 | | 所在章節 |
|---|---|---|---|
| 道悪乎在 | 《論語》 | 惟無固必揀擇之心 | 《知北遊》 |
| 孰肯以物爲事 | | 伊尹大小皆不動心 | 《逍遥遊》 |
| 天府 | | 萬物皆備於我 | 《齊物論》 |
| 正處、正味、正色 | 《孟子》 | 乃若其情，可以爲善 | 《齊物論》 |
| 養生主題旨意 | | 養性 | 《養生主》 |
| 命化守宗 | | 過化存神 | 《德充符》 |

〔二〕「間嘗閲之，而有覺其與孔孟相發之處」（《讀莊評》）。

〔三〕朱得之在《老子通義》和《列子通義》中也常常引用《尚書》《詩經》《論語》《孟子》等儒家典籍進行解説，由此可見其以儒釋道的基本立場。

续表

| 《莊子》原文 | 用典 | | 所在章節 |
| --- | --- | --- | --- |
| 安之若命<br>然而不中者，命也 | 《孟子》 | 命也，有性焉 | 《德充符》 |
| 此所遊已 | 《孟子》 | 囂囂 | 《大宗師》 |
| 「是故駢於明者」一段 | 《孟子》 | 告子杞柳桮棬之喻 | 《駢拇》 |
| 無爲而尊者，天道也，有爲而累人者，人道也。主者，天道也，臣者，人道也。 | 《孟子》 | 勞心，勞力 | 《在宥》 |
| 禮者，世俗之所爲；真者，所以受於天也 | 《孟子》 | 非禮之禮 | 《説劍》 |
| 經式義度 | 《周易》經傳 | 百官以正，萬民以察，悲非結繩之淳龐也 | 《應帝王》 |
| 「天其運乎」一段 | 《周易》經傳 | 復其見天地之心 | 《天運》 |
| 深根寧極而待 | 《周易》經傳 | 君子思不出其位 | 《繕性》 |
| 然則有鬼乎 | 《周易》經傳 | 載鬼一車 | 《達生》 |
| 莫若以明 | 《大學》 | 明德 | 《齊物論》 |
| 性修反德 | 《大學》 | 慎獨 | 《天地》 |
| 退而自責 | 《大學》 | 責己而不求諸人 | 《則陽》 |

续表

| 《莊子》原文 | 用典 | | 所在章節 |
|---|---|---|---|
| 處人間世之法 | 安分 | 《中庸》 | 《人間世》 |
| 天人之旨 | 誠者天之道，思誠者人道也 | | 《大宗師》 |
| 王德 | 素其位而行 | | 《天地》 |
| 「今吾告子以人之情」一段 | 小人之中庸 | | 《盜蹠》 |
| 官天地，府萬物，直寓六骸，象耳目，一知之所知，而心未嘗死者 | 由象識心<br>知象者心 | 《正蒙》 | 《德充符》 |
| 道與之貌，天與之形，無以好惡内傷其身 | 聖人情順萬事而無情 | 《定性書》 | 《德充符》 |
| 同則無好，化則無常 | | | 《大宗師》 |
| 處乎材與不材之間 | 工夫間斷 | 《朱子語類》 | 《山木》 |

這種以儒釋莊的做法與褚伯秀一脈相承，但朱得之的注釋却帶有强烈的心學特點。朱得之常常使用心學的概念來解説《莊子》，比如《天下》篇批評慎到棄知去己，朱得之直接以「良知」解説「知」，指出慎到「以良知爲薄，故外來者得以蔽其明，是以欲言不言、欲行不行，于事無所任而笑人之非也」，其不求反于内在的性命之學而反爲外物所蔽，因此不能成爲生人之行。《大宗師》中以「良知」解説「進于知」，將莊子智識—無知的論述關係詮釋爲良知—無知的路徑。《莊》書特别關注「心」的問題，從主體

心靈活動中探索精神超越的可能，朱得之結合這一文本特點對莊子「定乎内外之分」進行解説，以本心爲内，以外物爲外，提出「務内而忘外」，從心性之學的自思開拓出一條可與道家聖境相會通的路徑。這種做法不僅發展了陽明「格物」之説，也爲莊學思想的内在化路徑提供儒學的理論支撑。

首先，朱得之雖然以理學之「理一分殊」概括《齊物論》的根本精神，但他的論證却完全依循心學的理路。他提出是非之論起源于心起念所造成的物我之對，一偏之見根源于有我之心導致的「私心」，這些都需要通過自然之天理之觀照才能避免。因此朱得之釋「吾喪我」時直接以「我之心」釋「吾」，以「吾之形」説「我」，將「喪」之功夫落在人心上，他説「『以明』者，指人心虚靈知覺而言，非指天理，《大學》『明德』是也」（《莊子通義・齊物論》），主張通過人心虚靈、知覺的功能覺解到人己之爲一，從而使心體虚明，不爲物彼，那麽天理自然呈顯于心的思慮活動之中。可以看出這裏朱得之延續了陽明「心即理」的説法，不再將天理看成超絶于物、獨立于心的存在，而將理作爲自心體認的目標和内容，主張通過去除人心私慾之弊而實現至善之生命境界。

其次，朱得之將老莊自然之學與儒家率性之説聯繫起來，使求道之途與良知之學合二爲一。《讀莊評》中朱得之説「莊子享用只是自然，其靈昭之地，真見天地之性人爲貴者」，而《老子通義・序》中他又明確説「孔孟之學不外于自然也」，由此他將莊子的學脈追溯至「祖巢由而宗老列，嘉堯舜，掖孔顔，悲龍逢、比干、夷齊而孩管嬰」，這樣一來，莊子既是老子、列子思想發展的後續，也是堯舜孔顔之説的追隨者。朱得之由此入手闡發《莊》書中的「自然」所涵攝的儒道二家的智慧，一方面他提出「然而人亦有不異者，嬰兒之寢食，赤子之慕父母是也。人而異者，智鑿之也，習蔽之也，非其自然也」（《老子通義·序》),這裏他接納了「自然」概念里非人爲的含義,肯定人的自然慾望和情感内容而摒除智鑿和習蔽;另一方面他又指出「自然」並不是有心造作而成,是人不可泯滅的本性,也就是良知。而良知的發用流行就體現于人們率性而行的行爲活動之中,陽明曾説「率性是誠者事……聖人率性而行即是道」,朱得之也在《老子通義》三十一章註中指出「率性而行,非道乎」,認爲道的獲得是反觀自照事物的自然本性並以此成就事物自身的過程。他還將養性、存樸之説和儒家誠己之説相發明,爲「思誠」提供了集明覺與踐行的方法,他以游子歸家作比喻,將人對天德良知的覺察與真純天機之踐履相結合,從而爲道家貴真忘知之説補益切實的功夫方法。

最后,朱得之以心學性情之論爲莊子無情説提供理論依據和實踐路徑。莊惠有情、無情之辯中,莊子雖然提出有形無情的主張,强調應物而無累,却并未給出明晰的功夫方法。朱得之認爲萬物從所始所受的角度來説是不着于情的,事物有無生化只不過是適聚適散的結果,並沒有情感的介入,他還以自然爲性,將情與性對立起來,提出「凡動情者,不論小大,皆足以亂自然之性」(《天運》),常人任質縱情從本質上就背棄了無爲的宗旨,喪失了無情之真。朱得之因此提出了「情定於理」的主張,主張以天理來規約人情,這裏的天理就是人的良知本體,也就是要使情的發用都收束于心的規定之中。

朱得之繼承了郭象「跡」與「所以跡」的主張,以「掃跡」的方法討論彌合莊子與儒學之間的差别,突出莊學中率性、自然的特點并與心學相融攝。他又以「尚無」歸納莊學主旨,從無言、無知、無爲三個方面説明莊子本體之學,並輔之以心學的實在工夫,使儒道兩大視野交融互攝,成爲明代儒道會通的典範之作。而「無」的本體義又使得之進一步思考陽明「良知」説的本來所自,去除「習慣自便之心」

的弊端，而朱得之也通過對老列莊的通解，重新審視陽明「良知」本義，從「物各付物」中肯定良知在自我實現中的可能。

## 四

現存《莊子通義》主要有浩然齋本、丁坊本、李栻本，其中浩然齋本刊刻于明嘉靖四十三年至四十四年（1564—1565年），書側所録刻工名有談詔〔一〕、陳汶、章權、夏文德、陳堅、陳壿、胡坤、陳垚、沈文魁、胡文富、何綸、何明、邵嚚。該版本由北京師範大學圖書館、上海圖書館、中共中央黨校圖書館、山東圖書館、無錫市圖書館所藏；傅山曾以此本爲底本進行批點，此評點本現由中國國家圖書館館藏。明嘉靖丁坊刻本，由上海圖書館、南京圖書館、哈佛燕京圖書館館藏，該本乃經明李時漸〔二〕校勘，由朝陽後學丁坊重梓。而李栻所纂《南華真經義纂十卷》現藏于中國國家圖書館，此本集褚伯秀《義海》和朱得之《通義》于一體，但該本所録不全，部分章節或僅録朱氏通義，或僅録褚文，或二注疊出，且此本爲抄本，並不録朱本于《莊》文右側的旁註。

目前除丁坊本外，此書的代表性版本均有影印本，具體情況可參看後附表二。

〔一〕 其中談詔爲寫工，此處爲表述方便，將其暫歸于刻工之列，特此説明。

〔二〕 李時漸，字伯鴻，號磐石，山東海岱人（壽光人）。嘉靖三十五年（1556年）丙辰進士，歷官嶽州知府，于任内「章軌善俗，崇古宣教，三四年間文風爲變」。其重要的政績是曾與巴陵知县李之珍重修护城院堤，「自岳阳楼而南，凡二百六十丈有奇」。官至陝西按察司副使，輯有《三臺文獻録》。

表二 《莊子通義》版本情況

| 書名 | 版本 | 出版社 | 出版時間 |
| --- | --- | --- | --- |
| 莊子通義十卷 | 國家圖書館藏傅山評點本 | 國家圖書館出版社 | 2013 年 |
| 南華真經義纂十卷 | 國家圖書館藏李栻所輯本 | 國家圖書館出版社 | 2011 年 |
| 莊子通義十卷 | 山東圖書館藏《三子通義》浩然齋刻本 | 上海古籍出版社 | 2002 年 |
| 莊子通義十卷 | 《三子通義》浩然齋刻本 | 齊魯書社 | 1996 年 |
| 莊子通義 | 影印文淵閣四庫全書 | 臺北「商務印書館」 | 1978 年 |

本書整理以浩然齋本爲底本，參校丁坊本、李栻本和傅山本進行點校。其中浩然齋本朱得之于《莊》書原文的旁註全部摘録，其中釋義的部分用宋體，補義的部分用宋體加尖括號，對字音字形的註釋用仿宋體，以作區别。朱得之所録褚伯秀本，則與張京華所校《莊子義海纂微》進行比對，出脚註于下。章末褚氏總論均前空兩格，總論后若附有得之評論之通義，則另起一行加以標示。

朱得之乃筆者同鄉先賢，有幸校點他的著作于筆者來説也是一段特别的機緣。但末學學力有限，其中難免有錯漏之處，還懇請專家學者指正。本書出版還得到武漢大學張昭煒教授的特别幫助，責任編輯程牧原也爲本書的出版做了大量的工作，在此一并致謝。

蔣麗梅

己亥夏于文慧園

# 目録

刻莊子通義引……三
讀莊評……四
莊子通義目録（原目）……七
莊子卷第一……二三
内篇……二三
逍遥遊第一……二三
齊物論第二……三八
莊子卷第二……六〇
内篇……六〇
養生主第三……六〇
人間世第四……六七
德充符第五……八四

**莊子卷第三**……九九
**内篇**……九九
大宗師第六……九九
應帝王第七……一二三
**莊子卷第四**……一三九
**外篇**……一三九
駢拇第八……一三九
馬蹄第九……一四六
胠篋第十……一五〇
在宥第十一……一五六
**莊子卷第五**……一七三
**外篇**……一七三
天地第十二……一七三
天道第十三……一九七
天運第十四……二一一

**莊子卷第六** …… 二二九

**外篇** …… 二二九

刻意第十五 …… 二二九

繕性第十六 …… 二三二

秋水第十七 …… 二三八

至樂第十八 …… 二五三

**莊子卷第七** …… 二六四

**雜篇** …… 二六四

達生第十九 …… 二六四

山木第二十 …… 二七九

田子方第二十一 …… 二九三

知北遊第二十二 …… 三〇八

**莊子卷第八** …… 三二七

**雜篇** …… 三二七

庚桑楚第二十三 …… 三二七

徐無鬼第二十四 …… 三四六

則陽第二十五……三七二
**莊子卷第九**……三九三
**雜篇**……三九三
外物第二十六……三九三
寓言第二十七……四〇九
讓王第二十八……四二一
盜跖第二十九……四三六
**莊子卷第十**……四四七
**雜篇**……四四七
説劍第三十……四四七
漁父第三十一……四五一
列御寇第三十二……四五六
天下第三十三……四七三
**褚氏後序自撰**……四八八

# 莊子通義

# 刻莊子通義引

宇宙無涯，乾坤無朕。貿貿焉群生相禪於無窮，不有淳古先覺，察其主張綱維之物而示之人，則最靈之賦、參贊之能，滔滔醉夢，而莫知其形之弗踐之可耻也。莊子，樂天憫世之徒，學繼老、列，嘗與魯哀公論儒道，公謂國無其方。郭子玄稱其文爲百家之冠，厥有指矣。或乃以其命辭跌宕，設諭奇險，遂謂其荒唐謬悠，與《詩》《書》平易中常者異，而擯黜於儒門。不知其異者辭也，不異者道也。即其發微唱幽，尚真耻跡之多方。蓋道德優裕之後，用易而藏其用，肆其才而游於藝，于以寓其順世開迷之心者也。然則《詩》《書》固經世之準，而三子則立命之方，立命達於人人，經世存乎一遇，安得守此而棄彼乎。是故求文辭於先秦之前，《莊子》而已；求道德於三代之季，《莊子》而已。《易》曰「復，其見天地之心」，欲見天地之心者，必不忽《莊子》；好古畜德者，必不訝《莊子》。是用通其義而托諸梓，祈與若人者共答莊子之賜。

皇明嘉靖庚申蜡日靖江朱得之書

# 讀莊評

君師之道，尋跡而不率性則賊己，有跡可尋則賊人。莊子之學，由静而入，極虛而安，蓋祖巢由而宗老列，嘉堯舜，掖孔顔，悲龍逢、比干、夷齊而孩管晏者。凡其不滿先聖者，皆以天機未忘，所務有跡時也。故三十三篇皆以掃跡爲義。

莊子享用只是自然，其靈昭之地，真見天地之性人爲貴者。觀其契躍鱗之樂於濠梁，憐腐鼠之嚇於霄漢，其所藴可知矣。

莊子意本尚無，此數萬言，有也，何所從來乎？曰：言其無言，知其無知，乃爲其無爲也。蓋無者，天之體，希天者，非虛不能無，非静不能虛。故静則用功之始，而無則本體之全。其曰「聖人之心静，非曰静也善，故静也」，又曰「陰陽和静」，皆言用功非成功也。

老莊論性，以虛無爲指，蓋就「人生而静」以上説，故謂仁義爲有情有跡，不足以盡性。

隨意出詞，絶無結構，《莊》文也。如曰「其生也有涯」「知天之所爲」之類，在他人則不如此開口。《外篇》《雜篇》，疑或有聞於莊子者之所記，猶二戴之《禮》非出一手，明目者自能識也。之噲讓國在孟子時，而《莊》文曰「昔者」；陳恒弑君，孔子請討，魯國之儒一人，莊子身當其時，而《胠篋》篇曰「陳成子弑其君，子孫享國十二世」，即此推之則秦末漢初之言也。豈其年踰四百歲乎？末篇稱「鄒魯之士」，當在長卿巳後者所爲也，大抵此籍多敷演老子之言，以發揮其精神者。

莊子只是有垂訓之心，故其爲言，時有播弄處，欲人愛其文之馳騁而誦之，因以漸見其所指耳。其自謂「以天下爲沉濁，不可與莊語」，故「以卮言爲曼衍，以重言爲真，以寓言爲廣」，又曰「以謬悠之説、荒唐之言、無端崖之辭，時縱恣而不儻」，又曰「其書雖環瑋，連犿無傷也；其辭雖參差，諔詭可觀也」，此乃後人表揚愛信之意。

先輩嘗言莊子之書不易讀，又曰不可不讀，謂造詣未同則不能通其意。無莊之造詣，虚生浪死也。

莊子亦周末文勝之習，今觀其書，止是詞章之列，自與五經辭氣不同。然其指點道體、天人異同處，却非秦漢以來諸儒所及，故從事於心性者有取焉。

曾史、盗跖與孔子同時，楊墨在孔後孟前，《莊子》内篇三卷，未嘗一及五人，則外篇雜篇，斷斷乎非莊子之言矣。

《列》《莊》之書，初讀之，知其愛生，既而覺其不苟生、不苟死。余非不知其爲今時所屏慢，特惜此老一段精神，惻怛慷慨，後世鮮察之耳。陳同父謂「世間不可無此人，亦不可無此書」。林堯叟謂「此書自當獨行於世」。余惟心性之學，孔孟以前天下猶同風，而人之所造或不同，則以欲速見小眩之也，然而深造自得者未嘗絶響。秦漢以後，功利酖毒，舉世顛瞑，馬班韓柳之風相爲馳煽，藻繪雕刻，日深日繁，可以山積海藏矣。有志之士，鼎沸其心思，困憊其精力，竟不得古德之末階。余悲康成之徒而思反朴還淳也，間嘗閲之，而有覺其與孔孟相發者，又自疑其一人之見也。縱觀古註，互有得失，亦未免於一人之見。蓋學未齊莊，意自不能盡契。言有盡而意無窮，焉知莊子之意果若是乎？否也。是以據所見而爲之通，亦所以見莊子非枯寂之學，後世猶有知其一二者。其本文詞旨明白，前賢所訓無遺義者，不復贅説，惟事理可以意會，不必分解，乃爲衆説狂馳不得不辨者，故復費辭而不諱，如門無鬼論舜武章「夆鐘」之類是也。

或謂二氏之書，不當以儒者之學爲訓。竊惟道在天地間，一而已矣，初無三教之異，猶夫方言異而意不殊，鍼砭異而還元同也。苟不得於大同，則父子夫婦亦有不同者，孰知自私用知之爲蔽而潰裂夫道哉。

褚氏伯秀《義海纂微》作於勝國時，因避地遺於滇南，其《自敘》可考也。余同門友錢塘王雲谷潼游覽四方，曆三十年，窮鄉絶島，莫不探陟。嘉靖初至彼見之，手録以歸。乙卯疾，將革，以授余曰：煩兄圖廣其傳，毋使褚氏之心終泯也。今刻從其情，得失不易字，信褚氏，信雲谷也。

修詞立其誠，學問之全功也。褚氏以前諸解多主立誠，今《通義》略兼修詞者，蓋欲習詞章者，知反於性道；理心性者，知謹於詞氣。庶乎先哲啓後之心，而後世愛而傳之之物也。

讀莊評　終

# 莊子通義目録（原目）

褚氏《義海纂微》，其籍自擬篇目、自爲後序，今刻既附其籍，因亦附註其目於篇目之下，並存其序於後。間有脱簡、重出，俱仍其舊。

## 内篇

### 卷之一


逍遥遊第一

北冥有魚　順化逍遥　推變逍遥

堯讓天下與許由　无己逍遥

肩吾問于連叔　无功逍遥　无名逍遥

惠子大瓠　適物逍遥

惠子大樹　無爲逍遥

齊物論第二

南郭子綦隱几而坐　齊我　齊智　齊是非　齊道　齊治　齊物　齊死生

齧缺問乎王倪　齊同異
瞿鵲子問乎長梧　齊因
罔兩問景　齊化

卷之二

養生主第三
吾生也有涯　養性分　得生理
公文軒見右師　遺形累　遠樊籠
老聃死秦失吊　釋縣解
人間世第四
顔回見仲尼　化導
葉公子高將使於齊　命使
顔闔將傅衛靈公太子　師傅
匠石之齊　不材惡名
南伯子綦游商丘　神不矜死　材致不祥
支離疏　疏德養身
孔子適楚　有用致患

德充符第五
魯有兀者王駘　鑑道
申徒嘉與子産同師　游内
魯有兀者叔山無趾　務全
魯哀公問仲尼　德平
闉跂支離無脤　德忘
惠子謂莊子　无情

卷之三

大宗師第六
知天之所爲　真人行
南伯子葵問女偊　不遯化　得道妙
子祀子輿子犂子來　才道相須
子桑户孟子反子琴張　死生友　相忘友
顔回問仲尼孟孫才　无情死
意而子見許由　游道域
顔回曰回益矣　坐忘

子輿與子桑友　推極委命

應帝王第七

齧缺問于王倪　不言之教

肩吾見狂接輿　无爲之治

天根游于殷陽　聖人死名

陽子居見老聃　聖人无常心

鄭神巫曰季咸　寄托

無爲名尸　開兑

南海之帝爲儵

## 外篇

### 卷之四

駢拇第八

駢拇枝指　養正性命

馬蹄第九

馬蹄可以踐霜雪　智慧生僞

胠篋第十
將爲胠篋探囊發匱　絶聖棄智
在宥第十一
聞在宥天下　處无爲之事
崔瞿問於老聃　聖人虛心　清浄民正
黄帝立爲天子　无爲民化
雲將東遊過扶搖　持勝任道
世俗之人　持後處先　道无不爲

卷之五

天地第十二
天地雖大
夫子曰道覆載萬物
夫子曰夫道淵乎其居
黄帝遊乎赤水
堯之師曰許由
堯觀乎華

堯治天下伯成子高立
泰初有無
夫子問於老聃
將閭葂見季徹
子貢南游於楚
諄芒將東之大壑
門無鬼與赤張滿稽
厲之人夜半生子

天道第十三

天道運而無積
孔子西藏書于周室
士成綺見老子而問
老子曰夫道
桓公讀書於堂上

天運第十四

天其運乎
商太宰問仁于莊子

北門成問於黄帝
孔子西游於衛
孔子行年五十有一
孔子見老聃而語仁義
孔子見老聃歸
孔子見老聃曰

卷之六

刻意第十五
刻意尚行　守純素
繕性第十六
繕性於俗　恬智相養
秋水第十七
秋水時至
夔憐蚿
孔子遊於匡
公孫龍問魏牟

莊子釣於濮水
惠子相梁
莊子與惠子遊於濠梁　循本

至樂第十八
天下有至樂　至樂无爲
莊子妻死　遺情累
支離叔與滑介叔　化空
莊子之楚見空髑髏　兩謬
顔淵東之齊　名實
列子行食於道　化機


雜篇

卷第七


達生第十九
達生之情者　達生
子列子問關尹　專炁

仲尼適楚出於林中　一志

顔淵問仲尼　矜重

田開之見周威公　善牧

桓公田於澤　戒微

紀渻子爲王養鬬雞　趣異

孔子觀於吕梁　習成性

梓慶削木爲鐻　擇材　釋疑　不争

東野稷以御見莊公　過巧

工倕旋而蓋規矩　忘伎

有孫休者踵門而詫　審授

## 山木第二十

莊子行於山中　顯晦在道

市南宜僚見魯侯　文皮爲災　虚己免害

北宫奢爲衛靈公賦斂　因循成化

孔子圍于陳蔡之間　无能遠禍

孔子問子桑户　天屬相收

莊子衣大布　德隱

孔子窮于陳蔡之間　大達
莊周遊于雕陵之樊　失照
陽子之宋宿于逆旅　自賢

田子方第二十一
田子方侍坐于魏文侯　真㾓
温伯雪子適齊　冥會
顔淵問于仲尼　審移
孔子見老聃新沐　才德自然
莊子見魯哀公　踐言
百里奚爵禄不入於心　内得外豐
宋元君將畫圖　藝精忘形
文王觀于臧　詢衆任賢
列御寇爲伯昏無人射　有心未妙
肩吾問于孫叔敖　道克不動
楚王與凡君坐　治身保存

知北遊第二十二
知北遊於玄水之上　冲默

天地有大美而不言　神解
齧缺問道乎被衣　常道
舜問乎丞　不可得
孔子問于老聃　中極
東郭子問于莊子　道无不在　无有一際
妸荷甘與神農同學　得道秋豪　淵之又淵
光曜問乎無有　光景都亡
大馬之捶鈎　守一　背俗
冉求問於仲尼　不先物
顔淵問乎仲尼　合境

卷之八

庚桑楚第二十三　去智　自定　移是　禮僞　虚无　德性
老聃之役
徐無鬼第二十四　拙僞　智籠　忘形同天
徐無鬼因女商見魏武侯　遷善
徐無鬼見武侯　修誠

黄帝將見太隗　放心
知士無思慮之變　樂宥
莊子曰射者非前期　謬妄
莊子送葬過惠子之墓　亡質
管仲有病　公舉
吳王浮于江　戒驕
南伯子綦隱几而坐　鬻名
仲尼之楚　貴默
子綦有八子　相形
齧缺遇許由　外賢　偷安　自晦　棄數

則陽第二十五

則陽遊于楚　抑進
魏瑩與田侯牟約　止鬬
孔子之楚舍于蟻丘　遠佞
長梧封人問子牢　治形
栢矩學于老聃　涉塵
蘧伯玉行年六十　循物

仲尼問于太史　素定
少知問于大公調　究理


卷之九

外物第二十六
外物不可必　无必
莊周家貧故　急難
任公子爲大鈎　趣去
儒以詩禮發冢　迹弊
老萊子之弟子出薪　矜驁
宋元君夜半而夢　智困
惠子謂莊子　无用之用　流遁
寓言第二十七
寓言十九　中道　内通　遠真　蕩性　忘全
莊子謂惠子　時化
曾子再仕而心再化　係祿
顏成子游謂東郭子綦　敘學
衆罔兩問於景　獨化

揚子居南之沛　去驕
讓王第二十八
堯以天下讓許由　治内
子列子窮　處身
楚昭王失國　自得
原憲居魯　高蹈
中山公子牟謂瞻子　尊生
孔子窮於陳蔡之間　惡患
舜以天下讓其友　知輕重　完身　遠非義　遵法度　守節　養志
盜跖第二十九
孔子與柳下季爲友　行修　趣高　樂道
子張問于滿苟得　羞辱　廉清
無足問于知和　避世

卷之十

説劒第三十
昔趙文王喜劍　神武

漁父第三十一

孔子遊乎緇帷之林　貴真

列御寇第三十二

列御寇之齊　出異

鄭人緩也　自伐

莊子曰知道易　忘妙

宋人有曹商者　无益

魯哀公問于顏闔　乖理

孔子曰凡人心險於山川　敝淺

有見宋王者錫車十乘　濫進　察行

或聘于莊子　觀迹　必達　竊祿　樂生

莊子將死　真德　handled

天下第三十三

天下之治方術者

通義此篇，乃此籍之序文，故讚莊之繼老出群，而學術之純駁，品藻昭然，子玄編次，失其倫爾。

# 莊子卷第一

糸元朱得之傍注并通義
附錢塘褚伯秀《義海纂微》
雲谷王潼録校刊

## 内篇

### 逍遥遊第一

大觀而不見世，順天而不存我，此逍遥之遊之旨也。

北冥（海）有魚，其名爲鯤。鯤之大不知其幾千里也。化而爲鳥，其名爲鵬。鵬之背不知其幾千里也。怒（奮）而飛，其翼若垂天之雲。是鳥也，海運（動）則將徙于南冥。南冥者，天池（海）也。

齊諧（書名）者，志怪者也。諧之言曰：「鵬之徙於南冥也，水擊（激）三千里，摶（飛）扶摇（風勢）而上者九萬里，去以六月息者也（敘事起下議論）。」〈不過〉野馬也，塵埃也（先斷其不大），〈其飛亦猶〉生物之以息相吹也〈何也〉。天之蒼蒼，其正色邪？其遠而無所至極邪？其（鵬之）視下（世界）也，亦若是（蒼蒼）則已矣。

且（引喻）夫水之積也不厚，則其負大舟也無力。覆杯水於坳（於交鳥了二反）堂（塘）之上，則芥爲之舟；置杯焉則膠，水淺而舟大也。風之積也不厚，則其負大翼也無力。故九萬里，則風斯在下矣，[而後]（二字衍）乃今培（厚）風背負青天而莫之夭閼（音謁 障礙）者，而後[乃今]（二字衍）將圖（謀）南。蜩（蟬）與鷽（一作鸒）鳩笑之曰：「我決（奮）起而飛，搶（突）榆枋，時則不至而控（投）於地而已矣，奚以之九萬里而南爲？」〈漸歸人〉適莽蒼者（一望），三餐而反（設論遠近志趣不同），腹猶果然（充實），適百里者宿舂糧；適千里者三月聚糧。之（此）二蟲（蜩鳩）又何知（原情）！

小知不及大知〔一〕，（〈亦猶〉）小年不及大年，奚以知其然也？朝菌（大芝草亦名日及）不知晦朔，蟪蛄（寒蟬）不知春秋，此小年也。楚之南有冥靈（木名）者，以五百歲爲春，五百歲爲秋；上古有大椿者，以八千歲爲春，八千歲爲秋。而彭祖（明歸人）乃今以久（壽）特聞，衆人匹（慕似）之，不亦悲（可憐）乎？湯之問棘也是已（引證）。窮髮（其言曰不毛）之北有冥海者，天池也。有魚焉，其廣數千里，未有知其修（長）者，其名爲鯤。有鳥焉，其名爲鵬，背若泰山，翼若垂天之雲，摶扶搖羊角（風曲勢）而上者九萬里，絶（無）雲氣，負青天，然後圖南，且適南冥也。斥（小澤）鴳笑之曰：「彼且奚適也？我騰躍而上，不過數仞，而下翱翔蓬蒿之間，此亦飛之至也。而彼且奚適也？」此小大之辯也（一句結引證，應不大意）。

故夫知效一官，（承匹之悲乎意，始歸人事，見立論之指）行比一鄉，德合一君，而徵（收）一國者，其自視也亦若此（鷃）矣。而宋榮子猶然（笑貌）笑之。且舉世而譽之而不加勸，舉世而非之而不加沮，定乎内外之分，辯乎榮辱之竟，斯已矣。彼其於世未數數（汲汲）然也。雖然，猶有未樹（自立）也。夫列子御風而行，泠然（飄然）善（美）也，旬有五日而後反。彼於致福者，未數數（頻屑）然也。此雖免乎行，猶有（猶鵬）所待者也。若夫乘天地之正，而御六氣之辯，以遊無窮者，彼且惡乎待哉！故曰：至人無己（天惟無體而大，至人無己，乃所以爲大也），神人無功，聖人無名。

【通義】「野馬」「塵埃」，指鵬在太虛中，人之所仰視者，若無可見，惟濛濛然，不過野馬、塵埃之微爾。其飛也，亦猶「萬物之以息相吹」也。此形容天之大，言外見道眼之大。鬳齋《口義》謂「天之蒼

〔一〕此處《莊》書經文較長，筆者爲閲讀之便加以分段，下文類此者依此處理，不復贅註。

蒼」三句，言人目力既窮，上無所極，故但見濛濛然而已。鵬之飛也，既極於高，則其下視人間亦必如此濛濛然也。「水之積也不厚」爲下句厚風載翼之喻。蜩鳩誚鵬，喻淺見之人局量狹小，不知世界之大也。「三餐」三句，又取譬以爲鵬鳩之證。「小知」「大知」結上鵬鳩，「小年」「大年」生下一段譬喻，又是文之一體。朝菌暮生於糞上，見日則死，彼但知有朝暮而已，又安知有晦朔也；蟪蛄春生夏死，夏生秋死，不見四時之全，故曰「小年」，此亦寓言。言冥靈之生，一千年方當一歲；大椿之生，一萬六千年方當一歲。彭祖僅年八百至今，乃以高壽特聞於世。衆人皆慕之而不及，亦是小而不知大也。「知效一官」，可辦一職之事也；「行比一鄉」，「德合一鄉而使人歸向也；「德合一君」，言主一國之事也。此三等人各以其所能爲自足，亦如斥鴳之類。宋榮子則舉世毁譽之而不加〔二〕勸沮。視彼三士，但見可笑。蓋其知本心爲内，凡物爲外也。彼既知内外之輕重，則豈肯汲汲然以世俗爲事。雖然，宋榮子之能固如此，亦未有大樹立作家處。若列子者，御風行空，半月而反，飄飄然無礙，其視修身求福者又不足言矣。列子御風，雖免乎行，而非風則不可，故曰「猶有所待」。若夫乘天地之真機，御陰陽風雨晦明之六氣，以遊於無物之前而無所窮止，若此則「無所待」矣。此有迹、無迹之分者是也。

此上舊分二篇，惟「湯之問棘也是已」一句，或以爲上篇結句，或以爲下篇起句。鄙人詳玩以爲後篇即前篇之結。自「窮髮」至「辯也」一百十七字，莊子意其鯤鵬之論非臆説、非怪誕，故引《列子》之文以證之，所謂重言也。故以「此小大之辯也」一句結之。自「知效一官」以下，意脈徑續「悲乎」

〔二〕道藏本作「如」。

之指者，不當分二篇。若於「窮髮」之上增「其謂」二字，其意婉然。其曰「乘天地，御六氣」，即《易傳》「時乘六龍以御天」也。篇末「至人無己」三句，諸解皆未的確。推莊子通籍之意，不無差等。蓋以爲無名者尚有功，無功者尚有己，德至於無己則功名何存？聖有可名，神則忘形，至則無知，蓋曰「聖人無己」，無待者也；「神人無功」，御風泠然，有待者也；「聖人無名」，譽不加勸，非不加沮者也。

【義海】[一]「冥」[二]者，一氣之混同而無間者也。北主潤氣，所以滋孕萬物。南主烜氣，所以長養萬物。先北而後南，陽由陰生也。位雖有殊，而氣本無間。特以相去遼遠，漸化不覺，猶四時之運，祁寒隆暑，非一朝成，故鯤潛鵬化，静極而動，搏風九萬，六月而息，不出乎陰陽之互變，亦在乎一氣混冥中耳。是以南北皆謂之「冥」焉。南華老仙盖病列國戰争，習趨隘陋，一時學者局於見聞，以縱横捭闔爲能，掠取聲利爲急，而昧夫自己之天。遂慷慨著書，設爲遠大之論，以發明至理，開豁人心。言得此道者，與天地合德，陰陽同運，隨時隱顯，無往而不逍遥。天地之陰陽，即人身之陰陽，水火因之以發源，性情資之以通化。上際下蟠，無所不極。然非視聽所可及，故立鯤鵬以强名，使學者始因物而明心，終忘形以契道，深根寧極，妙合化機。吾身之陰陽無時不運，吾身之天地未嘗或息也。由是知人之本性具足逍遥，而世俗冥迷，忘真逐僞，當生憂死，慮得患失，罔知所謂逍遥。故申言以破其惑。謂人之生死如魚變鳥，失鱗甲而得羽翰，舍游泳而從飛舉，情隨形化，各全其天，造化無極，與之無極，何所容其愛惡哉？物之初化，其變未量，

[一]「義海」乃褚伯秀《莊子義海纂微》之簡稱，但褚本内則自稱爲「褚氏管見」。

[二]「冥」爲「冥」之異體字。

故不知幾千里。及乎鵬徙南冥之後，三千、九萬之數形焉。「去以六月息」者，陰消陽長，造化不停之機。「野馬」「塵埃」，即事物過前之譬。儻善操其本而得鵬飛之要，則超逸絶塵，徜徉物表。六合之遊氣潛運，萬彙之生息交噓，適所以相吹，舉而莫足爲之累。動容周旋，無入而不自得，所以爲「逍遥遊」也。故以冠經之首〔二〕。其間「怒而飛」一句，諸解罕詳及，偶得言外意，附於條末云：天地，禀乎一氣者也；萬物，禀乎天地者也。自一氣分而爲天地，天地交而生萬物。互離互合，生化無窮，小大短長，咸足其分。由受氣至於具形，數極至於變質。負陰抱陽，時各有待，當化者不得不化，當飛者不得不飛，皆天機所運，受化者不自知也。「怒而飛」者，不得已而後動之義。「怒」，猶勇也，爲氣所使，勇動疾舉，有若怒然，非憤激不平之謂也。凡物之潛久者必奮，屈久者必伸，豈厭常樂變而爲此哉？蓋囿形大化中，則隨二氣而運，盈虚消長，理不可逃。《齊物論》「萬竅怒呺」，《外物篇》「草木怒生」，亦此意。《道德經》所謂「萬物並作」是也。於此以觀其復，則「六月息」之義可知。世人見其怒而不見其息，知其作而不知其復，故背夫逍遥之鄉，日趨有爲之域，以至事物膠葛，患累糾纏，薾然疲役，不知所歸，可不哀邪！關尹子云：「天地雖大，能役有形而不能役無形。」夫欲免爲二氣所役者，請於冥魚未形已前求之。

湯之問棘句〔三〕，按《列子》作殷湯問夏革，「革」「棘」聲相近而義亦通，皆訓「急」也。崔説以

〔二〕「經之首」，褚伯秀《莊子義海纂微》作「故以冠一經之旨」（以下此本簡稱「褚本」）。

〔三〕「湯之問棘句」，褚本無此五字，因朱本與褚本對此句承接上下看法不同，朱本將「按《列子》」以下直接上文，故將褚本兩段此接於上文以下，特加此句以爲説明。此處分段乃整理者爲閲讀方便所分。另褚本於「且夫水之積也不厚」至「不義悲乎」一段下方有一段《管見》云「此段起喻，以衍上文；次設蜩鳩對辯，以明小大之分，各足其足，而無企羨之心。此所以爲逍遥遊也。又論所適有遠近，則所資有多少。曾二蟲之何知，指蜩鳩無知而同於同也。小知大知，小年大年，重重起喻，不越此義。經文大意明白，不復集解」。

此句結，承上文靈椿之論，呂註從此句起下文冥海之談，各據所見分章耳。大觀八註本以此句獨立條，似亦牽於上下文，未決所附故也。林氏註正與上文相貫，則同崔論。碧虚陳景元本第二章從此句始，則同呂説。今詳考經意，蓋欲實鯤鵬之義，故一唱題而兩舉證，首引《齊諧》所志，次以「湯之問棘」，再參《列子·湯問篇》冥海、天池之論，以印莊子之言，則此章自合始於湯之問棘句末。加「是已」者，證上文而生下語。觀者多不明辯，誤作前章結句。若以爲結句，則意已盡矣。後章從「窮髮之北」重起論端，非立言之體也。故僭述所以，附於條末，以釋其疑。竹溪林氏亦云：「據此句合在下，以結句爲起句，是其作文鼓舞處。」下文乃再舉鯤鵬之論，不在重釋知效一官、行比一鄉〔一〕等語，言人知能小大各有所施，以得用爲適耳。「宋榮子猶然笑之」，則不以榮利動其心而全無用之用者也，超出知能一等矣。而真人猶以爲未立，則所見超詣可知。如列子能御風而不能無待，必至於御六氣以遊無窮，斯爲至也。故斷之曰「至人無己，神人無功，聖人無名」。此三者，人道之極，用以總結《逍遥遊》首章大意。蓋至道窮神妙，躋聖域，不越乎三無之論。入而言「至」，出而言「聖」，「神」運於其中，無方而不測〔二〕，弘之在人，理亦寄耳。因言立教則不無序焉。凡厥有生，己私〔三〕易植，貴乎忘己。驕矜易萌，次當忘功。己功既忘，人譽必至，又須忘名以遠世累。累遠身全，道純德粹，以之處人應物，無不盡善，而三者之名亦混融俱化矣。竊觀古今才能英傑之士，建功立名不爲不多，而明哲自全者無幾，豈其智弗及邪？道心未明，有以障之耳。夫

〔一〕「知效一官」「行比一鄉」，褚本皆無「一」字。
〔二〕「測」，褚本作「側」。
〔三〕「己私」，褚本作「私利」。

幼學壯行，期於立功，功所以及物也，而功成必見忌。修身立業，期於揚名，名所以勵〔一〕俗也，而名下難久居。非功名之過，病在於有我。信能忘己〔二〕，則避功逃名、隱迹全道，若五湖之泛、赤松之遊、桐江之釣，四海一身將有餘樂，何危機之足慮哉？太上云「功成弗居，名遂身退」，良有以也。儻致知力行，動與理合，則善窮善達、樂生樂死，無往而不逍遥。所謂「至」「神」「聖」者，物被其德而歸美之稱。何足以極天遊之妙？郭氏註「理至則迹滅」，其説盡之。

堯讓天下於許由（一句叙事），曰：「日月出矣（下論其故），而爝（炬）火不息，其於光也不亦難乎！時雨降矣而猶浸灌（人事），其於澤也不亦勞乎！夫子立（出世）而天下治，而我猶尸（主）之，吾自視缺然。請致天下（歸位）。」許由曰：「子治（設法）天下，天下既已治也。而我猶代子，吾將爲名乎？名者實之賓也，吾將爲賓乎？鷦鷯巢於深林，不過一枝；偃（伏）鼠飲河，不過滿腹。歸休乎君（錯縱句），予無所用天下爲！庖人雖不治庖，尸祝不越（出）樽俎而代之（庇庖）矣。」

【通義】「夫子立而天下治」，猶言「聖人作而萬物覩」，歸功於由也。此言由既出世，天下化其道，天下自治，非我之功，而我猶冒爲天下之主，深自愧也。堯稱許由無爲之指也，由之答堯，意含有爲也。老子曰曷嘗有治天下者哉，語意亦若此。由以爲受之是爲名也，不爲，實也。名者外來之物，非我所固有者，將

〔一〕「勵」，諸本作「礪」。
〔二〕「忘己」，諸本作「無己」。

焉用之。鷦鷯、偃鼠，在廣大之中，取於自足，亦何所用於廣大。即此安分自足之風，天下所以感之而治，不待於有爲之迹也。末二句以庖自比，以尸祝比堯，言治天下如祀神，「黍稷非馨，明德惟歆」。庖人雖棄其事，而尸祝之誠，足以格神、足以庇庖矣，又何屑屑於庖人之所務哉。樽俎應庖事，蓋歸功於堯也。

【義海】伏讀堯讓章，淳古揖遜之風儼然在目，有以見聖人尊貴道德〔一〕，後己先人，真以治身，土苴以治天下之意。彼戰爭攘奪於尺寸土地之間，何後世之梟〔二〕薄邪！堯以爝灌比功，其謙虛至矣，豈以黄屋爲心哉？由以鷦鼠喻量，其素分足矣，豈僥倖富貴〔三〕哉！惟〔四〕有神堯在位，斯有許由在野，氣類感召，理有由然。堯之憂天下也深，謂四海雖已治，非由莫能繼。由之待天下以忘，謂四海既已治，吾將曷與哉！非讓〔五〕大任而不疑，無以見堯之真知卓絶；非高視而不受，無以見由之抱道精純。蓋聖人不以出處分重輕，而以義理爲去就。此有係乎道之卷舒、時之泰〔六〕否耳。夫堯之知由也審，故不俟歷試而舉以代己。使由幡然受禪，不失乎端拱巖廊之尊；使堯脩然得謝，則可以韜光太古之上。聖人顯晦在道，若合符節，豈世俗得以窺其藴哉！且由之於堯，以分則民，以道則師，其啓沃之微，心傳之妙，由之所以資堯者，至矣。雖受之天下亦未爲過，而由也誠何以天下爲。至若「名者實之賓」一語，足爲萬世法。即此語而推，非惟

〔一〕「尊貴道德」，褚本作「尊道貴德」。
〔二〕「梟」，褚本作「澆」。
〔三〕褚本「富貴」下有「者」字。
〔四〕「惟」，褚本作「爲」。
〔五〕褚本無「讓」字。
〔六〕「泰」，褚本作「當」，當以朱本爲是。

醒邯鄲之夢，息觸蠻之争，抑使後人想像箕山、颖水之趣，而風樹、一瓢猶以爲累也。終以尸祝不越樽〔二〕俎而代庖，言堯之至德明於知人，由之隱德明於處己，各安所安，各足其足，而天下無事矣。夫尸祝之於庖人，雖尊卑勞逸，勢若不侔，然均於以誠接神、臨事尚敬，有可代之理，古人猶不爲之。季世薄俗，乃有叛倫背理而妄希代者。幸是經不泯，足以明進退之節，量授受之分，而絶天下姦倖之心。吁，南華老仙亦聖矣，知世道交喪之後，有人與人相食者，故具述先聖揖遜之迹，覬由迹而求其心，是亦盧扁投藥於未病之義，誠有以密辅世教，而人罕知者，敬衍其所以言之意而表出之。

肩吾問於連叔曰：「吾聞言於接輿，大而無當實，往而不反顧。吾驚怖其言，猶河漢天河而无極盡也；大有逕庭，不近人情焉。」連叔曰：「其言謂何哉？」曰：「『藐姑射山名之山，有神人居焉。肌膚若冰雪，綽約若處子室女；不食五穀，吸風飲露。乘雲氣，御飛龍，而遊乎四海之外；其神凝，使物不疵癘而年穀熟。』吾以是狂而〈視之〉不信也。」連叔曰：「然，瞽者無以與乎文章之觀，聾者无以與乎鐘鼓之聲。豈唯形骸有聾盲哉？夫知亦有之。是其言也，猶時矚女也。之此人神也，之此德也，將旁礴萬物以爲一，世蘄祈乎亂治，孰弊弊勞意焉以天下爲事！之人神也，物莫之傷，大浸稽至天而不溺，大旱金石流土山焦而不熱。是其塵垢緒餘秕糠，將猶陶鑄堯舜者也，孰肯以物爲事！宋人資齎章甫冠而適諸越，越人斷髮文身，無所用之。堯治天下之民舉證，平海内之政，往見四子藐姑射之山，〈居〉汾水之陽，窅烏了反茫然喪忘其天下焉見接輿之言非妄。」

〔二〕褚本無「樽」字。

【通義】「徃而不反」，謂任意放言而不内省也。「逕庭」，路徑，庭院也，言其動静長短之不同也。「狂而不信」，以接輿爲狂而疑其妄言也。「神凝使物不疵癘而年穀熟」，蓋神存而過化，則因物賦物，物各得其所，太和充塞於宇宙間，故臻此也。「猶時汝」，與孔子時其亡，蛾子時述之時同，言就汝所可及而語汝也。「孰肯以物爲事」，此前以天下爲事，意進一層，與孟子論伊尹大小皆不動心同義。「四子」即是許齧王被，後篇可證，不必强爲他説。「汾水之陽」一句，意屬下文，言堯既見四子之後，雖居位而忘位，處當貴而忘其富貴也。鬳齋《口義》謂「心無見識，猶聾瞽然」。至德之人，周遊物表而世自治，豈若世人弊弊然用知力以求乎治哉。水不溺、火不熱，言其無入而不自得也。「宋人章甫」云云，謂其所言廣大，世人淺見不足以語此。堯治天下，古今第一，猶且怳然自失，況他人矣乎。

【義海】姑射神人章，非食煙火語。不因親接聖訓，何由下教人間？寓道真切，莫要乎此。而言微旨奥，初學難窺。詳前諸解，吕林二公得其端緒，後有無隱講師盡畧衍義，直指玄微，發先聖不言之祕，開學人固有之天，恨不手挈群生俱登姑射，同爲逍遥之遊。其用心可謂普矣！伯秀幸聆兹〔二〕誨，不敢己私，敬附諸解之末以弘法施併推廣餘意，詳釋下文云：「肌膚若冰雪」，體抱純素，塵莫能汙也。「綽約若處子」，守柔自全，害莫能及也。「不食五穀、吸風飲露」，則絶除世味，納天地之清冷。乘雲御龍，遊乎四海，

〔二〕「兹」，褚本作「慈」。

則凌厲太空，同元氣之冥漠。所謂不行而至，與造物遊者也。「其神凝，使物不疵癘而年穀熟」，則養神之極者，非唯自全而已，又足以贊天地之化育，輔萬物之自然。此言推己以及物之所以〔一〕合神不測，契道無方也歟！或者爲名相所移，求是山於絶垠之外，則所謂神人者益遠矣！竊謂經中窮神極化之妙，備見此章。而聞者以爲狂而不信，豈止一肩吾而已哉？按此與《列子·黃帝篇》第二章文小異而義實同。南華託之於接輿，又所以神其迹也。餘文平易可通，不復贅釋。獨「猶時女也」一句有二説，郭、成諸解並云：猶及時之女，「自然爲物所求，但智之聾瞽者謂無此理」。虚齋趙氏以夫〔二〕以「時」訓「是」，「女」音「汝」，《尚書》「時女功」義同。連叔謂肩吾神人似是汝也。列子所謂「生生」「形形」者，鬳齋《口義》同趙《音訓》。又塵垢粃糠陶鑄堯舜之語，若輕堯舜然，及考經旨所歸，實尊之至也。謂世人所稱堯舜，惟〔三〕尊之爲聖人者，徒名其塵垢粃糠耳。堯舜之實惡可得而名言耶。堯往見四子藐姑射之山，「四子」説亦不同，按陸德明《音義》載司馬舊註，謂王倪、齧缺、被衣、許由也。郭象註：「四子者，寄言以明堯之不一於堯耳。夫堯實冥矣，其迹則堯也。自迹觀其〔四〕内外異域。世徒見堯之爲堯，豈識其冥哉？故將求四子於海外而據堯之所見，因謂與物同波者，失其所以逍遥也。」成法師疏：「四子，四德也：一本，二迹，三非本非迹，四非非本迹也。言堯反照心源，洞見道境，超兹四句，故云往見四子。」呂惠卿註：「堯往見四子藐姑射之山，是見神人也。神人即吾心，見吾心則無我。無我則雖有天下，亦何以

〔一〕褚本「所以」前有「效」字。
〔二〕褚本無「以夫」二字，當爲衍文。
〔三〕「惟」，褚本作「推」。
〔四〕「其」，褚本作「冥」，即「自迹觀冥，内外異域」，按褚本當是。

天下爲哉？」又解：「堯之師曰許由，許由之師曰齧缺，齧缺之師曰王倪，王倪之師曰被衣，四子皆能窮神，而堯因之以入，是往見之也。」林疑獨註：「堯資治天下之功業，往見許由、齧缺、王倪、被衣，而不爲四子所售，猶宋人資章甫而適越也。」陳詳道註：「四子者，不以天下與物爲事者也。連叔以大浸不溺、大旱不焦歸之神人，王倪以澤焚不熱、河沍不寒歸之至人，河伯以寒暑不害、禽獸不賊歸之德人，仲尼以經太山而不介、入淵泉而不濡歸之真人。此四人者皆心與元氣合，體與陰陽冥。堯得四子之道，故云往見之也。」陳碧虚註：「夫忘天下者，無寄託之近名，然歸之愈衆而忘之愈冥。故外其身而身存，後其身而身先。此天下樂推而不厭者也。」吴儔註：「自迹觀堯，則内外異境，治天下、平海内者，見其迹而已。若乃堯之爲心，豁然四達，遠在遼絶，一方不足以係之也。」虚齋趙以夫註：「堯往見四子，豈真有人之可見哉？亦反而求之耳。能知許由即堯者可以語此。本篇主意，在肩吾連叔問答。能通此，則首尾之意無不貫〔一〕矣。」我〔二〕西蜀無隱范講師云：「四子喻四大，藐射言其幽眇，謂堯雖治天下、平海内，迹若有爲而心不離道，能反觀四大於幽眇之中，故累盡而逍遥也。」已上四解諸子之論不齊〔三〕，或大意混成而於數不合，或稽數合符而考義差遠。求之近解中，膚齋實爲理勝，范講義數兼該，皆可服膺者也。按此所謂「四子」，乃寓言以明道，而道之爲物，怳惚窅冥，難以形數定，在學者用志不分，親有所見，始究端的，非語

〔一〕「不貫」，褚本作「皆貫」。

〔二〕褚本無「我」字。「我」字前朱本缺褚本所引林氏膚齋《口義》一段，即「林氏膚齋《口義》云：『四子既無名，或以爲許由、齧缺、王倪、被衣，或云一本、二迹、三非本非迹、四非非本迹。如此推尋，轉見迂誕，不知此正莊子滑稽處。如今人所謂斷頭話，正要學者於此揣摸。蓋謂世人局於所見，不自知其迷，必有大見識方能照破也。』」

〔三〕此句褚本作「已上諸解四子之論不齊」，褚本此句前還有「褚氏《管見》云」五字。

言能盡。今據經意，擬爲之説。堯之師曰許由，由之道盖出於齧缺、王倪、被衣，則四子之道一而已矣。堯能忘形以求道，是爲往見之藐姑射山，即前反觀身中幽眇之喻，此道古今無殊，君民罔間。君得此道，即今之帝堯；民得此道，即今之許由〔一〕。汾水，堯所都。不離當處而得見四子，言道不在〔二〕遠求。「窅然喪其天下」，棄如弊屣之謂也。又因研味祖經，密有所契，敬以有象、有物、有精、有信，參解「四子」，義若脗合。既見四子，則至貴在我。萬乘之尊、四海之富，有不足顧者矣。

惠子謂莊子曰：「魏王貽我大瓠之種，我樹之成而實（子）五石。以盛水漿，其堅（重）不能自舉也。剖之以爲瓢（半匏），則瓠落（淺而大也）無所容。非不呺（音枵）然大也，吾爲其無用而掊（擊碎）之。」莊子曰（惠攻莊解）：「夫子固拙於用大矣（一句便引證）。宋人有善爲不龜（裂）手之藥者，世世以洴（扶經反　打）澼（音僻　洗）絖（音曠　絮）爲事。客聞之，請買其方百金。聚族而謀曰：『我世世爲洴澼絖，不過數金；今一朝而鬻技百金，請與之。』客得之，以説吴王。越有難，吴王使之將。冬與越人水戰，大敗越人，裂地而封之。能不龜手一也，或以封，或不免於洴澼絖，則所用之異也。今子有五石之瓠（轉攻以啓之），何不慮（思度）以爲大樽（浮水之壺）而浮乎江湖，而憂其瓠落無所容，則夫子猶有蓬（茅塞）之心也夫（應拙於用大）！」

【通義】「洴澼絖」，未爲不善用藥也，不過越難，雖良藥亦終洴澼絖而已。茅塞之心，則滯於一而不

〔一〕　褚本「許由」下有「也」字。
〔二〕　褚本「在」下有「乎」字。

能物物也。此篇言用大順其材也，後篇言養大順其性也。

【義海】造化生物，盈天地間，有用無用係一時之逢，材不材又其次焉。故或用於昔而棄於今，或棄於今而用於後，此出於人爲，非物所能必也。觀夫芻狗之陳未陳，髖胲之散未散可見矣。況魏王之瓠異於凡種，見者張皇驚眩之不暇，又惡知所以爲用哉？宜惠子恠而有問也。莊子知其拙於用大，遂以不龜手之事喻之。物本一也，而其貴賤或相什伯、或相千萬者，在人善用不善用之間耳。人多工於用小，世亦甘於就小，則所成可知矣；世多拙於用大，人或安於守大，則所蘊可知矣。夫五石之瓠，樹之成也，豈一朝之功？今則非惟不能成其大用，而又掊擊暴殄之，何斯瓠之不幸耶！凡出類之物，亦造化間氣所鍾，其無用也，意或有待，既嫌其大而不欲剖爲室家之用〔一〕，當思全之〔二〕而爲江湖之用，濟深利涉，與舟楫同功，則大瓠之無用適爲妙用矣。以惠子之多方而不知出此，蓬塞其心也〔三〕。

惠子謂莊子曰：「吾有大樹，人謂之樗（惡木）。其大本（身）擁腫而不中繩墨，其小枝卷曲而不中規矩。立（植）之塗（路），匠者不顧。今子之言，大而無用，衆所同去也。」莊子曰：「子獨不見狸狌乎？卑身而伏，以候敖（鼠類）者；東西跳梁，不避高下；中於機辟（法），死於罔罟。今夫斄牛，其大若垂天之雲。此能爲大矣，而不

〔一〕 褚本此句作「既大而不可剖爲室家之用」。
〔二〕 褚本無「之」字。
〔三〕 褚本「也」字下有一「夫」字。

能執鼠。今子有大樹，患其無用，何不樹之於無何有之鄉，廣莫之野，彷徨乎無爲其側，逍遥乎寢卧其下。不夭斤斧，物無害者，無所可用，安所困苦哉！」

【通義】此言抱道者無適而不逍遥，雖若無用於世，亦不賈禍於身，惟不賈禍，風動而俗成，其爲用也大矣。彼役役塵勞者，茫然於禍福之機，胥溺而不悔，至於福之爲禍者，又孰覺之哉？此旨於養生者爲易見，若主於修德，當察無用之旨。若謂意甘於無用而后能見物之情，意安於無用而后能免物之累，是尚有意也。惟無意而後可語乎無用。其曰「無何有」「廣莫」云者，言何有則已無矣，而何有亦無之言。「廣」則遠矣大矣，而廣亦莫之見不可形似也，殆無跡無涯之稱乎。惠子兩問，猶肩吾之不信，莊子之答則進於連叔者。惠子戲莊子大言之無用，非譏也。莊子喻以物之在世，器識大小不同，不可以大者皆爲無用也。知其爲大矣，而復戲其無用，功利之毒有以蠱其心也。即莊子過惠子之墓而興思，則其交誼非淺淺者，愚故謂之戲而非譏也。

【義海】惠子又以大樗擁腫、不中規矩，譏莊子之大言無用，對以狸狌黠慧死於機辟，斄牛無技幸全其生，得失果何如哉！今子有大樹，不能樹之於無用之地，以全逍遥之樂，而乃反憂匠者之不顧，此南華所深惜。故因其問而救正之，使脱形器之桎梏，保性命於虚玄，超有爲而入無爲，以不用而成大用。庶乎《逍遥遊》之本旨也。

【義海】[一]

總論《逍遥遊》篇[二]，敷叙宏博，引喻高遠，辭源浩渺，意趣卓絶，使讀之者若御泠風而登汗漫，忘世累而極天遊，真所謂超衆義、徹重關、解粘釋縛之洪規，通玄究微之捷逕也。伯秀不揆荒蕪，槩陳管見，復於篇末爲之統論云：循至理者，以道通乎萬事，全正性者，與物同乎一天。理性得而不逍遥者，未之有也。夫赤子之心，本無知識，識隨形長，物接乎前，得失存懷，冰炭交作，舍彼役此，無休歇期。倘[三]非燭理洞明，道義戰勝，雖居至貴至富，亦有所不免焉。故學道之要，先須求聖賢樂處，切身體究，方爲得力。《易》云「樂天知命」，顔氏簞瓢自樂，孟子養浩而充塞天地，原憲行歌而聲出金石，此皆超物外之累，全自己之天，出處動静，無適非樂，斯可以論「逍遥遊」矣。此[四]北冥之鯤，化而爲鵬，搏風擊水，徙於南冥，盖謂學者見聞狹陋，趨向細微，罔知性海之淵澄，併與命珠而淪失。遂舉此大物，生於大處，以明己之所自來。涵養既久，體神合變，出陰入陽，其用莫測。俾夫知效一官，行比一鄉，德合一君，而徵一國者，悟外物之可輕，己天之當重，將見培風絶雲，與化無極，何世累之能及哉？故必至於乘天地、御六氣以遊無窮，然後爲逍遥極致。所謂「至」「神」「聖」者，亦混融俱化而已，功名皆外物矣。堯讓許由章，所以證成前義，啓廉遜之風，警省後人，絶務[五]外之慕，裨益治道爲多。及肩吾聞言於接輿，發揮神人之祕，以喻身中至靈，

[一] 章末所論，褚本均作「褚氏統論」，下同，不再贅註。
[二] 褚本無「總論」二字。
[三] 「倘」，褚本作「儻」字。
[四] 褚本無「此」字。
[五] 「務」，褚本作「券」。

務操存涵養以致之，初不在乎遠求也。塵垢粃糠陶鑄堯舜，言神人之德與天同運，推其緒餘，猶足以成唐虞之治，而其真則非世人所知也。堯往見四子藐姑射之山，中存妙理，難以臆度，必須親造姑射四子，當不言而喻，學者勉之。是篇首論鯤鵬、蜩鳩、靈椿、朝菌，知年小大，皆窮理之談。末舉大瓠以虛中自全，大樗以深根自固，喻盡性以至於命，學道之大成而入乎神者也。不疾而速，不行而至，何往而非逍遥遊哉。

【通義】《逍遥遊》乃一書之大旨。褚氏於卷前標列以「順化逍遥」「無爲逍遥」「推變逍遥」「無名逍遥」「無功逍遥」「無己逍遥」「適物逍遥」等名，非指此一篇而已。蓋一書每篇之中各有一意，只是闡明道體之大。能體此道者，無入而不自得。不以世運污隆干於太虛之體耳。若夫蜩鳩斥鴳滿天下，梗楠狸狗之甘心，自古皆然者，又何怪乎鯤鵬之駭聽見笑，而瓠樗鰲牛之無鑒賞也，而況太虛其度者乎。

## 齊物論第二

「物論」者，衆論也。「齊」之者，合彼此、是非而一之也。

南郭子綦隱几而坐，仰天而嘘，嗒呷焉無心之貌似喪忘其耦配。顔成子游立侍乎前曰：「何居音姬乎？形固可使如槁木無生意，而心固可使如死灰心不起乎？今之隱几者，非不同昔人之隱几者也忘形乃忘物忘論之本，得其本，何有齊不齊。」子綦曰：「偃，不亦善乎，而汝問之此意也！今者吾心喪我形，汝知之此意乎隱几喪我而要以天籟大塊之無朕也？女聞人籟而未聞地籟，女縱或聞地籟而未聞天籟忘形則無往非天籟夫疑問！」子游曰：「敢問其方類。」子綦曰：「夫大塊天地噫氣，其名爲風。是唯無作，作則萬竅怒呺胡到反　出聲。而汝獨不聞之，翏翏音飂　聲多乎？山林之畏音偉　搖動佳音萃，大木百圍之竅穴，似鼻似口似耳，似枅（音雞 柱上方木），似圈（圓）似臼似洼（曲）者，似汚（已上形）者；激者謞（音孝）者叱者吸者叫者譹者宎（音杳）者咬（已上聲）者，前者唱于（聲輕），而隨者唱喁（音愚）。泠（小）風則小和，飄（大）風則大和，厲（猛）風濟（渡過而止）則衆竅爲虛。而（汝）獨不見之調調之刁刁（調刁皆樹爲風搖之形）乎？」子游曰：「地籟則衆竅是已，人籟則比竹（笙簧之類）是已，敢問天籟（此即地籟中顯天籟）。」子綦曰：「夫吹萬不同，而使其自（由）己也。咸其自取（作），怒者（此聲）其誰邪？」

大知閑閑（人籟本天籟 從容自得），小知閒閒（計較分毫）；大言炎炎（軒昂），小言詹詹（瞻顧）。其寐也魂交（多夢），其覺也形開（動用）。與接爲構（結合），日以心鬬（較勝負）。縵（昏懂）者窖（機穽）者密（狹隘）者。小恐惴惴，大恐縵縵。其發若機栝，其司（主）是非之謂也；其留如詛盟，其守勝之謂也；其殺（自傷）如秋冬，以言其日消也；其溺（小便語辭）之所爲之（往），不可使復之也；其厭也如緘，以言其老洫也（無知如此者）。近死之心，莫使復陽（生）也。喜怒、哀樂，慮歎、變（詐）慹（凝憂央庠）、姚佚（縱逸）、啓（開放）態（色莊）。樂〈如〉出〈於〉虛，烝〈可〉成菌。日夜相代乎前，而莫知其所萌。已乎（罷休），已乎！旦暮得此（天機），其所由以生乎！

非彼無我，非我無所取，是亦近矣，而不知其所爲使。若有真宰（造物），而特不得其眹可行已。信而不見其形，有情（機）而無形。百骸九竅六藏，賅（音該 備）而存（在）焉，吾誰與爲親？汝皆説之乎？其有私焉？如是皆有爲臣妾乎？其臣妾不足以相治乎？其遞相爲君臣乎？其有真君存焉！如求得其情（實）與不得，無益損乎其真。一受其成形，不亡以待盡。與物相刃（逆）相靡（順），其行盡如馳而莫之能止，不亦悲乎！終身役役而不見其成功，薾（疲）然疲役而不知其所歸（適），可不哀邪！人謂之不死，奚益其形化，其心與之然，可不謂大哀乎？人之生也固若是芒（昧）乎？其我獨芒而人亦有不芒者乎？夫隨其成心（有見不忘）而師之，誰獨且無師（見）乎？奚必知代（化）而心自取者有之？愚者與有焉。未成乎心而有是非，是今日適越而昔至也。是以無有爲有。無有爲有，雖有神禹（稱禹如此，豈貶聖者哉）且不能知，吾獨且柰何哉！

夫言非吹（比竹）也，言者有言，其所言者特未定也。果有言邪？其未嘗有言邪？其以爲異於鷇（音彀）音，亦有辯乎？其無辯乎？道惡乎隱（蔽）而有真僞？言惡乎隱而有是非？道（又原起）惡乎往而不存？言惡乎存而不可？道隱於小成（真僞之故），言隱於榮華（是非之故）。故有儒墨之是非，以是其所非，而非其所是。欲是其所非而非其所是，則莫若以明。

物無（莫）非彼，物無（莫）非是。自彼則不見（承上句），自是則知之。故曰彼出於是，是亦因彼，彼是方生之説也。雖然，方生方死，方死方生；方可方不可，方不可方可；因是因非，因非因是。是以聖人不由而照之於天，亦因是（此）也。是亦彼也，彼亦是也。彼亦一是非，此亦一是非，果且有彼是乎哉？果且無彼是乎哉？彼是莫得其偶（對），謂之道樞（要）。樞始得其環中以應無窮。是亦一無窮，非亦一無窮也。故曰莫若以明。以指（點）喻指之非指（指外有物），不若以非指（指外之物）喻指（點）之非指（物）也；以馬（籌）喻馬之非馬（所賻之物），不若以非馬（所賻之物）喻馬（籌）之非馬（所賻）也。天地，一指也，萬物，一馬也。

可乎可，不可乎不可。道行之而（即是）成，物謂（所言）之而（即是）然。惡乎然？然於然。惡乎不然？不然於不然。物固（本）有所然，物固（本）有所可。無物不然，無物不可。故爲是舉莛（屋梁）與楹（屋柱），厲與西施，恢恑憰怪，道通爲一。其分也成也，其成也毁也。凡物無成與毁，復通爲一。唯達者知通爲一，爲是不用而寓諸庸。庸也者用也；用也者通也；通也者得也。適得而幾（天載）矣。因是已。已而不知其然，謂之道。勞神明爲壹（執滯）而不知其同也，謂之朝三。何謂朝三？曰狙公賦芧（音序 山栗）曰：「朝三而莫四。」衆狙皆怒。曰：「然則朝四而莫三。」衆狙皆悦（天運乘除無一不然）。名實未虧而喜怒爲用，亦因是也。是以聖人和之以是非，而休乎天鈞，是之謂兩行。

古之人其知有所至矣。惡乎至？有以爲未始有物者，至矣盡矣，不可以加矣。其次以爲有物矣而未始有對也。其次以爲有對焉而未始有是非也。是非之彰也，道之所以虧也。道之所以虧，愛之所以成。果且有成與虧乎哉？果且無成與虧乎哉？有成與虧故跡，昭氏之鼓琴也；無成與虧故跡，昭氏之不鼓琴也。昭姓文名之鼓琴也，師曠之枝擊樂器策杖也，惠子之據梧也。三子之知幾〈近精〉乎皆其盛者也，故載務之末年終身。唯其好之也以異於彼他人，其好之也欲以明之。彼非所明而明之，故以堅白之昧自愚終。而其子又以文名之綸緒，終身無成結果。若是而可謂成乎？雖我形骸亦成也。若是而不可謂成乎？物與我無成也此語結上文而意實廣也。是故滑亂疑似之耀明，聖人之所圖志欲也。爲是不用而寓諸庸尋常，此之謂以明。

今且有言於此，不知其與是所許者類乎？其與是不類乎？類與不類，相與爲類，則與彼無以異矣。雖然，請嘗言之。有始也者，有未始有始也者，有未始有夫未始有始也者。有有也者，有無也者，有未始有無也者，有未始有夫未始有無也者。俄而有此無矣，而未知有無之果孰有孰無也。今我則已有謂言矣，而未知吾所謂之其果有謂乎其果無謂乎？天下莫大於秋豪之末，而大山爲小；莫壽乎殤子，而彭祖爲夭。天地與我並生，而萬物與我爲一。既已爲一矣，且得有言乎？既已謂之一矣，且得無言乎？一與言爲二，二與一爲三。自此以往，巧曆不能得，而況其凡乎！故自無適有以至於三，而況自有適有乎！無適焉，因，是已結前。

夫道未始有對，言未始有常主，爲是而有畛疆界也，請言其畛：有左有右有倫理有義事宜有分析有辯別有競有爭，此之謂八德。六合之外，聖人存知而不論；六合之內，聖人論言而不議是非。春秋此尊孔至矣經世先王之志絶聲於獲麟，此論在孔子身後，聖人議而不辯去取。故分也者，有不分也；辯也者，有不辯也。曰：何也？聖人懷存於心之，衆人辯之以相示也。故曰辯也者，有不見也。夫大道不稱名，大辯不言，大仁不仁，大廉不嗛潔，大勇不忮害。〈何也〉道昭而不道，言辯而不及盡，仁常而不成定，廉清而不信執，勇忮而不成。五者园音團而幾近向方矣。故知止其所不知，至矣。孰知不言之辯、不道之道？若有能知，此之謂天府。注焉而不滿，酌焉而不竭，而不知其所由來，此之謂葆藏光。

故引證昔者堯問於舜曰：「我欲欲宥之而不忘則欲代之心所以不化，此以見其梗而不見其可矜伐宗膾胥敖，南面而不釋悦然。其故何也？」舜曰：「夫三子者，猶存乎蓬艾之間。若汝不釋然，何哉？昔者十日並出，萬物皆照，而況〈君〉德之進乎日者乎！」

【通義】心形對舉爲「耦」，故曰「吾喪我」。「吾」者，我之心；「我」者，吾之形。此一句是齊物之機，通篇種種皆明此義，人於無所知而已，無知則物論齊矣。「方」，類也。籟之可見者也，人籟之類甚多，言比竹，舉一端耳。不詳者，人所共見，可推也。「皆其自取，怒者」一句，言萬竅以爲自能取聲，抑又知有誰者爲之邪？「誰」字與自己應，正指天也。「籟」可言聲而非聲可盡。凡有顯露處，皆可言籟。「溺」言人之小，便不可復此日消之實迹。「其厭也如緘」，「厭」，飫之求；「如緘」，縢然，牢不可解也。「老洫」，老於溝渠，猶言老奸也。「可行已」，言天行之妙，人皆可體之於身。然信於心，目不可見，以此朕有情而無體也。「情」，作爲也。「成心」，有見而不化也。未成乎心，昏而無所見也。「夫隨其成心而師之」至「柰何哉」七十六字，只形容有我之偏。雖非天籟，亦天籟也。「以明」者，指人心虚靈知覺而言，非指天理，《大學》「明德」是也。何謂「朝三」云云，與「湯問棘」一段，文法相類。「兩行」謂是者是之，謂非者非之，彼或變而反之，亦姑從而許之，是謂「和之以是非」也，此以善養人之方在善用而已。老子曰「德者同於德，失者同於失」，此其旨也。

「未始有物」者，一氣混溟之時，或謂其指太極之前，則太極無前也。未始有物，其次有物，其次有對，其次有是非，此第世道之降亦有不得不然者，故曰「是非彰」「道以虧」，則太朴之喪也。然而喪亦不可喪者。性、天，在人不可泯也。養其性，存其朴，此莊子之學也，昭文、師曠、惠子「勞神爲壹」之證。「有始也者」「有有也者」，二條不是兩平，乃承上一串説下，故下文只言有無也。或引無極太極爲説，殊覺比擬。「分也者」，人也；「有不分者」，天也。辯亦然。聖人順天而不立我，故「懷之」；衆人有我而不知天，故「辯之」。故曰辯也者，有所不見而然也。「天府」者，萬物皆備於我也。山毫、彭殤之同，性各足也。其異者，質也。「理一分殊」，可槩本篇之旨矣。末引堯事，證物我對立，是非競生，好惡斯起也。「蓬艾之間」，蔽於慾而不向化也。「德進於日」，則太虚其量、天光其照，又何物之不齊也哉？鬳齋謂子游亦有造理之見，故以三籟啓其問，初言萬竅，後止一木，舉一以例其餘也。此段只説地籟，却含天籟意。「其發若機栝」，謂言不虚發，如射者主於中的也。「詛盟」，言勝心留戀，不可解也。自「日夜相代」以下，皆言造物之所爲，雖在面前，而人不可見也。「鷇」者，鳥之初出卵者也。鷇之爲音，未有所知，汝之有言，亦不自知，與「鷇」音同也。大道本無真僞，至言本無是非。真僞起於偏見，是非起於自誇。「小成」，一偏之見也。「榮華」，自相誇詡也。自是而後，始有儒墨相是非之論。若欲一定其是非，則須歸之自然之天理。「明」者，天理也，故曰「莫若以明」。古之聖人所以不用一偏之見，而照之以天理也。若能渾人己而一之，則爲道之樞要。指點籌馬之喻，只是不能虚以用物。彼我立而是非起，物論所以不齊也。「可乎可」以下，即聖人因物之故而撫之之道。循其自然而至於不知其然，此之謂道也。狙公之喻，名異實同。「天均」者，均平而無彼此也。「兩行」者，並存也。是非起於私心，道始虧喪，然以造物觀之，何成何虧？此一段固是自天地之初説來，然會得此理，眼前便是，且如一念未起，便是未始有物之時，此念既起便是有物。因此念而後有物我，物我便是有對，因物我而有好惡，便是有是非。於此回思，但見胸次膠擾，便是道虧而愛成。及此念一過，依然無事，何嘗有成虧？鼓琴之喻最爲親切。自「物無非彼」以下至「非亦一無窮也」，既解「以明」二字。自「以指喻指」以下至「適德而幾矣」，又解「因是」二字，却直至此處，又以「此之謂以明」結之。

「今且有言」至「於彼無以異矣」，此段又自「爲是不用」一句中「是」字生來，故曰「與是類乎，與是不類乎」，此是莊文血脈，前言「言非吹也」，到此換頭又唱起。「今且有言於此」一句，亦是前後血脈，以其類者與其不類者易地而看，則是類與不類皆相類。其意蓋曰把他做我看，把我作他看，則見我與他一般，故曰「與彼無以異矣」。此便是「以指喻指」「以馬喻馬」之意。雖云無是無非，亦且説一説，故曰「請嘗言之」，意曰當初本無箇有，不特無箇有，亦無箇無。忽然有箇無，則必是生出一箇有。如此推明，一生二，二生三，千萬億兆至於「巧曆所不能筭」，當初只因「無」字引起，至此况自「有」而生「有」乎？惟「無適」爲是。「無適」即「因是」也。「春秋」一句，言見於史册者，皆是先王經世之意，聖人豈容不立此議，而何嘗與世人争較是非。蓋天下之理，惟其不言則爲至言，才到分辨處，便非一也。故曰「分也者，有不分也。辯也者，有不辯也」。既説「大道不稱」五句，下面又解一轉，見其無迹也。若稍有迹，即入驢虞而非皞皞矣。天下之真知必至於不知爲知而「止」，則爲知之至矣。不知之知，便是不言之辯、不道之道，若人能此，則可以見天理之所會矣。故曰天府、天理之所會，不容加損也。至理無終始，故曰「不知其所由來」。此林氏優於諸家之訓。但於「地籟」，既曰「未聞」，又曰「聞」，逐一忘二之義未闡。

【義海】「形[一]固可使如槁木」，正言之也。「心固可使如死灰乎」，反問之也。子綦曰「今者吾喪我」，知其爲吾，則心不應如死灰，是有真我存，滅動不滅照之義。子游請問其方，答以「大塊噫氣」，特證以地籟而已。洎再請，子綦乃曰「吹萬不同而使其自己也」，至此始泄天籟真機。惜乎子游知形可槁、心不可灰之爲真我，而弗悟此即籟之天也。心爲天君，籟即吾心之用，凡所以致知格物、酬機應變、形諸言動者皆是，不必見於聲而後爲籟也。君可端拱無爲，不可一日失位；心可寂静無思，不可一時泯滅。心雖無聲，而有聲者存乎其中，如鐘鼓在懸，不待扣而後知其有聲[二]。昧者泥夫形相之起滅，是以聲聞有間斷耳。人籟、地籟，有動有寂；天籟自然，超乎動寂而有真宰、真君，實聲聲聞聞之主。後文「言非吹也」「言者有言」是矣。百姓日用不知，與接爲搆[三]，滑神勞精，而病物之不齊，是猶抱薪而止火也。學者倘能反而求之，得其歸趣，則内揆諸身、外觀諸物，始終各契於本源，小大皆均於一致，安有不齊者哉？續考「大

〔一〕 褚本「形」前有「竊考上文」四字。
〔二〕 褚本無「其有聲」三字。
〔三〕 「搆」，褚本作「構」。

塊」之義，郭氏謂「無物」，成法師云「造物」，是也。「亦自然之稱」，又云「天也」。按本經「大塊載我以形」，《列子》云「地，積塊耳」。釋之以「地」，義或近之。詳此，所謂「大塊」似指天地之間噫氣，即《道德經》所謂「其猶橐籥乎」是也。闢闔之機、陰陽之本、一元之氣，運化於斯，所以鼓舞萬物，動蕩振發，而使之敷舒長茂焉。大而飛屋拔木、摧山立海，此奮發之成[一]暴戾者。及其機停籟息，寂然歸無，則向之鼓舞者安在？真人以此喻心之起滅，實爲至論。而所以起滅者，在人精思而善求之。

慮[二]、歎、變、慹、姚、佚、啓、態八字，真人矢口成文，他書無所見，諸論多不及。獨成法師疏云：「慮則預度未來，歎則咨嗟既往，變則改易舊事，慹則屈伏不伸。」據「慮」「歎」疏釋誠善，而「變」「慹」之義尚欠發明。今擬解云：「變」則輕躁而務作爲，「慹」則畏懼而不敢動。庶盡經意云。又疏，「『姚』則輕浮，『佚』則奢縱，『啓』則開張情欲，『態』則嬌淫妖冶」，似亦未稱上文。今擬解云，「姚」則悦美以自肥，「佚」則縱樂而忘反，「啓」則情開而受物，「態」則驕矜而長傲。言人之狥物忘已者，一體之中有此異狀，計得慮失，焦火凝冰，是以形化心俱，日消而近死也。然此豈性所有哉？由厭溺物欲，情識顛倒，忘其所不忘，不忘其所忘。譬夫樂之出虚，烝[三]而成菌，幻塵泡影，倏起倏滅，何足以介浩然之懷，當知有湛然寂然者亘古常存。而此擾擾，特其變境。塵緣偶遇，識破即空，反究我之與物，原於本無，暫寄世間。姑酬宿業思，所以解胎根於厚地，襲氣母於先天，不將不迎，常清常静，則雖身處器途[四]，

〔一〕褚本無「成」字。
〔二〕褚本於「慮」前有「已上集解詳明，兹不復贅。其間」一段。
〔三〕「烝」，褚本作「蒸」。
〔四〕「途」，褚本作「塗」。

神超聖境。何世累之能及哉？

成心〔一〕者，是非分别之所自萌，不可以善言之也。愚嘗傳〔二〕西蜀無隱范先生講席，竊聆師誨云：「『成心』者，有見不虚，意、必、固、我之總名〔三〕，未成心，則真性混融，太虚同量。成心，則已離乎性，有善有惡矣。人處世間，應酬之際，有不免〔四〕成心，即當師而求之於未成之前，則善惡不萌，是非無朕，何所不齊哉！」其論精當，足以盡祛前惑。人之止念非難，不續爲難，自初成心〔五〕，即師而求之於未成心之前，則念不續而性可復矣。是故對物則意〔六〕生，忘物則性現。心者性之用，萬法之本原，一身之主宰，蓋不可蔑者〔七〕。若曰「成心」，則流乎意矣。心之爲物，出入無時，莫知其鄉，然方寸之所欲爲，未有不因物而生者。心，離也，離主乎〔八〕火，不能〔九〕自形，必有所麗而後見。心同太虚，則無所麗矣。且心麗物而爲善，猶不若無心無爲，況麗物而爲惡乎？關尹子云：「來干我者，如石火頃，以性對之，物浮浮然」，此遺物離

〔一〕褚本於「成心」前有一段文字，故褚本作：「按：諸解多以『成心』爲善，或以『成心』爲否。考之下文『未成乎心而有是非』『是今日適越而昔至』，則『成心』者，是非分别指所自萌，不可以爲善言之也。」

〔二〕「傳」，褚本作「侍」。

〔三〕褚本無「成心者，有見不虚，意、必、固、我只總名」。

〔四〕褚本「免」下有「乎」字。

〔五〕此段褚本與此略有不同，作「再衍餘意，輒陳管見云，夫人之止念非難，不續爲難，能自初成心」。

〔六〕「意」，褚本作「心」。

〔七〕「者」，褚本作「無」。

〔八〕褚本無「乎」字。

〔九〕「不能」前，褚本有「火」字。

人、攝情歸性之要道也。學者歸而求之，有餘師矣。「知」音智，「與」音預[一]。「知代[二]而心自取者」，正指師心之人以知代用，自取於道，以爲成心者也。

彼我異情，是非互指，東家之西，即西家之東，天地之先，亦太極之後。此亘古今而不齊者也，而真人舉非指、非馬之喻，可謂善齊物論矣。「以指喻指之非指」，常人之見也。「以非指喻指之非指」，至人之見也。非馬之義亦然。世之至見少而常見多，則「天地一指」「萬物一馬」之論，又所以重增其惑也。請解之曰：所異者天下之情，所同者天下之理。一理可以通萬情，則非指亦是也。萬情不能歸一理，則是馬亦非也。蓋指馬涉乎形迹，所以不免是非，非指非馬，則超乎形數言議之表。故天地雖大而一指可明，以其「與我並生」也；萬物雖多而一馬可喻，以其「與我爲一」也。凡得其情而通其理，則物雖萬殊，融會在我，事隔千里，契之以心，古之一羣情、有大物者得諸此。太上云「得一萬事畢」，此物之所齊，論之所止，而非言之極議也與[三]！

古之人貴真知而遣妄知，去滯有而存妙有，所以保性命之真，全自然之道也。人心澆漓，世道愈降，有物以窒其虛明，有封以限其疆域，物我對而是非彰，是非彰而道虧愛成也。果且有無成虧乎哉？又重提唱以警省人心，俾悟夫齊物之本旨也。夫成虧者，物之粗迹，信能復乎無物，何成虧之有？昭文，鼓琴之至精者，以其未超乎形聲度數，故不逃成虧。技[四]策，謂以杖擊樂。據梧者隱几談論，此師曠、惠子之所長，各

[一] 此句褚本作：「知字舊音去聲，或讀如字，以下文愚者與有證之，則音智爲當，與音預。碧虛以黨與釋之，獨異於衆。知代之義，諸解不同。」
[二] 褚本「知代」前有「審詳經意」四字。
[三] 「與」，褚本作「歟」。
[四] 「技」，褚本作「枝」。

以其能自是，至老好之不衰，非惟已好之，又將以明彼，不度彼之所宜，徒强聒以求合，以至昧然而終，莫覺莫悟。而文之子又以綸緒〔一〕，終身無成。明前三子成於技而虧於道，固自以爲成。文之子既虧於技，又虧於道，亦自以爲是，言彼是之各偏，成虧之無定也。「滑疑之耀」，謂三子之技滑亂於世而疑眩耳目。故聖人之所圖，爲此不可用而寓之於常道，求以漸復其初，是謂善用其光而不耀者也。

凡天下之論大，莫過乎太山，壽莫過乎彭祖。此以形論，不能無限。若以虚空性體觀之，太山直細物，彭祖直嬰孩耳。秋毫雖細，而有形之初同具此理，何嘗無至大者存？殤子雖幼，而有生之初同稟此性，何嘗無上壽者？寓「天地」，特形之大；「萬物」，特形之衆。原其所自來，盖未嘗不一也。故反〔二〕覆互言，以破世人執著之見，以開物理造極之機。由是而進，「黍珠容黎土，芥子納須彌」之義，可類通矣。學者信能「得其環中」之空，「休乎天均」之分，則大秋毫而小太山，壽殤子而夭彭祖之論，非徒矯流俗之弊，救貪生之失，究理之極，有誠然者。柰何世眼徒見萬物之迹擾擾不齊，而方寸澄明之區與之俱滑，如水赴壑，莫覬還源。故真人諄諄訓導，使之反究本初，混融物我，同胞同體，無間吾仁，皡皡熙熙，共樂清静，則羲黄帝代今日是也，聖賢密傳此心是也。復何壽夭、彼此、大小、古今之辯哉！並生爲一，大槩與前一指一馬之喻相類。雖語若乖宜而理實精到，所謂「正言若反」，可與知者道也。

堯欲伐宗、膾、胥敖〔三〕，似與上文不貫。然句有「故昔」者〔四〕，則是因上文而引證無疑。第事〔五〕不經

〔一〕「緒」，褚本作「終」。
〔二〕「反」，褚本作「翻」。
〔三〕「胥敖」下，褚本有「一節」二字。
〔四〕此句褚本作「然句首加『故昔』者」。
〔五〕褚本「事」前有「此」字。

見，無所考訂。崔氏云：宗一、膾二、胥敖三也。〔一〕竊詳經旨，自上文「有封」「有常」「有畛」而來。意三國者，借喻前六合内外、先王之志曰論曰議曰辯三條，皆欲攻而去之，所以離言辯之是非，復道德之玄默。而堯猶未能自勝，以問於舜，答〔二〕以「三子者猶存蓬艾之間」，謂皆已存而不論，莫若聽其自處於無人之境，則在我不以介懷，在彼無所礙累，何不釋然之有？後〔三〕證云：昔者十日並出，羣陰皆退，有目有趾，待是成功，況今帝德又過乎日？則彼三者不待攻而自知〔四〕，理固然也。蓋以寓言夫論、議、辯不生，則是非自息，此齊物之大旨〔五〕。

齧缺問乎王倪，曰：「子知物之所同是乎同是則有所非矣？」曰：「吾惡乎知之！」「子知子之所不知邪？」曰：「吾惡乎知之忘！」「然則物人無塊然知邪？」曰：「吾惡乎知之泯！雖然，嘗試言之。庸詎知吾所謂知之逐物非不知失己邪？庸詎知吾所謂不知不逐物之非知當覺邪？且吾嘗試問乎女：民溼寢則腰疾偏死手足痿痺，鰌然乎哉？木處則惴栗恂懼，猨猴然乎哉？三者孰知正處？民食芻豢，麋鹿食薦草，蝍蛆蜈蚣甘帶蛇，鴟鴉耆鼠，四者孰知正味？猨猵狙以爲雌，麋與鹿交，鰌與魚游。毛嬙麗姬，人之所美也；魚見

（「他不知乎外亦知於内乎」、「此下見不能同是」為夾注）

〔一〕朱本所引「崔氏云」甚簡，此處褚本作：「三國之名，義亦難分，諸解缺而不論。獨《音義》載崔氏云：『宗一、膾二、胥敖三也。』陳碧虚《音義》亦引崔説。一云：宗膾、叢支、胥敖三國。《人間世》篇亦有「堯攻叢支、胥敖」之語，然觀者又當究其立言之意，不可以事迹拘也。偶得管見，附於編後，以俟博識。」

〔二〕褚本「答」前有「舜」字。

〔三〕「後」，褚本作「復」。

〔四〕「知」，褚本作「去」。

〔五〕褚本「大旨」下有「也」字。

之深入，鳥見之高飛，麋鹿見之决驟奮走。四者孰知天下之正色哉？自我觀之，仁義仁義起於是非之端，是非之塗交，樊交紛然殽淆同亂，吾惡能知其辯！」齧缺曰：「子不知管利害，則至人稱王倪固不知利害乎別篇四問四不知正謂此也？」王倪曰：「至人神矣！大澤焚而不能熱，河漢沍而不能寒，疾雷破山風振海而不能驚。若然者，乘雲氣，騎日月，而遊乎四海之外，死生大無變於己，而況利害之端微乎！」

【通義】諸解性同情異，未免習聞世俗之成説而不體察也。體用一原，性情不二，「乃若其情，可以爲善」，是故人物所同者知覺，不同者形質，而慾識因之識，因於形則性逐於識矣。而所以爲知覺者，遂有不同。而其所必同者，無所思而知、無所觸而覺是也，故曰「性一而識萬」。一無而萬有，惡能知其辯？以上解「不知同」是句，「大澤」以下解「不知所不知」句，「若然」以下解「不知物無知」句。所謂「神矣」者，言其與萬物同體而無礙也，此倪辭至人之稱而有不得不任之意。若「同是」之問、「不知」之對，即是上文「知止其所不知」之旨。處、味、色三節，是非物我之喻也。不熱、不寒、不驚，非游心於無物之始者不能。

【義海】人物之所同者性，所異者情〔二〕。性流爲情，物各自是，彼此偏見，指馬相非，論殊而嫌隙生，辯極而忿争起，以至肝膽楚越父子路人者有之。其患實始於「知」之一字，妄生分别。故王倪三答「吾

〔二〕 褚本此前有一段文字，朱本未録，褚本此段曰：「諸解於齧缺首問『物之所同是』一句，似欠發明。竊考經意，蓋謂人物之所同者性，所異者情。」

惡乎知之」，欲齧缺反求其所不知，得其同然之性而冥夫大通之理，則近道矣。又恐未能心會，繼以嘗試言之，引喻人、鳥、獸之異宜，以證處、味、色之非正。然則所謂知者，豈其真知？所謂不知豈真不知哉？太上云「知者不言，言者不知」，今既有言矣，如知何？曰，舍其多知而求其所不知，因其有言而究其所言，則孰知不知之非真知，有言之非無言耶？

瞿鵲子問乎長梧子曰：「吾聞諸夫子孔子，聖人不從滯事於〈所〉務，不就趨利，不違避害，不喜求，不緣依附道，无謂不言之言有謂，有謂言而未嘗言无謂，而遊乎塵垢之外。夫子以爲孟浪不切實之言，而我以爲妙道之行也。吾子以爲奚若？」長梧子曰：「是黃帝之所聽熒明化也，而丘也何足以知之！且女亦太早計，〈猶〉見卵而求時夜，見彈而求鴞炙。予嘗試爲女妄言之，女以妄聽之。奚必旁日月，挾宇宙〈乎〉，但爲其脗合自慊，置合其滑溺涽不明，以隸屬治相尊。〈此〉衆人役役，〈所以〉聖人〈則〉愚芚無知，參合萬歲而一惟成純。萬物盡然自以爲，而以是自相蘊積多。是以相爭予惡乎知説生舉人情趨避之最大者以證之非惑耶是非不定之論！予惡乎知惡死之非弱幼喪去國而不知歸者耶！麗驪同之姬，艾〈地〉封人之子也。晉國之始得之也，涕泣沾襟；及其至於王所，與王同筐牀，食芻豢，而後悔其泣也。引喻以見悦生之非真見予惡乎知夫死者不悔其始之蘄生乎！

夢飲酒者，旦而哭泣；夢哭泣者，旦而田獵。方真夢也，不知其夢也。夢之中，又占其夢焉，覺而後知其夢也。且有大覺而後知此大夢也，而愚者自以爲覺，竊竊然知之。君〈分貴〉乎牧〈分賤〉乎，固不達哉丘也，與女皆夢也；予謂女夢亦夢也。是其言也，其名爲弔捏怪詭。萬世之後，而一遇大聖，知其解見者詭怪中有至理，是旦暮遇之也。」

「既使我泛與若汝辯矣，若勝我若我之辯，但即兩人非止長梧自謂也，我不若勝，若果是也，我果非也耶？我勝若，若不吾勝，我果是也，而汝果非也耶？其或是也，其或非也耶？其俱是也，其俱非也耶？我與若不能相知也，則人固受其黮闇欺蔽。吾誰使正之「吾子以爲奚若」句應？使同乎若者正之？既與若同矣，惡能正之！使同乎我者正之，既同乎我矣，惡能正之！使異乎我與若者正之？既異乎我與若矣，惡能正之！使同乎我與若者正之？既同乎我與若矣，惡能正之！然則我與若與人俱不能相知也，而待彼造物也耶？何謂訛乃爲當也和之以天倪分？曰：『是不是，然不然。是若果是也，則是之異乎不是也亦無辯；然若果然也，則然之異乎不然也亦無辯。化天聲人之相待，若猶其不相待，和之以天倪，因順之以曼游衍，所以窮年終身也。忘年歲月忘義用心，振獨立於无竟，故寓諸无竟。』」

【通義】此言學者所造有淺深，施教者當迎其機而養之，不當逆其意而沮之。「不從事於物」，言君子惟知盡心，不滯於所務之事，猶言「不器」也。「緣道」，以道爲美，因循而行之。由於聞見不由於衷，猶曰「行仁義」也。「夫子以爲孟浪之言而我以爲妙道之行」，此瞿鵲謂我以此爲精微之造，而孔子不許，何也？丘何足知此？長梧掃瞿鵲之疑而獎進之也。「黄帝聽瑩」，正許其妙道之見。下文固哉之貶言孔子，教人太拘泥也，皆所以誘瞿鵲而通孔子未發之意。「太早計」正孔子以爲孟浪之意。「時夜」「鴞炙」，「早計之喻也。「奚旁日月，挾宇宙，爲其脗合，置其滑涽」，言今汝何乃務爲旁日月、挾宇宙，大而無歸之事乎。但爲其心之所安，置其心思所不明者而已，猶曰「樂則行之，憂則違之」也。弱喪，少年去其鄉里也。「大覺」者，通晝夜之道而常惺惺者也。「大夢」則世人皆是也，以爲孟浪、以爲妙道、以爲黄帝聽瑩，皆是夢者。此掃除瞿鵲許多聞見，使其一疵不存而還其太虛之體也，故結以寄寓於无而止。无竟者，畢竟於無，所謂無無也，若曰無物之境，則物之外尚有無在，非所謂天倪塵垢之外也。

通章言物各付物，自無不齊之可論也。膚齋謂：「前面就因是上發到『以是相藴』處，却又把前頭『死生無變乎己』一句就此發明。」至「使我與若辯」至「待彼也耶」，又自「以是相藴」處生來，亦前所謂利害之端也。「天倪」，即天均；和者，「因是而已」，不相待而尚同，則是「和之以天倪」也，亦通。

【義海】聖人無爲，任物自爲，故利害莫得而及，非有心避就也。「不喜求」則方寸内虚，「不緣道」則虚亦忘矣。不言而令行，「無謂有謂」也；言而無滯迹，「有謂無謂」也。若是則何塵埃〔一〕之能染哉？此瞿鵲平日聞於夫子，以爲孟浪之言，而自以爲妙道之行。舉以求證於長梧，長梧謂此言誠妙，唯黄帝聽之始能明了，恐夫子亦未盡知之，況汝踐履未充，徒歎羨其美，是爲「大早計」，猶見卵而求時夜，見彈而求鴞炙也〔二〕。予試妄言，汝試妄聽，以爲何如？「旁日月，挾宇宙」，此神人之事，非與日月參光、天地爲常，未易語此。倘〔三〕能行前所論聖人之事，則可進乎是。要在審其脗合自然者爲之，滑涽於俗者置之，從微至妙，由階而升，亦如「以隸相尊」，士隸大夫，大夫隸公卿，等而上之，聖而入於神矣。衆人昧此，役於知見，不能暫息。聖人如愚不分，故雖萬歲之久，事變之雜，合而一之，混然純備，無今古而忘生死也。

〔一〕「埃」，褚本作「垢」。
〔二〕褚本無「見彈而求鴞炙」六字。
〔三〕「倘」，褚本作「儻」。

聖人不獨善而已，又使萬物同證此道，相蘊而熟成之，故能與天地並生、萬物爲一也。凡人所以不能造此者，悦生惡死惑其心，喜怒哀樂戕〔二〕其性。遂於後文申言以破其迷。觀麗姬之先泣後悔，則安知死者不悔其向之蕲生乎？飲酒哭泣之無據，覺夢變幻之多端，夢中占夢，以喻世人迷之尤者。必有大覺而後知此大夢也，而愚者於夢中自以爲覺，而〔三〕君牧貴賤於其間，何固蔽不通之甚！舉世皆夢，又何分乎彼我哉？是以此言達者喜其吊當，迷者驚其詭異，萬世一遇，知其解者，若旦暮然。重歎世人明此道者至希也。本章〔三〕指歸，開人耳目，正在「大覺」二字，觀者宜究心焉。瞿鵲、長梧製名以問答。「夫子」指孔子，亦是寓言。

是非勝負各執一偏，不能相正，則我與若與人俱不能相知也。「而待彼也耶」，言必付之造化耳。此一節諸解備悉，獨「化聲」之義隱奥難明，相待不相待之機亦未易以言盡。惟窮神通化者以心燭之，至理自見。若〔四〕以簡要論之，死生覺夢之分，出於化者也。彼我是非之辯，出於聲者也。覺夢依乎形，是非生乎情，有若相待也。然而化者自化，不知其所以化；聲者自聲，不知其所以聲，又若不相待也。要夫物理之至極，莫逃造化之自然，此萬化之所出入，萬物之所以齊也。詳此化聲之相待義同，前後互發明耳〔五〕。

〔二〕「戕」，諸本作「戕」。
〔三〕「而」，諸本作「以」。
〔三〕諸本「本章」前有「竊詳」二字。
〔四〕「至理自見」至「若以簡要論之」中間，諸本有一段文字朱本未録，諸本云：「諸解中疑獨立論最高，自成一家之言，與經文相表裏，非訓詁之學所能及。庸齋論『化聲』獨異於衆，而『無竟』立説尤長。」
〔五〕諸本此句作：「詳此化聲之相待，與形景之相待義同，前後互發明耳。」且諸本於此句下有一段文字朱本未録，諸本云：「吕氏註後附説云，『化聲之相待』至『所以窮年也』，合在『何謂和之以天倪』之上，簡編脱略，誤次於此。觀文意可知。」

罔兩問景（影同）曰：「曩子行，今子止；曩子坐，今子起。何其无特操（定相）與？」景曰：「吾有待〈形〉而然者耶？吾所待，又有待（天）而然者耶？吾待蛇蚹蜩翼邪？惡識所以然（有操）！惡識所以不然（無操）！」

昔者莊周夢爲胡蝶，栩栩然（斯夢斯覺無悔無喜）胡蝶也。自喻適志與，不知周也。俄然覺，則蘧蘧然（僵直）周也。不知周〈今〉之夢爲胡蝶與，〈往昔〉胡蝶之夢爲〈今之〉周與？周與胡蝶，則必有分矣。此之謂物化。

【通義】「罔兩」，影邊之餘暉。周夢爲蝶曰「昔者」，則非今日之夢矣，可以見其平日無求無患之志。蝶夢爲周，此身或者原是蝶，今爲周之覺，乃蝶之夢乎？末句萬物之生，死變化往來，理無不然。嗟乎！有生之類，影而已，夢而已。是非之辨，達觀者其將謂之何？

【義海】蛇蚹、蜩翼，或謂蜕甲者，不若齟齬翅翼之説爲優。盖蛇藉以行，蜩藉以飛，喻人身中所以運動者。有若相待而終於無待，則獨化之理明矣。故翻覆辯論，率〔一〕歸無待，而止人之一身。耳聽、目視、手執、足行，有待而然也。而所以用形者，若待造物而實無待也。「天下之物生於有，有生於無」「有之以爲利，無之以爲用」，然則有無、利用，未嘗不相生〔二〕。人能反究至無之妙，遊乎物初，則知所以生有，所以用形者矣。今有形以運動，有心以思慮，尚不自知其主宰之者，則自形以生景，又豈罔兩所可知？宜其惑而

〔一〕「率」，褚本作「卒」。
〔二〕褚本「生」下有「也」字。

有問也。《寓言》篇有衆罔兩問影〔二〕章，喻世之迷者益多，故不一言之。有云「子，蜩甲也。蛇，蜕也」，與此蚹、翼義同。本經嘗言「古之真人，其寢不夢」，而南華自謂夢爲胡蝶，何邪？蓋借覺、夢以立言，明死生之一致，生不知死，亦猶死不知生，二者雖不相知而理本齊一。請以覺、夢觀之，槩可見矣。何爲當生而憂死，當死而羨生乎！蝶之爲物，無巢穴之營，無飢渴之患，翩翩栩栩，遊放乎天地間。人見之者亦欣其自其自適而莫加害焉。其所由生非關種類，往往他蟲所化，或朽麥所爲。《至樂》篇載「烏足之根爲蠐螬〔三〕，其葉爲胡蝶」，則亦出於草化，莫究其始而終亦不知所歸。蓋翾飛中之得道者，故真人或夢爲之。夫人之與物，形分多類，咸稟自然。自然者，至道之妙，本萬化所由立也。故莊蝶夢覺，各不相知，終歸於化，則未嘗有異。是知動植萬形，生死萬變，有情無情，率〔三〕齊於化。化者，形數之始終、萬類之出入由於造物之推排，勇有力者莫能拒。物受雕琢，形歸鼓鑄，不知所以然而然，是以達人委而順之。故覺夢混融，生死爲一也。「周與胡蝶則必有分」，「分」即物之天。物雖各有天，固同一天也。或讀「分」如字，則分别無已，天下物論何由而齊。學者又當究夫性命之精微，以通物理之一致，與物同化而有不化者存。以死生爲覺夢，視古今如朝昏，將無物之可齊，容有論乎？然則莊與蝶與？夢與覺與？既有論之者矣，必有知之者〔四〕。

〔二〕「影」，褚本作「景」。
〔三〕「蠐螬」，褚本作「蠐蹭」。
〔三〕「率」，褚本作「卒」。
〔四〕褚本「者」下有「矣」字。

**褚氏總論：**《孟子》曰「物之不齊，物之情也」，而莊子名篇以《齊物論》，或疑其與儒家悖，重增不齊之情。殊不思孟子特爲許子言之耳。況孟子之所言者情，莊之所言者理。理一分殊，則情之不齊也宜矣。故南華原本究極，主一理以齊天下之物論。篇首設二子問答，詳論人籟、地籟之不齊，明天籟之自然，非惟理不待齊，亦非齊之所及。故於其間旁證側引而不指言天籟，欲人心契而自得之。夫生物紛紛，榮謝萬變，自形自色，自消自息，率〔一〕歸天籟而止。「天籟」者，無形無聲而形聲之所自出，神化之所發見也。倘〔二〕能究夫人籟、地籟之所由作，則天籟可知。故郭註云：「豈復別有物哉？衆〔三〕竅比竹接乎有生之類，會而共成一天耳。」至論知言、覺夢、成心、言吹、可否、是非、方生方死，無異乎萬竅怒號，及乎得其環中以應無窮，則虛以待物，物亦無礙，此忘而彼自化，風濟竅虛之謂也。「天地一指，萬物一馬」，則以不齊齊之；「詼詭譎恠，道通爲一」，有不待齊而自齊矣。若夫狙公賦芧，喜怒所由生；昭文鼓琴，成虧所以著。言有心、有爲不足以化物，何望於齊哉？至於「天地與我並生，萬物與我爲一」，可以言齊矣。又慮或者以一與言爲二，二與一爲三，此又散而不齊之兆也。惟造乎未始有物，註酌無方〔四〕，以大覺而知大夢，參萬歲而一成純，所以槩天下之物而齊之之道也。罔兩問景，不知即異而同。南華夢蝶，孰究非同非異？蓋極論物我、生死、覺夢之不齊，而終歸於物化。南華之所謂「化」，即《大易》所謂神潛於恍惚，見於日用而不可以知知識識。由是悟萬物一形也，萬形一化也，萬化一神也。神而明之，變而通之，孰爲物，孰爲我，

〔一〕「率」，褚本作「卒」。
〔二〕「倘」，褚本作「儻」。
〔三〕褚本「衆」前有「即」字。
〔四〕「方」，褚本作「窮」。

夫是之謂大齊。

【通義】篇末兩喻，文奇意碗，使物論不待齊，而自無不齊，所謂死生無變於己者，殆非空言矣。《金剛經》曰「一切有爲法，如夢幻泡影」，此篇足以盡其義。

莊子内篇第一卷　終

# 莊子卷第二

粂元朱得之傍註并通義
附錢塘褚伯秀義海纂微
雲谷王潼録校刊

## 内篇

### 養生主第三

養其有生之主而踐形之責無愧矣，即孟子養性之旨。

吾生（形）也有涯（際），而知（神）也無涯。以有涯隨無涯，殆已。已而爲知者，殆而已矣（憫世而啓之）。爲善無近（取）名，爲惡無近（取）刑。緣（依順）督（總）以爲經（常），可以保身，可以全生（德），可以養親，可以盡年。

庖丁（引證）爲文惠君（梁惠王）解牛，手之所觸（加犯），肩之所倚（靠），足之所履（踏），膝之所踦（跪壓），砉（音畫，又古鵑反）然響然，奏刀騞（進用）（音麥，又他亦反）然，莫不中音，合於桑林（樂名）之舞，乃中經首（樂名）之會（聚）。文惠君曰：「譆（歎），善哉，技蓋至此乎？」庖丁釋（舍）刀對曰：「臣之所好者道也，進乎技矣。始臣之解牛之時，所見無非牛者。三年之後，未嘗見全牛也。方今之時，臣以神遇（迎會）而不以目視，官知（耳目）止而神欲行。依乎天〈生〉理〈脈〉，批（擊）大郤（堅），導大窾（順引）（苦管苦夭二反又音空）（空），因其固（本）然。技經肯綮（骨肉緊結）之未嘗（錯縱句），而況大軱（音孤）（大骨）乎！良庖歲更刀，割也，族（衆）庖月更刀，折也。今臣之刀十九年矣，所解數千牛矣，而刀〈之口〉刃若新發於硎（砥石）。〈何也〉彼節者有間，而刀刃者無厚，以無厚入有間，恢恢乎其於遊刃必有餘地矣，是以十九年而刀刃若新發於硎。雖然，每至於族（音輳）（盤錯），吾見其難爲，怵然爲戒，視爲止，行爲遲，動刀甚微，謋（音懸）（忽）然已解（散），如土委地。提刀而立，爲之四顧，爲之躊(從容)躇(盤桓)滿(慊)志，善(愛拭)刀而藏之。」文惠君曰：「善哉！吾聞庖丁之言，得養生焉(和順不費力)。」

【通義】生有涯，知無涯，即世短意常多，人無百年壽，强作千年計之旨。「有涯隨無涯」，其殆者形勞也；爲知者之殆，神勞也；「殆已已」，危之甚也；「殆而已矣」，神隨形散，亦歸於危也。此上言不養生之患。其曰「爲善」，安分盡心，不衒售也；其曰「爲惡」，不絶嗜慾，不嬌情也；不近名刑，即其自謂不爲仁義之操、淫僻之行也。人從俗，無名可稱、無法可加也。此上言生之易養也。此只是起「緣督爲經」一句。「督」，猶獨也，總也。人身背脊之脉曰督脉，一身之最中，由尾閭貫泥丸，天而人形，而氣皆攝於此。故莊子以「督」名天德，言但循其大道管轄之機，守之以爲常。無近名、近刑之事，猶今人以取利，謂之近錢也。此一句乃養生修德之綱領，曰養生而不言修德，正逃名之意也。「保身」不犯世網，「全生」完其天性，「養親」盡其當爲，「盡年」不取夭折，皆不近刑名之實也。下文解牛事，只承「緣督」一句，明養生義。引證不用一字而意自通貫，文哉文哉！肩膝乃手足之幹。四句只形容動作機括，以起合舞中會句。解牛而擬之以樂，言和順而不費力也。以解牛之技擬養生，言應世當審幾順勢而不以强力制割也。言「得養生焉」，則保身、全生、養親、盡年皆在其中矣。「官知止」，凝定於常時；「神欲行」，敬謹於臨事也。

【義海】《内篇》始於《逍遥遊》，盡性之學，所以明道。次以《齊物論》窮理之談，所以應化。又次以《養生主》，至命之要，所以修身也。故此[一]首論無以有涯隨無涯，則生任其自生，而無夭閼之患，知復乎無知而歸混冥之極，切身之害既除，何危殆之有。信能如是，則因天下之善而善之，因天下之惡而惡之，雖爲非爲也，又何[二]近名、近刑之累哉？夫人之處身應世，有當爲之善惡[三]。夫爲善惡而近名刑，不爲善惡而無名刑，皆理之當然。今則爲之而不近名、刑者，世人視之以爲善惡，而聖賢之心常順乎中道，合天理之自然而已。故利害不能及而道德之所歸也。「督」字訓「中」，乃喜怒哀樂之未發之指[四]，非特善惡兩間之中也。苟於七情未發之時，循之以爲常道，則虛徹靈通、有無莫係，吾與太極同一混成，又惡知身之可保，生之可全，親之可養，年之可盡哉？[五]

庖丁一段敘述養生要旨最爲親切[六]，故寫其動作進止之度，以應夫行住坐卧之間，未始須臾離也[七]。

---

〔一〕　褚本無「此」字。

〔二〕　「何」，褚本作「何有」。

〔三〕　褚本此句后有一段文字，云：「至若聖賢，任天下之重，紀綱世道，扶持生靈，於善惡尤有不得不爲者，賞一人而天下勸，罰一人而天下戒，以天下之愛惡行天下之賞罰，若天地之運行，春夏生成而不以爲恩，秋冬肅殺而不以爲怨，蓋天地無心，寒暑自運，物自生成，物自肅殺，時當然耳，恩怨無與焉。若羿之工乎中微，而拙乎藏譽，近名之善也。能如飄瓦之中人不怨，斯無近刑矣。按此二句即《道德經》『建德若偷』之義。諸解或引『善不積不足以成名，惡不積不足以滅身』爲證，則是爲而近名、刑也。或引『上不敢爲仁義之操，下不敢爲淫僻之行』，則是不爲而不近名、刑也。語雖相類，義實不同，今經意蓋謂世人所謂善惡私而有迹，特見其小者耳。聖賢所謂善惡公而無畛，爲於無爲，豈淺識所能窺哉？若四凶之惡而帝堯除之，桀紂之惡而湯武放之，少正卯之惡而夫子誅之，則聖賢所謂善惡者可見矣。」此段未見録於朱本。

〔四〕　褚本無「之指」二字。

〔五〕　褚本此句后有一段文字云「郭氏以『中』釋『督』，而不明所以。後得虛齋引證切當。蓋人身皆有督脉，循脊之中，貫徹上下，復有壬脉爲之配，乃命本所係，非精於養生罕能究此。故衣背當中之縫亦謂之『督』，見《〈禮記·深衣〉注》」，此段未見録於朱本。

〔六〕　此句褚本作「《庖丁》章敘述養生要旨最爲親切」。

〔七〕　褚本此句后有「而晝筆之工，曾不是過」一句。

蓋天下事無小大，有理存焉。解牛而得其理，則目無全牛，刃有遊地。養生而得其理，則身有餘適，事無廢功。奏刀中音，喻應物之當理。釋刀而對，喻忘生而得理也。有心乎應物，則「所見無非牛」。體道而冥物，「未嘗見全牛」也。神遇不目視，則依乎自然，以虚爲用，而亦無所事乎知見矣。「十九年而刃若新發於〔一〕硎」，言與物無迕者，生無所傷，養神有道者，久而不弊也。「然〔二〕每至於族，見其難爲」，骨肉盤結曰「族」，以喻應酬世故，事物繁劇之時，當加戒謹，以成厥功，定而後能慮〔三〕。世人徒從事乎厚味、侈服、華居，顯位、聲色、悦樂以爲養生〔四〕，養愈至而生愈失，經所謂「養形果不足以存生」是已。庖丁所好者道，則所見無非道，故事物之間恬無滯礙。雖逆順迭出，萬變叢挫，卒有以善解之，不啻遊塵之過前。是何也？蓋能養其生之主，則玄德内充，真機外應，處已處物，無不適宜。應已而復歸於無，是謂「善刀而藏」，安有月更之弊哉？真人慮後世學養生者，溺於沉〔五〕寂無爲，無以酬酢世故，廢人事而曰〔六〕道可立，其爲道也鮮矣！故寓道於技以立言，而牛之解不解無庸辯。〔七〕

〔一〕 褚本無「於」字。
〔二〕 「然」，褚本作「然而」。
〔三〕 「慮」，褚本作「應也」。
〔四〕 褚本無「生」字。
〔五〕 「沉」，褚本作「況」，當以朱本爲是。
〔六〕 褚本無「曰」字。
〔七〕 褚本此句后有一段文字云「再考『每至於族』，似指族庖。見族庖之難爲，故『怵然爲戒』，而終無難也。李士表《論》意亦同此。『怵然爲戒』已下，趙氏點句獨異説，亦可通，但末後『刀甚微』三字句不圓耳」，此段未見録於朱本。

公文（姓）軒（名）見右師（官）而驚，曰：「是何人也？惡乎介（兀）也？天與（設問生成）？其人（人爲）與？」曰：「天也，非人也。天之生是使獨也，人之貌，有與（類）也，以是知其天也，非人也。澤（藪）雉十步一啄，百步一飲，不蘄（願）畜乎樊（籠）中。神（宜作形）雖王，不善（喜安）也。」

【通義】「有與」也，猶曰耦也。性與形謂配也，言其有人之貌，而性猶與貌俱不隨足刖，則其刖者非其自取，乃天數使然。又於言外原其所以致刖之故，由其貪飲啄之富而入乎樊中耳。形雖如王者之坐享，亦不能自適如澤中，故曰「不善也」。天、人之疑，謂人有餘不足，雖出於人，亦造物者爲之主，故人遇患難，惟當順受。澤雉之喻，謂人自愛者，不慕紛華也。即其「有與」而知其刖之非辜，即其既刖而猶居乎右師之官，則其取刖之因也。保生之道、出處之機，於是乎審矣。

【義海】右師之介雖咎於人[一]，亦其天分使之獨足，而其貌則與人同類耳。況稟形最靈，復有以充其內，豈可以外虧一足而自棄其全美哉？是故一安於命而歸之天，知所當全者在乎德性。德者與生俱生，性則爲生之主，不離於斯二者，是謂得其養矣。形之殘兀，何加損焉！欲人安於患難而順其性[二]之情，則吾

[一]「右師」前有「盖」字，且褚本此段前有一段文字云：「『介』音『兀』，斷足也。崔氏本作『點睛趴』。據前諸解，立説不同，亦各有意義。詳定從本音以『偏刖』釋之爲當。『有與』説亦未明，今擬以『與』訓『類』説之。盖右師之介雖蓄於人。」

[二]「性」，褚本作「性命」。

「有尊足者存」。所養非形骸也，故澤雉〔二〕以全性爲樂，富〔三〕樊爲憂。飲啄雖艱，而不願就養〔三〕。若受畜樊中，則雖飲啄有餘而飛行失所。「形雖王，不善也」〔四〕。

老聃死，秦失弔之，三號而出。弟子曰：「非夫子指秦失之友邪？」曰：「然。」「然則弔焉若此，可乎？」曰：「然。始也吾以爲其人也踐形，而今非也。向吾入而弔焉，有老者哭之如哭其子，少者哭之如哭其母。彼其所以會之，必有不蘄期言而言，不蘄哭而哭者。是遁天倍背情，忘其所受，古者謂之遁天之刑。適來夫子有道者時也；適去夫子順也。安時而處順，哀樂不能入動心也，古者謂是帝之懸解。」指疑作脂窮於爲薪，火傳也，不知其盡也。

【通義】此段形容德之入人心者深，反言以拂塵也。天之所受，本來無物，今以有情相感，則是忘其始之所受，而遁逃其無爲之天性，倍棄其無情之真，得罪於天者，故曰「遁天之刑」。縣者四，無係着，解者四，無聯屬，佛言「大解脱」也。「帝之縣解」，言是天地間無粘帶之人也。人之有生如以薪熾火，所美者之死，如薪盡於火，薪有盡而火無窮，死生之變何足動於達人之中哉？此章大意列、莊語中散見，惟「老子死」一足破方士之狂，而養生之主莫善於聃，故存於此。「指窮」之「指」，疑是「脂」，不然木也。

〔二〕「故澤雉」，褚本作「故後文澤雉之喻」。
〔三〕「富」，褚本作「蓄」。
〔三〕此句褚本作「再詳經旨，謂澤雉飲啄雖艱，而不願就養」。
〔四〕褚本此句后有一段文字云：「諸本多作神，使其神王，豈得謂之不善哉？況受縶樊中，無神王之理，傳寫之誤，失於訂正耳。」

**【義海】**按前諸解，「指」字多以手指釋之，蓋以爲「前」言所指，即薪可見[二]。竊詳經意，「指」應同「旨」云[三]，猶云「理」也，理盡於爲薪，故火傳不知其盡，善[三]甚顯明。《知北遊》篇「周、遍、咸之[四]者異名同實，其指一也」可證。夫一家之薪有盡，而天下之火無盡，善爲薪者有以傳之。一人之身有盡，而身中之神無盡，善養生者有以存之。火之在彼薪猶此薪也，而熖熖[五]不同。神之託後身猶今身也，而息息各異。熖不同，所以有然有滅；息各異，所以有死有生。然而天下之火未嘗盡，神未嘗滅者，有人以主之耳。至若鑑日擊石、讃木戛竹，皆可以得火。火性遍天地間，非人無以致之，神之運化也亦然。去是薪，火何麗？亡是形，神何託？由是知傳火在乎得薪，託神在乎得形，所以成至人之妙用，相天地之全功。南華舉以結《養生主》一篇之義，深有旨哉！

**褚氏總論：**達養形之理者勿傷，得養神之道者無爲。形者，生之所託。神，則爲[六]之主。虛無之道，是所以養其神者也。世人徒知養生，而不知養其生之主，養愈至而生愈失，故真人誨以無以有涯隨無涯，庶乎養生之旨矣！夫以道存懷者，無心於善惡。以虛待物者，何有乎名刑？順中而不失其常，保身盡年之

[二] 褚本此句作「蓋以爲訓『前』則指在其中矣」。
[三] 褚本無「云」字。
[三] 「善」，褚本作「義」。
[四] 「之」，褚本作「三」。
[五] 「熖熖」，褚本作「焰焰」。
[六] 褚本「爲」下有「生」字。

理有在於是。解牛喻應物，刀以喻生。十九年而刃若新發硎，則劇繁治劇不知其幾，而吾之精明者愈久而不弊，是爲生之主。人當善養者，唯善於平日〔一〕，所以得濟於斯時，以不用而成大用也。至於善刀而藏，則應物餘暇，歛知韜光，物遂其適，事盡其理，而吾之利用未嘗或虧。古之大隱，居鄽接物，而常應常静，得此道故也。是以學道之要，虚静爲先。非虚無以全神，非静無以復命。性全命復，養生之能事畢矣。如鏡當臺，有鑒無迹，事物於我何加焉？凡人逐物喪真，攖事拂理，得〔二〕交患，滿心戚醮，生能無損乎？所以澤雉不願畜樊，見於後喻。老聃大聖，南華所師，猶云「死」者，示人安時處順，守常得終，而遯形飛化之妙，非世所測，「聖人之死曰神」是也。秦失吊之而三號，已爲方外剩法，然弟子猶不能無疑，遂告以去來適然，安之弗〔三〕拒，是謂「帝之縣解」，造物不得以係之矣。盡爲薪之理者，火傳無窮；盡養形之理者，神全不喪。有形終於有盡，在我不得不養。假幻以修真，亦相資之理。特不必如張毅無足之過養耳，是以卒貴乎全而歸之形，得全歸則神無謬適。出有入無，何往而非正？「伏羲得之而襲氣母，黄帝得之而登雲天，傅説得之，騎箕尾而比列星」，太上云「死而不亡者壽」。

## 人間世第四

《列子·貴虚》篇中「世」訓「生」。此「世」字亦當以「生」爲義，言我在衆人之中立此生道也。「世」字，六書從三十一，會意指事。此篇意在内不失己，外不失人，是爲立生之道，故曰「人間世」。

顔回見仲尼，請行。曰：「奚之？」曰：「將之衛。」曰：「奚爲焉？」曰：「回聞衛君，其年壯，其

〔一〕此句褚本作「唯其善養於平日」。
〔二〕褚本「得」下有「失」字。
〔三〕「弗」，褚本作「勿」。

行獨；輕用其國，而不見其過；輕用，民死，死者以國(谷)量，平〈原野〉澤若蕉(焦誤)，民其無如矣。回嘗聞之夫子曰：『治國去之，亂國就之，醫門多疾。』願以所聞思其則(法)，庶幾其國有瘳乎！」仲尼曰：「譆(歎)，若(汝)殆(將)往而刑耳！夫道不欲雜(純一虛明)，雜則多，多則擾(亂)，擾則憂(自苦)，憂而不救。古之至人，先存諸己而後存(捄)諸人(此顏子所造，即後之進之者可見)。所存於己者未定，何暇至於暴(入聲)人之所行！且若(汝)亦知夫德之所蕩(滌除)，而知之所爲出(生)乎哉？德蕩乎名，知出乎爭。名也者，相軋(傾奪)也；知也者，爭之器(質)也。二者凶器，非所以盡行也。

「且〈汝〉德厚信矼(音椌 堅厚)，未達人氣(稟)，名聞〈雖〉不爭，未達人心(志)。而彊以仁義繩墨(法度)之言術(述)暴(兇)人之前者，是以人惡有其美也，命之曰菑(凶)人。菑人者，人必反菑之，若(汝)殆(或)爲人菑夫(疑)！且苟(彼)爲悅賢而惡不肖，惡用而(汝)求有以異？若(汝)唯無詔(召而自往)，王公必乘人〈之間〉而鬬(爭)其捷(勝)。而(汝)目將熒之，而(汝)色將平之，口將營之，容(動)將形之(言未定)，心且成之。是以火救火，以水救水，名之曰益(增)多。〈蓋以〉順始(其)無窮(則將來)。若(汝)殆以不信厚(今曰深)言，必死於暴人之前矣！且昔者桀殺關龍逢，紂殺王子比干，是皆修其身以下傴(愛)拊(養)人(他)之民，以下拂其上者也，故其君因其修(善)以擠(棄)之。是好名者也。昔者堯攻叢、枝、胥敖，禹攻有扈，國爲虛(墟)厲，身爲刑戮。其(敖扈等)用兵不止，其求實(利)無已，是皆求名實者也，而(汝)獨不聞之乎？名實者，聖人之所不能勝(平聲)也，而況若(汝)乎！雖然，若必有以(憑)也，嘗(試)以語我來。」

顔回曰：「端而虛，勉而一，則可乎？」曰：「惡！惡可！夫以陽(外)爲充(自滿)孔揚(洋洋)，〈神〉采色不定(形容端緒勉一之有心)，常人(衆)之(且或聽)所不違，因案(壓服)人之所感，以求容(順適)與其(彼)心。名之曰日漸(遷变)之德(就)不成，而況大德乎(遠有所就以化人)！將(倘)執〈小德〉而不化，外〈雖〉合而內不訾(終不忘形)，其庸(是)詎可乎！」曰：「然則我內直而外曲，成而上比(合)。內直者，與天爲徒。與天爲徒者，知天子之與己，皆天之所子，而獨以己言蘄乎而(彼)人善之莊文句法，蕲乎而人不善之邪？若然者，人謂之童子，是之謂與天爲徒。外曲者，與人[之]衍爲徒也。擎跽曲拳，人臣之禮也，人皆爲之，吾敢不爲邪！爲人之所爲者，人亦無疵焉，是之謂與人爲徒。成已之成說而上比者，與古爲徒。其言雖教，讁之實也，古之有也，非吾有也。若然者，雖直不爲病，是之謂與古爲徒。若是則可乎？」仲尼曰：「惡！惡〈乎〉可！太多，政法而不諜妥帖，雖固亦無罪。雖然，止是耳矣，夫胡可以及化！猶師從心成者也。」

顔回曰：「吾無以進矣，敢問其方向。」仲尼曰：「齊，吾將語若汝！有而爲之其易邪自有其能以爲此特易事？易之者若存此心，則吾皞天皞之不宜相入。」顔回曰：「回之家貧，唯不飲酒不茹葷者數月矣。若此，則可以爲齊乎？」曰：「是祭祀之齊，非心齊也。」回曰：「敢問心齊。」仲尼曰：「若汝一志，無聽之以耳，而聽之以心，無聽之以心，而聽之以氣！聽止於耳，心止於符。氣也者，虛而待物者也。唯道集虛。虛者，心齊也。」顔回曰：「回之未始得使教，實自有回也；得使之也，未始有回也；可謂虛乎？」夫子曰：「盡矣。吾語若汝！若能入遊其樊籠，而無感其名，入受言則鳴，不入則止。無門路無毒救藥，一宅同其所居而寓寄心於不得已則特，〈然後言〉則幾矣亦乎可往。〈然〉絶迹足易，無行地難。爲人後使易以僞，爲天理使難以僞。聞以有翼飛者矣，未聞以無翼飛者也；聞以有知知者矣，未聞以無知知者也。瞻視彼闋者，虛室生白明，吉祥止止虛。夫且不止，是之謂坐馳。夫狥耳目内通，而外馳於心知，鬼神將來舍依，而況人依乎！是萬物之化也，禹舜之所〈樞〉紐也，伏戲几蘧之所行終身，而況散泛焉者乎！」

【通義】「澤若焦」句，上文「乎」字是「平」字。言其平原野澤，荒蕪不穡，若過焚然。若以

「乎」字屬上句，則語義爲綴矣。「未達人氣」，此言氣質，如仁智信直勇剛之類。「强以仁義」，乃用智也。且「苟爲悦賢」至「死於暴人之前矣」八十五字，乃孔子困於盜跖之形容，彼述自暴自棄之情狀，此則言若子貴自守，不可衒售以取辱也。乘人鬭捷，亦用智也，故曰「益多」。「雖然」以下兩句，見孔子好學之不倦。「嘗以，語我來」，此「來」字雖語助詞，而其聲氣則有引掖之意。「其庸詎可乎」，猶曰其是豈可乎，「庸」乃語辭，不可訓「常」，《大宗師》篇内亦云「庸詎知所謂」云云，今人亦常用此句法。此章大意闡孔顔兼善之志，顔子之速化、孔子之虚己也。

【義海】諸解大意詳悉，兹不〔一〕贅。字義或有遺論，僭附編末〔二〕。澤若蕉，澤同野，焦誤蕉〔三〕。「死者以國量」，國猶谷量〔四〕，猶史載「谷量牛馬」之義，言其其多不可數也。民死既衆，則穀粟草木不得遂其生，澤中如過焚而焦者〔五〕，其國政可知矣。「强以仁義繩墨之言術暴人之前者，是以人惡其有〔六〕美也」，術

〔一〕褚本「不」下有「復」字。
〔二〕褚本「末」下有「云」字。
〔三〕褚本作：「按：『澤若蕉』頗難釋，或從『澤』絶句，則下二字爲句未圓。『澤』字，説有二義。『蕉』亦解者不一，《音義》舊註以『澤』爲『野』，『蕉』同『樵』，其論却通。」
〔四〕褚本無「國猶谷量」四字。
〔五〕此句褚本作：「澤中如見樵刈」。
〔六〕「其有」，褚本作「有其」。

述通〔一〕。此章「暴人」凡三，前二處宜作『表暴』解〔二〕，謂表白〔三〕人之所行，術暴於人之前。末句〔四〕正指凶暴之人，謂蒯聵也。

夫涉人間世者，不能無憂患。故是篇首以孔顔問答，歷述暴君厲行而酌其往化之方。顔子以虛一進其本議，亦正矣。然出於端勉，未能無心，則彼由中之機安保其不妄發？顔子又思三術自全，仲尼猶以爲太多政，法而不諜，胡可以及化？以心未能忘故也。顔子至此無以進，由是知夫子化人，直造懸崖撒手、心路斷絶之地始可進向上一步，使齊〔五〕肅形神而後告之，自明而誠之謂也。「諜」字以間諜釋之不通，盧齋訓「安」爲近。「聽之以耳」〔六〕，止於聞道而未能盡行。「聽之以心」，止於契道而未能盡忘。至於「聽之以氣」，則無所不聞，無所不契，仿徨周浹，混合太虛。太虛何處無之？故待物盡善，而物亦不能逃也。耳之所冥者心，心之所符者氣，氣則静極無爲，虛以待物者也〔七〕。觀夫「注焉不滿，酌〔八〕不竭」「與人而愈有」、常應而常静者，則亦何待不待之之〔九〕有哉？「通天下一氣」，人、物，太虛之所同攝也。唯虛與氣，

〔一〕此句褚本作「『術』字諸本一同，獨碧虛照江南古藏本作『術』，下文又照崔氏本作『惡育其美』，育，賣也，以貫上文『術』字之義，於經旨終有未安。考之《史記・樂書》『識禮樂之文能術』，又曰『術者之明』，『術』通作『述』，存古可也。」

〔二〕褚本作「諸解例以『凶暴』立説，審詳前二處宜作『表暴』解」。

〔三〕「白」，褚本作「暴」。

〔四〕「末句」前褚本有「辭意頗暢，上下文亦通」九字。

〔五〕「齊」，褚本作「齋」。

〔六〕「聽之以耳」，褚本作「按『聽止於耳，心止於符』及『氣』也者，重舉以釋上文，解者或分析立説，義不貫通。今撫其大意以求印正，云『聽之以耳』」。

〔七〕褚本無「者也」二字，且下有「孟子所謂浩然充塞者也」十字。

〔八〕褚本「酌」下有「焉」字。

〔九〕褚本無此「之」字。

非即非離，互顯體用，是以無往而不通。道則非虛非氣，能虛能氣。所以化天下之剛，御天下之實，待物於無待，善應而不窮者也。心齋之妙，亦虛而已。故能靜鎮百爲，明燭萬有，如鏡開匣，如衡在懸，天下之重輕、妍醜莫逃，而無恩怨、予奪之累，以是而處人間世，特遊戲耳。顏子豁然而悟曰：未得心齋之用，實自有回；既得心齋之用，未始有回。則受化之速可知矣。夫子嘗謂其「終日不違如愚」，此「未始有回」之實驗〔一〕也。顏子將之衛而夫子告以此者，蓋平日心傳內學皆性命之精微，「直〔二〕以治身」者也。今將出而有爲，翊扶治道，故詳及於君臣交際世故酬酢之間，使之形氣交和，中虛外順，上以造心齋之妙用，下以顯及化之真機。聖人所以與天爲徒而不涉人間世之患者，以此。

葉（邑）公（宰）子高（字）將使於齊，問於仲尼曰：「〈衛〉王使諸梁（名）也甚重（事大而選人），齊之待使者蓋將（或者）甚敬而不急（速應）。匹夫猶未可動（轉移）也，而況諸侯乎！吾甚慄之（戰兢此使）。子常語諸梁也曰：『凡事若小若大，寡（鮮）不（失）道以懽成。事若不成，則必有人道之患；事若成，則必有陰陽（氣不合）之患。若成若不成而後（將來）無患者，唯有德者能之。』吾食也執粗而不臧（擇美），爨無欲清之人。今吾朝受命而夕飲冰，我其內熱與！吾未至乎事之（而此衷）情，而既有陰陽之患矣；事若不成，必有人道之患。是兩也，爲人臣者不足以任（當）之，子其有以語我來！」

仲尼曰：「天下有大戒二：其一命（天）也，其一義（盡心）也。子之愛親，命也，不可解於心；臣之事君，義

〔一〕「驗」，褚本作「驗」。
〔二〕「直」，褚本作「真」。

也，无適而非君也，无所逃於天地之間。是之謂大戒。是以夫語辭事其親者，不擇地而安之，孝之至也；夫事其君者，不擇事而安之，忠之盛也；自事其心者此子高之所不能，哀樂不易施乎前，知其不可柰何而安之若順命，德之至也。爲人臣子者，固有所不得已。行事之情而忘其身，何暇至於悅生而惡死！夫子其行可矣！丘請復以所聞：凡交近則必相靡順以信符驗，遠則必忠之以言，言必或傳之。夫傳兩喜兩怒之言，天下之難者也。夫兩喜必多溢美〈過當〉之言，兩怒必多溢惡之言。凡溢之類妄虚，妄誣則其信之也莫漠，莫則傳言者殃。故法言曰：『傳其常情，無傳其溢言，則幾乎〈自〉全。』且以巧鬬力者，始乎陽，常卒乎陰，泰至過甚則多奇巧；以禮飲酒者，始乎治，常卒乎亂，泰至則多奇樂。凡事亦然，始乎諒，常卒乎鄙；其作始也簡，其將畢也必巨。言者風波也，行者實喪也。夫風波易以動，實喪易以危。故忿〈則〉設無由根因，巧言偏辭。獸死不擇音，氣息茀然，於是並兩家生心厲。〈在此〉剋核太至，〈在彼〉則必有不肖類之心應之，而不知其然也。苟爲不知其然也，孰知其所終！故法言曰：『无遷令，无勸成。過度，溢也。』遷令勸成〈足以〉殆事。美成在久，惡成不及改，可不慎與！且夫乘物以遊心，託設若不得已以惟養其中，至矣。何必作爲報反命也！莫若爲致命盡其天數。此其難者不易惟强勉。」

【通義】孔子之時，衛未稱王，此而曰「王」，疑爲後世所擬之文也。「寡不道以懽成」，凡事之成莫不懽忻浹洽，懽忻浹洽以不失道也，鮮有不得其道而事得以懽成者。此起下文「二患」之故。「食也，執粗而不臧，爨无欲清之人」，凡主人食而擇美，則爨者求清潔以爲事。今以心「慄」，苟且粗食，不擇其美爨者，所以不須求潔静也。「以巧鬬力者」，初必示以可見而暗藏取勝之策在後，不然不謂之巧亦不能勝力也。此下即喻以見爲使之道當知機。又曰「凡事亦然」，蓋指使事而廣言以聽其所取。「實喪」者，言心之情實發露在行事，生則外貌雖得，而中心之誠然者則失矣。「忿説無由」，言所行既喪其實而履危道，則必忿心生而鑿空造出無來歷之事，以成其「巧言」，偏辭肆言而無所擇，如獸死之音也。「遷令」「勸成」，必至於殆事，戒之也。「美成在久」，勉之也；「惡成不及改」，警之也。「乘物以遊心」，因物之感而推敲以應之也。「致命」之道，非盛德真見者不能生，生死一安於理。此篇只義命是大旨，致命乃所以盡義，不以易心乘之，此致命之機，故曰「此其難者」。

【義海】子高將使齊，以平日聞諸夫子者質諸夫子，且自述其奉命懷憂、冰炭交戰之意，覬有以發病而〔一〕藥之。夫子告以命義二戒，忠孝大節，事親不可解於心，事君無逃於天地。事心，哀樂無所施，人世立身之要亦槩見乎此；然心爲天君，萬化所出，人能事心盡道，則於君親可知矣。不可柰何而安之，則平居暇日可知矣。信道篤而自知明，何死生之悦惡哉？此所以訓天下之爲臣子〔二〕者，於其所難安而安之。忠君〔三〕之至，立身之盡也。繼又陳奉使傳言之難，而誨以幾全之道，庶使君無失德，臣無辱命，此又下告顏子者一等矣。唯顏子至命盡神，故足以發夫子心齊〔四〕之論而造坐忘之極。子高則未免以得失利害存懷，故但告之以謹傳命、全臣節而已，有以見聖人因材施教，循循而善誘者也。

〔一〕褚本無「病而」二字。
〔二〕「臣子」前褚本有「人」字。
〔三〕「君」，褚本作「孝」。
〔四〕「齊」，褚本作「齋」。

出世間法即世間法，能處世間而無累，是爲出世間矣。先論奉使傳命之難，却泛説世事感召，勢之必至而莫知所以然，使求其理而已。「風波」「實喪」之語，誠爲切當。「尅核太至」，「核」同劾，諸解罕詳及。蓋核者，木果生意所寓〔一〕，仁在其中。先賢嘗取以喻仁愛之意。今謂尅削其核，則傷其仁而生意盡；尅削其行，則傷其義而交道絶。故不肖之心不期應而應之。肖，類也，仁心錫類，一視同。慈仁苟不存則其心不類，何惡弗爲？蓋〔二〕由有以召之，其機不可不謹。《文中子·周公篇》「好奇尚怪，蕩而不止，必有不肖之心應之」，語本乎此。「美成」「惡成」，對待立義，諸解或以「惡」音去聲，今擬〔三〕本音解云：美善之成至難，必積久以化之；過惡之成至易，雖欲改而不及矣。上句戒其無遷易國家之號令，下句戒其無勸成齊侯之驕志也。「乘物以遊心」，因理而行，不逆慮成否也。「不得已以養中」，理極而止，不失乎中道也。如此亦足矣，何必作爲以報其君哉？「莫若爲致命」，言但聽其死生禍福，則處此亦何難之有？夫子始告以命義大戒，終亦歸於本意。觀此一段，曲盡物情，孰謂南華傲睨物表而略於世故耶？

顔闔將傅衛靈公太子（名非時尚），而問於蘧伯玉曰：「有人（不敢明指）於此，其德天殺（裁抑）。與（順）之爲無方（法度），則危吾國；與（導）之爲有方，則危吾身。其知適足以知人之過，而不知其所以過（不量救正者之心）。若然者，吾柰之何？」蘧伯玉曰：「善哉問乎！戒之慎之，正汝身哉！形（迹）莫若就（從），心莫若和。雖然，之（就和）二者有患（過當）。就不欲入（同），和不欲出（異）。形就而入，且爲顛（狂）爲滅（毁），爲崩（頹）爲蹶（仆）。心和而出，且爲聲爲名，爲妖

〔一〕「蓋核者，木果生意所寓」，褚本作「唯疑獨分爲二字釋之。今擬從『核』字本義爲之説云：核者，木果生意所寓」。
〔二〕「盖」，褚本作「益」。
〔三〕褚本「擬」下有「從」字。

爲孽（此患也）。彼且爲嬰兒，〈姑〉亦與（順）之爲嬰兒（無知）；彼且爲无町畦（撙節），亦與之爲无町畦；彼且爲无崖（汎濫），亦與之爲无崖；達之入於无疵（此和以就之而不入其狂也）。汝不知夫螳蜋乎（不就不和之澄）？怒其臂以當車轍，不知其不勝任也，是（自許）其才之美者也。戒之慎之！積（屢）伐（誇）而（汝）美者以犯之，幾（危）矣。汝不知夫養虎者乎（就不入和不出之類）？不敢以生物與之，爲其殺之之怒也；不敢以全物與之，爲其決之之怒也；時其饑飽，達其怒心。虎之與人異類而媚養己者，順也；故其殺者，逆也。夫愛馬者，以筐盛矢（或作屎），以蜄盛溺。適有蚉虻，僕緣（因）而拊（拍）之不時（道意），則缺銜毁首碎胸。意有所至而愛有所亡（忘同），可不慎邪！」

【通義】闔之傳蕢，殆君命不可辭，故有此問。爲子擇傅而得闔，亦靈公不喪之一端也。只是正身爲本，迹就心和，外盡恭敬不忤之道，内存調停誘掖之心，此亦善養人之方。然必身正而或就或和，不過其則也。「達之」入於「無疵」者，通其情使漸入於無顯惡，此之謂就不入、和不出也。「僕緣而拊之不時」，言牧馬者拍馬身之蚊虻，出於忽然，馬不知僕之拍，必然驚詫決裂致傷。則我平日愛馬之心，皆忘之矣。此蓋反應「達入無疵」句，實欲訓迪頑鈍者，漸漬而不驟也。此承「美成在久，惡不及改」之意。

【義海】伯玉〔一〕之教顔闔，又下夫子教子高者一等〔二〕。子高猶知〔三〕有奉命憂懼之心，故夫子告以命

〔一〕褚本「伯玉」前有「觀」字。
〔二〕褚本句末有「矣」字。
〔三〕褚本「猶知」下有「尊楚君」三字。

義大戒，終之以「乘物遊心」「託不得已」。雖委身爲使，而猶知存所天，未至狗人而忘己〔二〕。闔則既知聵〔三〕不可傳而欲傳之，先己懷疑而求彼之信己，於理已稍悖矣。故伯玉告以「正汝身哉」，立其本而後末可舉也。形就心和，是見其勢不可以力正，姑立此苟全之論，非爲傳之道也。況「就而入」「和而出」者乎？至於與之爲嬰兒、爲无町畦、爲无崖，則就入之尤者。雖有因機點化一着，然師傅之尊，豈無善誘之道而遽至於是？縱由此而達之，僅可無疵而已，安能化物哉？螳螂怒臂，正以喻闔將恐不免耳。養虎、愛馬，又所以申前論，而俾之加謹也。

匠石（藝精）之齊，至於曲轅（山名），見櫟社樹。其大蔽牛，絜之百圍，其高臨山十仞而後有枝（木榦），其〈枝〉可以爲舟者旁十數。觀者如市，匠伯（長）不顧，遂行不輟。弟子厭（熟）觀之，走及匠石，曰：「自吾執斧斤以隨夫子，未嘗見材如此其美也。先生不肯視，行不輟，何耶？」曰：「已矣，勿言之矣！散木也（不入品題），以爲舟則沈，以爲棺槨則速腐，以爲器則速毀，以爲門户則液樠（莫干反 漏），以爲柱則蠹。是不材之木也。无所可用，故能若是之壽。」匠石歸，櫟社見夢曰：「女將惡乎（何所）比予哉？若（如）將比予於文木耶（可愛）？夫柤梨（可食）橘柚果蓏（力果反）之屬，實熟，則剥則辱；大枝折，小枝泄。此以其能苦（自）其生者也，故不終其天年而中道夭，自（取）掊擊於世俗者也。物莫不若是。且予（木）求无所可用久矣，幾（屢）死，乃今（錯綜句）得之爲予大用（無用自全）。使予也而有用，且得有此大也耶？且也（夫）若（汝）與予（木）也（馳驟句），皆物也（一句中四也一哉），柰何哉其相物也？而（汝）幾死之散人（無拘）

〔二〕 褚本句末有「也」字。
〔三〕 「聵」，褚本作「蒯聵」。

，又惡知散木（頓挫句）！」匠石覺而診其夢。弟子曰：「趣取無用，則（又）爲社何耶？」曰：「密（默）！若（汝）無言！彼（櫟）亦直（但）寄（跡）焉以（正將）爲不知（匠石自指）己者詬厲（詆辱）也。不爲社者，且幾（何）有翦（伐）乎！且也（夫）彼其所保（守）與衆異，而（汝）以義喻之，不亦遠乎！」

【通義】自全其天者，不求合於俗；自謂知物者，未必爲豪傑之知己。「以爲不知己者詬厲」，言寄跡於社，得至此大，正取人之棄以自保也。以義論之，蓋以弟子謂其以無用爲趣，乃復致用於社，是因其言而喻之以義理也。「寄焉」者，言其不辭社之用，乃其寄跡非以求用也。

【義海】前章備述處身應世之難，此章復引櫟社以不材自保而全無用之用，又假匠石答問以發明之。「機〔一〕死，乃今得之，爲予大用」，是一句。「柰何哉其相物也」，言予汝皆稟形爲物，汝乃欲相我〔二〕？「饑〔三〕死之散人」，謂汝以能自役，亦饑死矣。予安於無用，豈汝所知哉？弟子又爲〔四〕櫟之本趣，既取無用，則何以社爲？匠石令其不必言，彼社直來寄耳，非求爲社也。正以爲社〔五〕不知己而加詬厲，且既安無用，縱不爲社，亦何得有翦伐乎？蓋彼所保者不材，故與衆異，而汝以社義譬之，相去遠矣。喻淳朴之人自全於世，

〔一〕「機」，諸本作「幾」。
〔二〕「相我」，諸本作「用我邪」。
〔三〕「饑」，諸本作「幾」，下同。
〔四〕「爲」，諸本作「謂」。
〔五〕「爲社」，諸本作「社爲」。

不願人之吹噓獎借，或得譽於鄉黨，亦寄焉耳，豈以爲榮哉？惟其不可得而利，所以不可得而害也。

南伯子綦遊乎商之丘，見大木焉有異（句法），結駟千乘，隱將芘其所藾。子綦曰：「此何木也哉？此必有異材夫（乎）！」仰而視其細枝，則拳曲而不可以爲棟梁；俯而視其大根，則軸解（紋理散）而不可以爲棺槨；咶（食紙反）其葉，則口爛而爲傷；嗅之，則使人狂酲，三日而不已。子綦曰：「此果不材之木也，以至於此其大也。嗟乎，神人（道德）以此不材（自甘〔一〕無用）！」宋有荆氏（地名）者，宜楸柏桑（可器）。其拱把（小）而上者，求狙猴之杙（架）者斬之；三圍四圍，求高名（明同）之麗（即欐）（棟梁）者斬之；七圍八圍，貴人富商之家，求樿傍（棺槨）者斬之。故未終其天年而中道之夭於斧斤，此材之患也。故解（書名）之以牛之白顙者，與豚之亢鼻者，與人有痔病者，不可以適（往用）河。此皆巫祝以知（奉行）之矣，所以爲不祥也。此乃神人（道德）之所以〈無用〉爲大祥也。

【通義】「神人以此不材」「神人所以爲大祥」二語，相應道德入神者不以有用自顯，其許由之徒歟？「隱將芘其所籟」，隱然不見有駟乘也，自我芘物曰「芘」，物求我廕曰「籟」。痔病不可以祭河，不用「痔病」者，爲尸也，舊引西門豹事爲訓，義未安。

【義海】諸解發明大意盡矣，而字義有未釋者，今附於後云：「隱將芘其所籟」，言隱然芘其蔭也〔二〕。

〔一〕「甘」，丁坊本作「付」。
〔二〕褚本下有「或以『隱』字屬上句説之，不通」一句。

「必有異材夫」絶句，以「夫」屬下文者非。「軸解」，謂木紋散〔一〕也。「杙」，所以棲獮猴。「高明」是「高名」，「麗」釋以「屋」字，當從「欐」，《列子》「餘音繞梁欐」，「禪傍」，棺之全一邊者〔二〕。慮齋説甚當。此章與前章義同，後添人以疾而免祭河之厄，又結以神人所以爲大祥，經意顯明，茲不贅述。

支離（傴）疏（人名）者，頤隱於齊（臍），肩高於頂（俯），會撮（髻）指天，五管在上（仰口鼻目），兩髀（大腿）爲脅。挫鍼（縫衣）治繲（音綫）（浣衣），足（寡）以餬口；鼓筴（箕）播精（簡米），足（多）以食十人。上徵（求）武（戰）士，則支離攘臂於（不避）其間；上有大役，則支離以有常疾不受功，上與病者粟，則受三鐘與十束薪。夫支離其形者，猶足以養其身終其天年，又況支離其德者乎！

【通義】「五管在上」，乃跎之甚者，視物必側項仰面，而其目鼻與口必向上也。「不受功」，不承功程之責也。「支離其德者」，美無可見，用不及大，猶曰散碎無收拾之人也。

【義海】「會撮」音「檜最」，又「會」，古活切；「撮」，子活切。頊權〔三〕，司馬云「髻也，古者髻在

〔一〕「散」，褚本作「旋散」。

〔二〕「高明」以下一句，褚本作：「『禪傍』，棺之全一邊者。『高名之麗』，『麗』釋以屋，字當從『欐』，《列子》『餘音繞梁欐』。『高名』則是『高明』無疑。」

〔三〕「頊權」，褚本作「項椎」。

項中，脊曲頭低，故髻指天」，向氏云「兩肩聳上，會撮然也」。今讀多從前〔一〕音，與《大宗師篇》「句贅指天」，字異而義同。自「頤隱於臍〔二〕」至「兩髀爲脅〔三〕」，形容殘疾之狀。「鼓筴播精」，司馬云「筴同策，小箕也」，「簡米曰精」。崔氏云「鼓筴，揲蓍；播精，布卦占兆也」，今多從司馬説。二技衣食所資，切於日用，故可藉之以食十人。此亦設辭言其形雖不足而養身有餘也。〔四〕此段切緊在後句，蓋德忌乎執，執則非德矣。「支離」，謂疎散自在，於德者「上德不德」是也〔五〕。夫支離其形者，征〔六〕役不及而粟薪可沾，則支離其德者，人害莫及而天爵所加也宜矣！

孔子適楚，楚狂接輿遊其門曰：「鳳兮鳳兮，何如德之衰也！來世不可待，往世不可追也。天下有道，聖人成〈其世〉焉；天下無道，聖人生焉。方今之時，僅免刑焉。福輕乎羽，莫之知載受用；禍刑戮重乎地，莫之知避。已乎已乎，臨加人以德！殆乎殆乎，畫地而趨！迷陽明迷陽，无傷妨吾行！吾行，郤違曲避舊脱此二字誤疊吾行字，无傷損吾足。」山木自寇也二句忘己殉物之喻，膏〈於〉火自煎也。桂可食二句衒美求用之喻，故伐之；漆可用飾，故割之。人皆知有用之〈爲〉用，而莫知無用之爲用也。

〔一〕「前」，褚本作「首」。
〔二〕「臍」，褚本作「齊」。
〔三〕「脅」，褚本作「脇」。
〔四〕褚本此句後有「彼支離其形猶若此，況支離其德者乎」一句。
〔五〕褚本此句作：「『支離』，謂疏散自在，於德而疏散自在，『上德不德』是也。」
〔六〕「征」，褚本作「徵」。

【通義】此借聖人以警世，意以聖如孔子，而泥跡猶有弊，況不及孔子而假名干祿乎？「成」者，聖人與世相成，不見聖人之跡；「生」者，特顯露於衆人之中，正與文中子意同。「僅免刑」，言天下機穽深、嗜欲重，未有不履危險者。不敢望無譏之加，但苟免法網，是亦幸矣。平康之福，無所加於人，輕如羽也；死之爲禍，弗論即劓刵剕宮，爲禍之重，豈不如地乎？山之生木，自盜其氣；膏之生火，自耗其體。「有用之用」，殉人而失己；「無用之用」，務内而忘外者也。

【義海】諸解已詳，不復贅[一]。按《文中子·述史篇》「天下有道，聖人藏焉，天下無道，聖人彰焉」，句法雖同而反其意，各有所主耳。愚嘗謂秦漢以來諸子立言者，襲南華語意不少，獨經中設譬引喻，未嘗蹈前人一轍而愈出愈奇，後竟未有追踪者[二]，是謂文可文[三]，非常文也。「吾行郤曲」「無傷吾足」，諸本皆然。「郤」，多音「隙」，獨碧虛如字，復正經文作「郤曲郤曲」，庶協上文。元本應是如此，傳寫差謬，誤疊「吾行」二字，識者自能鑒之。

**褚氏總論**：夫處人間世者，君臣之分雖人不可不盡者[四]，然當度可否之宜，謹出處之節，視古今而無

---

[一] 褚本「贅」下有「釋」字。
[二] 褚本無「後竟未有追踪者」七字。
[三] 褚本亦作「文可文」，張京華注云：「『文可文』，四庫本作『奇文』，《考證》云『案語是之謂奇文』，原本『奇』訛作『文可』二字，據別本改。」按此句當以「道可道，非常道」句爲範，應仍以「文可文」爲句。
[四] 褚本作「君臣之分爲大，不可不盡焉」。

愧，超悔吝而獨全，斯爲善美矣。是以顔子將之衛，而夫子備言事君之多患，名知之相軋，心氣未達，譽終毁至，弓旌在前而刀鋸在後者有之。況以「不達如愚」之臣，遽欲往化「年壯」「獨行」〔一〕之君，焉保其無悔？所以力救止之。使衛君知賢者不苟進，益堅尊道之心，固將自化。奚必輕往以資驕志、攖暴行邪？顔子又陳「端虚」「勉一」「内直」「外曲」，或可自全，夫子謂僅免患耳，胡可及化。「化」者，不言而信，使人意消，豈在政法繁多，以啓物敵乎？顔子至此無以進，請問其方，則是所念空而天真虚受之時也〔二〕。夫子乘其開悟之機，告之以齋，使虚心受教，「無聽以耳而以心，無聽以心而以氣」，遂於言下悟其「未始有回」，心虚而形亦忘，則化物也無難矣。子高將使齊，誨以行盡〔三〕情而忘其身，察風波而戒實喪。顔闔將傅衛，誨以「就不入」而「和不出」，達虎怒而通馬情，皆所以明世患之多端，外物之難必。在高識之士，洞燭幾微，進退惟〔四〕義可也。至於曲轅櫟社以無保爲保，商丘異材見不神而神，又伸〔五〕言材之爲累而世人弗悟，往往恃材求用而不揆分度宜。名顯而妬害生，利鍾而禍患至，雖欲臃腫自全不可得矣〔六〕。故是篇大意在乎外應世而内全真，道不離而物自化。古之聖賢不得已而有世俗之償，罔不密由斯道，遂寓孔顔問答以發明之。篇末又引接輿之歌，以祛聖賢經世有爲之迹，以杜衆人逐物無厭之心。結〔七〕以膏火、

〔一〕「獨行」，褚本作「行獨」。
〔二〕此句褚本作「則是人欲空而天理將見之時也」。
〔三〕「盡」，褚本作「事」。
〔四〕「惟」，褚本作「以」。
〔五〕「伸」，褚本作「申」。
〔六〕「矣」，褚本作「也」。
〔七〕「結」，褚本作「復結」。

桂、漆之患〔一〕，警世尤切。惟其知涉世之難，可以處世而無難矣。太上云「聖人猶難之，故終無難」。

【通義】處人間世者，安分盡心，斯得矣。傳曰「君子素其位，而行不顯乎其外」，是也，列、莊言意，要不出此。大抵有心則有跡，有跡則可尋，尋跡則非率性矣。褚氏度宜、謹節、無愧、獨全等語，尚落思議，非所以語莊文也。

## 德充符第五

充，足也。符，合也。德足於己則隨所應而合也。何也？德也者，人己之同然者也。

魯有兀者王駘，從之遊者，與仲尼相若。常季（孔子弟子）問於仲尼曰：「王駘，兀者也，從之遊者，與夫子中分（各半）魯。立（而）不（未嘗）教，坐（而）不（未嘗）議，虛（無識）而往，實（有得）而歸。固有不言之教，无形（不見修為之迹）而心（默）成者耶？是何（等）人也？」仲尼曰：「夫子（王駘），聖人也，丘也直後而未往爾。丘將以爲師（詞氣異於平時），而況不若丘者乎！奚（何但）假魯國！丘將（塱）引天下而與（同）從之。」常季曰：「彼（既）兀者也，而（人以爲）王先生，其與庸（衆兀）亦遠矣。若然（其形其德）者，其用心也獨若之（不見其兀）何？」仲尼曰：「死生亦大矣，而不得與之（心）變；雖天地覆墜，亦將不與之遺（落）；審（明見）乎無假（待之真），而不與物遷，命（惟司）物之化，而守其宗（無假）也。」常季曰：「（其兀）何謂也？」仲尼曰：「自其異者視之，肝膽楚越也；自其同者視之，萬物皆一也。夫若然者，且不知（即下文「象耳目」意）

〔一〕「患」，褚本作「喻」。

耳目之所宜聲色，而遊盤桓心乎德之和萬物同然。物凝視其存神所一即「宗」，而不見過化其〈有〉所喪，視喪其足，猶遺土也。」常季曰：「彼爲己，以其知虛靈得其心，以其心得其常心，物人何爲最尊信之哉？」仲尼曰：「人莫鑑於流水，而鑑於止水，惟止，能止衆止。受命於地，惟松柏獨也助辭正補忘，在冬夏青青；受命於天，惟堯舜獨也正，在萬物之首，幸能正生性，以正衆生性。夫保守始天真之徵證驗，不懼之實真。勇士一人，雄入於九大軍。將求名而能自要者，而猶若是，而況官任用天地，府包涵萬物，直寓寄六骸，象物耳目，一知智明之所知識顯，而心主宰未嘗死者乎！彼且擇與日而登假遐同，〈他〉人則〈欲〉從是學也。彼且何肯以物人之學否爲事念乎！」

【通義】此借王駘以發孔子狀聖之旨。觀首句則當時尊信孔子之風可見矣。「立不教」等句只是起下文「固有不言之教」二句意。「無形而心成」，言駘之德蘊於默，成而不露也。「丘將引天下」句，訓「引」曰「率」，尼父不若是迂，亦不爲此出位之言也。魯且中分於駘而冒任天下，爲我信，不幾於妄乎？蓋望天下之人之從之也。「彼兀者也」四句，言彼既兀，是可賤者也，而乃爲人之先師，則與常兀者不同矣，其用心亦何方乎？「死生亦大」至「守其宗」，言其用心也，爲下文「喪足猶遺土」張本。「命化守宗」，即老子「既知其子，復守其母」，孟子謂「過化存神」之意。死生者，人世莫大之事。駘也，其心不隨之而變。不但一人之死生，極其變而言，雖天地覆墜，其虛靈之體昭然獨存，不與形器同變幻，故其應感明見，真理息息見存，無所假待，是以不隨物而遷，因物賦物而獨存其神也。常季疑其既如此用心，何不自知其兀。孔子言其曠達之懷，識知不存，得喪俱忘，其於萬物之變化往來，惟凝視其出之本一而不逐於跡。是以喪足如喪土，不動其心也。「彼爲己」，言其學非爲人而人乃尊之，何也？「以其知得其心」者，言其反觀而得其天君也；「以其心得其常心」者，言其初以天德良知得見此心時，如游子歸家，到家既久乃知是固有之業也。此二句只言其爲己，何與於人，而人乃尊之如此，於此亦見常季之所造矣。「不懼之實」，猶云真無畏懼者，不恃衆力，只一人可以入萬軍中，斬將刈旗，正「保始之徵」也。「官」「府」「寓」「象」，四義皆言用也，是有道者之所能也。「官」「府」云者，選用陰陽、包涵羣品也。神寓於形，以耳目爲物象者，惟性靈而已。此數語與横渠「由象識心」「知象者心」言意相近。「一知之所知」，上「知」言明，下「知」言照，猶云一覺性之管攝也。「擇日登假」，言其惺惺之體與日俱新，躋道玄遠也，本非爲人，人自因此而從之。「何肯以物爲事」，言其未嘗以人之來從爲念也。餘註未見通暢。

【義海】立不教之教而天下化之，坐不議之議而天下信之，非德充於内、物符於外者，不足以與此。此王駘所止而有以來鑑之道也。學者洗心求教，故「虚而往」；終則真見内充，故「實而歸」。非虚則不能受教，非實則不能悟理。悟理之極，明白洞達。物來斯鑑，亦虚而已。是故爲要道此無他〔一〕，善教者輔物之自然，善學者求復其自然，用不施而體自見，非有以增飾之也。太上云「我無爲而民自化」，則不教之教，教之至也。孔子曰「天何言哉？四時行焉」，則不議之議，議之至也。先聖之所以教人者如此，在受教者爲何如〔二〕。又「彼既〔三〕爲己，以其知得其心，以其心得其常心，物何爲最之哉」，郭氏從「以其知」

〔一〕此句褚本作「是故爲道之要無他」。
〔二〕「何如」，褚本作「如何」。
〔三〕褚本無「既」字。

「以其心」爲句，「得其常心」遺而不論，成、林、王氏並同郭說，獨呂氏從「得其心」「得其常心」爲句，上下文義明白〔一〕。虛齋、無隱皆從〔二〕呂義，今從之。又「受命於地」至「惟舜獨也正」，文句不齊，似有脱略，陳碧虛照張君房校本作「受命於地，惟松柏獨也正，在冬夏青青；受命於天，唯堯舜獨也正，在萬物之首」，補亡七字，文順義全。考之郭註「下首惟有松柏，上首唯有聖人」，則元本經文應有「在萬物之首」字，傳寫遺逸。又「彼且擇日而登假，人則從是也」，郭氏從「登」絶句，「假人」屬下文〔三〕，碧虛因之，呂氏以「假」音「遐」絶句，獨、陳詳道〔四〕、王雱、虛齋並宗呂說。竊詳「假人」無義，今〔五〕從「登遐」，文義顯明，謂得此道者去留無礙而升〔六〕於玄遠之域也。續考《列子·周穆王》篇，「登假」字並讀同「遐」，可證。〔七〕

申徒嘉，兀者也，而與鄭子產同師於伯昏無人。子產謂申徒嘉曰：「我先出，則子止，子先出，則我止。」其明日又與合堂同席而坐。子產謂申徒嘉曰：「我先出，則子止，子先出，則我止。今我將出，子可以止乎？其未耶？且子見執政而不違避，子齊並執政乎敘事？」申徒嘉曰：「先生之門，固有執政焉如

〔一〕「明白」，褚本作「自明」。
〔二〕「從」，褚本作「宗」。
〔三〕褚本此句作「『假』如字，屬下文」。
〔四〕褚本此處作「疑獨」「詳道」。
〔五〕「今」，褚本作「革」，四庫本作「今」。以「今」爲是。
〔六〕「升」，褚本作「昇」。
〔七〕褚本句末有一句云「庸齋以『假』音『格』絶句，蓋本於後篇『登假於道』之語云」。

此哉(議論)？子而説(自多)子之執政，而後(輕)人者也。聞之曰：『鑑明則塵垢不止，止則不明也。久與賢人處則無過。』今子之所取(資求)大(心性)者，先生也(錯縱句)，而猶出言若是，不亦過乎！」子産(不能受鞭)曰：「子既若是(以過取兀)矣，猶與堯爭善(盡善者較優劣)。計(度)子之(所有)德，不足以自反(愧避)耶？」申徒嘉曰：「自狀其過以不當(自罔)亡者衆，不狀其過以不當(自省)存者寡。知不可柰何而安之若命(本分)，惟有德者能之。遊於羿之彀，中(去聲)中央者中地(當得)也；然而不中(失鵠而取罰)者，命也。人以其全足，笑吾不全足者衆矣，我怫然而怒；而適先生之所，則廢(忘怒)然而反(歸)。不知先生之洗我(忘兀忘怒)以善耶？吾與夫子遊十九年而未嘗知吾兀者也(不見形骸)。今子與我遊於形骸之內(心性)，而子索我於形骸之外(罪過)，不亦過乎！」子産蹵然，改(加敬)容更(釋傲)貌，曰(一句結)：「子(不必)無乃稱(再如此言)！」

【通義】取大者求以復其心體之明也，心體明而形骸忘，形骸忘則所得者大也。「與堯爭善」，蓋言子既以過取兀，猶以過歸我，是與無過者較優劣也。度子之見識，尚不能自收斂也耶。「遊羿之彀」，言在伯昏模範中，舉動不失天則，乃其當然之位。或有不能盡善至於犯難者，亦其所遇之命，不能逃焉耳，此猶孟子「命也，有性焉」之意，與上文「安之若命」句相應。雖安於兀而尚動心於毀譽，一見先生則自忘其怒，而不知其所從來也。忘形骸而事心性，遊於內也。棄形骸而泥所遇，索於外也。「改容」，加敬更貌去傲也。「無乃稱」，謝之不必多言也。此見人入名利中，欲忘施施之態，誠爲不易。有志作聖者，必入伯昏之彀而後可。羿彀句，諸家訓義皆與鄙見不同。存之以待申屠嘉者判焉。上文「狀其過以不當亡」，衆人也；「狀其過以不當存」，能自省者也。至於不以形諸口者，尤難其人也，故曰「寡」。若夫知其不可柰何，安於患難之遇，如命之當然，誠非盛德者不能也。此三句，舊解亦欠疏爽。嗟乎，人之所以自處，與其所以取夫人者，皆標準於此章矣。

【義海】申徒安命而忘兀，德充於内者，無戚於外也。子産矜位而鄙兀，心狥乎外者，不明乎内也。同學於伯昏之門，「固有執政焉如此哉」，言雖侍明師而猶以勢位爲尚，未能相忘而化其道，是心鑑不明，塵垢得以止之也。「不當亡者衆」「不當存者寡」，此蓋申徒論足存亡，言人之處兀，知已過而安之者少。然有幸不幸，一歸之於命耳，則知申徒之兀出於非罪者也〔一〕。遊羿彀中，莫非中地，設有不中，幸免耳。人處世間，莫非憂患；苟得免患，亦幸耳。而人因以其幸笑我〔二〕之不幸，我猶有怒，未忘己也。「廢然而反」，己亦忘矣。不知先生洗我以善耶？吾之自悟耶？則彼己俱忘，物我並〔三〕化，何喜怒之可動，何形骸之可索哉？

魯有兀者叔山無趾（竿），踵見仲尼。仲尼曰（探竿）：「子不謹，前（徃日）既犯患若（兀）是矣。雖今來何及矣（復全其足）！」无趾曰：「吾惟不知務（不能精察所事），而輕用吾身，吾是以亡足。今吾來也，猶有尊足者（性）存，吾是以務全之也。夫天无不覆（非仲尼不能樂受此鞭），地無不載，吾以夫子爲天地，安知夫子之猶若是（將迎）也！」孔子曰：「丘則陋矣（即醒）。夫子胡不入乎，請講以所聞。」无趾出，孔子曰：「弟子勉之（貴改過）！夫无趾，兀者也，猶務學以

〔一〕「出於非罪者也」以下，褚本有一句「或以此二句爲指子産未能忘形，取義差遠」，朱本未見録。
〔二〕「我」，褚本作「吾」。
〔三〕「並」，褚本作「交」。

復補前行之惡，而況全德之人乎！」无趾語老聃曰：「孔丘之於至人，其未耶？彼何賓賓（務爲禮恭）以學子爲？彼且蘄（求）以諔（佞）詭（詐）幻（鑿）怪（異）之名聞，不知至人之以是（名）爲己桎梏（拘束）耶？」老聃曰：「胡不直使彼以死生爲一條（連斷爲續），以可不可爲一貫（通萬爲一）者，解其桎梏，其可乎（可解否）？」无趾曰：「天刑之（指孔子），安可解！」

【通義】「諔詭幻怪」，形容其欺罔要譽之辭。「死生爲一條」，即前章「死生不得與之變」。「可不可爲一貫」，即《齊物》篇「可乎可，不可乎不可」，此意只是無我，死生且一，況兀乎？可否既忘，況今昔乎？聃曰「其可乎」者，蓋疑而不忍棄之辭。「天刑之，安可解」，按前曰「遁天之刑」，又曰「懸解」，與此大同而小異。此言天奪其神，靈襟不啓，是以逐末而不知本也。然己之無趾，亦天命之假於人手耳。我既不能自解，安能解人。此意存於言外。

【義海】首章王駘，得道而至命者也。次章申徒，有德而知命者也。此章無趾，務學以補過者也。南華論德充有三等，與《人間世》所序意同。夫子謂叔山不謹犯患，則其兀也必有以致之，彼亦謂「不知務而輕用吾身」，已自知其〔一〕過，斯能補過，故聖門不棄焉。「尊足」，即下章〔二〕所謂「使其形」者〔三〕，於此而務求全得其道矣〔四〕。無趾以夫子爲天地，圖有以覆載之。夫子指其前失，以爲「今來何及

〔一〕「知其」，褚本作「其知」。
〔二〕褚本無「下章」二字。
〔三〕褚本「者」下有「也」字。
〔四〕褚本此句作「於此而『務全』，求得其道矣」。

矣」，則猶有將迎得失之見也〔一〕。無趾言〔二〕其猶若是，則有不滿於中者〔三〕。此段蓋嘉无趾思所以補前行之失而爲全人也，形之殘兀又何加損焉〔四〕？以〔五〕見聖賢治化〔六〕，曲成萬物而不遺，稟質〔七〕差殊，則其成也不無等級〔八〕，如本篇所列者是也。

魯哀公問於仲尼曰：「衛有惡人醜貌焉曰哀駘它。丈夫與之處者，思而不能去也。婦人見之，請於父母曰『與人爲妻，寧爲夫子妾』者，數十而未止也。未嘗有聞其唱者也不先人，常和惟應感人而已矣。無君人之位以濟乎人之死，無聚祿以望盈人之腹。又以惡駭天下，和而不唱，知不出乎四域世外，且而雌雄男女合乎前，是必有異乎人者也。寡人召而觀之，果以惡駭天下。與寡人處，不及至以月數，而寡人有意乎其爲人也；不至乎期年而寡人信之。國無宰，寡人傳托國政焉。悶然不樂而後應，氾而若辭。寡人醜乎內愧，卒授之國。無幾何也，去寡人而行，寡人卹焉若有亡失也，若無與同樂是國也。是何〈等〉人者也？」

仲尼曰：「丘也，嘗使於楚矣，適見㹠徒門反豚子食於其死母者，少焉眴若訝然皆棄之而走。不見己焉爾，不得類焉爾。所愛其母者，非愛其形也，愛使其形者也。〈猶〉戰而死者不武，其人之葬也不以翣，資刖者

〔一〕褚本無「則猶有將迎得失之見也」一句。
〔二〕「言」，褚本作「歎」。
〔三〕褚本無「者」字。
〔四〕「此段」以下一句，褚本作：「殊不知夫子之言正所以覆載之之道也。使無趾思所以補前行之失，而爲全人形之殘，兀何加損焉？」。
〔五〕「以」，褚本作「有以」。
〔六〕「治化」，褚本作「化治」，四庫本同朱本作「治化」。
〔七〕「稟質」，褚本作「人品」。
〔八〕「等級」，褚本作「等降」。

之屨，無爲愛之。皆無其本矣。爲（至若）天子之諸御，不爪翦，不穿耳；取妻（不受宮刑）者止於外（王官），不得復使（往返於宮）。形全猶足以爲爾（自貴如此），而況全德之人乎！今哀駘它，未言而信，無功而親，使人授己國，唯恐其不受也，是必才全（良能）而德不形（彰）者也。」

哀公曰：「何謂才全？」仲尼曰：「死生存亡窮達貧富賢與不肖毀譽饑渴寒暑（自大及小），是事之變，命之行也；日夜相代乎前，而知不能規（推原）乎其始者也。故不足以滑〈天〉和，不可入於靈府。使之（事變）和豫（悦）通（達無滯）而不（過）失於兑（諂媚）；使日夜無郤（退），而與（同）物爲春（無愛憎），是（凡）接（應）而生時（物則）於心者也。是之謂才全。」「何謂德不形？」曰：「平者，水停之盛（極）也。其可以爲〈師〉法也，内保（守定）之而外不〈流〉蕩也。德者，成（達道）和之（所）修也。德不形者，物不能離也。」哀公異日以告閔子曰：「始也吾以〈爲〉南面而君天下〈者〉，執民之紀而憂其死（恐民傷），吾自以爲至通矣。今吾聞至人之言，恐吾無其實（德），輕用吾身而亡其國。吾與孔丘，非君臣也（不敢以君自居），德友而已矣。」

【通義】「悶然」二句，與「無幾何而去寡人」，狀其無欲爲情也。「不見己」，謂不見其相呼應者；「不得類」，謂不得其相。「羣動者」，起下文「使其形」句。「翣」「屨」二喻，見無實者，飾亦無施；「諸御」「娶妻」二喻，見形全之貴也。德者，才之藴；才者，德之著。「何謂才全」至「物不能離」，言人情事變乃天命流行，無古今終始，故不足以撓真見者之性而亂其情，其自致之懷，悠然與天運同流。不舍晝夜，常與物同處於氤氳和煦之境，此皆隨其所接，生善應之道於心者。「時」字之義，猶見在，猶明鏡之在匣，因物之來，時生妍媸也。「德不形，物不離」者，蓋德而顯露則有方所，有方所則有離有合，不形則無合無離，無合無離乃大合也，故曰「物不能離」。水停則明可以照物，以其内静而外無所摇，故可以爲修德者之師法，而成其「與物爲春」之和。既能如此，物何能離之哉？是以雌雄合於前，君見之而授國，失之而若無可樂也。「執民之紀而憂其死」，猶曰執國之政而視民如傷也。諷詠此章，莊之尊孔至矣，他章之詆，掃假道者之迹也。

【義海】按：「雌雄」之義，所解不一。或以爲禽獸者，本於《列子》「雌雄在前，孳尾成羣」之説。竊考經意，丈夫與之處「思而不能去」、婦人願爲妾之語，則「雌雄合乎前」言丈夫、婦人歸之者衆也。「戰而死者，其人之葬〔一〕也不以翣資」，舊來從「資」絶者〔二〕。「翣」句〔三〕，飾武之具，形似方扇，以木爲之，衣以白布，畫以雲氣，夾車兩邊，所以自衛也。「資」或訓「用」、訓「送」，或畧而不言，殊無确論。後得無隱講師從「翣」絶句，以「助」釋「資」，文從理順，經旨大明。續考《禮記·檀弓篇》「周人置翣」「孔子之喪，飾棺墻置翣」，又「置綏衾設柳〔四〕翣」〔五〕，又《明堂位》云「周之璧翣」，鄭氏註「天子八翣，皆戴璧垂羽；諸侯六翣，皆戴圭；大夫四翣；士二翣，皆戴綏」〔六〕。據此，則古者喪禮通用「翣」，

〔一〕「葬」，褚本作「葬」，下同。
〔二〕「者」，褚本作「句」。
〔三〕「句」，褚本作「者」，疑朱本「句」「者」二字錯位。
〔四〕「柳」，褚本作「蔞」。
〔五〕句末褚本有一段文字云：「絞音爻，蔞音柳，《周禮》作柳翣」，朱本未見録。
〔六〕句下褚本有一段文字云「儒隹切，係冠纓」，朱本未見録。

非特爲飾〔一〕設。竊原南華本意，謂先聖制禮使人養生送死而無憾，周以棺衾，飾以柳翣，貴賤隆殺，各當其宜，所以慎終也。若戰而死，則非正命，又失用師之道，故其葬也不以翣。形且不得全歸，何望儀物之備哉？亦猶刖者之不愛屨〔二〕也。此章從上文豚子食於死母起喻，至此又疊喻以結之，不過形容德充於内者無假於外，德餒於中〔三〕外飾無益也。「與物爲春，是接而生時乎心」，言才全而德不形者，至和内藴，接物無間，若青陽流布，無不被生育之恩。蓋以無心爲心，故能無感不應〔四〕。或問：「方其不感不接，和安在哉？」曰：「如樂在懸，聲無隱乎爾。」

闉跂曲背支離無脤缺唇説衛靈公，靈公説之而視全人，其脰肩肩。甕㼜烏葬反項瘤大癭説齊桓公，桓公説之而視全人，其脰肩肩。故德有所長，而形有所忘，人〈能〉不忘其所忘性，而忘其所不忘嗜欲，此謂誠忘善忘。故聖人有所遊，而知識情爲孽，約爲膠，德爲接，工爲商泛。聖人不謀惡用知？不斲惡用膠？無喪惡用德？不貨惡用商？四者天鬻也。天鬻也者，天食也。既受食於天，又惡用人！有人之形，無人之情。有人之形，故羣於人，無人之情，故是非不得於身。眇乎小哉，所以屬於人也！謷五羔反乎大哉，獨成其天！

【通義】「知爲孽」，知者，智之體；智者，知之用，此「知」當讀本音，不必訓「智」。「是非不得於

〔一〕褚本「飾」下有「武」字。
〔二〕褚本「屨」前有「其」字。
〔三〕褚本「中」下有「者」字。
〔四〕「不應」以下褚本有一段文字云：「濂溪先生不去窗前草，云『與自家意思一同』，亦此義。」

身」，人間是非不得沾惹於其身，承上言其不溺俗也。「獨成其天」，猶曰獨成其性，言性則著人而天隱矣，言天則性在其中。曰「獨」者，更無他念，獨成其天德，不以智巧雜之也。

【義海】「德有所長」者，悦在德而不在貌，「形有所忘」者，捨乎貌而契乎心。此二士之所以見知於二君，二君之所以見稱於後世也。聖人之所遊亦不出乎人世間〔二〕，從容逍遥以觀其變。行不以足，視不以目，故物無遯形，人無遯情，而其憂世之心未嘗一日去懷也。夫聲名妖孽，所以滑性，而以之爲知，由是貪詐生焉。結繩之約，由於朴散，而執之如膠，由是欺誕生焉。工匠作器，所以給用而貿易焉〔三〕，由是巧僞出焉。此皆時俗之弊也。真人猶覬有以反之，故斷曰「不謀，惡用知？不斲，惡用膠？不喪，惡用德？不貨，惡用商？」其言意亦切矣。此還淳反朴之要道，聖人復出，不易斯論。人能脱去膠孽等累，則與天爲徒，何世患之能及？「有人之形」，飲食起居同也，「無人之情」，是非好惡不動於中也。「眇乎小哉」，此形之在天地。「謷乎大哉」，此德之在性情也。以己之性情，復己之自然，豈假他人哉？

惠子謂莊子曰：「人故固誤無情乎？」莊子曰：「然。」惠子曰：「人而無情，何以謂之人？」莊子曰：「道與之貌，天與之形，惡得不謂之人？」惠子曰：「既謂之人，惡得無情？」莊子曰：「是非吾所謂情也。吾所謂無情者，言人之不以好惡内傷其身，常因自然而不益生嗜欲也。」惠子曰：「不益資

〔二〕「人世間」，褚本作「人間世」。
〔三〕「焉」，褚本作「爲商」。

生，何以有其身？」莊子曰：「道與(爲)之貌，天與(爲)之形，無以好惡内傷(損)其身(是以不必益生也)。今子外乎子之神，勞乎子之精，倚樹而吟(虛生浪死)，據槁梧(枯木)而瞑。天選(貴)子之(人)形，子(乃)以堅(無稽)白鳴(自誇)！」

【通義】承上「有形無情」而究其實。「道與之貌」，動容周旋，天能顯也；「天與之形」，耳目口鼻百骸備也。前二句意重形貌，後二句重道與天。啓下文「外神勞精」之蔽，此亦借惠子以鍼砭後世役於知而失德者，故曰「生有涯知無涯，以有涯隨無涯，殆已。已而其爲知也，亦殆而已。」

【義海】「道與之貌」，無論美惡，安之而已；「天與之形」，無論壽夭，全之而已。常因自然而不益生，生[一]不益則必不損，夫性[二]何所措其情？今惠子不務内充其德，徒以言辯求合天下之情，以至外神勞精，據梧而瞑，則其爲知能所役，亦困苦矣！故告以天之所以選取汝形而爲萬物之靈者，豈但以堅白之辯鳴噪於人間而已。由階而升，致極乎性命道德之奥，乃聖乃神，可企及也。痛惜惠子累於才而溺於辯，昧乎性而惑乎情，是因知而失德，學者之大病。殊弗悟人之至情本無好惡，好惡因物而有情耳[三]，情與物忘，則俱化矣。「常因自然而不益生」，是謂無情之情，何以辯爲！使惠子而頓悟，還淳反朴，進乎無知，則德可充而性可復，何患乎人之不契、物之不應哉？

〔一〕「生」，褚本作「知」。
〔二〕「性」，褚本作「復」。
〔三〕褚本無「情耳」二字。

**褚氏總論**：物得以生之謂德，乃天賦粹美，所以成形尊生，由是而充之，性與天道可得而聞也。夫德本乎天而充之在人，可不自愛重乎？物之符契，特應感小節，以應〔一〕德充之驗〔二〕。其成功大業，則有相天地、贊化育者焉。故駘〔三〕足以起敬於夫子，將欲引天下而從之，則其修爲必有大過人者。且不教不議，而學者虛往實歸，自非以心契心而死生無變，命物守宗而化由己出，其能至是乎？見所遺所喪若土之遺〔四〕，以見得道者忘形。「惟止能止衆止」，明夫以虛而成〔五〕鑑。凡此皆所以充之之道也。德充而爲物所歸，猶松柏之於衆木，堯舜之於百姓，豈特以正生爲幸？幸在能正衆生，而一己之死生禍福非所芥蔕，故擇日登假，去留在我，何肯以物爲事哉？申徒無取兀之過而招兀，兀〔六〕猶全也；子産以執政之貴而傲兀，雖貴猶賤也。無趾而尊足〔七〕，所存有重於足者，天刑之不可解，則一安之命而與全人無異矣。哀駘它之雌雄合乎前，使哀公忘其惡而願授國，此非愛其形，愛使其形者也。故泰和内運，疵癘外消，德與日新，道通神化，事成而不以功自處，無往而不爲物所歸矣。哀公以仲尼爲德〔八〕友，德尊而位可忘也；靈公視無脤爲全人〔九〕，德尊而形可忘也。聖人所遊，與物無際，「警乎大哉，獨成其天」，是能忘人之所不忘，而粹美所歸有不得

〔一〕「應」，褚本作「印」。
〔二〕「驗」，褚本作「驗」。
〔三〕「駘」，褚本作「王駘」。
〔四〕褚本此句作「視所一，遺所喪」。
〔五〕「成」，褚本作「來」。
〔六〕褚本「兀」前有「視」字。
〔七〕褚本「足」下有「存」字。
〔八〕褚本無「德」字。
〔九〕褚本無「人」字。

而辭者。惠子厚於才而薄於德，遂問好惡之情，答以性命之情，所以深救其失，使道貌天形不傷於好惡，有形無情，常因乎自然，至是則德充物符，彼己兩盡，是非好惡化於忘言，何在乎外神勞精而以堅白鳴哉？太上云「上德」「至德」「孔德」「玄德」，皆言[一]德之充者。「善結無繩約」，「天下將自賓[二]」，不召自來，有德司契，皆德充物符之謂[三]。而南華發揮爲尤詳，至取殘兀厲惡之人以標論本，蓋所以爲尚形骸、外德性者之戒云。

【通義】三「兀」造道有等。哀駘它則全德之極者，故以孔子之言爲準；闉跂甕㼜，言不但貌惡者無妨於德，雖形不全者，德自若也。末論有形無情，立言之旨昭然矣，程子曰「聖人情順萬事而無情」者，盡之。

莊子内篇第二卷　終

〔一〕褚本無「言」字。
〔二〕褚本作「賓」。
〔三〕褚本此句作「皆符之謂也」。

# 莊子卷第三

条元朱得之傍註并通義
附錢塘褚伯秀義海纂微
雲谷王潼録校刊

## 内篇

### 大宗師第六

「大宗師」指道也，人各有師而道則範圍萬有，故曰「大宗師」。

知(照管)天之(性形)所爲，〈又〉知人(能)之所爲者至矣。知天之所爲者(天然無作爲)，天而生(成)也；知人之所爲者，以其知(明)之所(照)知，以養其知(明)之所不知(本體)，終其天年(身)而不中道(半塗)夭(廢)者，是知(無不照管)之盛(極)也。雖然，有患(可慮者)。夫知(照管)有所待而後當(慊理)，其所待者特未定也。庸詎知吾所謂天之非人乎？所謂人之非天乎？且有真人而後有真知。何謂真人？古之真人(第一過化)，不逆寡(自限)，不雄成(自多)，不謩士(疑作事)。若然者(其心於所行)，過而弗悔，當而不自得也。若然者(不但如此)，〈其身〉登高不慄，入水不濡，入火不熱。是知(天德)之能登假(至)於道者也若此。古之真人(第二存神)，其寢不夢(神定)，其覺無憂(心安)，其食不甘(無求)，其息深深(沉静)。真人之息以踵，衆人之息以喉。屈服者其嗌言若哇。其耆欲深者其天機淺。古之真人(第三忘情)，不知説生，不知惡死；其出不訢，其入不距(却)。翛(飄)然而往，翛(飄)然而來而已矣。不忘(只是見在)其所始，不求其所終(不知老至)。受(如是知)而喜之，忘而復之，是之謂不以心捐(緣誤)道，不以人助天，是之謂真人(總承上三節)。若然者，其心忘(一作志)，其容寂，其顙頯(音仇一音達)(額大)；凄(憂)然似秋，煖(喜)然似春，喜怒通四時，與物有宜而莫知其極。

故聖人（下真人一等）之用兵也，亡（寧）國而不失人心（豈逞威好勝如後世之兵）；利澤施乎萬世，不爲愛人。故樂通物，非聖人也；有親，非仁也；天時，非賢也；利害不通，非君子也；行名失己，非士也；亡身不真，非役人也。若（下聖人一等）狐不偕、務光、伯夷、叔齊、箕子、胥餘紀他、申徒狄，是役人之役，適人之適，而不自適其適者也。

古之真人（第四又總論全體大用），其狀（情）義而不朋，若不足而不承（自續）；與乎其觚而不堅也，張乎其虛而不華也；邴邴（喜貌）乎其似喜乎！崔乎其不得已乎！滀（聚）乎進我色也，與乎止我德也；厲乎其似世乎！謷（大）乎其未可制也；連（合）乎其似好閉也，悗乎忘其言也。以刑（儀式）爲體（本），以禮爲（附）翼，以知爲時，以德爲循（依）。以刑爲體者，綽乎其殺也；以禮爲翼者，所以行於世也；以知爲時者，不得已於事也；以德爲循者，言其與有足者至於丘（小山）也，而人真以爲勤行者也。故其好之也一（天性），其弗好之也一（天性）。其一（同）也一（天性），其不一（同）也一（天性）。其一（同）與天爲徒，其不一（同）與人爲徒。天與人不相勝也，是（總結）之謂真人。

死生，命也，其有夜旦之常，天也。人之有所不得與，皆物之情也。彼特以天爲父，而身猶愛之，而況其卓（道高）乎！人特以有君爲愈乎己，而身猶死之，而況其（道）真乎！泉涸，魚相與處於陸，相呴以濕，相濡（音濡）以沫，不如相忘於江湖。而其譽堯而非桀也，不如兩忘而化其道。夫大塊（天地即造物）載我以形，勞我以生，佚我以老，息我以死。故善（生順）吾生者，乃所以善（殁寧）吾死也。夫藏舟於壑，藏山於澤，謂之固矣。然而夜半有力者負之而走，昧者不知也。藏小大有宜，猶有所遯。若夫（藏神於形，無負可施，無往可適）藏天下於天下，而不得所遯，是恒物之大（同）情也。特（偶）犯（稟）人之形而猶喜之。若（如）人之形者，萬化而未始有極也，其爲樂可勝計邪！故聖人將遊於物（造化之机）之所不得遯而皆存（曰避曰不得遁形神相守故曰皆存）。善夭（少誤）善老，善始善終，人猶效之，又況萬物之所系而一化之所待乎（道）！

夫道，有情有信，無爲無形；可傳而不可受，可得而不可見；自本自根宗也，未有天地，自古以固存物所不得遯者；神鬼神帝，生天生地；在太極之先而不爲高，在六極之下而不爲深，先天地生而不爲久，長於上古而不老大宗。狶韋氏得之此以下證知之盛師得大宗也，以挈天地；伏戲得之，以襲氣母；維斗得之，終古不忒；日月得之，終古不息；堪坏得之，以襲崑崙；馮夷得之，以遊大川；肩吾得之，以處太山；黄帝得之，以登雲天；顓頊得之，以處玄宫；禺强得之，立乎北極；西王母得之，坐乎少廣，莫知其始，莫知其終；彭祖得之，上及有虞，下及五伯；傅説得之，以相武丁，奄有天下，乘東維，騎箕尾，而比於列星。

【通義】天人之旨，解者不一，只是「誠者天道，思誠者人道也」。其曰天、人所爲，義極廣闊。且如牝牡，天所爲；而合牝牡，則人所爲也。知以人而從天，不恣濫顛狂，牝牡之道盡矣。蓋天機惟生其體而寓其用，人之道以其覺性而用其體，惟循天機之本然，悶悶醇醇，不起知識，以此終身，不爲半塗而廢，是人而不失其天也。其爲性真，完全無失，豈不暢茂敷榮而盛乎，故曰「至矣」。「終其天年而不中道夭」，猶曰至死不變也。志苟變，雖生猶死。此一「夭」字，意極含蓄。其曰「盛」，指終身不夭，應上文「至」字，又如牛馬，天也；耕駕，天人合也；穿鼻絡首，人也，亦天也。故曰所謂天亦人，人亦天。必能如此知、如此用，然後爲真知，然後是知之登假於道。其間曰「雖然，有患」，一轉，蓋言以人知天，雖可爲盛然，又有非一時可合，必要於久而後見者。人於此時，當安而順之，而後可見天人之不二也。事物未成時，有待而未定也。吾之良知通貫乎始終，以待其當。雖天亦人，雖人亦天矣。

「逆寡」「雄成」，不以成敗論英雄，言待物；「謩士」，言守己；「謨士」欲爲君子，落科臼也。

「過」「不悔」「當」「不自得」，只是過化。「悔」者，文之機；「得」者，驕之本。其曰「用兵」，蓋言不用兵也，意在寧失國，不忍失人心。古公去邠，從者如歸是也。蓋兵以安民，以土地而殘民，不忍也。所謂「天時，非賢也」者，苟於事之得失，一委於天時，而無敬修可顯之功，將何以爲賢？「與物有宜」，「物」者，對己者也。物各付物，不失其則，是曰「宜」。此句即感應二義。「與人爲徒」，自有不能一者，而在我者未嘗不一。蓋不一，乃一之所出也。一與不一，末之萬殊也，亦一而已，本之所在也。

自「大塊載我以形」至「一化之所待」一段，言生死、成敗、得失，皆造化所爲，其機密移，非智力所與能，人不當致愛惡於其間。蓋詳上文「不逆寡」三句之故，舟山力負，正言造物者之神，且見老至倏忽也。「自本自根」以前，言道之體於人者；「如此不爲老」以前，言道體在宇宙間本如此，「豨韋氏」以下，證知之盛者，及不喜人之形而遊於物所不得遯之意。「有情」，活潑潑地也，「有信」，確乎不拔也。妙萬物而無我，何爲何形？師友授受傳也，悟而不化，受成障也，故曰「不可受」。有觸有覺，得也。無形，無所無可見也。若有可見，即在法矣。仁見謂仁，知見謂知，文王望道而未之見，可證此章之旨。

【義海】由知己而知人，由知人而知天，此知之至〔一〕也。天本無爲，今言「天之所爲」者，日月星辰之所以運，陰陽寒暑之所以行也。「人之所爲」者，善惡逆順之所以著，禍福得喪之所以成也。既知此

〔一〕「至」，褚本作「正」。

矣，「以其知之所知，養其知之所不知」。「所知」，謂知之所及，人事可料〔一〕。「所不知」，非數可推〔二〕，恍惚杳冥，神鬼神帝者是也。「終天年而不夭」，此特爲知人而言，故云「知之盛」耳。知猶有待而後當〔三〕，故「所待者特未定」也。又豈知吾所謂天之非人，人之非天乎？天人混融乃真知也，《齊物論》云「知止乎其所不知」是已。「寡」謂貧約之時，「成」喻盛大之時。處約當以順，逆則害生；處盛當以謙，雄則禍至。「謩〔四〕士」，以「事」釋之義長，即經所謂「不思慮，不豫謀」是也。若然者，酬酢應變〔五〕之間，過於事情，蓋適然耳，何悔之有？當於事情亦適然耳，何自得之有？譬夫飄瓦、虚舟，無心於迕物，故物亦不忌之，以是而登高，何者爲慄？以是而入水，何者爲濡？以是而入火，何者爲熱哉？因知而升至於道猶若此，況忘知而頓悟者乎？

「其寢不夢」，與覺同也；「其覺無憂」，與道同也。「食不甘」，則淡乎無味；「息深深」，則不離其根。「真人之息以踵」，此是養生家奧學。南華爲憫世人逐物喪真，神衰氣耗，不得已而發露斯旨。人多疑「踵」字，説之難通，蓋以喻身之下極，若能反求諸身，見其息之深深，則知所謂踵矣。衆息以喉，人所

〔一〕褚本「人事可料」以下有「天理可推者是也」七字。
〔二〕褚本「非數可推」前有「謂非知可料」五字。
〔三〕此句褚本作「猶待知而後當」。
〔四〕「謩」，褚本作「謀」。
〔五〕「酬酢應變」，褚本作「應酬接物」。

共知，息之所自來者即踵也。嗜欲熏烝[一]，重關[二]湮塞，息離踵而不能復止，往來於喉間，是以略爲萬[三]物抑挫，則其氣屈服不伸而嗌言若哇。《易・繫》云「失其所守者其辭屈」，此皆由於嗜欲深錮，有以賊其天機，非天機之淺也。不忘所始，即「受而喜之」；不求所終，即「忘而復之」。「不以心捐道」，竊疑「捐」應是「緣」，狗也，逐也，庶協[四]下文「不以人助天」之義，《齊物論》「不喜求，不緣道」可證，音存而字訛耳。

「志」字，諸解多牽强不通。趙氏正爲「忘」字，與「容寂」義協，其論甚當，元本應是如此，傳寫小差耳。其顙頯[五]，若老聃出沐之時也。自前古之真人形容至此，言其不以死生利害動於中，故外貌能若此。「喜怒通四時」，則與天合道；「與物有宜」，則與人合德。又惡知其窮盡哉？「用兵亡國而不失人心」，人忘乎我也。「澤施萬世不爲愛人」，我忘乎人也。聖人盡己之性而通物之性，蓋出乎自然，非用心而通[六]之也。至仁無親而博愛，賢者無時而不中，君子之於利害通而一之，無所避就而禍患亦未嘗妄及焉。行，所以成名，名，所以表行，失己則無其實，非士也。亡身而趨於僞者，受役而已，何足以役人？不役於人而自適者，其惟真人乎？

〔一〕「烝」，褚本作「蒸」。
〔二〕「關」，褚本作「闖」。
〔三〕「萬」，褚本作「外」。
〔四〕「協」，褚本作「協」，下同。
〔五〕褚本「頯」下有「然」字。
〔六〕褚本「通」前有「樂」字。

真人者〔一〕，其心蓋淵而不可測，姑即其形似者論之。「義而不朋」，與物宜而非黨也。「若不足而不承」，自卑者人尊之也。在衆人則宜物必黨，不足必承矣，「觚而不堅」「廉而不劌」也。「虚而不華」，實若虚也。「邴邴乎」〔二〕、「崔乎」，則言其情似喜於濟人利物，又似乎不得已，蓋無心之應，斯真應也。「滀乎進我色」，睟〔三〕然見於面，人喜即之也。「與乎止我德」，愛人也以德，人亦樂得之。此皆言其德容之盛，有以化物。「厲乎」難釋，崔本作「廣乎」，言德量廣無不包，足以容斯世，所以「謷乎大哉，獨成其天」〔四〕。「連乎其好閉」，莫見其根門，若是則真人之道不容聲矣。禮、刑、知、德，皆先王治世之具，行乎自然，與民宜之，德則循之而皆可至於〔五〕。「循」謂安而行之，非必勤勞而可得也。陳碧虚照文如海、張君房校本，「喜」「已」「世」下三「乎」字並作「也」，與上下句協，似亦有理。

蓋聖人好惡出於至公〔六〕，亦猶無好惡也。故好亦一，弗好亦一，其一也一，不一亦一。「其一與天爲徒」，本乎自然，無所不一也。「其不一與人爲徒」，或出使然，不純乎一也。以道觀之，一與不一亦一而已。天不人不因，人不天不成，亦何相勝之有。蓋恐世人泥夫迹之不一，而失其理之大同。故又喻以人之生死猶天之有夜旦，凡戴天履地者俱不免。而有所不得與知者，皆物情蔽之耳，若攝情歸性，混合天人，則

〔一〕「真人者」，褚本作「此言真人之狀者」。
〔二〕「邴邴乎」，褚本作「邴乎」。
〔三〕「睟」，褚本作「睟」。
〔四〕褚本句末有「也」字。
〔五〕褚本「於」后有「高」字。
〔六〕褚本此句作「此論真人好惡出於至公」。

可以與知死生之理猶夜旦之常，而不足芥蒂也。人以天爲父，而猶尊愛之，況己之卓然者乎？君愈乎己，而身猶死之，況己之至真者乎？此又直指道體，以示人人能反求其卓然至真者，則知吾之生死乃一念之起滅，一氣之往來耳。儻不明此，則失其所以生，何異魚之處陸而昫濡以濕沫？視相忘於江湖爲何如哉？南華自謂吾爲是論，亦無異譽堯非桀，未能相忘而化其道，蓋欲人忘言而以無〔一〕心契之，又所以掃其迹也。

「大塊」本以言地，據此經意，則指造物。「載我以形」，猶云以形載我。百骸具而神乘之，蓋不得不載也。「勞我以生」者，起居飲食，痛痒寒温，皆所以役我，蓋不得不勞也。「佚我以老」者，血氣既衰，形體日耄，志慮日消，蓋不得不佚也。「息我以死」者，氣竭神逝，四大各離，偃然寢於巨室，蓋不得不息也。由是知世人當生而憂死，皆妄情耳。但於其生也，思所以善吾生，凡傷生悖理、損人害物者不必爲，則吾之死也惡得而不善。蓋生吾者造物，而善吾者我也。其生其死，何有異哉？藏舟藏山，喻人處造化中而欲逃造化之遷變不可得也。凡天下之物有藏必有遯，遯則不存矣，惟其無所藏，故物不得遯而皆存。物不得遯而皆存之處，無何有之鄉、廣莫之野是也。得是而遊焉，任其無心之遇，曠然達觀，無往不存，此「藏天下於天下」之道也。惟〔二〕出機入機，生化萬變，見其日新耳，物安所遯哉！世人執於私見，往往認物以爲己有，謂舟山爲不遯之物，壑澤爲可藏之地，形質有不化之方，不悟夫真〔三〕樞潛運，寸晷不停，曰物曰地〔四〕與形俱化而不自知也。然則欲超遯化，將有道乎？曰：無藏無執，心與天遊，欲求見在猶不可得，又惡知所

〔一〕褚本無「無」字。
〔二〕「惟」，褚本作「雖」。
〔三〕「真」，褚本作「冥」。
〔四〕「曰物曰地」，褚本作「物與地者」。

謂遯化哉！「善夭善老」，諸本皆然，惟陳碧虛照張君房校本，作「善少善老」，於義爲優。

自篇首敘真人之道、死生之理，至夫道有情有信，至末則又論道之體，及上古得道之人以證之[一]。語雖奇異，理實明白，諸解論之詳矣。其間「神鬼神帝」之語，尤爲弔詭，輒陳管見附於條末[二]：「鬼帝」即陰陽，自本自根，無形而神者也；運動而生天地，可名可道，有形而神者也。其爲體也，無在無不在，無爲無不爲。又何高深久老之足議哉？竊詳此義，本於《道德經》「玄牝之門，是謂天地根」。「玄牝」，乃[三]陰陽異名。能知玄牝之門，則知鬼帝之説。「神」則處陰陽之中而互爲體用，是謂無方不測之妙也。信能知夫生天生地者，則我身之所自來，不期知而知。既知所自來，則其去也有昧然者乎。

南伯子葵問乎女偊曰：「子之年長矣而色若孺子，何也？」曰：「吾聞道矣。」南伯子葵曰：「道可得學邪？」曰：「惡！惡可！子非其人也。夫卜梁倚，有聖人之才天質聰明，而無聖人之道未覺，我有聖人之道覺性純粹，而無聖人之才忘聰明，吾欲以教之，庶幾其果終爲聖人乎！不然，以聖人之道告聖人之才，亦易矣。吾猶守而告之。三日，而後能外天下忘富貴；已外天下矣，吾又守之，七日而後能外物忘交接；已外物矣，吾又守之，九日而後能外生忘形骸；已外生矣，而後能朝徹夜氣清明；朝徹而後能見獨性；見獨而後能無古今忘世；無古今而後能入於不死不生虛無。殺生者不死，生生者不生。其爲物德無不將也，無不迎也；無不

〔一〕此句褚本作：「自篇首敘真人之道、死生之理，至此則又論道之體及上古得道之人以證之。」
〔二〕褚本「條末」下有「云」字。
〔三〕「乃」，褚本作「亦」。

「子獨惡乎聞之？」曰：「聞諸副墨之子，副墨之子聞諸洛誦之孫（非聽之以耳，聽之以心，八聞根究到底），洛誦之孫聞之瞻明，瞻明聞之聶許，聶許聞之需役，需役聞之於謳，於謳聞之玄冥，玄冥聞之參寥，參寥聞之疑始。」

【通義】此因上章「可傳不可受，可得不可見」之旨而更闡之也。「不然」云者，以爲非卜梁倚不告也。「守之」者，靜默以待其思議之息也。「三」「七」「九」之期，用功之難易也。「朝徹」者，夜寢方醒，外感未接，虛明瑩浄之謂也。「見獨」者，見性也，此性無對，故曰「獨」，猶曰上天下地、惟我獨尊也。「不死不生」者，天地間虛靈之性亘萬古而一如者，萬物之出入莫非其所爲，故以「殺生」「生生」歸之。「攖寧」云者，將迎成毀交於前，而此中湛寂無所擾，猶曰常應常靜，如此乃可謂之成也。「有聖人之才」，得聖人爲依歸，而用功漸次不苟不易且如此，況稟質之下，習染之深，不奮決裂之志，不求實踐之登，鹵莽恍惚以躐其等，乘以易心而欲性天不失，難矣哉！

【義海】道者，所以建中立極，啓迪人心；才者，所以開物成務，恢規創業。聖人以天下爲心，任教化之重，於斯二者蓋不可偏廢焉。權夫二者之重輕，則寧處道而有餘，無或流於才勝。所以女偊之化，卜梁猶守而告之，知〔二〕才之障道而難入也。始「外天下」，特遺其粗；「外物」，遺其在外〔三〕者，「外生」，遺其

〔二〕「知」，褚本作「恐」。
〔三〕「外」，褚本作「彼」。

在我者，在我猶遺，則無所不忘矣。「朝徹」，明物之所未明。「見獨」，覩〔一〕物之所不覩。「無古今」，則時不可拘。「無死生」，則形不能定。以死爲虐則不能殺生；以生爲恩則不能生物矣。惟其無將無迎，無成無毁，所以無不將、無不迎、無不成、無不毁也，其名爲「攖寧」。郭氏「攖」同「縈」，今定如字。人處世間，日與物接，罕有不攖拂其心者，衆人則攖之而亂，聖人則攖之而寧。攖之而亂，道之所以喪；攖之而寧，道之所以成也。亦猶常應常静之義〔二〕。「副墨」至「疑始」，膚齋謂：「『副墨』，文字也，因有言而後書之簡策」；「形之言正也，書之墨副也。洛誦者，包絡而誦之也。依文而讀，背文而誦，猶子生孫也」；「瞻者，見也，見徹故曰『瞻明』。『聶』與『囁』同，以言曰許故曰『聶〔三〕』」。「許」，需待也，「役」，行使也，待時而行使也。「於」，嗟歎也，「於謳」者，言之不足而詠歌之，自得之樂也。凡此皆擬名寓意，謂道雖是讀書而後有得，終歸於造物之神。「玄冥」，有氣之始。「參寥」，無名之始。「疑始」，又是無始之始。此狀吾性天之景，造物不外乎此也。

子祀、子輿、子犁、子來，四人相與語曰：「孰能身有以無爲首，以生爲脊，以死爲尻苦羔反，孰知契悟死生存亡之一體者，吾與之友矣！」四人相視而笑，莫逆於心若出於我，遂相與爲友。俄而子輿有病，子祀往問之，曰：「偉哉夫造物者，將以予爲此形拘拘也！曲僂發瘠背，上有五管孔，頤隱於齊，肩高於頂，勾贅髻指

---

〔一〕「覩」，褚本作「睹」。

〔二〕「亦猶常應常静之義」以下，褚本有「但立言頗奇。後文『副墨』至『疑始』，諸解備悉，兹不復贅」。「副墨」以下一段文字褚本皆無。

〔三〕參膚齋《口義》原文，此處黨爲「聶許」。

天。」〈此〉陰陽之氣有沴，其心閒而無事，跰（步田反）𨇤（悉田反）（扶曳而行）而鑑於井，曰：「嗟乎！夫造物者又將以予爲此（疾）拘拘也！」子祀曰：「女惡之乎？」曰：「亡，予何惡！浸（漸）假而（如）化予之左臂以爲雞，予因以求時夜；浸假而化予之右臂以爲彈，予因以求鴞炙；浸假而化予之尻以爲輪，以神爲馬，予因而乘之，豈更駕哉！且夫得者，時（偶遇）也，失者，順也；安時而處順，哀樂不能入也（無情），此古之所謂懸（繫）解（脱）也，而不能自解者，物有結之（纏累）。且夫物不勝天久矣，吾又何惡焉！」俄而子來有病，喘喘然將死，其妻子環而泣之。子犁往問之，曰：「叱！避！無怛（驚）化！」倚其户與之語曰：「偉哉造化！又將奚（何物）以（用）汝爲，將奚以（何所）（挾）汝適（往）？以汝爲鼠肝乎？以汝爲蟲臂乎？」子來曰：「父母於子，東西南北，唯命之從。陰陽於人，不翅於父母；彼近（速）吾死而我不聽，我則悍矣，彼何罪焉！夫大塊載我以形，勞我以生，佚我以老，息我以死。故善（安）吾生者，乃所以善（順）吾死也。今大冶鑄金，金踊躍曰『我且必爲鏌鋣』，大冶必以爲不祥之金。今一犯（成）人之形，而曰『人耳人耳』，夫造化者必以爲不祥之人。今一以天地爲大鑪，以造化爲大冶，惡乎往而不可哉！」（完）成然寐〈者也〉，蘧（僵直）然覺〈者也〉。

【通義】凡物始於無，終於無，其生其死，一物之往來耳。苟入於不死不生者，其所存豈在七尺之軀。四子相視而笑，目擊道存也，故莫迎於心。「跰𨇤」「鑒井」，其貧可見。子犁謂「又將奚以汝爲，將奚以汝適」，猶曰又將以汝爲何物？又將以汝而同往也。二「以」字有天命，與所生之物同出、同入之意。

【義海】按此四人「以無爲首，以生爲脊，以死爲尻」，「知死生存亡之一體者，與之爲友」，與《庚桑楚》篇「始無有而有生，生俄而死，以無有爲首，以生爲體，以死爲尻，孰知無有死生之一體〔一〕者，吾與之爲友」義同，諸解論之詳矣。下文郭氏從「有沴」爲句，餘解因之。《音義》載崔氏本從「其心」爲句，「閒而無事」屬下文，亦自有理。人之囿形天地間，已爲造物所拘，而今所病攣〔二〕拳若此，是人〔三〕爲形所拘也。雖陰陽之氣有沴於外而心閒無事，跰䠥鑑井，始嘆爲形所拘，似亦未能忘情。終安於天所賦，則亦何惡之有！假使化予之臂爲雞、彈，因而求雞、彈之實，假使化予尻、神爲輪、馬，因而求輪、馬之用，既入化機，當隨所遇而任之，豈〔四〕可拒耶？得者時，失者順，即是「適來夫子時，適去夫子順」也。此所謂「懸解」。「懸」則係於造物，「解」則造物不得以係之矣。而不能自解者，物有以結之，惟順自然之理而不忻〔五〕不距，可以解此結縛，故曰物不勝天也。

古之所謂友者，惟其莫逆於平日，故能規正其將死。當子來妻子環泣之際，叱之使避，無驚其化，則異於常人之所爲矣。又語以人處世間萬物之一，而所謂人者，不知其幾億萬計，則又〔六〕何以汝爲！此又釋其滯念而開其曠懷也。「鼠肝」「蟲臂」，言生之至微而不足道者。設使造物所命，亦安之而已，其可距乎？於此而〔七〕有以見灼知生死之理，則無適而非樂，無時而不安。推其緒餘，足以濟朋友之危，解世俗之惑，豈

〔一〕「體」，褚本作「守」。
〔二〕「攣」，褚本作「孿」。
〔三〕「人」，褚本作「又」。
〔四〕「豈」，褚本作「其」。
〔五〕「不忻」，褚本作「忻听」。
〔六〕褚本無「又」字。
〔七〕褚本無「而」字。

小補哉？「大塊載我以形」至「善吾死也」，重舉前文以證。蓋慮常人之情，畏死而不得免，則預爲他生之計，毫釐係念，萬劫縈纏，譬夫躍冶之金亦秪以異，而鏌鋣〔一〕不可必得矣。是以至人以天地爲爐，造化爲冶，萬化無極，吾與之無極，何必曰「人耳人耳」而憂其不得耶？又況於鼠乎、蟲乎、肝乎、臂乎？觀古人之所以自處者若此，則豈生死所能拘，蓋以生爲寐、死爲覺故也。以死爲覺，則何時而非覺哉？

子桑户、孟子反、子琴張三人相與語曰：「孰能相與於无相與（無心），相爲於无相爲（無跡）？孰能登天（物外）遊霧，撓挑无極，相忘以生（二句即不求所終意），無所終窮？」三人相視而笑，莫逆於心，遂相與友。莫然（与友驀不意也）有間而子桑户死，未葬。孔子聞之，使子貢往侍事焉。或編（織蒲）曲，或鼓琴相，和而歌曰：「嗟來桑户乎！嗟來桑户乎！而（汝）已反其真，而我猶爲人（形骸在），猗（嘆）！」子貢趨而進曰：「敢問臨尸而歌，禮乎？」二人相視而笑曰：「是惡知禮（本意）！」子貢反以告孔子，曰：「彼何〈等〉人者耶？修行无有（實），而外其形骸，臨尸而歌，顏色不變，无以命之（得失無可指名）。彼何人（乃若是）者耶？」孔子曰：「彼遊方之外者也（出世間法），而丘遊方之內者也（世間法）。外內不相及，而丘使女往弔之，丘則陋（淺）矣。彼方且與（同）造（化）物者爲人（友），而遊乎天地之一（物初）氣。彼以〈有此〉生爲附贅懸疣，以死爲決𤴯（胡亂反）潰癰，夫若然，又惡知死生先後之所在！假於（設爲）異物，託於同體；忘其肝膽，遺其耳目；反覆終始，不知端倪；芒然彷徨乎塵垢之外，逍遥乎無爲之業（二句收拾上文）。彼又惡能憒（昏）憒然爲世俗之禮，以觀（示）衆人之耳目哉！」子貢曰：「然則夫子何方（類）之依？」曰：「丘，天之戮

〔一〕「鋣」，褚本作「鎁」。

民也。雖然，吾與汝共之。」子貢曰：「敢問其方故？」孔子曰：「魚相造乎水，人相造乎道。相造乎水者，穿池而養給，相造乎道者，无事爲而生定。故曰，魚相忘乎江湖，人相忘乎道術此脱畸人之因，故下文不續。。」子貢曰：「敢問畸獨人？」曰：「畸人者，畸於人而侔齊於天。故曰天之小人，人之君子若果有，人之君子，〈則亦〉天之小人也。」

【通義】「撓挑無極」，「撓」，混之也，「挑」，辯之也；「無極」，無聲臭者，猶言闔闢乾坤也。「徃待事」，助勞役也，而曰「弔之」，正憫生者之遭大故也。「反其真」者，有知則生僞，無知則真淳，猶曰復其無知也。「禮」者，天然自有之中禮之意，率其性真虚徹靈通之體，不得已之節文，不守塗轍，無所歆羨，行之於我，而不見形跡者也。「天之戮民」，猶曰天限之而非天縱之，畏天而非生天者也。「侔於天」者，道也，性也，而形則小於天也，故曰「天之小人」。此非衆中之好學者，不可當此名也。使人中有好學於性命之源者，誠然爲天之差小之人，而非人之小人矣。此又勉子貢以復性之學，故曰「吾與汝共之」。大抵率性則天順情，則人舉異以要同也。

【義海】「相與於無相與」，淡以成交也。「相爲與無相爲」，靜以成德也。「登天遊霧」，則飛行無所拘；「相忘以生」，則不知有身世。逍遥物外，何所終窮哉？一笑莫逆，則神交心契，目擊道存，非後世薄俗當面論心、背面笑之比也。子桑户死，孔子使子貢徃待事，則桑户之爲人可知。二友鼓琴相和，以反真爲樂，則其旨趣亦不凡矣。子貢習乎禮文，宜其怪而見問。蓋禮義所在，惟遊方外者知之。且夫子非不知此也，使子貢往觀而發其所問，欲有以誨之耳。「與造化爲人，而遊乎天地之一氣」，則陰陽之變不得以二之。故以生爲贅疣，聽其懸附，死爲疢病，終於潰決，惡知先後之所在哉？假四大而爲身，混内外而兼忘，「反覆終始，不知端倪」，此其所以爲大宗師之道也。子貢復問夫子何方之依，夫子謂：予以仁義禮樂化人，乃桎梏於造物者。「與汝共之」，言舉不逃乎此也。魚藉水而活，人藉道而生。安乎水者，穿池以養〔一〕給；安乎道者，「無事而生定」，此喻遊方内者亦安於方内而已。至於相忘江湖、道術之間，喻遊方之外，非世禮所能〔二〕拘，故處死生之變，從容而不怛也。子貢聞方外之風離世絶俗，遂問畸人，荅以畸於人者侔於天，言其違俗必合道也。由是知天之小人乃人之君子，人之君子即天之小人也，兩句只是一句。明畸侔之不同、天人之各異也。

顔回問仲尼曰：「孟孫才，其母死，哭泣無涕，中心不慼，居喪不哀。无是三者，以善喪蓋魯國。固有無其實而得其名者乎？回一署恠異之。」仲尼曰：「夫孟孫氏盡之矣，進造於知天德矣。惟簡之而不得，夫已有所簡矣。孟孫氏不知所以生此謂進於知也，不知所以死；不知就先，不知就後；若且如化爲物，以待其所不知之化〈而〉已乎將來！〈耳何以言之〉且方將化，惡知不化哉？方將不化，惡知已化哉此上四句正不知之化也？吾特與汝，其夢未始覺者耶！且彼有駭形而無損心〈者〉，有旦宅而無情死〈也〉。孟孫氏特覺反上文，人哭亦哭得他，是自其所以乃如此。且也相與吾之耳矣，庸詎知吾所謂吾之乎？且汝夢爲鳥而厲戾誤乎天，夢爲魚而没於淵。不識今之言

〔一〕「以養」，褚本作「足以」。
〔二〕褚本無「能」字。

者，其覺者乎，其夢者乎？造適不及笑，獻笑不及排，安排而去化，乃始入於寥天一。」

【通義】「知」者，良知也。「進於知」，猶曰造於無知，下文曰「不知所以生死」是也。「就先」「就後」，趨避也。「簡之不得」，謂其欲率真忘情而不能自由，只得隨俗居喪哭泣也。「已有所簡」，謂「無涕」「不慼」「不哀」也。「不知所以生」二句，視死生如一，況世俗禮文毀譽之趨避哉？「有駭形無損心」，言其形雖有老少之變，而不失其赤子之心。蓋以其安居於平旦清明之氣，不逐於情之所觸，而死定於一處也。「特覺」「人哭」三句，言其自省之餘，隨人禮文，是其以爲吾且如此，然亦不知吾今自謂吾者何自而有此謂也。此其忘形之極而湛一之體炯如也。其視襲習於世尚者，豈非夢而不覺者哉？魚鳥之夢，設言以見未覺之類。「造適不及笑」以下四句，言有意則滅天機也。「排」，猶「俳」也，有意造作，適情之事自不能笑，若戲笑於人，則不及俳優之專矣。俳優，棄其廉恥者。安於俳優，則與自然無跡之化相背而馳，故曰「安排而去化」。既安於背化，則漸習漸熟，入於煩縛，至於寂寥，其天之本一者矣。「寥」，即冷落，即去化之極也。此言反應孟孫才之居喪，不鑿其性，不失其天也。

【義海】前章子祀、子輿、子犁、子來相與爲友，子輿形病而心無事，子來將死而神不慴，達理而順化者也。次章子桑户死，二友編曲鼓琴，相和而歌，忘形而樂化者也。至此章居母喪也，欲簡之而不得，故哭無涕而心不哀，不知所以生，不知所以死，又惡知以擗[一]踊哭泣而爲禮哉。大意明死生之不足異，使人安而順之，樂而忘之。生者不至摧毁，死者免於驚怛，神遊所至，其樂融融，則所棲[二]託必不入於暴戾之軀矣。請觀蜩蟬蜻蝶之化，其理可推。將化未化，凝然寂然，罔知彼我之分殊，潛候天地之氣應，則蜕甲於此而化形於彼矣。方其化也，或誤爲他物所觸，則恚怒而變爲惡類，心變於内，形移於外，蓋由於感召之故[三]。夫化雖由於造物，亦有以見物之自造也，其機可不謹哉！心之所適爲「造適」，造適則真樂内全，不在乎笑而後樂。因物而笑爲「獻笑」，獻笑則出於勉强，不及推排之自然。物之窮通，係於造化之推排。人之哀樂，係於推排之所遇。能安於推排，順於去化，乃入於寥遠，合乎自然，天人混融，無二道矣。此言孟孫氏明數達變，順化忘情，壹以死生爲夜旦，姑寓覺夢於其間，何足以係哀樂耶。或問：孟孫氏情忘死生，心無哀戚，達則達矣，然施之於母喪，薄親悖禮，得不爲名教罪人乎？曰：彼方外之士所以報親者，以實不以文。蓋有在乎陰功密行，解胎散結，而極乎全神超化之妙，豈屑屑爲世俗之禮哉？昔孔子之友原壤母死，登木而歌，則尤甚焉者。孔子過之若不聞，亦卒不加貴，此遊方内外之辨，禮教文質之殊，非達觀不足以語此。

意而子見許由，許由曰：「堯何以資<sub>助教</sub>汝？」意而子曰：「堯謂我，『汝必躬服仁義而明言是

[一]「擗」，褚本作「躃」。
[二]「棲」，褚本作「栖」。
[三]褚本此句作「蓋有以感召之」。

非』。」許由曰：「而（汝）奚來爲軹？夫堯既已黥（束縛損真）汝以仁義，而劓汝以是非矣。汝將何以遊（自適）夫遙（放曠）蕩恣（盤桓）睢轉（變動）徙之塗乎？」意而子曰：「雖然，吾願遊於其藩（堂室之外）。」許由曰：「不然。夫盲者无以與乎眉目顔色之好，瞽者无以與乎青黄黼黻之觀。」意而子曰：「夫无莊（古之美貌）之失其美，據梁（古之勇）之失其力，黄帝之亡其知，皆在鑪甄之間耳。庸詎知夫造物者之不息我黥而補我劓，使我乘（居其夫全）成以隨（事）先生耶？」許由曰：「噫（嘆）！未可知（必）也。我爲汝言其大略。吾師（學）乎！吾師（心）乎！𩐈（子兮反 粉碎）萬物而不〈自以〉爲義，澤及萬世而不（自以）爲仁，長於上古（無始）而不〈自以〉爲老（無終），覆（包涵）載天地（大無外 小無内）、刻雕衆形，而不〈自以〉爲巧。此所（吾）遊已！」

【通義】「軹夫」，駕車御馬者。此言堯載天下人物，而終日馳驅於途路，無寧息之時者也。盲瞽之疾有輕重。造物息補，言由能啓迪之，即天之補息也。「噫」之爲嘆，傷其昔而訝其今也。「未可知」，猶曰未可必也。蓋去故即新，脱染復素，存乎當人立志何如耳。「吾師乎」，蓋反觀於内而指其心之自然者，猶曰吾惟師夫吾之本有之師耳，一句非兩句。此所謂遊，正孟子所謂「囂囂」也。

【義海】許由，一於無爲，兼忘天下者也。堯不免於有爲，兼濟天下者也。兼忘則己逸而天下安，兼濟則己勞而天下逸。聖人一出一處，而有方内方外之分，各安其所安也〔二〕。「躬服仁義」「明言是非」，方

〔二〕 褚本「之分」以下作「所異者迹，所同者心也」。

内之學也；「遥蕩、恣睢、轉徙之途」，方外之遊也。意而爲方内禮教黥涅殘劓之餘而聞言心悟，願舍方内而遊方外，志亦可嘉，然由未之許。而〔一〕遂引三子天禀殊絶猶聞道而化，則吾之此來也，亦在陶鎔錘鍊之間耳。夫學道者，所以求復其初、保其全而勿傷也，既黥既劓，而望造物之息補，不亦難乎。信能明夫物之自造，則所謂黥劓者亦在乎自息自補，造物何與焉。意而謂儻黥可息而劓可補，吾誠〔二〕復爲全人，乘此成全之機，以隨先王〔三〕之後而進乎道未晚也。人患過不知改，迷不思復，意而悟昨非今是，亦可謂善復者矣。人之所師者道，「吾師乎」指道而言也。下四句發明大宗師之道，超仁義而貫古今，蓋出於無爲之爲、不化之化，豈世間技巧所能及哉？「遊」謂徜徉自得於其間，無適而非逍遥也。故經中不一言之。

顔回曰：「回益矣。」仲尼曰：「何謂也？」曰：「回忘仁義行仁義非由仁義也矣。」曰：「可矣，猶未也。」它日復見，曰：「回益矣。」曰：「何謂也？」曰：「回忘禮樂時王之制矣。」曰：「可矣，猶未也。」它日復見，曰：「回益矣。」曰：「何謂也？」曰：「回坐忘矣。」仲尼蹵然曰：「何謂坐忘？」顔回曰：「墮肢體，黜聰明，離形去知，同於大通，此謂坐忘。」仲尼曰：「同則无好情也，化則无常也。而汝果其賢優乎！丘也請從而汝後也。」

〔一〕褚本「而」前有「意」字。
〔二〕「誠」，褚本作「將」。
〔三〕「王」，褚本作「生」。

**【通義】** 莊子嘗曰，失道而後德，失德而後仁，而後義，而後禮。此舉聖功以忘爲極，而乃先仁義、次禮樂者，正指世俗假仁襲義之弊而言。忘仁義不落驩虞也，忘禮樂自脱桎梏也。「坐忘」者，不特忘形骸，并其知亦忘之矣，猶曰「吾喪我」。「仁」則吾不知也。「離形去知」，總上二句而廣之也。「大通」者，猶太虚之無礙也。人之情，惟有好斯有惡，無好者，無情也。與萬物同情而無所向，所謂情順萬事而無情也。如此則廓然之體無時或移，感應變幻如行雲流水，故曰「化則無常」也，釋氏所謂「應生無所住心」是也。「請從而後」，正尼父忘己好學之實。於此可見孔顔之所謂忘，亦可以見莊子篤信孔顔處，而他章掃跡之旨益昭然矣。

**【義海】** 仁義本乎心，心致虚則忘之易。禮樂由乎習，習既久則忘之難。顔子於斯二者既已俱忘，則亦能人之所難[一]矣。而夫子猶以爲未者[二]，蓋欲進之而造夫道之極，於此有以見鑄顔之意。他人至是則望崖而反矣，顔子又從而進「坐忘」之妙，夫子乃驚駭反問，訝其得之之速也。回告以「離形去知，同於大通」，必由忘己而後能[三]忘物，斯爲「坐忘」矣。夫不知所以同而同，是爲大通之道，豈好同而同之哉？猶大化之運，頃刻不停，人處其中，與之俱運，幼蒙長慧，壯勞老逸，其間出處動静、興廢變遷，亦何常之有？蓋非欲化而求化也，物理自然，古今一致，惟得道者，我非欲化[四]，忘之而已。此二句乃夫子印證

〔一〕「難」，褚本作「難能」。
〔二〕褚本無「者」字。
〔三〕褚本無「能」字。
〔四〕「我非欲化」，褚本作「我欲不化」。

「坐忘」一段公案，欲人求同於異，安化爲常，寘形於忘，合道於虚，則至矣盡矣！而〔一〕信能無以外習滑湛然之真，則夫坐忘者亦學道分内事。夫子推之爲賢，蓋所以獎成之而誘進其徒云耳。

子輿與子桑友，而霖雨十日，子輿曰：「子桑殆病矣！」裹飯（子輿亦貧，故裹飯不裹糧）而往食之。至子桑之門，則若歌若哭，鼓琴，曰：「父耶！母耶！天乎！人乎！」有不任其聲，而趨（音促）舉其詩焉。子輿入曰：「子之歌詩何故若是？」曰：「吾思夫使我至此極者而弗得也。父母豈欲吾貧哉？天无私覆，地无私載，天地豈私貧我哉？求其爲之者而不得也。然而至此極者，命（氣運）也夫！」

【通義】知其貧非天地父母之所欲，加而又曰「命」者，蓋以氣運流行、吾之所遇爲命耳。窮通、休戚有一定之分，而吾生適然遇之，則安以處之，正所謂不以其道得之不去者。子桑子其自反無愧，而不愁不由者乎。

【義海】古之所謂友者，道義相資，成德就業，急難相濟，生死不渝者也。觀子輿之於子桑，無愧於友〔二〕道矣。淋雨而憂其病，知子桑之貧也；裹飯而往食之，知子桑之飢也；入門聞歌而驚問，恐子桑困窮

〔一〕褚本「而」前有「人」字。
〔二〕「友」，褚本作「交」。

而怨尤，失其操守也。子桑謂「父母豈欲我〔一〕貧」「天地豈私貧我」，可謂達人高論，非困窮所能厄也。第以爲「至此極」，猶未能忘情於其間，既而歸諸命，則能以理勝而處之有道，使子輿所以忘言也。南華用以結《大宗師》之旨，即《西銘》所謂「貧賤憂戚，玉汝於成」，蓋非磨礪之久、涵養之極，不足以大任故也。學道君子宜深體之。

**褚氏總論**：民物之衆，主之者君。學徒之衆，訓之者師。天生聖賢，作之君師，所以建隆治體，恢拓化源，使人知道德之可尊，性命所當究，君臣父子無失其倫，天下國家同歸於治者也。然而正心誠意之本、傳道授業之微，非師無以任之〔二〕，其爲道也至矣。「宗師」則爲學者所主而尊之之稱。冠之以「大」，猶云「衆父父」也。首論知天、知人，明義命以立其本。以知之所知，養其〔三〕知之〔四〕所不知，則以人合天。知出於不知，是知之盛也。故繼以真人真知，寢不夢而覺無憂、出不忻〔五〕而入不距，虛而不華，悅〔六〕乎忘言，誠若無爲也，而刑禮知德，治世之具，密有以體翼之，而至極乎內聖外王之道者也。夫人之愛其父、忠其君而身猶死之，況其卓然至真者乎？真之可貴，有尊於君父之命而世俗罔知，徒從事乎呴濡濕沫，不若相忘

〔一〕「我」，褚本作「吾」。
〔二〕褚本無「之」字。
〔三〕褚本無「其」字。
〔四〕褚本無「之」字。
〔五〕「忻」，褚本作「訢」。
〔六〕「悅」，褚本作「悗」。

江湖之爲愈也。大塊載形，佚老息死，此造物之善吾形也，而人多貪[一]生畏死，故設藏舟藏山之喻以破其惑。凡有形有生，理不容遯[二]，雖壑澤深固猶不免乎變遷，有以見造物者無形而有力也。以有限之軀藏無窮之宇宙，惡保其不遯哉！惟能藏天下於天下，斯無遯矣，是乃聖人所遊，一化所待，生天生地，萬化而未始有極者，何特遇人之形而竊喜之乎？長上古而不爲老，登雲天而處玄宫，皆真人之妙用，大宗師體之以爲本，民物學徒倚之以爲命者也。女偊之無古無今，則死生不得係之矣。祀來之莫逆相友，則物我不得間之矣。故左雞右彈，神馬尻輪，聽造物之化，隨遇而安之[三]，古之所以[四]「懸解」也。曾何蟲臂、鼠肝之足較，而安啓躍冶之疑耶？子反、琴張絃歌而弔桑户，以涉世爲勞、反真爲幸，此遊方之外、異乎世俗者。「方且與造物爲人」，則壽矣[五]、窮通不足盡其變，天地、寒暑不得拘其體矣。孟孫氏有駭形而無損心，猶夢爲魚鳥而戾天没淵，安於一時之變[六]化，豈以形間而異情哉？昔者南華夢爲胡蝶亦猶是也，而今之所言爲覺爲夢，惟超乎覺夢者知之。顔子墮體、黜聰，坐忘造極，傳心理窟，繼統聖門，原夫出藍之青，實爲師者善化之力也。至於子桑鼓琴，若歌若哭，求其爲之者不得，卒歸之於命。有大宗師之道而不得行於時，故是篇終於子桑之安命。真人以[七]得道則超乎命，世累不得係之。《大宗師》主乎弘道覺民，然而命有窮

〔一〕「貪」，諸本作「貴」。
〔二〕「理不容遯」，諸本作「理無不遯」。
〔三〕「隨遇而安之」，諸本作「隨所遇而安」。
〔四〕「以」，諸本作「謂」。
〔五〕「矣」，諸本作「夭」。
〔六〕諸本無「變」字。
〔七〕「以」，諸本作「已」。

達，或行或止，此係乎時而道無益損焉。所謂「真知」則究極天人，暢達性命而無疑者也。「窮理盡性以至於命」，則以處己而言；「命物之化而守其宗」，則以宰物而言。處己之命，子桑子〔一〕也。宰物之命，其惟大宗師乎！

【通義】此篇八章，次第相承，其意義只是盡性，只是人而合天，入於忘情識而已矣。即所遇之順逆，不逐於時，不滑於欲，各盡其當然之道，惟天惟命，師又何方乎？故曰「大宗師」。

## 應帝王第七　言帝王之道應合如此也

齧缺問於王倪，四問而四不知。齧缺因躍而大喜，行以告蒲衣子。蒲衣子曰：「而乃今知之乎？有虞氏不及泰氏。有虞氏，其猶藏臧同仁以要人；亦得人矣，而未始出於非人。泰氏，其卧徐徐，其覺于于；一以己爲馬，一以己爲牛；其知情信，其德甚真，而未始入於非人。」

【通義】「四問四不知」，洗問者之心也。問者退省而去其有問之心，即得其本性矣，故「躍而大喜」。「有虞」，有思度也；「泰氏」，則泰然於世，無心思也。此皆擬名以表上古之風者，其知之應世，惟順情而

〔一〕「子」，褚本作「是」。

不誑，是以其爲德也，極真而無粧飾，所以行於世者，似異於人而實無以異於人也。「未出非人」，未出類也；未入非人，未同天也。未同天、未出類，形也，事也，而其心則天而已，誰其知之，嘻！

【義海】齧缺問王倪，即《齊物篇》中四問是也〔一〕。此〔二〕篇復舉以標其首，明真知無知，是以能無不知。而帝王之道尤宜忘知以任物，使聽者爲之聽，明者爲之視，知者爲之謀，勇者爲之捍，吾則端拱而致無爲之治，豈不偉與？故齧缺因王倪之不對，喜而告蒲衣，蒲衣謂乃〔三〕今知有虞不及泰氏。蓋以仁爲善，不能不虞而出之。「未始出於非人」，德合乎人而以〔四〕。泰氏覺臥自得，知德知情〔五〕俱真，未始入於非人，則道合乎天，何有出入，道合乎天而人歸之，此《應帝王》之第一義也。「藏」〔六〕字，音義舊作「藏」，故《崔注》云「懷仁義以結人也」；成疏因之；吕氏從「臧」，釋之以「善」；林、陳諸解皆從吕說，或謂「藏」「臧」二字古通借用〔七〕，按《漢書・食貨志》「輕微易臧」，則是借「臧」爲「藏」，而以「臧」代「藏」之理〔八〕。今本多作「臧」，以「善」釋之爲當。

〔一〕褚本無「是也」二字。
〔二〕「此」，褚本作「是」。
〔三〕褚本「乃」前有「汝」字。
〔四〕「以」，褚本作「已」。
〔五〕褚本無「知情」二字。
〔六〕「藏」，褚本作「臧」。
〔七〕褚本此句作「或謂『臧』『藏』二字通，借用」。
〔八〕褚本此句作「而無以『藏』代『臧』之理」。

肩吾見狂接輿。狂接輿曰：「日中始何以語女？」肩吾曰：「告我君人者，以己出經常式格義心安度法，人臣民孰敢不聽而化從諸！」接輿曰：「是欺德也，其於治天下也，猶涉海鑿河而使蚉負山也。夫聖人之治也，治外忘乎正而後行，確乎〈各〉能其事當然者而已矣何有於正乎。且鳥高飛，以避矰弋之害，鼷鼠深穴乎神丘之下，以避熏鑿之患，而曾二蟲之无知不察！」

【通義】「以己出經式義度」，言凡所以範圍天下，必經常之道；標示準繩，必此心所安者，皆由己出，猶曰聲爲律、身爲度也。此二句，「己」與「人」對，「經」與「義」對，「式」與「度」對，治外乎正而後行確乎其能事而已矣，言聖人不期於正以爲治，決於人情之良能而已矣。「經式義度」，正也，《易》曰「百官以正，萬民以察，悲非結繩之淳龐也」。老氏曰「以正治國，以奇用兵」，孰知以無事取天下？其無正，正復爲奇，其政察，察其民缺〔一〕，缺持天下也。「曾二蟲之无知」，言不能知二蟲之知也。

【義海】「日中始」，務明而好爲首者也，故告肩吾君人之道如〔二〕此。「以己出經式義度」，則正人以法而不安其性命之情。「人孰敢不聽而化諸」，則必人之已從，非心悅誠服也。故接輿指爲「欺德」，謂非實德，不特欺人，抑自欺耳。以是而治天下，憑虚莫濟，必不勝任也。夫聖人之治，豈務外乎？言「經式義度」皆治外之具。「正而後行，確乎能事」，謂道德性命之理，吾身之内務，本立於内，則施之齊家、治國、

〔一〕「缺」，「缺」之異體字。
〔二〕「如」，褚本作「若」。

平天下可也。且禽鼠猶知高飛深穴以避害，況欲君人而欺德以召患乎？曾二蟲之不若也！故古之應帝王者，無欲無爲，天下自化。若任知能以爲之，則君勞於上，民亂於下，何望乎治哉？「以己出經式義度人孰敢不聽而化諸」，諸解多從「人」〔一〕爲句，林、趙從「度」爲句，碧虛照張君房校本作「以己出經式義度，民孰敢不聽而化諸」。續考吴門官本作「以己制經」，「制」字獨異。博參衆説，林、趙斷句爲優，今從之。

天根遊於殷陽，至蓼水之上，適遭无名人而問焉，曰：「請問爲天下。」无名人曰：「去！女鄙人也，何問之不預（慊）也！予方將與造物者爲人，厭（足）則又乘夫莽眇之鳥，以出六極之外，而遊无何有之鄉，以處壙埌（音浪）之野。汝已（莫言），何帠（音藝）故以治天下感予之心爲？」又復問。无名人曰：「汝遊心於淡（語無味），合（復）氣於漠（亦無知），順物自然，而无容私焉，而天下治矣。」

【通義】「合氣於漠」，「氣」者，性體無知之本來者也。心屬人，氣屬天。此二句自治也。自然之道也，順物而應，亦惟順其自然，而我無有爲之心，不治天下而天下自治矣。

〔一〕褚本「從『人』」前有「從『經』」二字，作「從『經』從『人』」。

【義海】「天根」，喻自然之道〔一〕本，當隱晦涵畜〔二〕，任物自化，而〔三〕今趨於盛月〔四〕之方，自顯以求有爲，故問爲天下。「無名」，聖人。所以鄙之，何謂〔五〕所問之不悦我心也。乃自陳無爲放曠之樂，就以點化之。「與造物者爲人」，言與化俱運，任而不助也。「莽眇」，猶杳冥。「鳥」，喻飛行無迹。「壙埌」，虚豁貌。言我逍遥自適在〔六〕此，汝何法以治天下感動予心哉？天根復〔七〕問。無名人告以「遊心於淡」，無嗜欲也；「合氣於漠」，無所慕〔八〕也；「順物自然而無容私」，有心於爲天下，則有私而失其自然，名曰治之，而亂之所由生也。蓋治天下之道無他，善復其自然之本，則本〔九〕修而天下治矣。天根不知反求諸己，而懷寶自迷，哀哉！

陽子居見老聃曰：「有人於此，嚮（明）疾（憎）彊梁（不良），物徹（至即）疏（〈通其〉）明，學道不勸。如是者可比明王乎？」老聃曰：「是於聖人也，胥（相）易技係（藝誤），勞形怵心者也。且也虎豹之文來田，猨狙之便，執斄（狸）之狗來藉（縛）。如是者可比明王乎？」陽子居蹵然曰：「敢問明王之治。」老聃曰：「明王之治：功蓋天

〔一〕褚本無「道」字。
〔二〕褚本「畜」作「育」。
〔三〕褚本無「而」字。
〔四〕褚本「月」作「明」。
〔五〕「何謂」，褚本作「謂何」。
〔六〕「在」，褚本作「若」。
〔七〕「復」，褚本作「又」。
〔八〕「慕」，褚本作「暴」。
〔九〕「本」，褚本作「身」。

下而似不自己，化貸施萬物而民弗恃；有莫舉不能名，使物自喜愛；立靜乎不測無意，而遊動於无有無形者也。」

【通義】「嚮」者，向也。「明」，白，惡惡也。凡有感者即與通之，猶曰因材而篤。此言疾惡而勸善，反物者也，在自處則學道不倦也。「胥易技藝」，「技」言天巧，「藝」言習熟。技藝相交易，惟役役於外物，秪成自苦耳，無益於己也。《天地》篇内孔子問老聃語，有執狸之狗，猨狙之便，則此「藜」作「狸」無疑。末句立言安身，遊言應物也。

【義海】「嚮疾」，諸解不同，《音義》載梁簡文以「嚮」同「響」，猶庖丁章「砉然嚮然」，讀同「響」之義。然考本章大意，吕、林、碧虚如字釋之爲優。今擬解云：「嚮疾」謂應物之速，「彊〔一〕梁」則非守柔者也，「物徹」謂樂通物，「疏〔二〕」則非葆光者也。學道貴於無爲，而乃以不倦〔三〕爲功，猶以技〔四〕相易相係，不免於勞形怵心，言所求者非道〔五〕也。「且也」至「可比明王乎」，乃老聃反問之辭，謂若以前論，「嚮疾彊梁」等可比明王，則虎豹因文彩以致獵，猿因便捷、狗因執狸而致繩藉，亦足以比明王

〔一〕「彊」，褚本作「强」，下同。
〔二〕「疏」，褚本作「疏明」。
〔三〕「倦」，褚本作「勸」。
〔四〕「技」，褚本作「技能」。
〔五〕褚本「道」前有「其」字。

乎？子居始悟，麻蹵然問明王之治，乃告以忘功、善貸、逃名、遁形，始可以論明王之治〔一〕。夫「執斄」，説之不通，「斄」有「離」、「來」二音，至大之牛，豈狗能執？《音義》載李氏本作「狸」，爲當。

鄭有神巫曰季咸，知人之死生，存亡，禍福，壽夭，期以歲月旬日若神。鄭人見之，皆棄而走。列子見之而心醉（眩於其言而心服也），歸以告壺子曰：「始吾以夫子之道爲至矣，則又有至焉者矣。」壺子曰：「吾與汝既（輩得）其文（外貌），未既其實（精蘊），而（汝）固（遂）得道（稱揚）與？衆雌而無雄，而又奚卵焉！而（汝）以道（有能）與世亢，必信夫，故使人得而相汝。嘗試與來。以予示之。」明日列子與之見壺子。出而謂列子曰：「噫！子之先生死矣！弗活（可救）矣！不以旬數矣！吾見怪焉（之），見濕灰焉。」列子入，泣涕沾襟以告壺子。壺子曰：「鄉吾示之以地文，萌（微動）乎〈而〉不震不正（整）。是殆見吾杜（閉）德機（生意）也。嘗又與來。」明日又與之見壺子。出而謂列子曰：「幸矣子之先生遇我也，有瘳矣！全然有生矣！吾見其杜權矣。」列子入，以告壺子。壺子曰：「鄉吾示之以天壤，名實不入（有無俱遣），而機發於踵（深微不可見）。是殆見吾善者機也。嘗又與來。」明日，又與之見壺子。出而謂列子曰：「子之先生不齊（變動不一），吾无得而相焉。試齊，且復相之。」列子入，以告壺子。壺子曰：「吾鄉示之以太沖莫（無）勝（朕誤），是殆見吾衡氣機也。鯢桓之審（潘誤下同）爲淵，止水之審爲淵，流水之審爲淵。淵有九名，此處三焉。嘗又與來。」明日，又與之見壺子。立未定，自失而走。壺子曰：「追之！」列子追之不及。反以報壺子曰：「已滅矣（不見其形），已失矣（不知所往），吾弗及已。」壺子曰：「鄉吾示之

〔一〕褚本下有一段話：「蓋子居所論者迹，而老聃所論者心。心迹之判久矣夫。」朱本僅録末「夫」一字，并從下句爲讀。

以未始出吾宗。吾與之虛而委蛇，不知其誰何，因以爲弟（頹作草是）靡（偃），因以爲波流，故逃也。」然後列子自以爲未始學而歸，三年不出，爲其妻爨，食豕如食人。於事無與親，雕琢（痛割聰明）復朴，塊然獨以其形立。紛（墳通）而封哉，一以是終。

【通義】「吾與汝」，非但己與列也，蓋言我輩衆人。但見其技術，未知其術之所由來，而遽輕易稱道其神，此猶衆雌生卵，未得雄爲之真機，又孰知卵之爲妄耶！汝以道有能，所是與人世相亢之物，可以較短論長，故信季咸爲道之至，有「神巫」之名。其歆羨畔援之心，隱然於中，是以使彼得而相汝，正易機動於此，誠應於彼之意。其曰「地文」「杜德機」「天壤」「善者機」「太沖莫朕」「衡氣機」，「三淵九淵」「未始出吾宗」等語，未得其情，因仍舊訓。膚齋曰：「『棄走』者，畏其言之驗也。」「地文」，「杜德機」，「天壤」，「善者機」，「太沖莫勝」，「衡氣機」「三淵九淵」「鯢桓」「止水」「流水」「未始出吾宗」，皆是修觀之名，猶觀音有十二觀也。大意「地文」者如土，而條理不泯也，故曰「濕灰」，謂無活動意也。「天壤」，天然生意上起也。「善者機」，猶言性之動處也。「衡」者，平也，不定也，氣機之動未嘗定而常平，故曰「不齊」。此處「三焉」，指上文三次所示之機。「淵」者，幽深玄遠不可測之意。餘從褚氏。間有未明者，如云「宗」者，指性、指無而言，「未始出吾宗」云云，猶曰未嘗離其所存之常。與季咸相接，只是虛其心，而從容其舉動。內不見己，外不見人，故曰「不知其誰何」。彼見我如此，以爲無。特然可畏，可象之容，而有信徒之衆，是以自疑不能相人，慚懼而逃也。「食豕如食人」，不慢事也。赤子之朴，以琢而散，此言「雕琢復朴」，蓋以習熟成性，須痛加尅治而後可還其故也。「塊然」二句，形容復朴之意；「紛而封哉」，形容獨以形立也，猶曰惟如土塊，卓然一形，不見有知識動作也。如此終身，更無他慕，故曰「一以是終」。此篇爲季咸而述，其名僅一見，而不覺其少，壺子凡十五見，而不覺其多。史遷作《魯仲連傳》，重出不厭其煩，文正類此。

【義海】季咸，以心感人而知其心者也。「道與世亢」，則不能無心。有心則有迹，使人得而相也。始見壺子而哀其弗活，蓋至人若死灰。季咸無所施其感耳。「不震」者，地之體。「不正〔一〕」者，坤之化。「萌」，所以示之。「文」，可見者也。「杜」，則楗閉莫窺。「機」，則微有可覩。此至人潛德内藴之貌，有非術者所能測識也！再見壺子，喜其有生，謂見「杜權」矣。「權」，又機之顯者。始以〔二〕杜而今微顯，所以知其有生也。「天壤」，謂自然天〔三〕地，生物之本也。「名實不入」，心不動也。惟能至静，故其機發於下極，吾身生意之所自〔四〕，養而爲浩然之氣，廣而爲及物之仁，是謂繼性發見，生生而不窮者也。又見壺子，而疑其動静不齊，無得而相，則至人之妙用，有出於術數之表者矣。「太沖」者，虚之至，故莫窺其眹兆也。「衡」以平而善應，「氣」以虚而善生〔五〕，皆無心於物，故不待感而自應，然謂之「機」者，亦以示之

〔一〕「正」，褚本作「止」，考下文褚本與朱本所據《莊子》原文不同，各以其所本爲是。
〔二〕「以」，褚本作「欲」。
〔三〕「天」，褚本作「之」。
〔四〕褚本「自」下有「始」字。
〔五〕「生」，褚本作「入」。

者言也〔一〕。淵〔二〕，喻前三機之有深意。九淵僅示其三，而季咸之技已窮。至人非有心〔三〕以屈人也，特示之以「未始出吾宗」，蓋不示之示、無宗之宗，亦虛而已，何出入之有？然則壺子所示者愈近而季咸所相者愈遠，宜其自失而走也。季咸既滅既失，壺子亦無有也，然則列子將奚爲哉？因悟向所學者皆其土苴，而今始識其真。「紛而封哉，一以是終」，隤然而道盡之謂也。此章實〔四〕「應帝王」之妙旨，託之季咸之相，所以神壺子之道，使後之心醉技術者亦將少醒焉耳！「既其文」〔五〕，一本作「無其文」。「莫勝」〔六〕，是「朕」無疑。三淵「審」字，《列子》並作「潘」，音盤，水盤洄也。本經《音義》云：「司馬本作『蟠』，聚也。」義或近之。「弟靡」，舊注同「頹」，未詳所據。今依《列》文「茅靡」爲〔七〕，即「草上之風必偃」，庶協下文「波流」之義。

無爲名尸，無爲謀府[聚]；無爲事任，無爲知主。體盡無窮，而遊無朕。盡其所受乎天而無見得，亦虛而已。至人之用心若鏡，不將不逆，應而不藏[晉]，故能勝物而不傷。

〔一〕褚本此句作「以所以示之者言也」。
〔二〕朱本此處不可見，據經，褚本補「三」字於「淵」前。
〔三〕褚本「有心」以下有「於出奇」三字。
〔四〕褚本「實」下有「寓」字。
〔五〕「既其文」前褚本有一段字訓，朱本未録，褚本作「『吾與汝』，『與』，許也，孔子曰『吾與點也』，義同」。
〔六〕「莫勝」前褚本有一段字訓，朱本未録，褚本作：「『天屈西北爲無』，側加『小卜』爲『無』（古『既』字）。『不正』當是『不止』。『不齊』，如字。」
〔七〕褚本「爲」下有「正」字。

【通義】有人之形，有能之譽，是爲「名尸」。「謀」「任」「知」皆名尸也。「無窮」，道之大也；「無朕」，道之微也。身服此道曰「體」，動静無愧曰「盡」，周旋不離曰「遊」。無見無得，形體本然之虚也。天固虚也，我亦虚也，故曰「盡其所受乎天」也。首四句戒不虚之習以起下文，體盡至無，見得狀虚之用。「若鏡」，證虚之象。「不將不逆」以下，狀鏡以表虚之體用。鏡之爲物，妍媸取決於我，是勝物也，彼此無損，故曰「無傷」。此條論學道者以虚爲極，則不必拘上下也。

【義海】趙虚齋以此段爲〔一〕連「南海之帝」爲一章，其註義略而不論。按：此段乃承先季咸立説〔二〕，用以總結其意，觀文義可知。「名尸」「謀府」「事任」「知主」，言季咸恃智〔三〕謀以察物，而任事要名〔四〕也。「體盡無窮」以〔五〕下，言壺子之道不可測識。「至人」則指壺子明矣。非有心於勝物而不能不勝，使季咸自失而走是也。惟其不争，所以善勝，物又惡能傷之哉！蓋明任道則其味〔六〕無窮，任技則其能有限也。

南海之帝爲儵音淑，北海之帝爲忽，中央之帝爲渾沌。儵與忽時相與遇於渾沌之地，渾沌待之甚善。

〔一〕褚本無「爲」字。
〔二〕此句褚本作「此段乃承前『季咸』章立説」。
〔三〕「智」，褚本作「知」。
〔四〕「任事要名」，褚本作「要名任事」。
〔五〕「以」，褚本作「已」。
〔六〕「味」，褚本作「用」。

儵與忽謀報渾沌之德，曰：「人皆有七竅以視聽食息，此獨無有，嘗試鑿之。」日鑿一竅，七日而渾沌死。

【通義】此言聰明之喪天德也。「混沌」「倏」「忽」，陰陽太極之旨也，故曰「南」「北」「中」。盡有形之外，故曰「海」。「倏」「忽」者，時速如電而不少留，意象恍惚而不可指之名。此節寓言最顯，善學者即大化以考一身，即一心以準大化。庶不孤寓言立教之血，誠哉！林云「赤子之初」，未有知識，混沌也。情欲既開，是竅鑿也，不失赤子之心，混沌不鑿也。

【義海】右章計七十四字，郭氏引《道德經》一言以蔽之曰「爲者敗之」〔一〕，簡要切當，莫越於此。研味之餘，偶得管見，附於衆説之後，云：《南華經》所謂「渾沌」，猶《道德經》所爲〔二〕「渾〔三〕成」，《沖虛經》所謂「混淪」，皆以況道之全體本來具足，不假修爲者也。然而世有隆替，道與時偕，儵化而爲有，儵〔四〕化而爲無，道體於是乎裂矣！自一生三，猶未至於鑿也，及乎「時相遇於渾沌之境」〔五〕，則物交物而心〔六〕，猶薪火相加，理無不然者。渾沌無所分別，待之固亦盡善，使儵、忽不能忘情而思所以爲報，則渾

〔一〕褚本無「曰『爲者敗之』」此五字。
〔二〕「爲」，褚本作「謂」。
〔三〕「渾」，褚本作「混」。
〔四〕「儵」，褚本作「忽」。
〔五〕「境」，褚本作「地」，考《莊子》原文，當以褚本爲是。
〔六〕褚本「心」下有「生」字。

沌之德未能不德，故不免夫恩害相生之累。日鑿一竅，患由〔二〕漸入也。七日而渾沌死，則情竇開而沖和喪〔三〕宜矣！帝王之跡著而大道之體亡也〔三〕。

**褚氏總論**：古之應帝王者，無爲而萬物化，無欲而天下足，淵静而百姓定。此堯舜已試之效，三代法之以垂統立極，豈若後之治國，汲汲於謀術者哉？〔四〕。故南華以齧缺問王倪爲是篇之首，「有虞」喻多慮，「泰氏」喻無爲，無爲足以配天，此帝王所應，歷數所歸，而億兆〔五〕之所寄託者也！若夫「以已出經式義度」，欲以化天下之民，無異矰〔六〕弋熏掘而致鳥鼠，是速其高飛深穴之逃。蓋有爲則有心，有心則智謀所由出，姦詐所由〔七〕生，雖父子之天性〔八〕有所不能固，其於君民之際，求如標枝野鹿之相忘，何〔九〕可得乎？是以天根問爲天下，答以心澹氣漠，順物無私；子居問明王之治，答以忘功善貸，使物自喜。皆所以應帝

〔二〕「由」，褚本作「猶」。
〔三〕褚本「喪」下有「也」字。
〔三〕褚本此句作：「帝王之迹著而大道之體亡，何以異此？」」。
〔四〕褚本此句作：「此堯舜三代已試之效，後王法之以垂統立極，豈以知治國，汲汲於謀術者之比哉？」」。
〔五〕褚本「億兆」下有「民命」二字。
〔六〕「矰」，褚本作「繒」。
〔七〕「由」，褚本作「自」。
〔八〕褚本無「性」字。
〔九〕褚本無「何」字。

王之道，以無爲爲之，凡有天下國家〔一〕，盖求諸此。鄭有神巫，期人生死，喻智謀之士審觀時政，足以料國之興衰，先事知幾，燭微無隱，可謂當代蓍龜。然而一見壺子，哀其將死，再見，幸其有瘳〔二〕，三見，疑其不齊，無得而相，則觀形察色之技於是乎有限矣。明日又見，自失而走，何壺子之多變而季咸之不神耶？此言料國者智謀數術不越乎人爲〔三〕，所以用之有窮，而無爲之主，憲天體道，垂拱〔四〕一堂，精神四達，與化無極，巍巍蕩蕩，民無能名〔五〕，則豈智謀可度，術數可窺哉！結以南北二帝遇於中央，言道散爲物，離無入有，儵、忽即有無同異〔六〕，徼妙之所以分，今會而一之，非不善也，有一則有散，所以啓儵忽之鑿。惟其善待之，必有善鑿者，不若彼化無心相忘〔七〕交化也。萬斛之舟，不容漏〔八〕針，何恠乎七日而死渾沌哉！

**褚氏槩論：**竊惟《南華》一經，肆言渾浩，湍激籟號，作新出奇，跌宕乎諸子之表，若不可以繩墨求。

〔一〕褚本「國家」下有「者」字。
〔二〕「瘳」，褚本作「瘳」。
〔三〕褚本「人爲」下有「之僞」二字。
〔四〕「拱」，褚本作「衣」。
〔五〕「名」，褚本作「若」。
〔六〕「同異」，褚本作「異號」。
〔七〕褚本「相忘」下有「而」字。
〔八〕「漏」，褚本作「灌」。

而《内篇》之奧，窮神極妙[一]，道貫天人，隱然法度森嚴，與《易》《老》相上下，某雖[二]學未得其要，鮮不怵眩日華之五色者矣。考其命[三]意立辭，且有文理[四]。始於《逍遥遊》，終以《應帝王》者，學道之要在反求諸己，無適非樂，然後外觀萬物，理無不齊，物齊而已可忘，已忘而養生之主得矣。養生所以善己，應世所以善物，皆在德以充之，德充則萬物符契。宗之爲師，標立道原，範模天下，爲聖賢續命脉，爲萬世開迷雲，《大宗師》之本立矣。措諸治道也何難？内則爲聖爲神，外則應帝應王，斯道之所以歛之一身不爲有餘，散之天下不爲不足也。帝王之功，雖曰聖人餘事，然躋世真淳，措[五]民清静，應化極致，莫大於斯，故以終《内篇》之旨。儵、忽生而渾沌死，喻外王之功成而内聖之道虧也。夫今之人鑿竅而死渾沌者多矣，將何術以起之？曰：「塞兑」「閉門」「用之不勤」。是爲真修渾沌之術與[六]！

再詳七篇命題，各有所主，其間或舉例稠繁，渾[七]淆莫辯，竊窺的指，以古人德合者配於逐條之下，云：《逍遥遊》之極義[八]，當歸之許由、宋榮，以解天下物欲之桎梏而各全自己之天也；《齊物論》之極義，當歸之許由[九]、王倪，以祛彼我是非之惑，得其同然而合乎大通也；《養生主》之極義，當歸之老

[一]「妙」，褚本作「化」。
[二]「某雖」，褚本作「初」。
[三]「命」，褚本作「創」。
[四]「且有文理」，褚本作「具有倫理」。
[五]「措」，褚本作「挈」。
[六]「與」，褚本作「歟」。
[七]「渾」，褚本作「混」。
[八]「義」，褚本作「議」，下同。
[九]「許由」，褚本作「子綦」。

聃、彭祖，以紕養[一]形骸之謬，知生道所當先也；《人間世》之極義，當歸之蘧瑗、接輿，明出處去就之得宜，毋[二]攖逆鱗以貽患也；《德充符》之極義，當歸之王駘、申徒嘉，言内充者不假乎外，德威[三]者物不能離也；《大宗師》之極義，當歸之孔子、顏回，有聖德而不居其位，弘斯道以覺斯民也；《應帝王》之極義，惟舜、禹足以當之，謳歌獄訟之所歸，應天順人而非得已，此南華公[四]慕往古聖賢，筆而爲經，標準萬世。若夫真人之所造詣，即七篇而不泥，離七篇而脗合，所以外混光塵，内存慧照，出凡入聖，闔闢化機而不可以形教拘也。善學者，盍知所從事焉，斯可矣。[五]

【通義】此上七篇，褚氏亦得大意，但以心跡異觀、内聖外王、彼成此虧爲説，則全書之旨要，未免於口耳也。何也？體用一原，顯微無間者未徹也，且功成不自知，又何内聖之虧乎？内聖虧又何以成外王也？若林氏謂其篇篇結束不同，如《逍遥遊》之有用無用，《齊物論》之夢覺，《養生主》之火傳，《人間世》之命也夫，《德充符》之堅白鳴，末篇之儵忽渾沌，復結以七軸，是精藝者所當知。

庄子内篇第三卷　終

[一] 褚本「養」前有「過」字。
[二] 「毋」，褚本作「勿」。
[三] 「威」，褚本作「盛」。
[四] 「公」，褚本作「企」。
[五] 末一句褚本作「善學《南華》者，於《内篇》求之，思過半矣。」

# 莊子卷第四

粂元朱得之傍注並通義
附錢塘褚伯秀《藝海纂微》
雲谷王潼録校刊

## 外篇

### 駢拇第八

駢(連合)拇(音母 足大指)枝(傍出)指，出乎性哉，而侈於德(能)；附贅縣疣，出乎形哉，而侈於性(生)。多方乎仁義而用之者，列於五(內)藏哉！而非道德之正也。是故駢於足者，連無用之肉也；枝於手者，樹無用之指也；〔多方〕(衍文)駢枝於五藏之情者，淫(縱)僻(偏)於仁義之行，而多〔方〕(衍)於聰明之用也。

是故駢於明者，亂五色，淫文章，青黃黼黻之煌煌，非乎？而離朱是已。多於聰者，亂五聲，淫六律，金石絲竹，黃鐘大呂之聲，非乎？而師曠是已。枝於仁者，擢(亂)德塞性以收名聲，使天下簧(佞)鼓(媚)以奉不及(不可從)之法，非乎(應擢塞)？而曾(參)史(魚)是已。駢於辯者，累瓦(丸誤)結繩，竄句遊心於堅白同異之間，而敝跬(音跂脱以)譽無用之言，非乎？而楊墨(凡此皆名尸)是已。故此皆多駢旁枝之道，非天下至正也。

彼正(至誤)正者，不失其性命之情。故合者不爲駢，而枝者不爲跂(岐誤)；長者不爲有餘，短者不爲不足。是故鳧脛雖短，續之則憂；鶴脛雖長，斷之則悲。故性長非所斷，性短非所續，無所去憂也。意仁義其非人情乎！彼仁人何其多憂也。

且夫駢於拇者，決之則泣；枝於手者，齕之則啼。二者或有餘於數，或不足於數，其於憂一也。今世之仁人，蒿目而憂世之患；不仁之人，決性命之情而饕貴富。故意仁義其非人情乎！自三代以下者，天下何其囂囂也？

且夫待鉤繩規矩而正者，是削其性者也；待繩約膠漆而固者，是侵其德者也；屈折禮樂，呴俞仁義，以慰天下之心者，此失其常然也。天下有常然。常然者，曲者不以鉤，直者不以繩，圓者不以規，方者不以矩，附離（麗同）不以膠漆，約束不以纆（音墨）索。故天下誘（相引）然皆生，而不知其所以生，同焉皆得，而不知其所以得。故古今不二，不可虧也。則仁義又奚連連如膠漆纆索而遊乎道德之間爲哉，使天下惑矣。

夫小惑易方，大惑易性。何以知其然邪？自虞氏招（音蹻）仁義以撓天下也，天下莫不奔命於仁義，是非以仁義易其性與？故嘗試論之，自三代以下者，天下莫不以物易其性矣。小人則以身殉利，士則以身殉名，大夫則以身殉家，聖人則以身殉天下。故此數子者，事業不同，名聲異號，其於傷性，以身爲殉一也。臧與穀，二人相與牧羊，而俱亡其羊。問臧奚事，則挾筴讀書；問穀奚事，則博塞以遊。二人者，事業不同，其於亡羊均也。伯夷死名於首陽之下，盜蹠死利於東陵之上，二人者所死不同，其於殘生傷性均也。奚必伯夷之是而盜蹠之非乎，天下盡殉也。彼其所殉仁義也，則俗謂之君子；其所殉貨財也，則俗謂之小人。其殉一也，則有君子焉有小人焉；若其殘生損性，則盜蹠亦伯夷已，又惡取君子小人於其間哉！

且夫屬其性乎仁義者，雖通如曾史非吾所謂臧也；屬其性於五味，雖通如俞兒非吾所謂臧也；屬其性乎五聲，雖通如師曠，非吾所謂聰也；屬其性乎五色，雖通如離朱，非吾所謂明也。吾所謂（以爲）臧者，非仁義<sub>行修</sub>之謂也，臧於其德而已矣；吾所謂<sub>称</sub>臧者，非所謂<sub>称述</sub>仁義之謂也，任其性命之情而已矣；吾所謂聰者，非謂其聞彼也，自聞而已矣；吾所謂明者，非謂其見彼也，自見而已矣。夫不自見而見彼，不自得而得彼者，是得人之得而不自得其得者也，適人之適而不自適其適者也。夫適人之適而不自適其適，雖盜蹠與伯夷，是同爲淫僻也。余愧乎道德，是以上不敢爲仁義之操，而下不敢爲淫僻之行也<sub>篇首合說此乃分說</sub>。

【通義】此篇只是順其情之自然，不容加損而已，却多方馳騁鋪張，畢竟是詞章之技。篇首「性」字屬形不屬理，猶曰天。生此形骸，各有才能，今駢拇枝指，是天生此無用之形，於有用之體，而使其誇多，有才能者徒足爲累耳。「贅」「疣」亦形之病也，以生於有形之後而言者，駢枝則與生俱生，故曰「性」，曰形之不同。「駢」「明」以下四「非乎」字，不但是文法，亦反詰之詞也，蓋曰若此言者，人豈以爲不是乎，告子杞柳桮棬之喻，意正類此。

【義海】「天命之謂性」，「物得以生之謂德」，會德性而充之之謂形，是皆稟乎自然，所以尊生配道，體天立極，至誠而不息者也。凡在德性之外，皆爲駢枝贅疣，所謂「多方乎仁義」「聰明」，而非道德之正。故漆園立是論爲《外篇》之首，而議者謂薄仁義，爲大〔一〕過。且老莊之學非好爲高大而故〔二〕薄仁義

〔一〕「大」，褚本作「太」。
〔二〕「故」，褚本作「固」。

也，蓋尊道德則仁義在其中，然當時所謂仁義皆多駢旁枝而非正者[一]，故不得不辭而闢之。若仁義根心，安行中理，其去道德也何遠？夫駢枝贅疣，氣之暫聚，初無痛癢之切身，任之而勿嫌可也。或者惡其累形而欲決齕之，其爲害愈甚。故真人善巧設喻以袪其惑，覬學者心冥體會，即僞明真，則天命之至理可全，人得以生之良貴可復，道物一致，天人渾融，回視駢枝贅疣，何足爲吾形累？而所謂聰明、仁義者，皆自吾德性中來，是亦道之徼也。但不徇其跡以求善於物，思復其本而同乎大通，則亦終歸乎道德之妙而已，何淫僻之有哉？「多方於聰明之用」一句，今本皆然，碧虛子陳景元云張君房校本此句無「方」字，後[二]引下文「多於聰者」爲證，其論頗正[三]。

此段發明前意，謂人各有正性，性各有良能，能各有分量，一毫不可强岐[四]。故慕離朱者喪其明，希師曠者損其聰，習曾史者過於仁，學楊墨者僻於辯。此皆以不足企有餘，等而上之，攀緣[五]無極，非天下之至正也。彼至正者，盡性[六]之情而無所企羨，人安其分，物得其宜，合不爲駢，枝不爲岐[七]，長短各足[八]，而

〔一〕褚本下有「耳」字。
〔二〕褚本無「後」字。
〔三〕「正」，褚本作「長」。
〔四〕「岐」，褚本作「跂」。
〔五〕「緣」，褚本作「援」。
〔六〕「性」，褚本作「性命」。
〔七〕「岐」，褚本作「跂」。
〔八〕「足」，褚本作「適」。

無有餘不足之累，世間憂患不待去而自去矣。是謂盡己之性〔一〕。然則全物之樂所以全己之樂也歟！竊詳經文，「纍瓦」當是「累丸」。「彼正正者」宜照上文作「至正」。「不爲跂」當作「歧」。皆傳寫之誤。

仁義出於情性，非其人者僞之；駢枝出於形體，累於形者惡之。南華爲見世之尚仁〔二〕者舍己以效人，徇迹而忘本，故歎「仁義〔三〕非人情乎」？謂矯性而爲之，不出於安行，是攬天下之患爲己憂者也。恐天下之不理，乃奔馳以捄之，而猶不勝〔四〕。蒿目以遊〔五〕，焦心以慮，豈非決駢齕枝之謂與？彼不仁之人，決性命而不顧，饕富貴而不止，及其禍發必剋，則人貨俱亡而後已耳。蓋仁有性之之真，必有假之之僞，惡夫假禽貪者囂囂〔六〕以罔〔七〕天下之民，故重歎〔八〕「仁義其非人情乎」？何〔九〕三代而

〔一〕「性」下褚本有「而後盡物之性」六字。
〔二〕褚本「仁」作「仁義」。
〔三〕褚本「仁義」下有「其」字。
〔四〕褚本「不勝」下有「也」字。
〔五〕「游」，褚本作「憂」。
〔六〕褚本「囂囂」作「器」。
〔七〕「罔」，褚本作「虐」。
〔八〕「歎」，褚本作「欺」。
〔九〕「何」，褚本作「自」。

下仁義〔一〕者其澆澆〔二〕浮薄耶？夫物之本性，正、固出乎自然。有待而正，則非至正；有待而固，則非真固。是則削性侵德，失其常然，無異乎手足之有駢枝也。夫常然者，其爲曲直方圓，不待乎鉤繩規矩也。自生自得，不知今昔〔三〕之殊，成虧之易〔四〕，道德渾〔五〕成，仁義爲無用矣，又何必膠固其跡以惑天下哉？「小惑易方」，東西錯位，未甚害事也；「大惑易性」，則失其常然，叛道背德，爲害有不可勝言者。然其病源浸淫已久，自有虞氏招仁義以撓天下，舉〔六〕以仁義易其自然之性，性不真而仁義亦僞矣。天下猶奔命而從之，安於失性而不悟，此真人之所哀也。

上古淳朴，民俗熙熙，不待治而自治，是以民安乎性命〔七〕之自然，君得以成端拱無爲之化。自三代而下，以物易性，逐僞喪真，雖賢愚貴賤之不同，各以所徇爲是而弗悟其遠於道也，故其殘生傷性無以異。然後爲民上者，設爲刑政賞罰，以道之齊之，勸之懲之，上下俱憊而姦詐生；刑政賞罰有所不能制，則民非其民，國非其國矣。此實緣〔八〕於上下交狥之過，以致君民兩失。喻以臧穀亡羊，義甚切當。且天下盡狥，則俱失其本然之天，而滯於一偏之見，反指不狥者爲非，何君子、小人之分哉？夫伯夷之清、盜跖之汙，萬世之下昭若白黑。漆園混而一之者，以所狥而言，舉不免乎有跡，聖人猶不逃評議而況跖乎？治道之在天下

〔一〕「仁義」前褚本有「爲」字。
〔二〕「其澆澆」，褚本作「何其囂囂」。
〔三〕「今昔」，褚本作「古今」。
〔四〕「易」，褚本作「異」。
〔五〕「渾」，褚本作「混」。
〔六〕「舉」前褚本有「天下」二字。
〔七〕「性命」，褚本作「性分」。
〔八〕「緣」，褚本作「原」。

若權衡，抑彼所以揚此，其勢不得不然，惟求其平而已。使天下無狥而免殘生傷性之患，則聖人、盜跖固有間矣。然其所以善、所以惡，又當超乎仁義聖知之外觀之。

性若太虛，窮之無有，而無乎不在也。一有所屬，則涉乎偏狥，而非道德之正。雖曾、史、離、曠，特受異氣，工於所長，以道觀之，猶不免爲淫僻，況以所短晞所長，不至學邯鄲之步者，鮮矣！故皆不足以爲善。所善在任其性命之情，出乎道德之正，無强跂偏狥之失。耳目口之於聲色味也，未嘗强通，亦不强閼，任其自然而無容私焉，此天下之至正也，何物足以撓之？人之聰明而至於自聞自見，則有異乎世俗之聰明；所善在乎自得自適，則有異乎世俗所謂善。仁義去而真性全，臧於其德而已。德主乎中，道將來舍，外物何自而入哉？若其不自得適，一狥乎人，則是同爲淫僻耳，賢不肖也奚擇？南華自謂上下不敢爲，而安於性命之自得，斯爲道德之正也與。

【義海】附論：本經《内篇》命題本於漆園，各有深意，《外篇〔一〕》《雜篇》則爲郭象所删修，但摘篇首字名之，而大義亦存焉。《内篇》既詳述道德性命之理，故於《外篇》首論德性所不當有者，猶駢枝贅疣之於形也。竊謂此〔二〕篇本意，原於《道德經》之「餘食贅行」，以明自矜、自見者〔三〕之遠於道。而南華敷演滂流，浩瀚若此，蓋弘道闡教不得不盡其辭而達其意，以袪世俗之迷，使之自然〔四〕而合乎道也。夫

〔一〕褚本無此處「篇」字。
〔二〕褚本「此」作「當」。
〔三〕褚本作「自見、自矜者」。
〔四〕褚本「自然」前有「復乎」二字。

人之德性，粹然如玉在璞中[一]，其所漸被，木潤山輝。及爲聰明所鑿，仁義所分，但知求善於物，在己之真淳喪矣。故舉曾、史、離、曠、揚、墨，得性之偏，沿習之僻，是爲多駢旁枝之道，而天下猶奔慕之，舉失其性命之真[二]，離其道德之正，所以亂天下也。惟能忘其異而一之，如鳧鶴之無容斷續，而各不失其自然，斯爲近道矣。然天下皆惑，吾將柰何？遂設臧穀亡羊以喻伯夷、盜跖，各以所狥爲君子、小人之分，而其殘生傷性一也。信能去跡絶尚，性無所屬，反本冥極，遊乎物初，則駢枝贅疣與形俱忘，君子、小人均於自得，故終以順性命之情爲至，而本然之聰明不廢也。不聞彼而自聞，不見彼而自見，與顏子所謂「仁者自愛、知者自知」義同，所以自得自適而無企羨之心，則夷、跖之賢否將有能[三]辨之者矣。

## 馬蹄第九

馬，蹄可以踐霜雪，毛可以禦風寒，齕草飲水，翹足而陸，此馬之真性也。雖有義臺王者之居路寢，無所用之。及至伯樂，曰：「我善治馬。」燒治蹄之，剔之，刻治鼻之，雒絡同之，連之以羈絡首馽音竦　絆足，編之以皂槽櫪棧，馬之死者十二三矣，饑之渴之馳之驟之整之齊之，前有橛飾頷下鑣纓之患，而後有鞭筴之威，而馬之死者已過半矣。陶者曰：「我善治埴，圓者中規，方者中矩。」匠人曰：「我善治木，曲者中鉤，直者應繩。」夫埴木之性，豈欲中規矩鉤繩哉？然且世世稱之曰「伯樂善治馬，而陶匠善治埴木」，此亦治天下者之過也一句喚起下却詳解。

---

[一] 褚本無「中」字。
[二] 「真」，褚本作「情」。
[三] 褚本無「能」字。

吾意善治天下者不然。彼民有常性，織而衣，耕而食，是謂同德。一而不黨（分偏），命（名）曰天放（自然不拘）。故至德之世，其行填填（滿足），其視顛顛（直視不顧）。當是時也，山無蹊（陸不行）隧，澤無舟梁（水不通）；萬物群生，連屬（各觀其親爲風）其鄉；禽獸成羣，草木遂長。是故禽獸可係羈而遊，鳥鵲之巢可攀援而窺（去規反）。

夫至德之世，國（俗）與禽獸居，族（聚）與萬物並，惡乎知君子小人哉！同乎無知，其德不離；同乎無欲，是謂素樸；素樸而民性得矣。及至聖人（此治天下之過），蹩（蒲結反　行而）躠（悉結反　勉强）爲仁，踶跂（行立不安）爲義，而天下始疑矣；澶漫（汗流蕩）爲樂，摘僻（手足多冗）爲禮，而天下始分矣。故（證）純樸不殘，孰爲犧尊！白玉不毁，孰爲珪璋！道德不廢，安取仁義！性情不離，安用禮樂！五色不亂，孰爲文采！五聲不亂，孰應六律！夫（例斷）殘樸以爲器，工匠之罪也；毁道德以爲仁義，聖人之過也。

夫馬（重繳前文指出本性），陸居則食草飲水，喜則交頸相靡（擦），怒則分背相踶。馬知已（止）此矣。夫加之以衡扼，齊之以月題（額鏡）。而馬知介倪闉（担）扼鷙（怒）曼（索）詭（計）銜竊轡。故馬之知而態至盜者，伯樂之罪也。

夫赫胥氏之時（實前論），民居不知所爲，行不知所之，含哺而熙，鼓腹而遊，民能以（已通）此矣。及至聖人，屈折禮樂以匡天下之形，縣跂仁義以慰天下之心，而民乃始踶跂好知，爭歸於利，不可止也。此亦聖人之過也。

【通義】此篇意不多而詞費，其擬莊之作乎。大意只是法立而弊生，見至德之治非以明民，將以愚之也，愚則天性不鑿，立法則加損於性外，矯揉而爲之，故曰「以智治國國之賊」。「介倪」云云，孟子反其旄倪，此言「介」者，有去就也，「倪」者，認牧豎也。「倪」「扼」「曼」，銜轡馬之所侮也；「介」「闉」「鷙」，詭竊馬之智也。

【義海】物有常性，民有常德，其德不離，民性得矣，何在乎過求過養以損德傷性哉？真人爲見世俗澆薄，以人滅天，不安本然之分，而求益分外之知。凡上之御下、下之事上，舉不免以知術相籠。知術窮而不肖之心應，雖嚴刑峻法有所不能禁也。請〔一〕原其端，由於上之人好知之過，啓其多知而又爲知以教之，不亦勞且多事乎？欲正本澄源，痛革其弊，故借馬立喻以明治之之失，覬任治道之君子有取焉耳。自三代而下民性既離，刑政賞罰之所以立，則是四者治天下之「橛」飾鞭筴也。而知術奸詐之萌實由於此，後篇所謂「並聖而竊之」者是也。然則今之爲治者將何如？曰：主以道德而四者皆由之出焉〔二〕，斯可矣。若其不任道德又廢舍道德而專刑政，無異乎伯樂之治馬。千里之足雖得以自別，而馬之受害者不少矣。矜己能而有心以爲治，何以復民性而全常德哉？故曰「治天下者之過也」。

前論治道之弊，欲有以革去之，故此謂善治者不然。上陳至德之世，民性真淳而無所企慕，衣食足用而無求羨餘。「山無蹊隧，澤無舟梁」，即民不往來，「舟車無所乘」之謂也。「羣生連屬」「草木遂長」，言其生物繁茂。禽獸可羈，鳥巢可闚，言無心而與物化也。由是知鳳巢於閣，麟遊於囿，至和感召，理誠有之。如是則上無欲而下無知，德不離而民素樸，又惡有君子、小人之分哉？及至後世，聖人以有爲治天下，致力於仁義，勉强爲禮樂，於是民始疑而天下始分矣。故南華以殘樸毀玉爲工匠之罪，廢道用仁爲聖人之過。然而樸玉不毁，何以爲器？仁義不立，何以衛道？曰：天下之樸散久矣，無患乎乏器也；聖人之道散

〔一〕「請」，褚本作「靖」。
〔二〕褚本作「四者爲之輔」。

久矣，一變而爲仁義，再變而爲禮樂，三變而爲刑名，至是仁義禮樂徒存其名[一]，是使後人而復哀後人也！

古之聖人以康濟天下爲己任，惟恐一夫之失所，思有以撫育安全之，豈有求於世而然哉？蓋出乎性情之真，道德之正，在己所當爲者也，是謂「上德不德」，「下知有之」而親譽不及焉。逮乎後世，樸散民澆，知詐日作，出應聖人之運者，匍匐重跰以拯民於水火，諄諄善誘以覺民於迷途，愛利之而仁迹彰，裁決之而義功見，節文之而禮興，和樂之而樂出。是亦因民所尚、適事之宜而爲之制度，猶未至甚失也。然而治久則民玩，法久則弊生，更張則法苛，令嚴則易犯，亦勢所必至矣。吁！七竅既鑿，其有復於混[二]沌者乎？此《馬蹄》之所以作，旁譬曲喻之所以繁且廣也。末章又論馬之真知，以歸當篇本意，至舉赫胥之世，民知含哺鼓腹而已，無爲自得之意槩見於此，則上之人不擾可知。南華引古證今，覬復淳風於萬一，柰何世道交喪，争歸於利而不可止，卒歸過於聖人，豈立言君子所得已哉？切於警人心，救時弊，不得不反言[三]以矯之，而或者議其爲憤悱之雄則過矣。善觀《莊子》者，究其意、畧其辭可也。「介倪」，舊音戛睨，聲聱牙而義難通，今定從本音，言人以知御馬而馬之知介然已見端倪，思爲詭銜、竊轡之計，則是馬本無知而人啓其知也。

**褚氏統論**：是篇一意，語分四節。首敘題意，以御馬明治民，與《尚書》御馬喻臨民義同。而此篇首尾形容馬之性情喜怒，曲盡其態，雖畫筆之工，曾不是過。然則人心之善否，又安能逃其精鑒哉！次借

[一] 褚本此段作「三變仁義禮樂徒存其名」，無「而爲刑名，至是」六字。
[二] 「混」，褚本作「渾」。
[三] 褚本無「言」字。

陶埴立論，以演上文，言有心有爲於治而攖拂天下之性情，不若無爲而任物之自化也。又舉至德之世，無知無欲，後王立法，天下始疑，無異伯樂之從事乎燒、剔、刻、雒以求追風之名〔一〕，步名曰治之，而害莫甚焉。所謂「聖人之過」者，設爲仁義禮樂以教民，號之令之，唯恐其不至，殊弗悟枝葉繁而根幹衰，政迹彰而姦弊作。此淳朴之所以散，刑罰之所以興，上下交亂〔二〕而不息也。故漆園高言以矯之，博喻以化之，使天下舍僞還真，知所趨向，有以見至人之心猶未忍恝然於世也。末引上古民淳俗厚，熙熙然〔三〕自樂，以證皇王無爲之效，後世聖人束以禮樂，慰以仁義，求治太過，而至於不可治矣。太上曰：「治大國若烹小鮮」，南華之論得之。

## 胠篋第十

將爲胠（祛劫二穿 音發也）篋探囊發匱之盜，而爲守備，則必攝緘縢，固扃鐍（古穴反），此世俗之所謂知也。然而巨盜至，則負匱揭篋擔囊而趨，唯恐緘縢扃鐍之不固也。然則鄉之所謂知者，不乃爲大盜積者也？

故嘗試論之，世俗之所謂知者，有不爲大盜積者乎？所謂聖者，有不爲大盜守者乎？何以知其然邪
一問？昔者齊國，鄰邑相望，雞犬之音相聞，罔罟之所布，耒耨之所刺，方二千餘里。闔四竟之內，所以立宗廟社稷，治邑屋州閭鄉曲者，曷嘗不法聖人哉。然而田成子一旦殺齊君而盜其國，所盜者豈獨其國邪？並與其聖，知之法而盜之。故田成子有乎盜賊之名，而身處堯舜之安；小國不敢非，大國不敢誅，十二世有

〔一〕褚本無此「名」字。
〔二〕「亂」，褚本作「兵」。
〔三〕褚本無「然」字。

齊國。則是不乃（是既）竊齊國並與其聖（已上言利）知之法以守其盜賊之身乎？

嘗試論（再舉前語繳）之，世俗（以起下文）之所謂至知者（加一層），有不爲大盜積者乎？所謂至聖者，有不爲大盜守者乎？何以知其然邪（二問）？昔者（又即證）龍逢斬，比干剖，萇弘胣（勑紙反　裂），子胥靡（爛），故四子之賢，而身不免乎戮。故跖之徒問於跖曰：「盜亦有道乎？」跖曰：「何適而無有道邪！夫妄意室中之藏，聖也；入先，勇也；出後，義也；知可否，知也；分均，仁也。五者不備而能成大（已上言害）盜者，天下未之有也。由是觀之，善人不得聖人之道不立，跖不得聖人之道不行；天下之善人少而不善人多，則聖人之利天下也少，而害天下也多。故曰脣竭則齒寒，魯酒薄而邯鄲圍，聖人生而大盜起。掊擊聖人，縱舍盜賊，而天下始治矣。夫川竭而谷虛，丘夷而淵實。聖人已死，則大盜不起，天下平而無故（多事）矣。

聖人不死，大盜不止。雖重聖人而治天下，則是重利盜跖也。爲之斗斛以量之，則並與斗斛而竊之；爲之權衡以稱之，則並與權衡而竊之；爲之符璽以信之，則並與符璽而竊之；爲之仁義以矯之，則並與仁義而竊之。何以知其然邪（三問）？彼竊鉤者誅，竊國者爲諸侯，諸侯之門而仁義存焉，則是非竊仁義聖知耶？故逐於（衍）大盜，揭諸侯竊仁義並斗斛權衡符璽之利者，雖有軒冕之賞弗能勸，斧鉞之威弗能禁。此重利盜跖而使不可禁者，是乃聖人之過也。

故曰：「魚不可脱於淵，國之利器不可以示人。」彼聖人者，天下之利器也，非所以明天下也。故絶聖棄知，大盜乃止；擿玉毁珠，小盜不起；焚符破璽，而民朴鄙；剖斗折衡而民不爭；殫殘（盡毁）天下之聖法，而民始可與論議。擢亂六律，鑠（銷）絶竽瑟，塞瞽曠之耳，而天下始人含其聰矣；滅文章，散五采，膠離朱之目，而天下始人含其明矣；毁絶鉤繩，而棄規矩，攦（力的反　裂）工倕之指，而天下始人有其巧矣。故曰：

「大巧若拙。」（突然一句衍文也）削曾史（孝忠名）之行，鉗楊墨之口（言），攘棄仁義，而天下之德始玄同（大同不見其同）矣。彼人含其明，則天下不鑠矣；人含其聰，則天下不累矣；人含其知，則天下不惑矣；人含其德，則天下不僻矣。彼曾史楊墨、師曠工倕離朱，皆外立其德而以爚（熏灼）亂天下者也，法之所無用也。

子（泛）獨不知至德之世乎？昔者容成氏、大庭氏、伯皇氏、中央氏、栗陸氏、驪畜氏、軒轅氏、赫胥氏、尊盧氏、祝融氏、伏戲氏、神農氏，當是時也，民結繩而用之，甘其食，美其服，樂其俗，安其居，鄰國相望，雞狗之音相聞，民至老死而不相往來（無求無欲）。若此之時，則至治已。今遂至使民延頸舉踵曰，「某所有賢者」，贏糧而趣之，則內棄其親而外去其主之事，足迹接諸侯之境，車軌結乎千里之外。則是上好知之過也。

上誠好知而無道，則天下大亂矣。何以知其然耶（四間）？夫弓弩畢弋（有柄網）機變之知多，則鳥亂於上矣；鉤餌罔罟罾笱之知多，則魚亂於水矣；削格羅落罝罘之知多，則獸亂於澤矣；知詐漸毒頡滑堅白解垢同異之變多，則俗惑於辯矣。故天下每每大亂，罪在於好知。故天下皆知求其所不知（外物），而莫知求其所已知者（本性），皆知非其所不善（違己之欲），而莫知非其所已善者（從欲），是以大亂。故上悖日月之明，下爍山川之精，中墮（隳誤）四時之施；惴耎（耳轉反）（微息動物附地者）之蟲，肖翹（小輕飛物蜂蝶）之物（類者），莫不失其性。甚矣夫好知之亂天下也。自三代以下者是已，舍夫種種（各色實事）之民而悅夫役役（曾史楊墨）之佞，釋夫恬淡無爲，而悅夫哼哼之意，哼哼（多言）已亂天下矣！

【通義】此因上篇之旨而歸罪於好智，故專論好智無道之害，原夫智之所由倡，實自聖人始，而襲之者違天背道，假仁襲義以亂天下之真，故曰「絕聖棄知，然後可以反朴還淳」。復於無知，而人性不鑿也。

鄙見以此乃擬襲莊文者，田恒弒君，孔子請討，在魯哀之世，後二十一篇中，周見魯哀，謂魯少儒，此言恒享齊國十二世。又楚伐魯以其酒薄也，而梁乃伐趙，魯不得援，事在魯哀以後，今舉以並脣齒之論，是指以爲往昔故事也。篇末又謂好智之亂天下，乃三代以下，則西漢之言矣。故余直謂此非莊子之文，不然，莊子年幾四百乎？龍逢四事，言聖智之害人；蹠事，言利人也，不能復天德之良，未見不知之知，則以識情爲聖，是必利少而害多。然舍知識無以作聖，恃知識所以賊聖也。其曰好智而無道則亂，使有道焉，則智者神之發也，有爲無爲，何適而非。此種種之民，各稟所長，各習所便，如農工商藝樸實生理者也。或謂得祖氣，迂且鑿矣，役役務外之擾，哼哼務言之多，今以役役屬佞，哼哼屬意，蓋交互以見馳騁於言行也。

【義海】備盜以緘縢、扃鐍者，世俗之知也。穴室、負匱、探囊者，超俗之知也。人有超俗之知，造化間幾何而一遇哉？以之上盜天和以養形保神，下盜地利以肥家富國，何不可者？而乃甘於妄意室中之藏以希不義之貨，而不顧公論之不可逃，遺臭之不可掩，何弗思之甚耶！竊嘗考其所由，亦有以致之者。世無積而守之，彼惡得而奪之？然自胠篋之欲充之而至於竊國，信乎？履霜堅冰、覆乘致寇之戒〔一〕不可不謹也！夫竊國者非並其聖知之法而竊之，雖得國無以自立，則聖知者天下之利器，在人用之如何耳。其權或墮奸雄之彀中，未有不反爲所制者。後文云「竊鉤者誅，竊國者爲諸侯。諸侯之門，仁義存焉。」小盜有誅而大盜無禁，是豈齊民之術哉？彼既竊國爲君，而又禁民爲盜，亦知仁義之不可廢也，得非以聖知之法

〔一〕「覆乘致寇之戒」六字，褚本作「之」字。

守其盜賊之物〔一〕乎？漆園慨立是論，所以誅千古奸雄之心，《麟經》真筆之嚴，可以並行於世矣。

世之所謂「至知」「至聖」者，例不免爲大盜積，反不若不以「聖」「知」稱者，無所積而盜莫能窺也。故引四賢以證聖知之不足恃。夫天生忠賢，匡君輔國，節義所在，有死無貳。而上或不之察，惡其逆耳拂情，始則疏遠之，甚則譴斥之。而彼忠不能自泯，終於戮之而後已。吁！忠賢之戮，姦臣之幸也。明證若此，國其能久乎！夫爲臣姦大盜，豈無其術？所謂術者，亦不越乎聖知之法。以所資者重故所取不容輕，然其厲〔二〕階非一日之積，必覬〔三〕其君上之可罔，有司之可欺，因時乘機〔四〕，以遂其悖道之舉，然猶不免資聖知仁義以爲治，如前立國者所云。一廢而一興，川谷丘淵之消長也。聖生而盜起，魯酒、邯鄲之相因也。雖重以聖知而爲治，重利盜跖也宜矣。且竊鉤者受制於聖知之法，而竊國者奪聖知之法以制人，是以善人少而不善人多，雖軒冕斧鉞不足以爲勸懲也。信知聖知者，天下之利器，不可以示人。彼竊窺其機，必將爲所奪，猶魚之脱淵，螻蟻得以困之矣。《語》云「民可使由之，不可使知之」，然則聖人之治天下，有神而化之之術與？〔五〕

〔一〕「物」，褚本作「身」。

〔二〕「厲」，褚本作「歷」。

〔三〕「覬」，褚本作「酌」。

〔四〕「機」，褚本作「勢」。

〔五〕褚本下有一段關於「聖知」的辨析文字，朱本未録，這段文字爲：「此一節自『曷嘗不法聖人』至『聖人者天下之利器』，凡十一處『聖人』字，今本皆然，唯陳碧虛照張君房校本並作『聖知』，考之前文『世俗所謂知』『世俗所謂聖』之語，則説亦可通。據當篇本意，正論立法之多弊，則從元本可也。竊意張氏當時被旨校定，及碧虛《述解》進呈之時，恐其間論『聖人』處語或有嫌，權易以『聖知』，因而傳襲耳。然有當用『聖人』處，若『曷嘗不法聖人』『不得聖人之道不立』『不得聖人之道不行』『聖人已死』『聖人不死』，此不可易者。餘易爲『聖知』，亦自有理。至若『聖人者，天下之利器』，則是『聖知』無疑。」

此章〔一〕舉至德之世上下無求、民各自足，以證今時之不然。十二君者，其間或典籍未聞，祝融已下，迹漸可考。竊意伏羲以前民性素朴，則繩猶未結也。故所食皆甘，所服皆美，樂俗安居，何知帝力？鄰國相望而無攻掠之憂，雞犬相聞而有阜豐之樂，民至老死不相往來則耕鑿自給，無求於外。只此數句寫出太古淳朴之風，蓋引《道德經》「小國寡民」章語云。後世遂至延頸舉踵，羸糧趨賢，棄主去親，不遠千里而求之。尚賢之迹著，使民求奇務異以尊耳目所不及，必有名浮於實者應之，是相率而爲僞，欲天下不亂可得乎？下文明好知之害物，使生民失性，雖禽獸蟲魚亦不得安其性命之情矣。「皆知求其所不知」，信其所已善，「所不知」謂〔二〕分外求知，如測天地、問鬼神之類。「所已知」謂己之良知、辨尊卑〔三〕、尊德性之類。「所不善」，己自以爲非者，責人求備之類。「所已善」，己自以爲是者，矜能自用之類。信能於此精擇而謹趨之，則知善皆出於真情〔四〕，各歸於正，不治天下而天下自治矣。苟或反是，則日月、山川爲之悖爍，人民其能自安乎？此皆原於上好知之過。「種種之民」，謂得祖氣之正，可爲種於天下者也。

**褚氏總論**：是篇以《胠篋》命題，諸解罕及「胠」字之義，唯林疑獨云「潛開也」。今考《監韻》「胠，脅也」，則「胠篋」者，從篋之脅旁開而取物，此竊盜之行也。經意謂治失其道，法令滋彰，上以知防

〔一〕 褚本在這段文字前對「故絶聖棄知，大盜乃止」至「法之所無用也」一段有註解，朱本未録，這段文字爲：「此段不過敷演前文，以結絶聖知、棄聰明之意，使人全性同德而已。諸解已詳，不復贅釋。」

〔二〕 「信其所已善，『所不知』謂」九字，褚本無。

〔三〕 「尊卑」，褚本作「微危」。

〔四〕 褚本「情」上有「性」字，句讀爲「則知善之出於真，性情各歸於正」。

民，民亦以知窺其上，防之弗周，必將乘間而有之，故「國之利器不可以示人」。田成子盜齊，並竊其聖知之法以致身安國霸，則知「盜亦有道」，而世俗之聖知不足恃也。如此四子之不免乎戮，宜矣。世間善惡二塗皆資聖人之道而立，然而爲惡者常多，趨善者常少，則其利天下少而害天下多也可知。蓋消長之勢[二]，猶唇齒、川谷之相因，若重以聖知治天下，其爲盜蹠之利不輕矣。爲器以平之，並器而竊之；立法以治之，并法而竊之。吾將柰何哉？此實由乎爲治者不能弘道德以公天下之情，然後姦雄得竊其權以爲私利，天下有被其害者矣。南華務在絶聖棄知，掊斗折衡，思復上古無爲之治。然其還淳反朴之要，在明乎真知以正其所趨，復乎真善以全其所受而已。爲欲矯世俗之弊，其言不免乎過奸，覬有以激回之。《馬蹄》未足盡其喻，至《胠篋》而極矣。柰何道大難容[三]，徒託空言，獨唱於前，卒無和者。無恠乎古今抱道之士，高蹈山海而不返也。吁！使任治道之君子皆如漆園之用心，何患乎世道之不興，淳風之不復哉？

## 在宥第十一

聞在宥天下，不聞治天下也。在之也者，恐天下之淫其性也；宥之也者，恐天下之遷其德也。天下不淫其性，不遷其德，有治天下者哉？昔堯之治天下也，使天下欣欣焉人樂其性，是不恬也；桀之治天下也，使天下瘁瘁焉人苦其性，是不愉也。夫不恬不愉，非德也；非德也而可長久者，天下無之。

人大喜邪？毗於陽；大怒邪？毗於陰。陰陽並毗，四時不至，寒暑之和不成，其反傷人之形乎！使人

〔二〕「勢」，諸本作「理」。
〔三〕「容」，諸本作「用」。

喜怒失位，居處無常，思慮不自得，中道不成章，於是乎天下始喬音矯詰卓鷙而後有盜跖曾史之行。故舉天下以賞其善者不足，舉天下以罰其惡者不給，故天下之大，不足以賞罰。自三代以下者，匈匈猶洶洶焉終以賞罰爲事，彼何暇安其性命之情哉！

而且説明耶？是淫於色也；説聰耶？是淫於聲也；説仁耶？是亂於德也；説義耶？是悖於理也；説禮耶？是相於技也；説樂耶？是相於淫也；説聖邪？是相於藝也；説知耶？是相於疵也。天下將安其性命之情，之八者，存可也，亡可也；天下將不安其性命之情，之八者，乃始臠卷傖囊而亂天下也。而天下乃始尊之惜之，甚矣天下之惑也！豈直過也而去之耶！乃齊戒以言之，跪坐以進之，鼓歌以儛之，吾若是何哉！

故君子不得已而臨蒞天下，莫若無爲。無爲也而後安其性命之情。故貴以身於爲天下，則可以託天下；愛以身於爲天下，則可以寄天下。故君子苟能無解其五藏，無擢其聰明，屍居而龍見，淵默而雷聲，神動而天隨從容無爲而萬物炊累焉。吾又何暇治天下哉！

【通義】此言尚無爲之得，蓋示前三篇之歸宿也。「在」者，此念知有天下而已，不以身心役役於事，身貴於天下也。「宥」者，寬以待天下，不以知力屑屑於人，愛天下如身也。「在」則神常存，「宥」則事不滯，不滯，即化也。神則不淫，化則不遷。「喬」，不平也；「詰」，不順也；「卓」，特異也；「鷙」，殘忍也。「喬卓」指曾史；「詰鷙」，指桀蹠。此篇只「不得已而臨涖天下」一句，足闡抱道者之幽微。其情必安於無爲也，我以物託於彼曰「寄」，彼以物寄於我曰「託」，貴身如貴天下，則天下雖託於我，我不利之矣。愛天下如愛身，則我雖寄於天下，天下不外之矣。此二句只形容無我之義，能無我，雖有爲亦無爲也。「解五藏」，神散而氣血不聯屬也，「擢聰明」，外物淆亂而耳目無管攝也。「尸居」，無爲也，而純陽無私之體常自見，淵默無言也。而一陽之復常自聞，如此者，其動不以形，惟神而已，是以念念惟天，天自不違也。此與不顯亦臨、無射亦保、順帝之則義相近，此則就自已所獨見者爲言。「炊累」，古語也，「炊」，蒸也，猶相感也。「累」，生生之多也，其義謂萬物囿於無爲之德，各以氣類自相熏烝至於繁阜，猶曰茂育也。

【義海】「在」者，存之而已，「有天下而不與」焉。「宥」者，矜而恤之，故「視民如傷」焉。是以聖君端拱乎廟堂之上，百姓恬愉於畎畝之中，性不淫而德不遷，形聲和而天地應，上古至治之風也。自三代而下，洶洶[一]然以賞罰爲事，使民無以安其性命之真[二]。至戰國縱横，則有賞之而不勸，罰之而不畏者矣。南華立「在宥」之論，有心於復古者與？人處世間，日與物接，遇[三]有逆順，喜怒不能盡忘，在乎調之適宜[四]，發而中節，不失乎同然之情[五]而已。若過喜過怒，猶天地[六]偏陰偏陽，則寒暑爲之失序，况於人乎？原其太過之由，本於堯桀之治，一使民欣欣，一使民瘁瘁，此喜怒之所由生也。由是而善惡著焉，賞罰

〔一〕「洶洶」，褚本作「匈匈」。
〔二〕「真」，褚本作「情」。
〔三〕「遇」，褚本作「理」。
〔四〕「適宜」，褚本作「以宜」。
〔五〕「同然之情」，褚本作「和」。
〔六〕褚本無「猶天地」三字。

立焉，天下始高亢其行，窮詰其辭，卓異鶩勇於事爲之間，善者爲曾史，惡者爲桀跖，舉天下不足以爲勸懲，何暇安其性命哉〔一〕？任治道者，至是亦無所施其術矣。而江海山林之士猶拳拳在念，覬有以救藥而痊復之，其言雖諔詭而心則義黄也〔二〕，豈可以迹異而輕議哉。

聰、明、仁、義、禮、樂、聖、知八者，雖出於人爲，各具自然之理，行其所無事而已，亡之不爲失，存之不爲得也。若心有所悦，則滯迹成弊，害有甚焉者矣。行其無事，則安其性命之情；滯迹成弊，則臠卷傖攘〔三〕而亂天下也。「傖攘」二字，諸解並以「亂」釋之而無音切，按毛晃《增韻》以「傖攘」之「攘」附「獰」字條，引《莊子》爲註。續考《漢書·賈誼傳》「國制搶攘」，上音「傖」，仕庚切，下女庚切，亂也，詳此經文，「傖攘」字舊以「亂」釋之，則當與《漢書》「搶攘」音訓同〔四〕。「臠卷」，謂拘束於仁義禮樂；「傖攘」，謂馳騁其聰明聖知。一人膠擾於上，何望天下之泰寧？然天下猶慕而尊惜之。「齋戒以言」，則神其説。「跪坐以進」，則重其傳。至於「鼓歌以儛」，則樂之無厭。其惑不可解矣，吾柰此何哉？此重歎之辭。「不得已而臨涖」，迫而後動也。「莫若無爲」，任物性之自然。「故貴以身爲天下」，則不賤其民；「愛以身爲天下」，則能親其民。若是然後可以寄託天下矣。「寄」「託」互其文，不必分輕重。「無解於〔五〕五藏」，斂五常而歸於道也。「無擢聰明」，泯聲色而全其真也。是故善處者以時而出，其

〔一〕　褚本无「哉」字。
〔二〕　褚本「也」前有「之心」二字。
〔三〕　褚本此段「攘」皆作「囊」。
〔四〕　褚本「同」前有「一」字。且從「傖攘」二字至此一段音訓，褚本在本段文末，即「又何暇治天下哉」以下。
〔五〕　褚本無「於」字。

出必神；善寂者以時而鳴，其鳴必大。皆由己涵養之功以符至神之運，天且弗違，而況於人乎？「從容無爲」，我自得也；「萬物炊累」，物自得也。物我俱得，而天下治矣，又何暇治天下哉？

崔瞿問於老聃曰：「不治天下，安藏（淑）人心？」

老聃曰：「汝慎無攖（拂）人心（性）。人心（私情）排下而進上，上下（予奪）囚殺，淖約柔乎剛强。廉劌雕琢，其熱焦火，其寒凝冰。其疾（速）俛仰（轉盼）之間而再撫（遊涉）四海之外，其〈心之〉居也淵而静，其〈心之〉動也縣而天。僨驕而不可係（制）者，其惟人心乎！

昔者黄帝始以仁義攖人之心，堯舜於是乎股其胈（音跋），脛無毛，以養天下之形，愁其五藏以爲仁義，矜其血氣以規法度。然猶有不勝也，堯於是放讙兜於崇山，投三苗於三峗，流共工於幽都，此不勝天下也。夫施及三王而天下大駭矣。下有桀蹠，上有曾史，而儒墨畢起。於是乎喜怒相疑，愚知相欺，善否相非，誕信相譏，而天下衰矣；大德不同，而性命爛漫矣；天下好知，而百姓求竭矣。於是乎釿（斤）鋸制焉，繩墨殺焉，椎鑿決焉。天下脊脊大亂，罪在攖人心。故〈今〉賢者伏處大山嵁（苦咸反，巉同）岩之下，而萬乘之君憂慄乎廟堂之上。今世殊死者相枕也，桁（械）楊者相推也，刑戮者相望也，而儒墨乃始離跂攘臂乎桎梏之間。噫，甚矣哉其無愧，而不知恥也，甚矣吾未知聖知之不爲桁楊椄槢（枷中横楔）也，仁義之不爲桎梏鑿枘也，焉知曾史之不爲桀蹠嚆（虚交反，響）矢（箭）也！故曰：「絶聖棄知，而天下大治。」

【通義】此承上章「何暇治天下」意發問，蓋舉證無爲也。欲臧之，必有作爲以攖之；無攖之，則惟順之而已。「排下」，驕也；「進上」，諂也，言人心好利、好勝，視勢而縱情，每如此。「上下囚殺」句，承排進意，上下抑揚起伏也。「囚殺」，拘縲裁割也，形容排進之心爲累之狀。或以綽約降伏剛强，或以圭角入乎雕琢，皆勉强順從，是以胷中冰炭，一瞬息之間而神馳無際。一念起伏，居若淵静，動若縣天，憤激亢戾而不能自製，此人心之不可攖也。自「昔者」至「脊脊大亂」，言攫人心之弊。故所謂「賢者」至「攘臂乎桎梏之間」，言今日之俗。「噫」以下，則歎其迷而不悟也，心無愧而事不知恥，又原攖人心而不悔之，故「無愧」則不知前日之非，「不知恥」則不改後來之轍也，故又曰「甚矣吾不知」云云。

【義海】天下不治，然後有治之之名；民心不臧，然後用臧之之術。治術之設，興於中古立法之君，而弊於後世狥迹者〔一〕。所謂〔二〕「木埴之性，豈欲規矩鉤繩哉」，崔瞿不明人心本具至善，乃欲以政治善天下之心。老聃告以但勿攖之足矣，何作爲以善之？今人心之弊，多好抑下尊高，所以至於争競囚殺，而不知綽約所以爲柔剛强之道。遂廉劌其鋒，雕琢其質，喜怒外觸，冰炭内攻，一點沖和幾何而不銷鑠哉？况念頭一舉，萬水千山，寧静飛揚，天淵不足爲喻〔三〕，此所謂「僨驕而不可係」者也。上古無爲，君民各適，處混芒而得澹漠焉。黄帝爲治，始以仁義攖人心，至堯舜則政治畢具，攖之愈深。攖之既深，犯之必力，故不免施四凶之誅，而天下大駭，恩害相生，理之必至者也。上有不同之治，下有不同之德，性命爛漫而無以

〔一〕「者」，褚本作「之臣」。
〔二〕褚本「所謂」前有一「经」字。
〔三〕「寧静飛揚，天淵不足爲喻」，褚本作「淵静天懸，不足爲喻」。

復，百姓求竭而無以供，於是釿鋸椎鑿之禍興，天下大亂不可救藥。賢者伏處以避禍，萬乘憂慄而苟存。以至殊死者相枕於道路，刑罰不中可知矣。而爲治者乃始攘臂乎桎梏之間，謂己足以任繁劇而善治亂也，殊弗悟致亂之由實爲自召，無異置人於墊溺而後褰裳力拯以爲恩，非唯彼遭困厄，而己亦勞且憊矣。由是知世所謂聖知仁義，未必不爲桁楊桎梏；曾史楊墨，未必不爲桀跖利器也。《道德經》云「我無爲而民自化，我無欲而民自樸」，斯爲不治之治歟？

黃帝立爲天子十九(原本脱年字)，令(不滿之辭)行天下，聞廣成子在於空同之上，故(特)往見之，曰：「我聞吾子達於至道，敢問至道之精(此句是)。吾欲取天地之精(此非至道之精)，以佐五穀，以養人民。吾又欲官陰陽(尚消息盈虛)，以遂羣生，爲之奈何？」

廣成子曰：「而(女)所欲問者，物之質也；而(女)所欲官(有意)者，物之殘(害)也。自而(女)治天下，雲氣不待族(湊)而雨(不均)，草木不待黃(氣不足)而落，日月之光益以荒矣，而佞人之心翦翦(瑣屑)者，又奚足以語至道！」

黃帝退，捐天下，築特室，席白茅，閒居三月，復往邀之。

廣成子南首而卧，黃帝順下風膝行而進，再拜稽首而問曰：「聞吾子達於至道，敢問治身，奈何而可以長久？」廣成子蹶然而起，曰：「善哉問乎！來！吾語女至道。至道之精，窈窈冥冥；至道之極，昏昏默默。〈本來〉无視无聽，抱(氣)神以静，形將自正。必(用功)静必清，無勞女形，無摇(意動)女精，乃可以長生(功成)。目無所見(外感不入)，耳無所聞，心無所知，女神將守形，形乃長生。〈戒〉慎女内，閉女外，多知爲敗。我(此言)爲女遂(通極)於大明之上矣，至彼至陽之原也；爲女入於窈冥之門矣，至彼至陰之原(陰陽之原太虚也)也。天地有官(本來如此)，陰陽有藏，〈但〉慎守女身，物將自壯。我證守其一以處其和，故我修身千二百歲矣，吾形未常衰。」

黄帝再拜稽首曰：「廣成子之謂，天矣！」

廣成子曰：「來！余語女。彼其物無窮，而人皆以爲有終；彼其物無測，而人皆以爲有極。得吾此道者，上爲皇而下爲王；失吾此道者，上生見光而下死爲土。今夫百昌物盛无窮曰昌，皆生於土而反於土，故余將去女，入無窮之門，以遊無極之野。吾與日月參光合明，吾與天地爲常合德。當我緡音泯合也乎！遠我昏乎！人其盡死，而我神獨存乎！」

【通義】「問者，物之質」，言不必問也；「官者，物之殘」，言不當問也。「雲氣」二句，只形容氣不寬和，與前篇「四時不至，寒暑之和不成」意同。「窈冥」者，至道之體；「昏默」者，造道之極，此道之虚也。「無視無聽」，一氣抱神，自然静者；「形將自正」，此身不治而本治，神之虚也。「必静必清」三句，言用功煉神，合道之虚也。「目無所見」三句，言煉形神合也。前言「乃可長生」，神也；後言「形乃長生」，形也，此用功次第也。「慎女内」承「必静必清」三句意，「閉女外」承「目無所見」三句意，戒辭也，内慎則根清静，外閉則塵清静也。「我爲女」四句，乃言我今日此言爲女直發，盡陰陽之極，與女同還太虚也。大抵天地陰陽萬象，各有其職，不必參之以我。但「慎守女身」，如上所云民人自得其養，羣生自得其遂矣，是以我惟守此一之虚，而與物無乖戾，故久而不衰也。前言收精佐穀，官氣遂生，皆善守身之餘事，但在本末、先後之間耳。「彼其物無窮」至篇終，只是言自家將還造化，與他人之死不同也。千二百歲而入無窮之門，形長生也。「與日月參光」，與天地爲常而獨存者，神之長生也。

【義海】「空同」一作「崆峒」。司馬舊註云：「當北斗下山也。《爾雅》：『北戴斗極爲崆峒山。』」自古雖有此山，似亦意有所寓。斗居天中，斡運萬化；山戴斗極，地之中也。空同當天地之中，喻人之一心處中以制外，善居之者物莫不聽命焉，又以人心中無所有而無適不合，故以名山〔一〕。廣成子，古聖人也〔二〕，黄帝往問至道，答以天地之精，渾淪曰「質」；陰陽之氣，已判曰「殘」。汝所欲問者猶近乎道，汝所欲官者殘餘而已，去道已遠，何足議哉？黄帝退而閒居，復往問治身之道，始告以無視無聽，抱神正形，必静必清，無勞無摇。至彼陰陽之原，修身之道極矣。「天地有官，陰陽有藏」，蓋指身内而言，使人善求之，千二百歲特揆人間短景一紀之數。若要其分靈降氣生化之源，則亙古窮今可也。自有天地陰陽，則有人有物，古乎今乎，前乎後乎〔三〕，巧歷莫筭，斯爲無窮無測，而人以爲終爲極者，以形化觀而不覩其不化者耳。「上爲皇而下爲王」，此以得道而言，不在有位而稱也，故雖時有不同，命物之化則一。「上見光而下爲土」，言失道之人精魄化燐火，骨肉歸塵土，是爲虚生浪死，徒勞造化之鼓鑄者也。百昌之生土反土，亦在乎得道、失道之分。道無得失，物有去來，出機入機，所以爲化。「將去汝〔四〕」，言我不歸土而升於太虚，則與二儀兩曜同其長久矣。當我近我者，緡乎與道合也；遠我背我者，昏乎冥暗無知也。「人其盡死」，謂衆人終於化。「而我獨存」，此「我」非九竅百骸之我，乃清静明妙虚徹靈通本來之我，不可以色

〔一〕「又以」以下至「名山」，褚本無此段。
〔二〕「廣成子，古聖人也」，褚本作「廣成子或云老子，亦不必泥進，但言古聖人也」。
〔三〕「古乎今乎，前乎後乎」，褚本作「後乎吾身」。
〔四〕「將去汝」，褚本作「余將去汝」。

見聲求。是以先天地生，獨立而不改也。竊惟二聖親傳道要，具載此章，初無甚高難行之事，易簡明白若此。後世薄俗，好奇尚恠，設爲存想、抽添、交媾、採取之説，勞神苦形，以求泰定，至有以盲引盲，騁冰車於火山而弗悟者，幾何而不喪其所自生哉？吁！世無真鑒久矣！因伏讀廣成遺訓，得以發余之狂言，亦將有以狂而取之者。

雲將東遊，過扶摇之枝而適遭鴻蒙。鴻蒙方將拊脾雀躍而遊。雲將見之，倘然止，贄然立，曰：「叟，何人邪？叟何爲此？」

鴻蒙拊脾雀躍不輟，對雲將曰：「遊！」

雲將曰：「朕願有問也。」

鴻蒙仰而視雲將曰：「吁！」

雲將曰：「天氣不和，地氣鬱結，六氣不調，四時不節。今我願合六氣之精，以育羣生，爲之柰何？」

鴻蒙拊脾雀躍掉頭曰：「吾弗知！吾弗知！（通篇只詳此意）」

雲將不得問。又三年，東遊過有宋之野，而適遭鴻蒙。雲將大喜，行趨而進曰：「天忘朕邪？天忘朕邪？」再拜稽首，願聞於鴻蒙。

鴻蒙曰：「浮游不知所求，猖狂不知所往（浮游倡狂猶曰飄飄摇摇，指神也，即鴻蒙意）；遊者鞅掌（沉吟），以觀無妄。朕又何知！」

雲將曰：「朕也自以爲猖狂，而民隨予所往；朕也不得已於民，今則民之放也。願聞一言。」

鴻蒙曰：「亂天下之經，逆物之情，玄天弗成；解獸之羣，而鳥皆夜鳴；災及草木，禍及昆蟲。意治人之過也！」

雲將曰：「然則吾奈何？」

鴻蒙曰：「意毒哉！僊僊乎歸矣。」

雲將曰：「吾遇天難，願聞一言。」

鴻蒙曰：「意，心養。汝徒（但）處無爲而物自化。墮爾形體，吐爾聰明，倫與物忘；大同乎涬（户頂反）溟，解心釋神，莫（漠意）然無魂（此上言無爲）。萬物云云（紜同），各復其根，各復其根而不知（知則非復）；渾渾沌沌，終身不離；若彼知之，乃是離之。無問其名，無窺其情，物固自生（此上言物自化）。」

雲將曰：「天降朕以德，示朕以默（淵默非但不言），躬身求之，乃今也得。」再拜稽首，起辭而行。

【通義】此與上段皆言無爲之化。雲將、鴻蒙，擬名以寓言也。「倘然」，或一止也；「贄然」，特一出也，皆就遊行之中而見此一變之貌也。「拊脾雀躍」，猶今孩童以兩手拍兩股，且跳且行而嬉樂也。「天氣不和」四句，與《在宥》篇「陰陽並毗」三句、「黄帝立」篇「雲氣不族而雨」三句意同，只是變換文句而已。「不知所求」「不知所往」，無求無往也，觀無往復其真也，不得已於民，欲辭謝之而不得。今乃爲民之所依，不得不任其責矣，蓋有心立法以爲治，則亂真常之道，是以天地不位、萬物不育也。玄天深達無涯自然之道，猶曰於穆天命也弗成，猶曰不位也。「意毒哉」，意其心中煩苦不寧也。意者惟在心自養耳，墮體至無魂，詳心養之方，只是無爲而已。「倫與物忘」，人倫庶物皆相忘，不見形骸，猶言我忘親，親忘我，我忘天下，天下忘我也。有知有爲，出於心神，「解心釋神」則窈冥恍惚，無功可措，故曰「默然無魂」，即所謂塊然以形立也。「萬物云云」至「不離」，言物自化也。不曰養心而曰「心養」，則不落騎驢覓驢、將心提心之弊，後世持志操心、辯志求心諸説可辯矣。凡此無爲物化之機，皆出自然，不用吾知者也，若彼知之乃是離之，纔加一知，即有意矣。此語指點大同之道最精，彼此立而名生，好惡起而情見，無問無窺則任物之自然矣，物不自生哉。默乃德之功，德乃默之成，此篇三「意」字皆不決之辭，蓋深疑有知有爲之弊，而重贊無知無爲之得也，實則本於心養之一訣。是訣也，豈惟讀莊子者所當知。

【義海】「雲將」，施雨澤、調陰陽者。「過扶揺之枝」，喻趨動境，明其欲出而澤物也。「鴻蒙」，元氣。「爵躍而遊」，言運動自適。元氣運而雨澤施，以譬聖君在宥之化。雲將願合六氣以育羣生，不免於有心，與前章「取天地」「官陰陽」義同。鴻蒙以不知答[一]之，道盡於此。雲將不能領會而退，洎再遭鴻蒙復有問，始告以「不知所求」「不知所往」，言求諸己而足，不在遠問他人。浮遊於世，鞅掌自得，故足以觀見真理，又何必向外求知哉？此數句發明，有以教之，而雲將猶未悟，乃自陳其猖狂不得已於民之狀。鴻蒙就箴其失，謂汝徒務多言多事，以亂天道[二]，逆物理，敗其默[三]默之天，故飛走、草木、昆蟲皆失其所，此治人之過也。「毒」訓「治」，言有治天下哉？汝歸休乎，無復多問！雲將心疑未釋，再願聞一言。鴻蒙告以汝所疑者爲心失其養。心者，神之舍，養以無爲則神全，神全斯足以化物。自「墮爾形體」至「莫

[一]「答」，諸本作「知」。
[二]「道」，諸本作「常」。
[三]「默」，諸本作「玄」。

然無魂」，乃心養之訣。至極，則養亦忘矣。「萬物云云，各歸其根」，動極必静，自然之理，何容知識於其間？但當渾渾沌沌，守而弗〔一〕失，知識一萌，則離道矣。「問名」「闚情」，皆屬乎知，倘能絶此則任物自化，何在乎合六氣以育養生〔二〕哉？雲將乃悟多言足以害道，示默之爲降德，在反求諸身而已。由是知以澤物爲己任者，勞而罔功；任天下之自治者，逸而俱化。蓋育萬物、和天下，不越乎全神養心之功。古之神人「使物不疵癘而年穀熟」者，以此。

世俗之人，皆喜人之同乎己，而惡人之異於己也。同於己而欲之，異於己而不欲者，以出乎衆爲心也。夫以出乎衆爲心者，曷常出乎衆哉！因衆以寧所聞，不如衆技衆（多）矣。而欲爲人之國者，此攬乎三王之利，而不見其患者也。此以人之國僥倖也，幾何僥倖而不喪人之國乎！其存人之國也無萬分之一；其喪人之國也，一不成而萬有餘喪（決辭）矣。悲夫，有土者之不知也！夫有土者，有大物也。有大物者，不可以物；物而不物，故能物物。明乎物物者之非物也，豈獨治天下百姓而已哉！出入六合，遊乎九州，獨往獨來，是謂獨有。獨有之人，是之謂至貴。

大人之教，若形之於影，聲之於響。有問而應之，盡其所懷，爲天下配。處乎（中立）無響，行乎無方（不倚）。挈汝適復之撓撓，以遊無端（始）；出入無旁（四無涯），與日無始；頌論形軀，合（不異）乎大同（世人），大同而無己。無己惡乎得有有（其）！覩有者昔之君子，睹無者天地之友（此處意脈不貫）。

〔一〕「弗」，褚本作「勿」。
〔二〕「養生」，褚本作「羣生」。

賤而不可不任者（此下全類楊子法言），物也；卑而不可不因者，民也；匿而不可不爲者，事也；麤而不可不陳者，法也；遠而不可不居者，義也；親而不可不廣者，仁也；節而不可不積者，禮也；中而不可不高者，德也；一而不可不易者，道也；神而不可不爲者，天也。故聖人觀於天而不助，成於德而不累，出於道而不謀，會於仁而不恃，薄於義而不積，應於禮而不諱，接於事而不辭，齊於法而不亂，恃於民而不輕，因於物而不去。物者，莫足爲也而不可不爲。不明於天者，不純於德；不通於道者，無自（從）而可；不明於道者悲夫！何謂道，有天道，有人道，無爲而尊者，天道也，有爲而累人者，人道也。主（体）者，天道也，臣者，人道也。天道之與人道也，相去遠矣，不可不察也。

【通義】此段又原不知無爲之化，而侮知自滿者之爲害也，玩其詞氣義理，或東漢已後擬莊者，意以莊文鄙事法而薄仁義，若爲之補過耳。文辭平易，與時文不遠，惟「挈汝適復之撓撓」一句欠明暢，舊疑有缺文。姑與就文强解，「大人」者，處乎無嚮，端拱穆清也，形乎無方，無在而無乎不在也，其教足以配天下，由其神挈形軀，往來於世俗之中，而實造於天地之先也。「挈」指神，就天地公共者言。「汝」指形，就一人之自有者言，適往也，復來也。「之」，猶於也。「撓撓」，世俗之擾擾者，此句猶佛氏言終日背負死屍，走來走去也。稱頌評論其形軀雖同於衆人，而大人則無已也，況外物乎。自「若形之於影」至「與日無始」，皆言大人無已之義。天人主臣之道，只是有爲，亦在一念之間，非言職位也。謂相遠者，見於勞逸也。誠以無爲爲心，雖有爲，即無爲矣，況君用臣、臣成君，天君泰然，百體從令，何遠之有？縱扭於勢分，亦止勞心、勞力之異，勞心似逸而非逸，勞力非逸而得逸，蓋君無更代、臣有分司，心無止息、事有始終。例以《大宗師》首篇之旨，余故謂其擬莊也。

【義海】惡異而喜同，重己而輕彼，此世之常情，「以出衆爲心」者也。衆同己而喜之，則己與衆無異矣，曷嘗出乎衆哉？若此而欲爲人之國，是覽已往之利，而不見方來之患，幾何僥倖而不喪人之國？其存人之國，至萬有餘喪矣，乃再唱奇筆[一]。「悲夫！有土者之不知」，蓋警其爲民上者。「有土，大物也」，有而不與焉，斯可以物天下之物；若執而有之，爲物役矣。儻能明乎「物物者之非物」，則奚止治天下而已？「出入六合，遊乎九州」，即乘雲御龍、遊乎四海之義。故能獨往獨來，物無與偶，坐[二]有斯道，非「至貴」而何？大人之教，若形聲之於影響，隨扣隨答，不違民願。「爲天下配」，則不敢爲主而爲客，應出乎感，非求應也。「處乎無響」，言居無不在也[三]。「響」字舊無它音[四]，似與下文不協，宜讀同「嚮」。「嚮」，方[五]也。《養生主》「砉然嚮然」，讀同「響」；《應帝王》「嚮疾强梁」，舊註云「如『響』，應聲之疾」。則二字古通互用，此處緣上文有「聲之於響」字混淆差誤耳。

「行乎無方」，動無不之也。「挈汝適復之撓撓」一句頗難釋，諸解亦未甚顯明。審詳經旨，與《道德經》「孰能安以久？動之徐生」意同。蓋大人之教，主在動而化物，故遊乎無端、無旁而與日俱新，無始

〔一〕「至萬有餘喪矣，乃再唱奇筆」，褚本作「至萬有餘喪，乃衍文奇筆」。
〔二〕「坐」，褚本作「獨」。
〔三〕「言居無不在也」前，褚本有「『響』讀同『嚮』」。
〔四〕自此至「差誤耳」一段音訓，褚本在本段最後，即在「故康節先生云：『天地自我出，其餘何足言？』」之後。
〔五〕褚本「方」前有「猶」字。

終也。「頌論」猶議論。議論大人之形容，合乎大同，與道無異，即《道德經》「孔德之容，唯道是從」之義。諸解多著意於「頌論」二字，故於下文説之不通。「大人」則無己，己既無矣，何物足有哉？「君子」則務學，期造乎道，是以未能忘物，而所覩無非有，猶庖丁始解牛，所見無非牛。「昔之君子」尚然，今之君子又可知矣。故思「覩無」之人而尊之，「覩無」則絶學而至於道，猶庖丁三年之後目無全牛矣。天地，生於無者也，能覩天地之所生，則與之爲友非過論也。若夫德契自然，道超象外，揮斥八極，出有入無，可以提挈天地，把握陰陽，豈止乎與之友哉？故康節先生云：「天地自我出，其餘何足言？」

此段始於任物因民，即「貴以賤爲本，高以下爲基」之義。次敘事、法、義、仁、禮、德，皆不可不爲，以其紀綱治道，一日不可缺者也。繼以「一而不可易者道」，則一得萬畢，操縱在我，前八者之存亡無益損焉，而其妙用則又超乎八目之表。結以「神而不可不爲者天」，言其皆出乎自然也。自「觀於天而不助」，翻序前十條，以歸於民、物，又明十條之所以然，使學者知所恃守，不至泛然無統也。至精莫過乎道，至粗莫過乎物，末又舉「物者莫足爲而不可不爲」，然則物之於人難去也省矣。但能明於天，通於道，純於德，則不待去物而物自不能爲之累矣。關尹子云：「聖人不去物去識」，惟不通乎道者，無所往而非累也。道，一而已。此又有天人之别，以明君臣之分，猶元氣之判爲陰陽也。陰陽之迭運，天人之相因，蓋不可偏廢。此云「相去遠矣」，則以分言之，所以警天下之爲人臣者也。孰謂南華之論一於清虚而無關治道哉？

**褚氏总論**：是篇大意，謂君子不得已而臨莅天下，莫若無爲。故以存民宥衆爲德〔一〕，未嘗有心乎治之也。是以天下之民，性不淫而德不遷；爲民上者，喜怒平而賞罰中。蓋因天下之自治，而無爲治之勞，故民易從而法不撓也。後世君天下者，失其輔世長民之要，而專以賞罰爲事，上有儒墨曾史之是非，下有桁楊桎梏之拘制，然後爲政者〔二〕不勝其勞，而民無所措手足矣。猶且以仁、義、聖、知爲足以得天下之情，尊之惜之，家傳國效而弗悟其爲撓民之具。此南華所以願絶棄之也。信如所言，則天下之所寄託，淵雷之所發見者，有在於是。國政不至於儈攘，人心不至於蠹壞，從容無爲而任萬物之吹噓鼓舞，又何暇治天下哉？次設崔瞿之問以發老聃之旨，明乎爲治者罪在攖人心。此桁楊桎梏之所自來，而桀蹠之所以爲利者也。故黄帝問道於空同，告以抱神正形、清静長生之要。身爲本，家國次之，未有身治而國亂者也。今之君天下者，能力行廣成之言，則三代之治不難復。取天地，官陰陽，皆在吾無爲中。此所以爲「在宥」之道。鴻蒙告雲將以墮體黜聰，守根不離，所以爲治身之道也。其篇末歷敘君臣禮法，殆無遺論。及天道、人道之分在有爲、無爲之别，相去雖若不侔，根〔三〕於其心、見於事業一也。特以表君臣之分，正其所當爲者耳。太上云：「公乃王，王乃天，天乃道。」

莊子外篇第四卷　終

〔一〕「德」，褚本作「懷」。
〔二〕「爲政者」，褚本作「爲治者」。
〔三〕「根」，褚本作「發」。

# 莊子卷第五

粲元朱得之傍注並通義
附錢塘褚伯秀《藝海纂微》
雲谷王潼録校刊

## 外篇

### 天地第十二

天地雖大，其化運均不偏也；萬物雖多，其治一也自安之情無異；人卒雖衆，其主君也。君原於德而成於天人心之同然，故曰，玄古之君天下，无〈所〉爲也，天德而已矣。

以道觀言絲綸而天下之君正，以道觀分而君臣之義明，以道觀能因才受任而天下之官治，以道汎觀而萬物之應備。故通於天地者，德也；行於萬物者，道也；上以尊而治人者，〈政〉事也；能以不而有所藝者，技也。技兼不作無益於事，事兼於義合而通之，義兼於德，德兼於道，道兼於天。故曰古之畜天下者，無欲而天下足，无爲而萬物化，淵静而百姓定。記曰：「通於一而萬事畢。無心得而鬼神服。」

【通義】此篇論君道也。「化均」，即含萬物所受而言其主君也，言人心本知是非、從違、尊卑之義。蓋天下之君，皆本之吾心自然愛敬、順從之機而立者，帥出言善，則天下從，可見君道乃人心之固有者。玄者，玄理、玄德、玄聖，凡造極者皆可名玄義。即藝就事曰「藝」，就心曰「義」，以位而服人，以能而善器，亦止爲事與技，非道德也。必其器足以協用，治由於慊心，是乃本於道德而合於天然之物理也。「一」者，生生之本也，「通於一」，則萬感皆此一矣，又何有於事非。曰萬事不過一理，以貫通之也，無心於得，無欲也，猶曰不計功、不謀利，蓋鬼神情狀。無欲無求，我能無欲無求則與鬼神合德，彼豈不服哉。

【義海】天地至大，人物至衆，其化其治，不知其幾。而主之者君，則夫君之應世豈偶然哉？「原於德」，故物不能離；「成於天」，而人自歸往。其道微妙，强名曰「玄」。是以古之君天下者，無爲而德合自然，所以可久可大，其出言作命，莫不聽從。「以道觀言」，而言合乎道，則君無不正；「以道觀分」，而分合乎道，則義無不明，「以道觀能」〔一〕，而能合乎道，則官無不治；「以道汎觀」，而物合乎道，則應無不備。由是知天下事物苟離乎道未有能自立者。「通於天地者德」，以德與天地合也〔二〕；「行於萬物者道」，以道通乎物也。凡以治人爲上，縱意乎刑、政、賞、罰，皆事而已，況以藝能而入於技，其去道德益遠矣。古之善畜天下者無他，無欲而天下自足，無爲而萬物自化。心如淵水之静，撓之而不濁也，民惡得而不定哉？又舉古書有云〔三〕：「通於一萬事畢」，此老君西昇告尹喜之言。「無心得而鬼神服」，即《易》所謂「天且弗違，而況於人乎？況於鬼神乎？」。

〔一〕褚本無「而分合乎道，則義無不明，『以道觀能』」一段。
〔二〕「以德與天地合也」，褚本作「與天地合德也」。
〔三〕「古書有云」前，褚本有「『《記》曰』者」三字。

夫子曰：「夫道，覆載萬物者也，洋洋乎大哉！君子不可以不刳心虛受焉。〈能虛心則〉无爲爲之之謂天，无爲言之之謂德，愛人利物之謂仁，不同同之之謂大，行不崖異之謂寬，有萬不同之謂富。故總執德以四德承上六者之謂紀，德成之謂立，循於道之謂備，不以物挫志之謂完。君子明於此十者，則韜起大乎其事心之大也，沛起逝乎其爲萬物逝也。若然者，〈其猶〉藏金於山，藏珠於淵也，不利貨財不以物挫志也，不近趍富貴；不樂壽，不哀夭；不榮通，不醜窮；不拘一世之利以爲己私分，不以王天下爲己處顯。〈如此〉顯則明，〈則見〉萬物一府，死生同狀。」何利顯之有

【通義】此申上節言道不可離之意。觀後篇問老聃者，則此「夫子」亦孔子也。刳心畜道，十德無歉，則萬象森然往來無異矣。呼而應問，而答皆無爲，言之之謂性靈。内藴而不顯，曰「韜」；包括宇宙而不遺，曰「大」。「事心」者，敬奉天君而不違也；「沛」者，浩瀚而無礙也；「爲萬物逝」者，爲萬物之所歸順也。金珠之藏，各安其所也。「顯則明」三字衍文，强爲之解，「顯」承十德完者，言能如此，則此中明白洞達無一毫形骸，故能見「萬物一府」云云，事心之義。知其非頭上安頭之疵，正與上文刳心、上節無心之旨相貫，斯得矣。

【義海】天地非能覆載，所以覆載者道也；聖人非能爲能衍〔二〕言，所以爲言者道也。「洋洋乎大哉」，

〔二〕褚本無「衍」字。

謂道無不在。然非刳心使虛則無以容道，室虛而後生白也。天道無爲，爲以〔二〕自然，人能以無爲而爲則合乎天道，以無言而言則謂之天德，施之於外則愛利之無方，謂之物不同而視若一〔三〕，則所有者大。行不異物，非寬而何，萬物不齊〔三〕，吾悉有之，可謂富矣。「執德」猶有所持，德成則不待乎持，由有紀而後能立也。順於道而大備，物孰能挫其志哉？信明斯理，則此心足以韜藏萬事，與物偕往。事物無極，吾與之無極，是謂「與化爲人」，斯能化人矣。至使金珠無用藏於山淵，貨財、富貴皆爲外物，則壽夭、窮通又孰得而患之？不以一〔四〕世利爲己私，忘利也；不以王天下爲處〔五〕顯，忘名也。然所顯者，在明乎「萬物一府，死生同狀」耳。「萬物一府」，則無彼我之分；「死生同狀」，則無去來之累。此〔六〕刳心之極致歟！郭氏從「顯則明」爲句，後來諸解多因之，似與下文不貫。無隱範先生連下文爲句，義長，今從之。

夫子曰：「夫道，淵乎其居也，漻乎其清也。金石不得无以鳴。故金石有聲，不考不鳴。萬物孰能定之！夫王德之人，素逝而恥通於事不在多能，立之本原，而知通於神。故其德廣，其心之出應，有物采咸之。故形非道不生，生非德不明。存形、窮生、立德、明道，非王德者耶！蕩蕩乎！忽然出，勃然動，而萬物從之

〔二〕　褚本無「爲以」二字。
〔三〕　「以無言而言則謂之天德，施之於外則愛利之無方，謂之物不同而視若一」，褚本此段大有不同，作「以無爲而言，則爲己之得。施之於外則愛利，之謂仁。物不同而視者一」。
〔三〕　「不齊」，褚本前有「事」字。
〔四〕　褚本無「一」字。
〔五〕　「處」，褚本作「己」。
〔六〕　褚本「此」下有「爲」字。

乎！此謂王德之人。視乎冥冥，聽乎無聲。冥冥之中，獨見曉焉；無聲之中，獨聞和焉。故深之又深而能物焉，神之又神而能精焉；故其與萬物接也，至无而供其求，時騁而要其宿，大小(事物)長(時)短修(近誤地)遠。」

【通義】夫子亦孔子。道本虛無，體物不遺，欲見其極則淵乎無底，欲窺其朕則澄然無滓。然即金石，非道不具有聲之性，可以見無物之不體也。至於金石雖有聲，非人考擊則聲不發，是人之考金石，亦道之所體也。觀此則萬物之能天乎、人乎、彼乎、此乎，不可定也。夫體道者，王德之人也，素其位而行，「素逝」也。不願乎其外，「恥通於事」也，惟立於性天之機而無一塵之擾，所以虛靈與鬼神無間，故其德與天地同流。凡其有應而出之者，必有物以感之，非無感而先應也。由是觀之，萬物之形非道不生，其生非德不明，如金石之鳴，德也。金石無聲，孰知其爲金石，考金石，德也，人不考焉，孰見人之能，又孰見金石之德。所以王德者，務存其形，盡有生之常分以終其天年。惟立德如上篇天德仁大寬富，以明其道而已。人之仰之「蕩蕩乎」，出亦無心，動亦無心，而天下莫不從之。一「乎」字見王德者，無心於萬物之從而物自從之耳，猶曰聖人作而萬物覩也。其平居之存存者，惟內天德觀乎冥冥，而獨見海日之升，內聽乎無聲，而獨聞鑾和之鳴，是以不可測而功則著，不可泯而跡則微。故與物接也，本無而應不窮，虛不屈動愈出也，時肆而有所歸，「從心所欲不逾矩」也，「大小長短近遠」，無適不宜也。末句是冷語，不結而結，王德非位也，如孔子爲七十子之誠服者也。

【義海】道之淵乎、漻乎，天也；金石有聲，亦天也。感之而動，人也；考之而鳴，亦人也。天人相因，寓物而見，以喻王德之人，素朴而往。「立之本原」，猶金石之爲器。「知通於人[一]」，猶聲之在考擊也。然有聲聲者存乎其中，其德豈不廣大哉？心因物採而出，即「感而遂通」之義。蓋能存守此形，斯能盡其生之理；能立己德，斯能明道之自然。見[二]充養其在我者，則其出動也，物安得不從之乎？至於冥冥見曉，無聲聞和，則其視聽有非常人所及者。故「深而能物」，則物不遠道；「神而能精」，則精不離神。「至無而供其求」，「虛而不屈，動而愈出也」。「時騁而要其宿」，「逝曰遠，遠曰反」之義。結以「大小、長短、修遠」六字，乃作文奇筆，言舉不逃乎此也。「修遠」，當是「近遠」，鬳齋之論得之。

黄帝遊乎赤水之北，登乎崑崙之丘，而南望還歸，遺其玄珠。使知索之而不得，使離朱索之而不得，使喫口懈反詬索之而不得也。乃使象罔，象罔得之。黄帝曰：「異哉！象罔乃可以得之乎？」

【通義】此段擬象顯真，最爲易見。《山海經》所紀，「赤水」極南，「崑崙」四海之中最高，今曰其北，猶在八埏之内也。曰登丘，則趨高矣；又曰「南望還歸」，則趨高好明，不知止之喻，所以失玄珠也。「玄」者，幽深莫測，不可色象之名；「珠」者，體圓而光，轉動不滯，深藏淵海之寶。釋氏謂黍米，以擬此性靈也。其曰「知」者，思惟也；「離朱」者，見也；「喫詬」者，言也。三者皆足以蔽真性。

[一]「人」，褚本作「神」，當以褚本爲是。
[二]「見」，褚本作「善」。

「象罔」，無形無影，是所謂無已也。無已，即得矣，得無所得也。知明言皆曰「索之」，而象罔不以「索」贅，謹嚴哉莊文也。

【義海】世之求道者，往往以知識、聰明、言辯爲務，而喪失其本真，弗悟有所謂無知之知、無見之見、不言之言，乃所以無不知、無不見、無不言也。「珠」，喻心之圓明。「玄」，謂心之妙用。惟當養之以晦，然後用之無窮。今乃向明而求，此所以遺之也。使三者索之不得，皆以有心故。若夫「象罔」，則形亦無矣，心何有哉？乃可以得玄珠而起黄帝之歎。是珠也，人皆有之，耀古騰今，輝天爍地。静則凝聚，動則分散〔一〕，心淵塵汩而障其光明，性海濤翻而失其位置，一身不能自照，何暇燭物哉？黄帝始以聰明、知識爲足以得珠，而不知其爲賊珠也。及使象罔而〔二〕得之，蓋欲人屏除聰明、知識，復還性海之淵澄，則玄珠不求而自見矣。篤信者當知〔三〕。

堯之師曰許由，許由之師曰齧缺，齧缺之師曰王倪，王倪之師曰被衣。

堯問於許由曰：「齧缺可以配天乎？吾藉王倪以要之。」

許由曰：「殆哉圾岌乎天下！齧缺之爲人也，聰明叡知，給供應數頻冗以敏捷，其性過人，而又乃以人

〔一〕「分散」，褚本作「散離」。
〔二〕「而」，褚本下有「後」字。
〔三〕褚本此句作「篤信之士當從此入」。

受天。彼審乎禁過，而不知過之所由生。與之配天乎？彼<sub>馳驟</sub>且乘人而無天，方且本身而異形，方且尊知而火馳，方且爲緒使，方且爲物絯<sub>公才反</sub>，方且四顧而物應，方且應衆宜，方且與物化而未始有恒<sub>疊下方且句法章法</sub>。夫何足以配天乎？雖然，有族有祖，可以爲衆父，而不可以爲衆父父，治亂之率也，北面之禍也，南面之賊也。」

【通義】此由借師以明君道，而教堯者其所短者，非不足也，隱然言其不屑也。「以人受天」，法天行政也；「審乎禁過」，有不善未嘗不知，不知過之所由生，無將迎也。「乘人而無天」，率性而忘天也。本身異形，出於非人，入於非人也。「尊知」「火馳」，尊德性而無停機。惻隱常存，視物猶已，是以爲事所使，爲物所絆，見而民莫不敬，體物而不遺，物各付物而忘我，已上形容歸宿。只見「可以爲衆父」，而「不可以爲衆父父」也，「衆父」，有形之始也；「衆父父」，天也，不能與天爲一，必於人之優劣有分別也，衆人不能及，則臣必顯其缺，君必顯其疎，如此不爲君道臣道之禍害乎。此正教堯，意謂堯能如此，則不必要缺也，堯之如天、如日、如雲、如神，蕩蕩難名者，蓋有得於此也。篇内事無與於被衣者，而序見被衣，豈以被衣忘言忘能，能使天下兼忘之乎？抑亦論齧缺，即所以論被衣乎，不然，冗也。

【義海】由謂齧缺「聰明睿知」，「其性過人」，是論其才而不言其道。「以人受天」，謂尚有爲而求合於無爲，是「審乎禁過」而不知過之所由生也。若與之天下，彼且乘有爲之迹以臨民，使天下失其自然之性矣。「本身而異形」，肝膽楚越也。「尊知而火馳」，機謀急速也。「爲緒使」則役於事，「爲物絯」

則礙於物。「四顧而物應」，物未能忘我也；「方且應衆宜」，我未能忘物也。「與物化」則逐物而遷；「未始有常」則失其本然之我，夫何足以配天乎？「雖然，有族有祖」，謂齧缺之學亦有宗有君，槩嘗聞道者也，可爲衆父，特不可爲衆父父耳。「衆父父」，則「玄之又玄」之謂。爲〔二〕其不可爲衆父父，故以有爲治天下，適所以亂之，爲君爲臣俱不免乎禍賊而已。此言用知之不足以治天下也。若〔三〕夫齧缺爲許由之師，而由不許其配天，何耶？蓋配天乃外王之學，而四子所傳者内聖之道，出則爲帝王師，入則爲衆父父，彼何以天下爲哉？故由不頌齧缺之所長而示其短，使不爲蟻慕之羶〔三〕而得以全其高，是爲尊師之至、衛道之切也。學者當以心求之。朱曰：内聖外王不可分離〔四〕。

堯觀乎華。華封人曰：「嘻，聖人！請祝聖人。使聖人壽。」堯曰：「辭。」「使聖人富。」堯曰：「辭。」「使聖人多男子。」堯曰：「辭。」

封人曰：「壽，富，多男子，人之所欲也。女獨不欲，何邪？」

堯曰：「多男子則多懼不肖，富則多事，壽則多辱御世久愛憎見。是三者，非所以養德也，故辭。」

封人曰：「始也我以女爲聖人邪，今然君子也。天生萬民，必授之職因材成用。多男子而授之職，則何懼之有！富而使人分之，則何事之有！夫聖人，鶉居而鷇食，鳥行而無彰章；天下有道，則與物皆昌；天

〔二〕「爲」，褚本作「唯」。
〔三〕褚本「若」下有「此」字，從上句爲讀：「不足以治天下也若此，夫齧缺……」
〔三〕褚本無「之羶」二字。
〔四〕褚本無「朱曰」此句。

下無道，則修德就閑；千歲厭世，去而上僊；乘彼白雲，至於帝鄉；三患病老死莫至，身常無殃；則何辱之有！」

封人去之。堯隨之，曰：「請問。」

封人曰：「退已！」

【通義】此亦後世之言，欲破受累之情，故示善處之法。觀其疇，則富與多子，非所以祝天子者，然而堯之無欲亦因以見之矣。聖人，成德之極；君子，好學之黨。堯請問，封人曰「退已」，此與接與趨避荷蓧丈人，至則行矣；伊川不得與問舟者言，蓋一機也，不可優堯而劣封人。

【義海】大哉堯之爲君！仁昭而義立，德博而化廣。天下既治，遊觀乎華。彼封人者，亦隱淪以樂堯之道。三祝聖人，取天下之至美歸以報上，以爲道之可獻者也。而堯則例辭之，知非所以養德也。封人申而言之爲道之贅。及觀其〔一〕九男二女事舜於畎畝之中，富有四海而不與，上壽百十八而徂落，巍巍蕩蕩，超乎三患之外矣！封人之論，冥合於堯之迹，則亦堯之徒也。然其如天如神如日如雲之極致，豈封人所可測哉？「無彰」，當是「無章」，言〔二〕迹也。

〔一〕褚本「其」下有「以」字。
〔二〕「言」，褚本作「文」。

堯治天下，伯成子高立爲諸侯。堯授舜，舜授禹，伯成子高辭爲諸侯而耕。禹往見之，則耕在野。禹趨就下風，立而問焉此上敘事，曰：「昔此下議論堯治天下，吾子立爲諸侯。堯授舜，舜授予，而吾子辭爲諸侯而耕，敢問其故何也？」

子高曰：「昔此下言其故堯治天下，不賞而民勸，不罰而民畏。今子賞罰而民且不仁，德自此衰，刑自此立，後世之亂自此始矣。夫子闔行耶？無落吾事！」俋俋直立反乎耕而不顧。

【通義】聖知作法而巧僞生於法，以致世降風移，聖智者將欲何爲？因時之制，要在因其良心而順導之，庶幾反朴還淳之方歟。再參伯成子高曆堯舜禹三朝，年歲不但二百矣。

【義海】已上經旨顯明，無待〔二〕贅釋。

泰初有無無已，無〈所〉有〈也〉，無〈可〉名；〈也是〉一之所起，〈雖〉有一而未無形。〈此乃〉物得以生謂之德；未形者有分，且然无間謂之命；留動而生物，物成生理謂之形；形體保神，各有儀則謂之性。性修反德，德至同於初。同乃虛，虛乃大。合則喙於鳴之矣，喙〈既與〉鳴合，則與天地爲合。其合緡緡，若愚若昏，是謂玄德，同乎大順。

〔二〕褚本「無待」前有「諸解詳備」四字。

【通義】此以無形之氣發端，示人當復其初也。「形體保神」，天能之必具也；「性修反德」，人道之當然也。造化之始，冥冥漠漠，無也，何所有乎？何所名乎？萬有生於一無，此無乃一之所起，一雖起而未露，正萬物所得以生之本，虛靈之竅也。此無雖未形露，而其機則燦然之分，已具於中而有不得已者，活潑無情，無勉强、無怠慢、無一息之不停，是天所付，物所受之命，其運動不已。適然一疊，則成物之生理也。物既成矣，形神合矣，則生生之所成，爲我之形。於是百骸所事皆有法則，所以保護此神，是天能也，故謂之性。慎獨曰修外，歸曰反性，得其修而能復其未形之德，造於極致，則與太初本來無渾然不二，其虛其大，無塵可棲，無物不容，如此而有言，皆天機之自然，合於鳥鳴之機矣。其聲既合於鳥音，則與天地合德矣。其合於天地者，「緡緡」然，如水之流，如絲之績，不息不驟，豈非玄同之德，而順達宇宙哉。自「有一而未形」至「各有儀則謂之性」，言一起於無而成萬之故。自「性修反德」至「大順」，言萬法歸於一無也。此惟全赤子之心者知之。

【義海】一氣未兆，無迹[一]無稱。及稱「泰初」，有無而已，不可得而名言。是爲未形之一，而一之所自起也，一立則有名矣。萬物得一以生，各居[二]自然之德。造化分靈降秀實肇於斯，而爲人物之本。雖形狀未覩而氣之清濁所鍾已有分際，人得之而爲人，物得之而爲物是也。「且然」，猶齟齬不齊。萬物羣生

[一]「迹」，褚本作「亦」，當以朱本爲是。
[二]「居」，褚本作「具」。

種類不齊，而元氣流行殊無間隙，此之謂〔一〕天所命而物受之以爲命者也。凡此皆造化密運，莫窺其迹。惟聖人通化，能以理測之。至於「畱動而生物，物成生理，謂之『形』」，然後人物動植昭然可覩。世俗以此爲始，而不知其來遠矣。物物各有生理，惟神主之，能保其神，儀則自備。蓋有是物必有是則，皆已性之所發見，有生之所以立也。性本不假乎修，今謂「修」者，不失其儀則，全天之所與，而復乎向之得以生之德。德至則同乎泰初，是又反流歸源，以人合天者也。「同乃虛」，則還於本無，「虛乃大」，無物足以喻大，亦强名耳。「喙鳴」即「鷇音」之義。鳥喙之鳴出於無心，無心之言合於喙鳴，則喙鳴亦與之合，天地之無心善應亦若是而已矣。夫人與天地爲合，非有心有爲可致，坐忘而自合。故緡緡若昏，猶子母氣應，啐啄同時，不知所以然而然，此「德至同於泰〔二〕初」之良驗也。若是則其德玄同，無天人物我〔三〕，天下至順，莫大於此〔四〕。

夫子問於老聃曰：「有人治道若相放（有所依擬），可不可，然不然。辯者有言曰，『離堅白若縣寓（宇）。』若是則可謂聖人乎？」

老聃曰：「是胥（相）易技（〈以自〉）係，勞形怵心者也。執畱（狸誤）之狗成思（患誤），猿狙之便，自山林來。丘，予告若（汝），而（衆人）所不能聞，與而所不能言。凡有首有趾（形具），无心（神亡）无耳者衆（多），有形者與无形（神）无狀而皆存（合）

〔一〕褚本「謂」下有「命」字。
〔二〕褚本無「泰」字。
〔三〕「物我」下，褚本有「之間」二字。
〔四〕褚本此下有一段音訓，朱本未録，褚本作：「『留動』説之不通，應是『流動』，猶云運動也，音存而字訛耳。」

者盡无。其動遇止也，其死生也，其廢起也。此又非其所以也。有治因在人，忘乎物，忘乎天，其名爲忘己。忘己之人，是之謂入於天。」

【通義】仲尼以爲放古爲治，因革不苟，如辯者分析堅白、同異，昭然不隱，是猶用人謀也。故老聃謂以技能相易，但拘係其心，徒使之勞且怵焉。如執狸之狗以能而成繫縛之患，猨狙便捷，雖深居山林，亦爲人所計取也。人所不能聞、不能言，即下文「無形無狀」者。反其問之可聞可言也，故又歎具形骸而昧於神者，舉世皆然。形神相依相成者，曠世而罕見，誠以此人隨所遇而安之，而其中之所存者，有非遇之所能限，是以所務因於人情，而其順物則「忘天」「忘己」，則非人所及也，故曰「入於天」。

【義海】今有人焉，若相〔一〕效先王之治道，立法度以律衆，興教化以導民，而法度不近乎人情，教化不循乎理〔二〕，可天下之不可，然天下之不然，所謂「離堅白若懸寓」者也。若是者，可比聖人乎？蓋譏當時尚楊墨以爲治而自比聖人者。老聃曰：是猶胥徒在圄，以〔三〕相易，以技相係而勞形怵心，無異獵犬被縛，猨狙出林，皆以能而召患，此喻鄙之之極也。「余告若所不能聞與而所不能言」，直指道之微妙難名〔四〕處，以啓其蒙。「有首有趾」，謂凡頂天立地之人。「無心無耳」，謂不能思道、不能聞道者，往往皆是也。「有

〔一〕「相」，褚本作「放」。
〔二〕「理」，褚本作「物理」。
〔三〕褚本「以」下有「能」字。
〔四〕「名」，褚本作「明」。

形者」，人；「无形无狀而皆存者」，道也。「盡無」則至於俱忘，前所謂不能思、不能聞者可見矣。其動止、死生、廢起，特人事之代謝，若認而有之，以爲治在人而已，何足以入天乎？倘能忘物，則天與己不期忘而自忘。「是之謂入於天」，言道合自然，無容人爲〔一〕也。此章與《應帝王篇》楊子居見老聃問答相類，但結語有優劣耳。

將閭葂見季徹，曰：「魯君謂葂也曰：『請受教。』辭不獲命，既已告矣，未知中否，請嘗（試）薦（陳）之。吾謂魯君曰：『必服恭儉（守己），拔出（待人）公忠之屬，而無阿私（偏黨），民孰敢不輯（歸附）！』」季徹局局然笑曰：「若夫子之言，於帝王之德，猶螳螂之怒臂以當車軼，則必不勝任矣。且若是，則其自爲處，危〈如〉其觀臺多物，將往投（踪）迹者衆（已上言有心之害道）。」

將閭葂覷覷（許逆反　睜目貌）然驚曰：「葂也，汒（芒）若於夫子之所言矣。雖然，願先生之言其風也。」季徹曰：「大聖之治天下也，摇蕩民心，使之成教易俗，舉滅其賊心，而皆進其獨志，若（順）性之自爲，而民不知其所由然（已上言无心之成化）。若然者，豈兄（練句奇）堯舜之教民，溟涬然弟之哉？欲同乎德而心居矣。」

【通義】「投迹」，因其標榜之迹而投隙也。言其風動於此，被於彼之謂。兄者，讓之也；弟者，後之也。「溟涬」，無志而甘下之意。欲同乎德，所欲不踰矩也，如此則上下心安矣。

〔一〕「人爲」下，褚本有「於其間」三字。

【義海】有爲而化物者，其用勞；無爲而自化者，其濟博。拔公忠、危臺觀，此有爲而化者；滅賊心、進獨志，無爲而化也。「搖蕩」，猶鼓舞，鼓舞民心使之成教易俗，順導之而勿攖，此化之始也。滅賊心而進獨志，則因病施藥，化之中也。至於「若性之自爲，而民不知其所由然」，化之終也。堯舜之治民，不過此耳，奚必尊之爲兄，溟涬然弟之哉？「溟涬」，無分別貌。如此則是欲同乎堯舜之德而心有所著矣？凡此皆所以拂〔一〕有爲之治，掃堯舜之迹，而歸乎絶聖棄知之意云。

子貢南遊於楚，反於晉，過漢陰，見一丈人方將爲圃畦，鑿隧而入井，抱甕而出灌，搰搰然用力甚多而見功寡。子貢曰：「有械於此，一日浸百畦，用力甚寡而見功多，夫子不欲乎？」

爲圃者卬仰而視之曰：「柰何？」曰：「鑿木爲機，後重前輕，挈水若抽，數如泆瀊湯，其名爲槔。」

爲圃者忿然作色而笑答誤曰：「吾聞之吾師，有機械者，必有機事，有機事者，必有機心。機心存於胷中，則純白不備；純白不備，則神生不定；神生不定者，道之所不載也。吾非不知，羞而不爲也。」

子貢瞞謨官反然慚，俯而不對。

有間，爲圃者曰：「子奚爲者耶？」

曰：「孔丘之徒也。」

爲圃者曰：「子非夫博學以擬聖，於于誇大以蓋衆，獨弦倡而無和哀歌，以賣名聲於天下博學賣名欲求以治天下也者乎？汝

〔一〕「拂」，褚本作「祛」。

方將（心放）忘（不知）汝神氣，墮（隋誤）汝形骸（四體不勤），而庶幾（近）乎而（汝）身之不能治，而何暇治天下乎！子往矣，無乏吾事！」

子貢卑陬失色，頊頊（音畜）然不自得，行三十里而後愈。

其弟子曰：「向之人何爲者耶？夫子何故見之變容失色，終日不自反耶？」

曰：「始吾以爲天下一人耳（意指孔子起下文也），不知復有夫人也。吾聞之夫子，事求可（夫子之意子貢錯會），功求成。用力少見功多者，聖人之道。今徒（此人）不然。執道者德全，德全者形全，形全者神全。神全者，聖人之道也。託生與民並行而不知其所之，汒乎淳備哉功利機巧，必忘（亡）夫人之心。若夫人者，非其志不之（從），非其心（專事於心）不爲。雖以（句法）天下譽之得，其所謂謷然不顧；以天下非之，失其所謂儻然不受。天下之非譽無益損焉，是謂全德之人哉！我之謂風波之民。」

反於魯，以告孔子。孔子曰：「彼假修渾沌氏之術（道）者也；識（理會）其一，不知（管）其二；治其內，而不治其外。夫明白（渾沌之術）入素，無爲復樸，體性抱神，以遊世俗之間者，汝將（此人不然）固（實）驚耶？且渾沌氏之術，予與汝（〈生於今〉）何足以（用）識之（理會於言）哉！」

【通義】「忘汝神氣」三句，言心放於機事，不知精神之所在，怠惰其四肢，將近乎一身不能保也。「不自得」，若失已也；「不自反」，不復常也；「風波」，搖盪於世故而不定也。「假」非真也，識其一不知其二，滯於一不通於萬也。「治其內不治其外」，守其心不屑於物也，即其見一，二分內外，偏蔽矣。不通於二，不屑於物，不明白矣，是以知其非真修也。渾沌之道，明白入素，無爲復樸，體性抱神不離世俗而已。若此人者，離世絶俗，汝乃爲之實驚駭耶。且渾沌之世用渾沌之道，今非其時矣，何用理會其術哉。夫子貢昔之所聞者，修德之指也，「事求可」，可欲之善也，善以爲質而要於信以成之，此正通於一萬事畢者也，不亦「用力少見功多」乎。惜乎子貢之用其知，不於動而未形之幾而馳於機械，猶幸漢陰丈人之一斥，折衷於尼父也。

【義海】舍勞就逸，人之常情。聲名功利，亦人所欲。而世有棄至易而從至難，甘藜藿而安陸沈者，豈土木其身心而至是耶？蓋見道篤而自知明，立志堅凝，有以勝之，久則安，安則化矣。此漢陰丈人所以恥機械而甘抱甕，身甽畝而目雲霄也。卒使善説辭者不能回其心，易其操，古長沮、桀溺之徒歟！此雖本於氣稟高潔，亦積學涵養之功。何謂學師〔一〕其勝己者？何謂養充其在我者而已〔二〕？「作色而笑」，笑當是答。

諄芒將東之大壑海盡處，適遇苑風於東海之濱。苑風曰：「子將奚之？」

曰：「將之大壑。」

曰：「奚爲焉？」

曰：「夫大壑之爲物也，注焉而不滿，酌焉而不竭；吾將遊焉敘事。」

〔一〕「師」，褚本作「睎」。
〔二〕褚本下有「『作色而笑』，笑當是答」八字。

苑風曰：「夫子（議論）無意於橫目之民乎？願聞聖（目）治。」

諄芒曰：「聖治乎？官施而不失其宜，拔舉而不失其能，畢見其情事而行其所爲，行言自爲而天下化，手撓顧指，四方之民莫不俱至，此之謂（聖人忘名）聖治。」

「願門德（目）人。」

曰：「德人者（亦有忽意），居無思，行無慮，不藏是非美惡。四海之内共利之之謂悦，共給之之爲安；怊（音超翹望）乎若嬰兒之失其母也，儻乎（沉吟）若行而失其道也。財用有餘而不知其所自來（出於己），飲食取足而不知其所從（求繼），此謂（神人忘功）德人之容。」

「願聞神（目）人。」

曰：「上神（二句言體段）乘光，與形滅亡，此謂照曠。致命（此句言人事）盡情，天（成功）地樂，而萬事銷亡（至人忘己），萬物復情，此之謂混冥（應滅亡）。」

【通義】「諄芒」「苑風」「大壑」，皆莊子擬名擬景，以發胷中之藴者。「芒」，猶茫也，多言而出於渺茫，無心之言也。風出於苑，有限之用也。「橫目」，惟人之目橫生於面，造名如此，亦其察庶物之密也。「聖治乎」一問，即「乎」字見其有不足之意。「聖治」，修政也，德人修德也，神人率性忘修也。「上神乘光」，神騰出於日月之上，故曰「乘光」；雖有身，實無身也，故曰「與形滅亡」。率乎天性而不矯揉其情，其樂即天地之無事，蓋樂者安而無累天人之本性。「天地樂」言胷次與天地爲一，其樂即天地之樂也，是以事泯其跡，物復其情，此之謂「混冥」。不曰「神人」而曰「混冥」，混冥即神也，謂不可以形骸觀也。

【義海】諄芒將之大壑，蓋厭世隘陋，故慕其注酌不竭而欲遊焉。苑風疑其無意於民，遂問「聖治」。答以官施、拔舉得宜盡能，則在位者稱職，遺逸者得升，政事之間畢見其人情事理，而得以行其所當爲，行者、言者皆出於自爲而無矯揉之弊，以誠格物，天下惡有不化者哉？「手撓顧指」，遠民皆至，則近者可知，此聖人之治效也。繼問「德人」，答以「居無思，行無慮」，動静[一]無心，美惡自泯。四海之民有未得其所者皆願利給悦安之，則修之天下，其德普矣。若嬰兒失母，行而失道，皆「視民如傷」之意。「財用有餘」，儉則常給；「飲食取足」，充腸而已。「不知其所從來」，言未嘗著意於財食而自供其用，蓋本於利給天下之所致也。此德人之容儀見於外而可覩者，而非其實，所謂實則有不容聲矣。又問「神人」，答以「上神乘光」，所謂「遂於大明之上」是已；「與形滅亡」，所謂「入於窈冥之門」是已。此言神人出陽入陰，變化莫測也。「上神」，神之至極。「乘光」，凌虛躡景之義。蓋非虛則不能發光，非曠則不能容照也。必至於己之命，斯能盡天下之情。天地之樂，揆之民心可見，「天視」「天聽」亦猶是也。「萬事銷亡」，本於我無爲而已。使萬物各復其本情，是謂「混冥」。混冥，則我亦忘矣，况於物乎？論「神人」而結以「混冥」，此又明其所以神也。

〔一〕「動静」前，褚本有「言其」二字。

門無鬼與赤張滿稽觀於武王之師（樂官），赤張滿稽曰：「不及有虞氏乎！故離此患（冒放伐之罪）也。」

門無鬼曰：「天下均治而有虞氏（置武不論）治之耶？其亂而後治之與？」

赤張滿稽曰：「天下均治之爲願，而何計以有虞氏爲！有虞氏之藥瘍也，禿而施髢（音剃），病而求醫。孝子操藥以修慈父，其色燋然，聖人羞之。至德之世，不尚賢，不使能；上如標枝，民如野鹿；端正（正行守已待人）而不知以爲義，相愛而不知以爲仁，實而不知以爲忠，當而不知以爲信，蠢動而相使，不以爲賜。是故行而無迹，事而無傳。」

孝子不諛其親，忠臣不諂其君，臣子之盛也。親之所言而然，所行而善，則世俗謂之不肖子；君之所言而然，所行而善，則世俗謂之不肖臣。而未知此其必然耶？世俗之所謂然而然之，所謂善而善之，則不謂之道諛之人也。然則俗故嚴於親而尊於君耶？謂己道人，則勃然作色；謂己諛人，則怫然作色。而終身道人也，終身諛人也，合譬飾辭（引喻必聚衆詞其指必不同），聚衆也，是終始本末不相坐（應）。垂衣裳，設采色，動容貌，以媚一世，而不自謂道諛，與夫人之爲徒，通是非，而不自謂衆人，愚之至也。知其愚者，非大愚也；知其惑者，非大惑也。大惑者終身不解，大愚者終身不靈。三人行，而一人惑，所適者，猶可致也，惑者少也；二人惑，則勞而不至，惑者勝也。而今也以天下惑，予雖有祈嚮，不可得也。不亦悲乎！

太聲不入於里耳，折楊皇荂（音花），則嗑然而笑。是故高言不止於衆人之心，至言不出，俗言勝也。〈是〉以二缶鐘惑，而所適不得矣。而今也以天下惑，予雖有祈嚮，其庸可得耶！知其不可得也而强之，又一惑也，故莫若釋之而不推。不推，誰其比憂！

【通義】標枝不自知其高，野鹿惟自親其類，「相使不以爲賜」，相役相助不以爲惠。自「端正」至此五句，皆形容悶悶醇醇，無名利爾我之意。「悲」者，悲至德之世不可復，道諛之風不可息也。「折楊皇荂」，比俗言也。「缶鐘」，諸解皆謂垂踵之誤，應上文二人惑，余謂不應重出，前言「祈嚮不得」，指至德之世，後言「祈嚮不得」，指道諛之風，比二人又進一層。蓋以瓦缶之聲爲鐘聲，其惑甚矣，況以二缶而亂一鐘，何適而可得哉。正俗言勝，至言之喻，明者更詳之。「釋之而不推」，則誰爲可比，誰爲可憂。蓋赤張滿稽起方人之問，故門無鬼以至德之世進其所見，至此盡滌其有見之垢也。

【義海】天下〔一〕不治，然後有治之之名；堯子〔二〕不肖，然後有禪舜之舉。蓋有揖遜於其前，必有征伐於其後者，亦猶有瘍而後有藥，有秃而後施髢，有病而後求醫也。夫孝子修藥，此分内事，而聖人羞之者，謂不若父無病之爲愈也，況以征伐而求治者乎？故引至德之世以明末俗之澆薄，覬人去彼而取此也。以其不尚賢，不使能，故能如標枝、如野鹿。「標枝」，樹杪之枝，居高而不知其爲尊也。「端正」應是「相正」，考下文可見。此四「不如〔三〕」，乃所以同歸於道，俱化於兼忘之域。仁義忠信，特世人分別之迹耳。「蠢動」，指淳朴之民相使而不以爲賜；友助而無責望之心也。「行而無迹」即「鳥行無章」。「事而無傳」則「所過者化」。此其所以爲至德之世歟！

〔一〕「天下」前，褚本有「唯其」二字。
〔二〕「堯子」前，褚本有「唯其」二字。
〔三〕「如」，褚本作「知」。

善君親之言行，則俗謂之不肖。善世俗之言行，而不謂之諂諛，俗非嚴於親、尊於君也，蓋臣節主忠，子道主孝，不當以諂諛事其君父也。至於待世俗則所然所善不稽其實，未免爲導諛而已。惡其名而爲其實，終身由之而弗悟，飾辭聚衆以相誇，然卒至於害道敗德，若鄉原之所爲，是其始終本末謬戾若此。「不相坐」，猶云不相安也。彼乃垂衣、設采、動容以媚世，而不自謂導諛，非愚而何？知愚惑者非愚惑，言其猶可化；至於不解、不靈，雖聖人亦無如之何矣！「三人行」至「不可得也」，言世之惑者衆，非一人所能回。「大聲不入」至「俗言勝也」，發明前意。二人〔一〕垂踵，惑而行〔二〕，所適猶不得，況天下皆惑乎〔三〕，雖有所求至，其可得耶？知其不可得而强之，又增其惑，不若舍之而不問，夫復可〔四〕憂哉？此真人見其不可救而自歎自解之辭。

厲之人夜半生其子，遽取火而視之，汲汲然唯恐其似己也。

百年之木，破爲犧樽，青黄而文之，其斷在溝中。比犧樽於溝中之斷，則美惡有間矣，其於失性一也。蹠與曾史，行義有間矣，然其失性均也。且夫失性有五：一曰五色亂目，使目不明；二曰五聲亂耳，使耳不聰；三曰五臭薰鼻，困惾（音俊 衝逆自鼻中顙）中顙；四曰五味濁口，使口厲爽；五曰趣舍滑心，使性飛揚。此五者，皆生之害也。而楊墨乃始離跂自以爲得，非吾所謂得也。夫得者，困可以爲得乎？則鳩鴞之在於籠也，亦

〔一〕「二人」前，諸本有一句「『缶鐘』，當是『垂踵』」。
〔二〕「行」，諸本作「不行」。
〔三〕「乎」，諸本作「予」，從下句爲讀。
〔四〕「可」，諸本作「何」。

可以爲得矣。且夫趣舍聲色以柴梗其内，皮弁鷸冠，搢笏紳修長以約其外，内支盈於柴荆棘柵，外重纆繩繳縛，睆睆然在纆繳之中，而自以爲得，則是罪人交臂歷指，而虎豹在於囊檻，亦可以爲得矣。

【通義】此篇言有盡而意無窮，善學者當得意於言外。厲人之恐，非其好惡良心，乃軀殼之念，取捨汩心，失其無知無識順帝則之本性。故以大木所遇，貴賤不同，均於失性繼之，餘義不贅。

【義海】結以厲人生子取火視之，言醜者猶不願子之似己，則迷者豈無向善之心。在上之人有以覺悟之，其本然之天固未嘗不在也。經云「開天者德生，開人者賊生」，可不謹歟？[一]

**褚氏總論：**是篇首論天地大化，人物衆多，在君天下者汎觀以道，直[二]行以德，無爲無欲，官治分明。蓋以不同同之，物莫得而異也。大莫大於天地，尊莫尊於道德。聖人道兼覆載，故得而並稱焉。或問：有聖人而無天地，何以爲聖人？余謂：有天地而無聖人，亦何以爲天地？然則天地、聖人相因而不可無者也。故南華以天地明君德，此所以統天地、御萬物而君天下之道也。人見其應物多方，疑其聖知聰明絶人遠甚，而不知刳心無爲之所致也。是以有君天下之德者，立本原以正其在我，則天地不期合而合，人物不期化而化。視乎無形，聽乎無聲，玄感奇應，有不止乎此者。故黄帝遺玄珠而象罔得之，帝堯要齧缺而許

〔一〕褚本於「百年之木」至最後一段，有一句注釋曰「此段引喻以明失性之弊，諸解已詳，兹不贅釋」，朱本未録。
〔二〕「直」，褚本作「通」。

由危之，謂道不可以有心求，不可以聰明得也。華封請三祝聖人，使之分富授職，千歲上僊，則何累之有？伯成〔一〕子高辭諸侯而耕，於野〔二〕以見德衰刑立，賢人退藏，法密於前，患鍾於後，亂自此始矣！故舉「泰初有無」畢〔三〕究物生之本，性命之所自來，「德同於初」，「物將自化」，彼可不可、然不然、服恭儉、拔公忠者，抑又外用其心矣。漢陰之恥用機械，武王之帥師拯民，一則抱朴守真，一則以權濟義，出處動靜，時有不同，皆不離乎道而已。若夫厲人之恐子似己，大惑者終身不靈，殘樸爲樽，滑心傷性，德不足以存生，如天下何？凡此皆以困爲得，若楊墨之苦觳難爲者也。至比之鳩鴞、虎豹，則非唯薄之，而惡之亦甚矣！昔孟子闢楊墨以明聖道〔四〕，世世稱之，以爲「功不在禹下」。余於南華亦云〔五〕。

## 天道第十三

天道運（陰陽無停機）而無所積（不停滯），故萬物成；帝（位）道運而無所積，故天下歸；聖（德）道運而無所積（過化），故海內服。明於天，通於聖，六通四辟於帝王之德者，其自爲也昧（蔑）然無不靜者矣。聖人之靜也非曰靜也善，故靜也；萬物無足以鐃（音鬧 撓同）心者，故靜也。水靜，則明燭鬚眉，平（水）中（器）准，大匠取法焉。水靜猶明，而況精

〔一〕褚本無「伯成」二字。
〔二〕褚本無「野」字。
〔三〕「畢」，褚本作「俾」。
〔四〕「以明聖道」，褚本作「而聖道明」。
〔五〕「余於南華亦云」，褚本作「余於此亦云『南華之功不在孟子下』，後世必有以爲然者」。

神！聖人之心靜乎！乃天地之鑒也，萬物之鏡也。夫虛靜恬淡，寂漠無爲者，天地之平所安而道德之至極，故帝王位聖人德休焉息於此而無他事。休則虛，虛則實，實者倫經理不亂矣。虛則靜虛靜相生，靜則動，動則得矣。靜則無爲，無爲也則任事者〈各分其〉責矣。無爲則俞俞是其是，〈能〉俞俞者之人，憂患不能處形神無虧，年壽長矣。夫虛靜恬淡，寂漠無爲者，萬物事之本始也。明指實此以南鄉，堯之爲君也；明此以北面，舜之爲臣也。以此又況論處上，帝王繼天子之德也；以此處下，玄聖素王有德無位創名之道也。以此退居而間遊，江海山林之士服事；以此進爲而撫世，則功大名顯而天下一歸而不疑也。靜內而聖，動外而王，無爲也而尊，樸素而天下莫能與之争美。

夫明白於天地之德者，此之謂大本大宗，與天和者也；所以均調天下，與人和者也。與人和者謂之人樂，與天和者謂之天樂此上本敘事却含議論。

莊子曰：「吾師乎此下方議論！吾師乎指虛靜！韲萬物而不爲戾，澤及萬物而不爲仁，長於上古而不爲壽，覆載天地刻雕衆形而不爲巧，此之謂綱天樂。故曰：『知天樂者，其生也天神行，其死也物形骸化。靜而與陰同德凝象曰德，動而與陽同波揚播曰波。』故知天樂者，無天怨，無人非，無物累，無鬼責。故曰：『其動也天，其靜也地，一心定而王獨立天下；其鬼妖孽不祟雖遂反靈不成厲，以其魂神不疲憊，〈此正〉一心定而萬服物。』言以虛靜推於天地，通於萬物，此之謂目天樂。天樂者，聖人之心以畜天下也。」

夫帝王之德復論帝王之務已畢篇首此句，以天地爲宗師法，以道德爲〈存〉主，以無爲爲常終身。無爲也，則用天下而有餘；有爲也，則爲天下用而不足。故古之人貴夫無爲也〈然亦有辨〉。上無爲也，〈設使〉下亦無爲不忍倍也，是下與上同德，下與上體叚同德則不臣；下有爲也，〈設使〉上亦有爲也，是上與下同道，上與下設施同道則不主。上必無爲而用天下，下必有爲爲天下用，此不易之道也。故古之王天下者實無爲，知雖落成天地，不自慮也；辯雖雕萬物，不自説也；能雖窮海内，不自爲也。天不産而萬物化舉證無爲，地不長而萬物育，〈是以〉帝王無爲而天下功。故曰莫神於天，莫富於地，莫大於帝王。故曰體統帝王之德配天地。此乘天地，馳萬物，而用人羣之道也。

本在設施於上，末在於下；要在於主，詳在於臣。三軍五兵弓殳矛戈戟之運，德之末也；賞罰利害五刑之辟，教之末也；禮法度數刑名比詳，治之末也；鐘鼓之音羽毛之容，樂之末也；哭泣衰绖隆殺之服，哀之末也。此五末者，須精神之運，心術之動，然後從之者也。

末學者非所先言以無爲爲先，而以有爲終之也，猶陽先因成意，古人有之，而非所以先也。君先而臣從即人常情而觀之，父先而子從，兄先而弟從，長先而少從，男先而女從，夫先而婦從。夫尊卑先後，天地之行常也，故聖人取象焉。天尊地卑何以見之，神明之位也；春夏先，秋冬後，四時之序也。萬物化作生，萌〈芽〉區〈别〉有狀；盛衰之殺，變化之流也。夫天地至神而有尊卑先後之序，而況人道乎！宗廟聖人取象尚親，朝廷尚尊，鄉黨尚齒，行事尚賢，大道之序也。語道而非其序者，非其道也；語道而非其道者疊上起下，安取道！

是故古之明大道者，先明天，而道德次之此下次之非遠也相因相續之意，道德已明，而仁義次之，仁義已明，而分守次之，分守已明，而形名刑同後放此次之，形名已明而因任材次之，因任已明，而原省宥減次之，原省已明，而是非次之，是非已明，而賞罰次之。賞罰已明而愚德知處得所宜，貴賤位履位安分；〈是以〉仁賢不肖襲因沿情實，必分其能不過分，必由其名必循實。以此事上，以此畜下，以此治物，以此修身，知謀不用，必歸其天，此之謂大平，治之至也。

故書曰：「有形有名。」形名者，古人有之，而非所以先也。古之語大道者，五變而形名可舉，九變而賞罰可言也。驟而語形名，不知其本天也；驟而語賞罰，不知其始道德也。倒反道而言，迕亂道而説者，人之所治也，安能治人！驟而語形名賞罰，此有能知治之具，非知治之道；可用於見爲臣爲主天下，不足以用天下，此之謂辯士，一曲之人也。禮法數度形名比詳，古人有之，此下之所以事上，非上之所以畜下也。

昔者（引證結）舜問於堯曰：「天王之用心何如？」

堯曰：「吾不敖無告，不廢窮民，苦（哀憐）死者，嘉（喜愛）孺（孺）子，而哀婦（寡）人。此吾所以用心已。」

舜曰：「美則美矣，而未大也。」

堯曰：「然則何如？」

舜曰：「天德（無爲）而出〈之以〉寧，（如）日月照而四時行，若晝夜之有經（常），雲行而雨施矣。」

堯曰：「〈聞子之言我其〉膠膠擾擾乎！子，天之合也；我，人之合也。」

夫天地（德）者，古之所大也，而黃帝堯舜之所共美也。故古之王天下者奚爲哉？天地（德）而已矣。

【通義】以靜虛立意，靜爲本，婉然。時論「善，故靜」，一言足蔽天人不二之義。水之明與平以靜也，惟明惟平，故燭物而人取法焉。「中准」猶射禮，設中之中，器也。「虛靜恬淡，寂漠無爲」，從靜中生出其言。「休則虛，虛則實，實則倫」者，言修德而復於無爲者。止息於恬淡寂漠之天，則本體純陽如乾而無一朕虛也。流行變化，萬感從此而應，無間可容發，實也。流行、感應既無發可間，則其先後、抑揚、親踈、尊卑，物各付物，莫不得其條理矣。又曰「虛則靜，靜則動，動則得者」，言廓然無感，寂然如鏡，靜也。本體虛明，設有所感，不得已而應之，是動也。其應出於無心，不失本靜之體，內不失己，外不失人，故曰「動則得」也。「憂患不能處」，世之憂患不能沾惹於其身也，猶曰聖人不避憂患而憂患不近聖人也。「䪠萬物而不爲戾」二句，即殺之而不怨，利之而不庸。「和」者，合也；「天樂」者，和之所生也；「波」

者，水之揚起者也，因感而生同波。喜怒哀樂，無情也。無天可怨，無人可非，無物可累，無鬼可責，皆言體道之功非效驗也。堯舜問答天合人合二句，猶孔子願從而後之意，人合乃所以爲天，天者主意，人者工夫，善讀者當會而通之。

【義海】言「天」則地在其中，言「聖」則人在其中，「帝」則兼三才而運化。故六通四闢而德行乎内，所以治人化物，上爲皇而下爲王者是也。「其自爲」，則入而治己，反流歸源，明道若昧，無有不静者矣。凡人之静，必静之而乃静，聖人之静豈以静爲善而静哉？物無足以鐃心故耳。言其本静，非使然也。水静則明則平，大匠取法，亦言其自然明平，可鑑可準，以況人之精神静極而明，天地萬物莫逃其鑒，一身之貴何以加此。而昧者役役〔二〕不知止，憊不知息，以至澌盡而莫救，可不哀耶？夫欲求所以養精神之道，不越乎「虚静、恬淡、寂漠、無爲」，而「天地之平」，「道德之至」亦豈外乎此哉？故物理於此而曲當，聖人於此而休息，雖萬緣擾擾而不生其心。然「恍惚有物」，至理存焉。物不終静，動斯得矣。任事者責，則我無爲。憂患去而年壽長，得其本而操之故也。若是，則爲君、爲臣無不合道，進爲、退處皆得其宜。此聖道法天運而無積之效也。

道之在人，静則爲聖，動則爲王，皆以無爲而尊，樸素而美。猶天地之德，何嘗有爲？何嘗文采？而陰陽四時無不爲，日月山川無非文。明乎此理，明〔三〕則天下之大本大宗立矣。所謂「本」「宗」，即内聖外

〔二〕 褚本僅一「役」字。
〔三〕 褚本無「明」字。

王之道，與天和者也；用以均調天下，則與人和。「人樂」「天樂」，皆出於和，其名雖異，所以爲樂則一。猶聖王内外之分，而道本無殊也。整物不爲戾，澤世不爲仁，忘乎善惡也。至於忘壽、忘巧，則非時所攝，非能所係。南華之所師者，師此而已。生爲天行，自然運動；死爲物化，動必有極。如是則動静合乎天道。無天怨人非，無物累鬼責，又明其所以樂也。「其動也天，其静也地」，即「同德」「同波」之意。一心定而無爲，天下〔一〕歸往。「無鬼責」，故「鬼不祟」。「無物累」，故「魂不疲」。行無愧乎幽顯，物何爲而不服？此無他，以虚極静篤之理，體〔二〕於天地、通於萬物而已。聖人之心所以養天下者，亦豈外乎此哉？

夫以「天地爲宗」「道德爲主」者，豈有他哉？以「無爲爲常」而已。無爲已難能，況常而不變者乎？此古人所以貴也。無爲、有爲，上下之所以分。反是則君不主而臣非臣矣。知不自慮，辯不自説〔三〕，能不自爲，無爲之本也。「天不産而物化，地不長而物育，帝王無爲而天下功」，此無爲之效也。曰「神」曰「富」，而「大」足以包之，此帝德所以配天地而乘之，「馳萬物，用人羣」，特其餘事，本要未詳，自然之理。自「三軍五兵」至「隆殺之服」，雖五事之末，而必由於精神、心術之運，則古人所不廢也，但非所先耳。若夫君臣、父子、夫婦之先後，猶天尊地卑之不可易，而聖人取象焉。神明之位，上下不紊；四時之序，先後有倫。「萬物化生〔四〕，萌區有狀」，而物之盛衰變化見矣。此天地之序，而人所取法者也。宗廟、

〔一〕褚本「天下」下有「之所」二字。
〔二〕「體」，褚本作「推」。
〔三〕「説」，褚本作「悦」。
〔四〕「生」，褚本作「作」。

朝廷、鄉黨、行事，莫不有序，而道在其中。語道而非序，何取於道哉？故自「先明天而道德次之」至「仁賢不肖襲情」，皆因之而不可無。必分其能以稽效，必由其道〔一〕以考實，事上畜下，治物修身之要，莫越乎此。知謀不用，歸於自然，此太平之至治也。後引「書曰」至「畜天下也」，蓋演〔二〕上文餘意云。「天德」者，無爲之化。「出寧」者，爲而無爲。日月照，四時行，皆自然運動而〔三〕爲之者。故晝夜有常而無差忒。雲行雨施，品物流形，君天下者所以體之以立德，而民莫不歸；而〔四〕弘之以化物，而物莫不從也。堯於言下有省，始悟日前所爲，膠膠擾擾，天合之與人合，相去遠矣！以是觀之，堯舜之德若有優劣，而結以黃帝、堯、舜之所共美，則又混然無分。此南華立言抑揚闔闢之妙，學者熟味，當自得之。

孔子西藏書所著於周室天子。子路謀曰：「由聞周之徵藏史，有老聃者，免而歸居，夫子欲藏書備考，則試往因依託焉。」

孔子曰：「善。」

往見老聃，而老聃不許敘事，於是繙反覆十二經起議論以說老聃。

〈聽半〉中其說，曰：「大謾汗，願聞其要綱領。」

孔子曰：「要在仁義。」

〔一〕「道」，褚本作「名」。
〔二〕「演」，褚本作「衍」。
〔三〕「而」，褚本作「無」。
〔四〕褚本無「而」字。

老聃曰：「請問，仁義，人之性耶？」

孔子曰：「然。君子不仁則不成（生意間斷），不義則不生（神餒氣索）。仁義，真人之性也，又將奚爲矣？」

老聃曰：「請問，何謂仁義？」

孔子曰：「中心物（勿）愷，兼愛（仁）無私（義），此仁義之情也。」

老聃曰：「意幾（近）乎後（贅）言！夫兼愛，不亦迂乎！無私焉，乃私也。夫子若（將）欲使天子無失其牧（養）乎？則天地固有常矣，日月固有明矣，星辰固有列矣，禽獸固有羣矣，樹木固有立矣。夫子亦放德而行，循道而趨已至（無加）矣；又何偈偈（居謁反）乎揭仁義，若擊鼓而求亡子焉？意（者）夫子，亂人之性也（一句終不許之意）！」

【通義】此章大意，籍中屢見，無煩多訓。但記孔李相見之因耳，其相聞必久，故有相規相正之言，後篇則漸相同相許也。藏書周室，可見正周之禮樂，與《春秋》爲天子之賞罰也。「十二經」，《春秋》是也；「中其説」，半其言也。「後言」猶贅言，非緊要切實之言，可緩者也。各親其親，天性也，「兼愛」則作意市恩求名，故曰迂意求「無私」，意即私也。「放德」，猶曰開懷放心，順性而行，邵康節謂「掉臂行」是也。「擊鼓求子」，失其子而求已非人道之常，擊鼓而求，張惶勞苦貽笑於人耳，且以驚動世俗，正倡仁義以亂人性之喻。

【義海】孔子爲見世衰道微，欲以所述之書藏於周之藏室，以俟後世聖人。蓋不得已而託空言以垂世立教，其志亦切矣。「老聃不許」者，謂道既不行於當世，徒存糟粕，其能有濟乎？「十二經」，説者不一，陸氏《音義》「舊註：《詩》《書》《禮》《樂》《易》《春秋》六經，加六緯爲十二經。一説《易》上下經與《十翼》。又云《春秋》十二公其[一]經，孔子所作者也。」此説近似。要之引喻之言，借以通意，不必深泥其迹。「中其説」，謂當其言，但謾而非要耳。孔子曰「要在仁義」，此治世之道所當先者。老聃謂非人之性，則還淳反本，有道德存焉。孔子答以「中心物愷」，陸氏《音義》「物一作勿」，今從之。「中」字宜音去聲，則不中心亦不怒矣。故「兼愛而無私，此仁義之情也」。聃曰：危乎！不及之言，所以遠乎道也。以其無私，故成其私。若[二]使天下無失其養，則天地、日星、禽獸、草木莫不各遂其性，各當其宜。人之放德修[三]道，亦若是而已矣，又何必用力於仁義？若擊鼓以求亡子，終無可得之理也！

士成綺見老子而問曰：「吾聞夫子聖人也，吾固不辭遠道而來願見，百舍重趼（古顯反　足跟厚皮）而不敢息。今吾觀子非聖人也。鼠壤有餘蔬而棄妹（昧同），不仁也，生熟不盡於前而積斂無崖。」

老子漠然不應。

士成綺明日復見曰：「昔者吾有刺（譏）於子，今（因不應洗其機察之心）吾心正却（退猶悔）矣，何故也（不自知）？」

老子曰：「夫巧知神聖之人，吾自以爲脱焉（去有爲）。昔者子呼我牛也而謂之牛，呼我馬也而謂之馬。苟有其實，人與之名而弗受，再受其殃。吾服也恒服，吾非以服有服。」

---

〔一〕褚本無「其」字。
〔二〕褚本「若」下有「欲」字。
〔三〕「修」，褚本作「循」。

士成綺雁行避影，履行遂進而問：「修身，若何？」

老子曰：「而容崖然，而目衝然，而顙頯然，而口闞然，而狀義然，似繫馬而止也。動而持，發也機，察而審，知巧而覩於泰，凡以爲不信。邊竟有人焉，其名爲竊。」

【通義】此與老聃死秦失吊之一章，皆在言外見老子爲人所愛敬。此言饋遺之多也，食蔬之餘，棄於鼠壤暗處，是不愛物也，食品生者、熟者，見在已用不盡，而又收積不已，是貪也。「漠然不應」，不可與言也。「服」，猶行也，謂吾所行者乃人性之常道，非以舊嘗有此格式而行之者，猶舜由仁義行，非行仁義也。「繫馬而止」，言坐馳也；「動而持」，舉動莫非矜持也；「發也機，察而審」，言動莫非機察之心而且精密，猶曰刻核太至也，皆用其知巧，自以爲得，故不覺顯露其驕泰之狀。凡此皆由於爾衷之不誠，此等人雖在壙野、無禮法、無知識之地亦名爲「竊」，蓋以不盜物而盜情也。此見是非之心，人皆有之，爾獨不自知乎？去此而後可以語修身也。

【義海】成綺[二]見鼠壤餘蔬而疑老子非聖，蓋謂聖人於物無棄，取蔬之本而棄其末，是不惜物近於不仁。下文云「生熟不盡於前」，言食物滿前狼戾也。昔人入[三]訪友，將至所居，見溪流菜葉，遂不往，亦此說。」

[二] 褚本有以下幾句音訓，朱本未録，褚本云：「『棄妹』頗難釋，諸解多音『昧』，按陸氏《音義》舊注音『末』，言其棄薄末學也。今從其音皃別爲之說。」

[三] 褚本「入」下有「山」字。

意。是乃以世眼窺聖人，故以不應應之。「郤」，音「隙」，訓虛，悟昔譏刺之非也。老子謂知巧神聖，吾已脱去，呼馬呼牛，聽之而已。汝先以聖期我，已非知我者，況又以非聖責我，何異牛馬妄名？吾無益損焉。「吾服也常服」二句，四「服」字解者不一，按此即拳拳服膺之「服」，言其能擇能守也。謂吾服膺聖道，常常如是，非以擇守爲事而有所服也。「履」，當是「屣」，履不躡跟也。其行匆遽，故若此。「崖」則不平，「衝」則奔突，「顙」則高亢，「口闞」則欲言而未出，「狀義」則剛介而自矜，此所謂「似繫馬而止」也。「動而持」，非自然而静；「發也機」，非自然而動。持之、發之，則有心有迹矣。「察而審〔一〕」，以察爲明也。「知〔二〕巧而覩泰」，機心見於驕色也。凡俗以余言爲不信，請觀不由正道之人，名爲盜竊之行，蓋痛鍼成綺之失。「老子〔三〕曰」以下，乃誨之之辭。

老子曰：「夫道於大不終，於小不遺，故萬物備（充滿）廣（包涵）。廣乎其無不容也，淵乎其不可測也。形〈其〉德〈於〉仁義，神之末也，非至人孰能定之！夫至人有世（萬物皆備），不亦大乎！而不足以爲之累。天下奮棅（音柄）而不與之偕，審乎無假而不與利遷，極物之真能守其本，故外天地遺萬物，而神未嘗有所困也。通乎道，合乎德，退仁義，賓禮樂，至人之心，有所定矣。」

世之所貴道者，書也，書不過語，語有貴也。語之所貴者意也，意有所隨。意之所隨者，不可以言傳

〔一〕褚本「審」下有「知」字。
〔二〕褚本無「知」字。
〔三〕「老子」，褚本作「夫子」。

也，而世因〔固誤〕貴言傳書。世雖貴之哉，猶〔實〕不足貴也〈何也〉，爲其貴非其貴也。故視而可見者，形與色也；聽而可聞者，名與聲也。悲夫世人以形色名聲，爲足以得彼之情！夫形色名聲果不足以得彼之情，則知者不言，言者不知，而世豈識之哉！

【通義】此亦後人托爲莊文，以敷演《道德經》之語。即末二句可見大不終小，「不遺」猶言莫載，莫破大小指物也。「形德仁義」，言道本不可見，顯露於德而爲仁義，故曰「神之末」。「奮棅」，起而把握事物也；「審乎無假」，言其心惟精察乎性真之無待假借者，是以雖遇順利亦不貪逐。其應物雖極盡其情，亦惟自守其本真，即知雄守雌之意。「世之所貴者書」一段，讀書者可以深省。其末曰「知者不言」，虛靈之體不言也；「言者不知」，形聲非虛靈之體也，世皆逐形聲而忘形聲之所自，故曰「世豈識之哉」。尚冀人之内觀而識其本來之神也，此與《道德經》語同意，觀彼此上下文當自知之。

【義海】夫道超乎形數，不可以大小論，故廣無不容，淵不可測。及乎有形有德，有仁有義，皆神化之末，惟至人能定〔一〕其本耳。至人者，有天下而無累。「天下奮棅而不與之偕」，言物雖動而我自静也。審乎真道，利莫能遷；窮物之理而〔二〕守其本。故天地可外，萬物可遺，其神足以勝之，夫何所困哉！惟能通道合德，則仁義自退，禮樂自賓。至人心有所定，故足以定天下之心也。

〔一〕「定」，褚本作「知」。
〔二〕「而」，褚本作「能」。

桓公讀書於堂上。輪扁斲輪於堂下，釋椎鑿而上，問桓公曰：「敢問公之所讀，爲何言邪？」

公曰：「聖人之言也。」

曰：「聖人在乎？」

公曰：「已死矣（敘事）。」

曰：「然則（議論）君之所讀者，古人之糟魄（粕同）已夫！」

桓公曰：「寡人讀書，輪人安得議乎！有説則可，無説則死。」

輪扁曰：「臣也（和順之發），以臣之事觀之，斲輪徐則甘而不固，疾則苦而不入。不徐不疾，得之（此謂意之所隨）於手而應於心，口不能言，有數（劑量）存焉於其間。臣不能以喻臣之子，臣之子亦不能受之於臣，是以行年七十而老斲輪。古之人與其不可傳也（者誤）死矣，然則（起則作結句，前疑詞後決詞，詞不易而意自不同）君之所讀者，古人之糟魄已夫！」

【通義】此承上章貴言傳書之弊而指明之也。書者，言也，致用之方存乎獨覺，不能自言，況可傳乎，故曰古之人與其不可傳者「死」矣。夫木理之堅脆、運斤之重輕，前舉不虞乎後舉，其疾徐甘苦之節，惟自知自用而已，豈能措言，豈能傳人邪？即此而觀，知古人之不可傳者在我則糟魄，乃我醪醴之所出也。得意忘言，古人可不死矣。修已者將何所從事乎？

**【義海】** 跡者，履之所出，而跡非履也。書者，道之所表[一]，而書非道也。悟者因書以明道，迷者舍道而求書，故桓公溺於陳言，輪扁得以進説。以粗諭精，即事明理，無適而非道也。夫斲輪者，選材施工，所以任重致遠而推行於天下，即懷道抱德而欲有以濟世之譬也。其運斤之妙，得心應乎[二]，雖父子不能相傳，則方圓長短之數，疾徐甘苦之節，一得之於自然，有不容以言書者矣。況「神鬼神帝，生天生地」之道，其可以書盡乎？扁之老於斲輪，豈搰搰於椎鑿之間而勞筋苦骨爲哉。蓋因道進技，以天合天，得其所以爲輪，用力少而見功多，故終身由之而弗舍也。推是理以達於書，宜無難矣。桓公滯跡遺心，遂謂聖人已死，扁也得以盡其辭而救其失。夫聖賢所學者道，所傳者心。苟得其心，則知不死者存，此道可以坐進，又豈在譊譊乎紙上之糟粕邪？此有以見聖賢不得已而立言傳書，南華借此以祛世之人泥像執文之弊。學者信能見月忘指而復吾混成之天，則回視挾册諸生，不直一笑，此條大意與「庖丁解牛」章相類，但末後欠桓公領悟語耳。留此一語，以惠後人必有承當者。

**褚氏總論：** 是篇以「天道」命名，特標其首。次以帝道[三]、聖道、玄聖、素王之事業，以道德爲主，無爲之常，此乘天地、馳萬物、而用人羣之道也。中敘德教、禮樂、仁義、分守、形名、賞罰，治世之具無不畢備，然皆不離乎人道之常。何也？蓋善論天道者必本乎人，能盡人道者可配乎天。天人混融[四]，本末一

[一] 「表」，褚本作「寓」。
[二] 「乎」，褚本作「手」。
[三] 「帝道」，褚本作「帝王」。
[四] 「混融」，褚本作「交通」。

致，廣無不容，淵不可測，又安知天之非人、人之非天乎？至論「五變而形名可舉，九變而賞罰可言」，此萬世不易之理，所以立人極、贊天道者也。若夫「天德而出寧，日月照而四時行，若晝夜之有經，雲行而雨施矣」，則天自己出，炳靈獨化，地道、人道其有不從者乎？夫修治具以明治道，古今之通論，然有用之而治或用之而亂者，以其不知本末、先後之序、君臣詳要之宜故也。世謂南華立言多尚無爲而畧治具，觀是篇所陳禮樂政教，究極精微，有非諸子所可及者，要在〔一〕出於天理之自然，假人以行之耳。信明乎自然之理，則可以由治具而通治道，使君臣父子、鳥獸草木皆得其宜。天下擊壤謳歌，不知帝力，謂之無爲可也。至若孔子欲藏書而繙經以説，成綺問修身而其容崖然，是皆狥人而忘天，所以老聃弗許也。惟至人知仁義爲道之末，禮樂爲道之賓，能天能人，極真〔二〕守本，而神未當有所困，故雖有世而不足爲之累也。終以遺書得意，糟魄〔三〕陳言而寓之於輪扁，蓋恐學者狥跡遺心，舍本趨末，則去道愈遠。但當究夫聖人有不亡者存，則學者當自絶學而入，傳者當得無傳之傳，而天地聖人之心見矣，何以古人之糟粕爲哉？

## 天運第十四

「天其運乎？地其處乎？日月其争於所乎？孰幾主張是？孰維綱是？孰居無事推而行是？意者其有

〔一〕「在」，褚本作「皆」。
〔二〕「真」，褚本作「貞」。
〔三〕「糟魄」，褚本作「糟粕」。

機緘而不得已邪？意者其運轉而不（勢）能自止邪？雲者爲雨乎？雨者爲雲乎？孰隆施是？孰居無事淫樂而勸是？風起北（宜作無）方，一西一東，有（或作在今擬作下）上彷徨，孰噓吸是？孰居無事而披拂是？敢問何故？」

巫鹹袑曰：「來！吾語女。天有六極五常，帝王順之則治，逆之則凶。〈觀往昔〉九洛之事，治成德備，監照下土，天下戴之（順治之證），此謂上皇。」

【通義】此猶屈原之《天問》，欲人反觀而知天機之在我也。《易傳》曰「復其見天地之心」，故問以知天，答以知人，天依於人也。「六極」只是十二支，「五常」只是十干，合陰陽而言也。寅至卯而木極，巳至午而火極之類，十二辰皆有盡處，故曰「極」。五氣順布，自有不易之度。「常」，猶經也，不當指人倫。餘説尤與天道不貫，此言天運不爽，君子當尊奉其消息盈虚而不違也。

【義海】天運地處，日往月來，人所共知也。然其所以運處往來，人則〔一〕莫知也。是孰主張、綱維之者？「意其有機緘」，「運轉而不能自止邪」，蓋謂天地亦物也，虚空中之至大者耳。物之運動必有使然者，第人居兩間而不自知，猶磨蟻之俱旋而弗覺也。雲爲雨而興邪？雨爲雲而作邪？與夫風氣之東西上下，孰隆弛而噓吸之邪？已上皆發問之辭，而逸其舉問之人，或以爲莊文變體，不可以常法拘也。「六極」「五常」，解者不一，以《洪範》「六極」「五福」釋之爲當。順之則治，逆之則凶，即彝倫敘斁之分也，

〔一〕「則」，褚本作「所」。

《九疇》《洛書》之事是以〔一〕。帝王由此理而行，則治成德備，充〔二〕照六合而天下戴之，以致民淳物阜，忻樂太平，上古三皇之治無以加之也。按此答語似乎不應所問，考其歸趨〔三〕，義自脗合。治道躋乎上皇，則君民各安其自然之分，人事盡而天理可推。則其運處往來之機，不言而喻，是所以答之之道也。「有上」〔四〕，碧虛照張氏校本作「在上」，陳詳道註亦然。

商大宰蕩問仁於莊子。莊子曰：「虎狼，仁也。」

曰：「何謂也？」

莊子曰：「父子相親，何爲不仁？」

曰：「請問至仁。」

莊子曰：「至仁無親。」

大宰曰：「蕩聞之，無親則不愛，不愛則不孝。謂至仁不孝，可乎？」

莊子曰：「不然。夫至仁尚矣，孝固不足以言之（至仁無親之言）。此非過孝之言也，不及孝之言也。夫南行者（擬不及孝之象）至於郢，北面而不見冥山，是何也？則去之遠也。故曰：以敬孝易（有心易無心難），以愛孝難；以愛孝易，而忘親難；忘親易，使親忘我難；使親忘我易，兼忘天下難；兼忘天下易，使天下兼忘我難（至此心始無之而盡）。夫德遺堯舜

〔一〕「以」，褚本作「矣」。
〔二〕「充」，褚本作「光」。
〔三〕「趨」，褚本作「趣」。
〔四〕「有上」以下，褚本有「説之不通」四字。

而不〈自以〉爲〈德〉也，利澤施於萬世，天下莫知也，豈直大息而言仁孝乎哉！夫孝悌仁義忠信貞廉，此皆自勉以役其德者也，不足多也。故曰，至貴，國爵並屏棄焉；至富，國財並焉；至願，名譽並焉。是以道不渝仁孝何足言不變。」

【通義】大道之常，太虛無朕，有仁可名，有孝可見，皆有心有跡。已爲道之一變，故曰自勉以後其德也。「過孝」云者，包括之謂，不能盡仁，則事其親必有所不足，故曰「不及」也。「忘」者，不係念也，人子能情如赤子，不貽親憂，親自忘我矣。天下熙熙，莫如帝力，天下忘我矣。「至貴」「至富」「至願」，乃天之與我者，性焉而已。虛靈不昧，萬有從出，豈不貴且富哉？內重而外自輕，故爵財名譽忘之若棄。孟子曰「君子有三樂」，而王天下不與存焉是也。莊子不悦於仁之問，乃啓以道之常必也。德遺堯舜而不爲利，施萬世而物不知，而後仁孝泯矣。

【義海】虎狼至惡，以父子相親而可以稱仁，此世俗以親愛爲仁者也，故真人因其問而矯言之。太宰疑其非仁，遂問「至仁」，答以「至仁無親」，大哉斯言！惜乎太宰不能領會，終以親愛爲仁而又歸仁於孝，不悟至仁之可尊，孝固不足以言之，謂之「不及」也宜矣。「南行而不見冥山」，喻親愛之遠於仁也。敬孝主於貌，愛孝本於心，忘親則事親以適，無所難矣。使親忘我則不貽親念，行無迹矣。「兼忘天下」

則與之俱化，「天下忘我」則化亦冥矣。猶春風時〔一〕雨，長育萬物而不恃其恩，此仁孝之至也。故「德遺堯舜而不爲」，「其塵垢粃糠，足以陶鑄堯舜」也。「利澤萬世〔二〕」，「功蓋天下而不知〔三〕其自己」也。如是則豈待歎美而言仁孝哉？蓋謂得其體則用不在言矣。世以「孝悌」「仁義」「忠信」「貞廉」八者爲美德，徒自困耳。學而造乎道德，則至貴、至富、至願足矣。回視爵、財、名譽之可屏除，猶以道德無爲而視夫八者之自役也。此道亘古窮今未嘗有所變，此所以爲至貴、至富而人所至願者也。

北門成問於黄帝曰：「帝張咸池之樂於洞庭之野，吾始聞之懼，復聞之怠，卒聞之而惑；蕩蕩（惑狀）默默，乃不自得。」

帝曰：「汝殆其然哉！吾奏之以人，徵（一作徽）之以天，行之以禮義，建之以大清。夫至樂者，先應之以人事，順之以天理（生成次第），行之以五德，應之以自然，然後調理四時，太和萬物。四時迭起，萬物循生；一盛一衰，文武倫經（春秋、冬夏、條理、常度）；一清一濁，陰陽調和，流光其聲；蟄蟲始作，吾驚之以雷霆；其卒無尾，其始無首；一死一生，一僨一起；所常無窮，而一（緒）不可待。女故懼也。

「吾又奏之以陰陽之和，燭之以日月之明；其聲能短能長，能柔能剛；變化齊一，不主故常；在谷滿谷，在阬滿阬；塗郤守神，以物爲量。其聲揮綽，其名高明。是故鬼神守其幽，日月星辰行其紀。吾止之

〔一〕「時」，褚本作「夏」。
〔二〕「萬世」一下，褚本有「而不知」三字。
〔三〕「知」，褚本作「似」。

於有窮，流之於無止。予欲慮之而不能知也，望之而不能見也，逐之而不能及也；儻然立於四虛之道，倚於槁梧而吟。目知神窮乎所欲見，力屈乎所欲逐，吾既不及已，夫形充空虛，乃至委蛇。女委蛇，故怠。

「吾又奏之以無怠之聲，調之以自然之命，故若混逐叢生，林樂而無形；布揮而不曳，幽昏而無聲。動於無方，居於窈冥；或謂之死，或謂之生；或謂之實，或謂之榮；行流散徙，不主常聲。世疑之，稽於聖人。聖也者，達於情而遂於命也。天機不張而五官皆備，此之謂天樂，無言而心說。故有焱必遥反氏爲之頌曰：『聽之不聞其聲，視之不見其形，充滿天地內，苞裹六極外。』女欲聽之而無接焉，而故惑也。

「樂也者，始於懼惕，懼故祟森爽；吾又次之以怠忘，怠故遁不見其人；卒之於惑恍惚，惑故愚知識盡民；愚故道，道可載而與之俱也。」

【通義】樂由人心生者，人和而後天地之和應，此樂之本也。故乾坤入風，以樂而宣，咸池之樂，非後世所得聞，韶舞無傳，僅存於齊，況上古乎，此殆方外天民或有聞其言而傳之者。莊子挽世還淳之志不得慰，又惜古德之不作，故書此以寄無窮之心。惺惕如曉曰「懼」，非恐怖也；心形坦蕩曰「怠」，非惰慢也；恍惚無稽曰「惑」，非疑二也。懼、怠、惑，非一時所感，蓋黄帝進德之階，歸宿於愚。其曰「愚故道」，所以示道不在知識也。不自得，忘其心知也。汝殆其然，喜而訝之之辭，猶曰汝乃能如此聽哉。其間精義，非余淺陋所能及，不敢臆説。此篇論樂，全不及器，正謂鐘鼓之音、羽毛之容，樂之末也。

【義海】南華論道，而舉黄帝張樂於洞庭之野，蓋謂化物之速，無過於道；感人之切，無過於樂。然求至音於曠寂之中，非樂道者不能也。凡人聞道之初，胷中交戰，則始懼也。少焉戰勝，則似怠矣。及乎情、識漸泯，懼、怠俱釋，然後造乎和樂，復乎無知，此入道之序也。竊詳本章「三奏」之義，與《齊物論》「三籟」相參。「奏之以人」，「行以禮義」，始乎有作也。「徽之以天」，「建以太清」，漸近自然也。「四時迭運，萬物循生」，「陰陽調和，流光其聲」，而不離乎文武、經綸、盛衰、清濁之間，此樂之初奏〔二〕乎人籟也。次「奏以陰陽之和，燭以日月之明，其聲能短能長，能柔能剛」，「滿谷滿阬，以物爲量，即所謂「地籟」也。終「奏以無怠之聲，調以自然之命」，充滿宇宙，苞裹六極，法天之行健而且然無間矣。至是則達情遂命，而視聽不以耳目，非形非聲而有形形聲聲者存，此「天籟」之妙也。故若「混逐叢生」，「萬竅怒呺」也。「林樂而無形」，即所以怒呺者，求之而不可得也。「布揮而不曳」，「厲風濟」也。「幽昏而無聲」，「衆竅爲虚」。「動於無方，居於窈冥」，則入於不測之神。故生死實榮，散徙無常，此凡人所疑，而聖人之所考據也。「天機不張」，墮體黜聰也。「五官皆備」，存而不用也。至於「無言而心悦」，非「天樂」而何？《禮》云「大樂與天地同和」，人之道性，未有不自和樂而得者；樂臻於和而天地應，非人不能成也。故此章借樂以喻道，使學者知形氣交和，至音潛暢無聲聞和，初不在乎金石絲竹之繁奏也。末舉有焱氏之頌，明至道、至音有非視聽所能接，是以卒之於惑。「惑故愚」，此猶顔子不可及之愚。見聞知識，一時都泯，故道可載而與之俱也。是樂也，器非凡制，音具先天，至樂至和，充滿天地，絲竹莫寫，晝夜常聞解，使師襄懼而瞽曠驚，土偶歌而木人舞，然則咸池之妙豈在乎音聲、律吕之間哉？善聽者當不以耳而以

〔二〕 褚本「奏」下有「合」字。

心，不以心而以氣，則以虛合虛，聽於無聽。所樂者天，其樂全矣。太上云「樂與餌，過客止」。蟄潛之下，必有聞霆而作者，吾將與之論樂焉！「太和」，當是「泰和」。「儻然」，當是「倘〔一〕然」，惝恍自失貌。「焱氏」一本作猋惚氏〔二〕，太古無爲常帝王之號。

孔子西遊於衛。顔淵問師金曰：「以夫子之行爲奚如（敘事）？」

師金曰：「惜乎，而（汝）夫子其窮哉（總起）！」

顔淵曰：「何也？」

師金曰：「夫（議論一論其眩）芻狗之未陳也，盛以篋衍，巾以文繡，尸祝齊戒以將之。及其已陳也，行者踐其首脊，蘇者取而爨之而已；將復取而盛以篋衍，巾以文繡，遊居寢卧其下，彼不得夢，必且數眯（音美）焉。今而夫子亦取先王已陳芻狗，取（引聚）弟子遊居寢卧其下。故伐樹於宋，削迹於衛，窮於商周（宋衛乃商之舊都），是非其夢邪？圍於陳蔡之間，七日不火食，死生相與鄰，是非其眯邪（再喻其失時）？

「夫水行莫如用舟，而陸行莫如用車。以舟之可行於水也而求推之於陸，則没世不行。尋（目前）常古今，非水（人事合上）陸與？周（成）魯（春秋時）非舟車與？今蘄行周於魯，是猶推舟於陸也，勞而無功，身必有殃。彼未知夫無方之傳，應物而不窮者也。

「且子獨不見夫桔槔者乎（三喻不知物之用）？引之則俯，舍之則仰。彼人之所引，非引人也，故俯仰而不得罪於

〔一〕「倘」，褚本作「惝」。

〔二〕褚本無「惚氏」二字，「焱」下有「必遥切」三字爲音訓，即：「一本作焱，必遥切，太古無爲……」

人。故夫三皇五帝之禮義法度，不矜（稱誇）於同而矜於治。故譬三皇五帝之禮義法度，其猶柤梨橘柚邪（四喻不知物之體）！其味相反而皆可於口。

「故禮義法度者，應時而變者也。今取猨狙而衣以周公之服（五喻不知人），彼必齕齧挽裂，盡去而後慊。觀古今之異，猶猨狙之異乎周公也。故西施病心而矉其（一作于）里（六喻不自知），其里之醜人見之而美之，歸亦捧心而矉其（一作于）里。其里之富人見之，堅閉門而不出，貧人見之，挈妻子而去走。彼知美矉，而不知矉之所以美。惜乎而（汝）夫子其窮哉！」

【通義】此篇六層設論，大意只是因時制宜，自量材力而已。其文理次第秩然可尋。眯重於夢，蔽漸深也，蘇爨芻狗，夢魅自息。下乃釋其故以見芻狗之當燬，不可依棲也。「舟車」言隨時，「桔槔」言隨人，「柤梨」言當可此，汎論也。「猨狙」强以不欲言，不能知人里矉效跡失意，言不能自知。此直指孔子以實其取窮之故。

【義海】芻狗所以致敬也，祭已而存之則妖興。法度所以適時也，而〔一〕執迹則弊至。此師金所以譏夫子，而惺〔二〕其窮於商周之夢，解其圍於陳蔡之眯也，而猶遑遑然，覬復古於今，行周於魯，無異盪舟而求利涉之功，宜其應物輒窮，而至於「死生相與鄰」也。倘能如桔槔之俯仰無心，橘柚之甘酸可口，則奚必

〔一〕褚本「而」前有「時過」二字。

〔二〕「惺」，褚本作「醒」字。

强猨狙以周公之服，責里婦以西施之美哉？「無方之傳」，言古傳此道無有定方，在任治道者相時施政，使民宜之而也。《易》曰「窮則變，變則通」，其師金之謂歟？「取弟子」，是「聚弟子」。「眯」音米，物入眼爲病。於此説之不通，陸氏《音義》載「司馬云：厭也，音一琰切」。成法師《疏》直作「魘」，夢中怪也，其論爲當。

孔子行年五十有一知天命有此知即我在而不聞道，乃南之沛見老聃。

老聃曰：「子〈亦〉來〈見我〉乎？吾聞子意言其自許而不就正也，北方之賢者也，子亦得道乎？」孔子曰：「未得也。」

老子曰：「子惡乎求之哉？」

曰：「吾求之於度數，五年而未得也。」

老子曰：「子又惡乎求之哉？」

曰：「吾求之於陰陽，十有二年而未得。」

老子曰：「然。使道而可獻，則人莫不獻之於其君；使道而可進，則人莫不進之於其親；使道而可以告人，則人莫不告其兄弟；使道而可以與人，則人莫不與其子孫。然而不可者，無他也，中無主而不止道不可傳之故，外無正政同而不行。〈何也〉由中出者不受於外，〈所以〉聖人不出；由外入者無主於中，〈所以〉聖人不隱。名，公器也，不可多取。仁義，先王之蘧廬也，止可以一宿，而不可久處，覯而多責。

古之至人，假道借路於仁，託宿於義，以遊逍遥之虚墟，食於苟簡之田，立於不貸之圃。逍遥，無爲也；苟簡易養也只是寡欲；不貸無求，無出不費也。古者謂是采真之遊。

以富爲是者，不能讓祿；以顯爲是者，不能讓名；親權者不能與人柄。操之則慄，舍之則悲，而一無所鑒，以窺其所不休者，是天之戮民也。怨恩取與諫教生殺，八者，正之器也，唯循大變無所湮者，爲能用之。故曰，正政者，正也。其心以爲不然者，天門弗開矣。」

【通義】 此後四篇見孔子入道之漸。「中無主」云云，言志不專則道不凝，外無法則事不達。「正」，猶政，聖人不强聒，不自私，蓋以常人之情，有成心者不能虛受，能受善者，其中必虛，虛則無往而非契道之地矣。此言孔子志非其志，中不能虛，所以道不凝也。「覯而多責」一句，上下疑有缺文，意言久處仁義則標榜成迹，迹有可見，則趨名趨利者皆因之而起責望之心也。蔬食曲肱飯糗茹草，「苟簡」也，無所鑒以闚，不休畧、無懲創而役役於所務，迷而不返也。「循大變」則苦心志勞筋骨等意，「無所湮」即動心忍性，增益不能意。「用之」，用八政也。末二句諷孔子，言凡人間此而不信者，其天德有蔽也，不受於外，無主於中，何由而可得道乎？

【義海】 度數之學，可以律歷考也。陰陽之學，可以氣候推也。道之爲體，不關律歷，不涉氣候，所以於此求之而未得。惟無心而任化者，不期合而與之合，非求索所可得也。「使道而可獻」至「莫不與其子孫」，言道不可以有心傳，不可以私意得也。「中無主」，謂內無其質，故道不舍止；「外無正」，謂世無師匠，故道不流行。若郢人之於匠石，則中有主，外有正，故能成其妙斲，況至道授受之微，神交心契於恍惚杳冥者乎？夫聖人以道覺民，猶天降甘露，未嘗擇地，然非瓊瑛之器不能容受，此「不受於外」「無主於中」之謂也。名多取，則毀至而害生；仁義久處，則迹見而多責。至人所以假託之而無滯迹，故世間憂患無由及也。以逍遥，故無爲；以苟簡，故易養；以不貸，故無出。則雖物遶乎前，夫〔一〕亦何事之有？是謂「采真之遊」，言不容一毫私僞於其間，如天之運出乎自然，而生生化化未嘗息。此人之所以貴，道之所以神也。而世俗皆以「富」「顯」「權」三者爲是而不讓〔二〕，操慄舍悲，將無復逍遥之日矣！此之謂「不休」，而一無所見以燭之，是天刑之不可解也。「怨」「恩」等八者，「正之器」，惟正人能用不失宜。如喜、怒、哀、樂，雖聖人不能盡無，在乎中節耳！「循大變而無所湮」，謂「富貴不淫，貧賤不移，威武不屈」者是已。己正而後器正，器正斯可以正物。「其心以爲不然」，則是泰宇不虚，何足以論道？「天門」喻心之虚明。心法如眼，豈容有物哉？

孔子見老聃而語仁義。老聃曰：「夫播穅眯目，則天地四方易位矣；蚊虻噆（子盍反）膚，則通昔（夕同）不寐矣。夫仁義憯然，乃憤吾心，亂莫大焉。吾子使天下無失其朴，吾子亦放風而動，揔德而立矣，又奚傑然若負（所）建（路）鼓而求亡子者邪？夫鵠不日浴而白，烏不日黔而黑。黑白之朴，不足以爲辯；名譽之觀，不足以爲廣。泉涸，魚相與處於陸，相呴以濕，相濡以沫，不若相忘於江湖！」

【通義】此旨屢見，不復詳。凡動情者，不論小大，皆足以亂自然之性，負鼓求子，不論得不得殊，非

〔一〕「夫」，褚本作「吾」。
〔二〕褚本「讓」前有「能」字。

父子相安之常道。鵠烏白黑，不由浴黔，以喻自然之質無取於好惡，毁譽者令人爽然。今世以呴濡爲事者，病在不能忘我，雖善亦僞矣，況自多乎。

【義海】孔子見老聃而語仁義，無異道堯舜於戴晉人之前。故聃以「播糠眯目」「蚊虻噆膚」喻仁義之憒心，蓋借是以鍼世人之膏肓，使天下各得其渾然之真。則化物也動之以風，治身也玄德不失〔一〕。奚必傑然自標仁義之名，以爲道之極致，若建鼓求亡子，無由得之也。夫鵠烏之質〔二〕，不待浴黔則白黑之實亦不必辯，雖在衆人，知之審矣〔三〕。至道博大，不可名言，今乃求之於仁義之譽，何足以爲廣哉？猶涸魚之相濡沫非不親愛，視江湖相忘之樂爲何如？然今世以〔四〕濡沫微愛爲仁，而不知聖人不仁爲仁之至也。

孔子見老聃，歸，三日不談不自得也。弟子問曰：「夫子見老聃，亦將何規哉意或規而不合也？」

孔子曰：「吾乃今於是乎見龍！龍合而成體，散而成章，乘雲氣而養乎陰陽。予口張而不能嗋，予又何規老聃哉！」

子貢曰：「然則人固有尸居而龍見，雷聲而淵默，發動如天地者乎？賜亦可得而觀乎？」遂以孔子聲因見老聃。

〔一〕「玄德不失」，褚本作「立不失德」。
〔二〕褚本無「質」字。
〔三〕此句褚本作「不待浴黔則白黑之實知之審矣，故不必辯」。
〔四〕褚本「以」前有「正」字。

老聃方將倨堂而應（聲應二字相顧），微（輕）曰：「予年運而往矣，子將何以戒我乎？」

子貢曰：「夫三王五帝之治天下不同，其係聲名一也。而先生獨以爲非聖人，如何哉？」

老聃曰：「小子少進！子何以謂不同？」

對曰：「堯授舜，舜授禹，禹用力而湯用兵，文王順紂而不敢逆，武王逆紂而不肯順，故曰不同。」

老聃曰：「小子少進！余語女三皇五帝之治天下。黄帝之治天下，使民心一，民有其親死不哭而民不非也。堯之治天下，使民心親，民有爲其親殺其（親）殺（並所戒反）而民不非也。舜之治天下，使民心競，民孕婦十月生子，子生五月而能言，不至乎孩而始誰（指人姓名），則人始有夭矣。禹之治天下，使民心變，人有心而兵有順，殺盜非殺，人自爲種而（於）天下耳，是以天下大駭，儒墨皆起。其作始有倫，而今乎婦女，何言哉！余語女，三皇（王誤）五帝之治天下，名曰治之而亂莫甚焉。三皇（王誤）之知，上悖日月之明，下睽山川之精，中墮四時之施。其知憯於蠣蠆尾，鮮規（罕就籠絡）之獸，莫得安其性命之情者（況其籠絡者乎），而猶自以爲聖人，〈我〉不可（爲其）恥乎，其（彼自）無恥也？」

子貢蹴蹴然立不安。

【通義】「殺其殺」，凡其親所不厚者，子益待以無情，非以喪服爲言也。「自爲種而天下」，「而」字本「於」字，傳録之誤也，言自立一種方法於天下，非天生人道之所同也。「作始有倫，而今乎婦女」，言其立法之初亦自有條理，但法久弊生，相煽成俗，至於今則皆以順爲正，莫非妾婦之道矣。蓋丈夫者，綱常之主，苟無自立之志而惟順從於人，則婦女而已。曰婦而又曰女，女，尤不能自立也，或訓婦其女，禽獸之行，此豈聖賢所忍言，天下古今亦豈有此俗哉。

【義海】 孔子見老聃，歸而不談，目擊道存，不容聲矣。龍之成體、成章，「乘乎雲氣」「養乎陰陽」，則動静不失其時，德澤足以及物，而神化不測者也，故古〔一〕論聖人、神人者皆以龍爲喻。非夫子不能形容聃之德，非聃不足以當夫子之喻，然二聖人者皆人倫之至，顯仁藏用，更相發明，無容優劣於其間也。「尸居龍見」，則冥冥而見曉。「淵默雷聲」〔二〕，則聞〔三〕於無聲。「發動如天地」，陰陽同運也。此子貢贊仰老聃之德，所以願見之。老聃方將倨坐於堂，凝然入寂，寂而常應，應夫微眇之間也。子貢謂三王〔四〕五帝之治不同，皆係名聲於天下，自「使心〔五〕一」以致〔六〕「使民心競」，則〔七〕知世道愈降，人心日虧矣。親死不哭，殺其親服，此猶禮文之畧，未甚害事也。十月生子，五月能言，則受化速而民始夭。有心欲順〔八〕，人自爲種，而天下駭矣。原其作始，未嘗無倫而卒未嘗有倫，以其求治太過，不度物情，强天下之從已，是乃亂之招也，復何言哉？夫三王〔九〕之知離性未遠，然猶悖日月，墮山川，而僭於蠆蠆之尾。使蟲獸不

〔一〕 褚本「古」下有「之」字。
〔二〕 「淵默雷聲」，褚本作「雷聲淵默」。
〔三〕 褚本「聞」下有「和」字。
〔四〕 「王」，褚本作「皇」。
〔五〕 褚本「心」前有「民」字。
〔六〕 「致」，褚本作「至」。
〔七〕 褚本「則」前有「心變」二字。
〔八〕 褚本「順」前有「有」字。
〔九〕 「王」，褚本作「皇」。

安其性命之情，則其名聲〔一〕可知，況後世任情識而恣知巧者乎？是豈足以語夫治國不以知之福哉〔二〕！

孔子謂老聃曰：「丘治詩書禮樂易春秋六經，自以爲久矣，孰知其故矣；以奸干同者七十二君，論先王之道，而明周召之跡，一君無所鉤摘取用。甚矣夫人之難説也，〈抑〉道之難明邪？」

老子曰：「幸矣，子之不遇治世之君也！夫六經，先王之陳迹也，豈其所以迹有行在哉！〈且〉今〈如〉子之所言，猶迹迹之迹也也。夫迹，履之所出，而迹豈履哉！夫白鶂之相視，眸子不運而風化；蟲，雄鳴於上風，雌應於下風，而風化；類自爲雌雄不容知巧故風化各率自然。性不可易，命不可變，〈如〉時不可止，所以道不可壅。苟得於道通行之大，無自而不可；失焉者，無自而可。」

孔子不出恭默思道三月，復見曰：「丘得之矣。烏鵲交孺尾，魚傅沫口吐氣，細要者化隨風氣，〈至於人〉有弟而兄啼。久矣夫丘不與〈造〉化爲人徒！不與化爲人，安能化人！」

老子曰：「可。丘得之矣！」

【通義】知迹之非履，則經不足恃矣；知言之非道，則内省當豁然矣。物生相感，性不盡同，亦猶人性剛柔、昏明，不可以禮法易，窮通、壽夭不可以知術變，如時運流行不能挽而止，此大道不當起是非以成執滯也。順自然者無往不達，不然道斯壅矣。烏鵲與魚與無腹之蟲，生生不已，人生乃有相妨之怨，不若

〔一〕「其名聲」，褚本作「斯民」。
〔二〕此句褚本作「是豈足以語夫不以知治國國之福之義哉」。

三物順性命而無我也。此句正起丘之爲人，不能與造化爲徒而役役於時，日見相妨而怨其不「鈎用」之意，安能化人。言有我則形骸角立，豈能使人相忘於道化邪？前章見孔之許老，此見老之許孔，一聖之心，二聖者自知之。

**【義海】** 鶂[一]之相視，蟲鳴之相應，皆以類自爲雌雄故風化。是所謂「兩情[二]相摶而神應之」，陰陽相求，自然之理，故性命不可易，時道不可壅也。「烏鵲乳」至「有弟而兄啼」四句，乍讀難通，熟究其義，化理甚博。蓋胎卵濕化，備見其中而人弗察耳。夫天地盈虛之理、造化消長之機，雖默運於無形，悉由四生發見。四生之中人爲之主；億兆之中，聖人爲主。聖人者「與化爲人」，知化則知天矣，故是篇終於論化。自非官天地、府萬物而獨運乎亭毒之表，安能化人哉？太上云「我無爲而民自化」，觀夫鶂蟲之風化，烏鵲之孚乳，魚之傅沫，蜂之祝子，皆出乎自然之性，成以專定之功，此感彼應，不可致詰，故謂之「化」。人爲最靈，其化又有妙於此者，亦不越乎自然之理、專定之功耳。故《中庸》云「唯天下至誠爲能化」。以孔子之聖，猶齋心三月而後得，則大化之妙，豈容輕易[三]哉？

**褚氏總論**：本篇以天運地處啓論端，設問日月風雲流行之故，答以「六極」「五常」，三皇之治體天

〔一〕 褚本「鶂」前有「白」字。
〔二〕 「情」，褚本作「精」。
〔三〕 「易」，褚本作「議」。

運而行德教，故無爲而化，民樂自然。次論至仁無親，至貴屏爵，行其無事，亦法天運之義也。至於論洞庭之張樂，明大道之淵微，奏以陰陽，行以禮義，天人相因，立極之本也；調理四時，泰和萬物，寒暑協序，生化之原也。動無方而居窈冥，天機停而五官備，則隨物潛藏，觸處發見不可以形拘。聲盡而天遊，所到無非至和；希聲所存，無非至樂也。若無〔一〕治道比已陳之芻狗，法度猶相反之柤梨，猨狙裂周公之衣，醜婦效西施之笑〔二〕，此明夫政治貴乎適宜，烹鮮在於不撓。爲人上者，信能體道法天，與化同運，節以鼓舞，時其霈澤，長養而熟成之，民惡有不化者哉？仲尼見老子，嘆其「猶龍」，則以人合天，未至於俱化。洎聞淵雷之妙，遂棄《六經》陳迹而究其所以迹，不出三月，與化爲人，則迹同乎人而體合乎天矣！《易》曰「天行健」，此其所以爲運；「精氣爲物，遊魂爲變」，此其所以爲化也歟！吁〔三〕！一陶能作萬器，無有一器能作陶者，以其非形然後能形形，以其非物，然後能物物，天地聖人之德，亦若是而已矣。

莊子外篇第五卷　終

〔一〕「無」，褚本作「夫」。
〔二〕「笑」，褚本作「美」。
〔三〕自「吁」至「亦若是而已矣」，褚本此段在《刻意》篇篇首註，詳見下註。

# 莊子卷第六

糸元朱得之傍注並通義
附錢塘褚伯秀《藝海纂微》
雲谷王潼録校刊

## 外篇

### 刻意第十五

刻意尚行，離世異俗，高論怨誹，爲亢而已矣；此山谷之士，非輕世之人，枯槁赴淵死而無悔者之所好也。語仁義忠信，恭儉推讓，爲修而已矣；此平世之士，教誨之人，遊居學者之所好也。語大功，立大名，禮君臣，正上下，爲治而已矣；此朝廷之士，尊主彊國之人，致功並兼者之所好也。就藪澤，處閒曠，釣魚間處，無爲而已矣；此江海之士，避世之人，閒暇者之所好也。吹呴明有此一途呼吸，吐故納新華佗五禽之戲如此，熊經鳥申，爲壽而已矣；此道引之士，養形之人，彭祖壽考者之所好也。

若夫不刻意而高，無仁義而修，無功名而治，無江海而間，不道引而壽，無不忘也，無不有也，澹然無極，而衆美從之。此敘事天地之道，聖人之德也。

故過曰，夫恬惔寂漠，虚無無爲，此天地之平，而道德之質也。故曰議論，聖人休止休焉二字倒置，則平易矣，平易則恬惔淡同矣。平易恬惔，則憂患不能入，邪氣不能襲，故其德全而神不虧。

故曰引用莊子，聖人之生也天行，其死也物化；静而與陰同德，動而與陽同波流；不爲福先，不爲禍始；

感而後應，迫而後動，不得已而後起。去知與故 往曰式，循天之理。故無天災，無物累，無人非，無鬼責。其生若浮，其死若休。不思慮，不豫謀。光矣而不耀，信矣而不期。其寢不夢〈者〉，其覺無憂〈也〉。其神純粹〈者〉，其魂不罷〈也〉。虛無恬惔，乃合天德。

故曰 評，悲樂者德之邪，喜怒者道之過，好惡者德之失。故 正 心不憂樂，德之至也；一而不變，靜之至也；無所於忤 意反，虛之至也；不與物交，淡之至也；無所於逆 跡悖，粹之至也。

故曰 反，形勞而不休則弊，精用而不已則勞，勞則竭 三字衍。水 證 之性，不雜則清，莫動則平；〈設使〉鬱閉而不流 生機內鼓，亦不能清；天德之象也。故曰 指實歸結，純粹而不雜，靜一而不變，淡而無爲，動而以天行，此養神之道也。夫 設論 有干越之劍者，柙而藏之，不敢用也，寶之至也。精神四達並流，無所不極，上際於天，下蟠於地，化育萬物，不可爲象，其名爲同帝。

純素之道，惟神是守；守而勿失，與神爲一；一之精通，合於天倫。野語有之曰 結：「衆人重利，廉士重名，賢人尚志，聖人貴精。」故素也者，謂其無所與雜也；純也者，謂其不虧其神也。能體純素，謂之真人。

【通義】此章大意只是貴精養神，誠哉。學莊之學者，擬而爲之也。善讀者因言可以知人。

【義海】「休休」〔二〕，和樂貌。故平易恬惔，憂邪莫干，以其德全而神不虧〔三〕也。「天行」，言一氣之運；「物化」，言一氣之散，即「同德」「同波」之謂。福先猶不可爲，況禍乎〔三〕？感而應，迫而動，言不得已而應物，其應出於無心，雖爲而實〔四〕無爲也。「去知與故」，則無知無事；「循天之理」，則順乎自然。天災既無，物累自免。人非不及，鬼責何來？故能生浮死休，思斷謀絶，若美玉之含德，天時之有經也。寢不夢則覺無憂，神純粹則魂何勞？是謂虚無恬惔乃合自然之德。心譬則鵠也，情譬則矢也，衆矢趨一鵠，鵠能無中乎？今人立乎彀中而不思爲避鏑計，欲其德全而神不虧也，難矣！

養神之道，貴在無爲，故喻水之清平，寂而常照，及其動也，法天行之健而蟠際乎兩間，實本於不雜、不變、無爲而已。此照而常寂也。精用則勞竭，所以貴乎静；鬱閉不能清，所以貴乎動。然於非静非動，不即不離之間，而妙道存焉。其爲貴也，豈但干越之可寶而已哉？「同帝」，則與天爲一，天即神也。故其精通合乎天理，至此又不可以天道、人道分矣。卒引野語爲證，歸於貴精，而結以能體純素，體之則俱化矣。非真人，孰能與於此？

〔二〕 自「刻意尚行」至「道德之質」一段，褚本有一段注釋，朱本僅録末句，且該句録於上篇之末。褚本曰：「此篇首論古昔聖賢趣尚不同，自『枯槁』『赴淵』至『養形』『壽考』，其義可見。『若夫不刻意而高』至『不導引而壽』，可忘可有，澹然莫量，此天地之全美，聖人之至德，非若前條各滯偏見，自以爲得之比。譬夫夷清、惠和，而夫子獨稱『聖人時』，是爲『集大成』者也。唯其『無不忘』，斯能『無不有』，若執而有之，何由造乎忘哉？吁！一陶能作萬器，無有一器能作陶者，以其非形然後能形形，以其非物，然後能物物，天地聖人之德，亦若是而已矣。」

〔三〕 「虧」下，褚本有「故」字。

〔三〕 褚本作「況於禍始乎」。

〔四〕 「實」，褚本作「一」。

**褚氏總論**：是篇以「刻意」命題，謂刻礪其意，違世矯俗，苦節獨任，爲天下所不能爲，而覬人之從己，無異乎穿井〔一〕絡馬，失其自然，知長德消，民始難治矣。故南華歷敘古人立志各異，若夷齊之爲亢，孔孟之爲修，伊傅之爲治，巢許之爲閒，老彭之爲壽，以跡觀之似亦不能無偏，然而不失爲聖爲賢者，以其有爲而不累於有，無爲而不溺於無，因時之可否，爲身之利用而已。是以貴夫虚無無爲，平易恬惔，天行物化，同德同波，知故不畱，動合天理，則災累非責何從而至，死生謀慮何由而滑哉？夫如是故静虚恬〔二〕粹，與物無忤。卒歸於養神之功，而申以柙藏干越之喻。劍之於身，輕重爲何？如其去取灼然可見，而世人猶昏迷若此，故其立論始於非刻意尚行之習，而終於「能體純素，謂之真人」，則知刻尚者之爲假也明矣。蓋養生以純素爲本，純素以守神爲先，至於「神氣爲一〔三〕」，則道之大本既立，又何必區區於其末而以刻意尚行爲哉？南華所以言此者，蓋欲矯當時學者之僞習，俾安其性命之自然，復乎道德之純素而已矣。

## 繕性第十六

繕（纏縛）性於俗，俗（欲誤）學以求復其初；滑（沉没）欲於俗，思以求致其明；謂之蔽（心昏）蒙之民。

古之治（初修）道者，以恬（無爲定）養知（神）；生（迫乎）而無以（不用）知爲也，謂之以〈無〉知養恬（天定）。知與恬，交相養，而

〔一〕褚本「井」作「牛」。按：參《莊子》原文，當以褚本爲是。
〔二〕「恬」，褚本作「惔」。
〔三〕「神氣爲一」，褚本作「與神爲一」。

和〈條〉理出(行)其性。夫德，和(和以應物之條理)也；道，理也。德無不容(愛)，仁也；道無不理(宜)，義也；義明而物親，忠(誠)也；中純實而反乎情(無僞)，樂也；信(任)行(其)容體而順乎(自然之)文，禮也(原起)。禮(一句斷盡)樂偏行(忘本)，則天下亂矣〈何也〉。彼正(格式)而蒙己(天)德，德則不冒(怙)，冒(强出頭)則物必失其性也。

古之人〈則不然〉，在混芒之中，與(不離俗)一世而得澹漠焉。當是時也，〈天〉陰陽和静(萬籟俱寂)，鬼神不擾(安其所)，四時得節，萬物不傷，羣生不夭，人雖有知，無所用之，此之謂至一。當是時也，〈人〉莫之爲而常自然。

逮德下衰，及燧人、伏羲，始爲(治)天下，是故順而不一。德又下衰，及神農黄帝，始爲(治)天下，是故安而不順。德又下衰，及唐虞，始爲天下，興治化之流(失源)，澆(澆)〈其〉淳散〈其〉樸，離道以善，險(不平易)德以行，然後去忘〈天〉性而從於心。心與心識知，而不足以定天下，然後附之以文，益之以博。文滅質，博溺心，然後民始惑亂，無以反其性情而復其初。

由是觀之，世(風俗)喪〈大〉道矣，道(習俗)喪世(人心)矣。世與道交(習熟)相喪也，〈任〉道之人，何由興乎世，世亦何由興乎道哉！道無以興乎世，世無以興乎道，雖聖人不在山林之中，其德隱矣(繳上起下)。

隱，故(之)不自隱(人下能知)。古之所謂隱士者，非伏其身而弗見也(解「不自隱」)，非閉其言而不出也，非藏其知而不發也，時命大謬也。當時命而大行乎天下，則反一(應前至下)無迹；不當時命而大窮乎天下，則深根寧極而待；此(繳上起下)存身之道也。

古之存身者，不以辯飾知，不以知窮天下，不以知窮德(有跡)，危(巍同)然處其所，而反(復)其性已，又何爲哉！道固不小行，德固不小識。小識傷德，小行傷道(此非王者之言)。故曰，正己而已矣。樂全之謂得志(繳上起下)。

古之所謂得志者，非軒冕之謂也，謂其無以益其樂而已矣。今之所謂得志者，軒冕之謂也。軒冕在身，非性命也，物之儻來，寄也。寄之，其來不可圉（猶拒），其去不可止（留）。故不爲軒冕肆志，不爲窮約趨俗，其樂（得志）彼（惟）與此同，故無憂而已矣。今寄去（倘來者一失）則不樂，由是觀之，雖樂（軒冕），未嘗不荒也。故曰，喪己於物，失性於俗者，謂之倒置（行背）之民。

【通義】此章原後世失其天性至於名實紕謬之故，足開俗學偏蔽，開其蔽而莫挽其趨。柰何隨時順應，要於不失已而已，繕性於俗，束於教也。「生而無以知爲」者，生其心而無所住也；「彼正而蒙己德」者，守格式而昧其真心，則不足以庇物。强欲爲天下庇，則萬物皆失其性矣。「順而不一」者，起心欲順便自不一，不一故不安，求安必不順。沿流忘本，是生法度也。「心與心識」，上下彼此，以心識相角，卒至於亂，時之不可止也。「反一無跡」，守其真淳，與民相忘於無事也。「深根」，潛龍在淵；「寧極」，萬籟俱寂。「智窮天下」，以知巧壓服人心；「知窮德」，以已之所明者推極於言行之間，求無滲漏，是有心造作，非率性之自然也。此章聲氣體裁，皆類東漢，蓋因莊子少仁義而恥禮樂，故原仁義禮樂之初起於良心，而徇名失本者之基亂也。君子思不出其位，無所待也，今曰「深根寧極而待」，即此一待，有爲而爲，非天德，非王道矣。根不深，寧不極矣，杳冥之幾，聖狂攸判，豈莊子之心聲哉。

【義海】諸解並以「俗學」立説，陳碧虚照張君房校本，「學」上無「俗」字，其義簡明。言性本自然，不假修學。今之學者貴乎日益以要世譽，是治性於俗也；而猶刻苦進學，以求復性初，博而無要，真愈失矣。貪著愛憎，沉迷不反，是「滑欲於俗」也；而猶深思曲慮以求致其清明，知竭精勞，清明愈遠矣。凡人非天縱之資，固不可以無學。學者所以涵養性天，發其慧照，以古人之成績印我心之同然，期於還淳復本而已。非開人鑿竅以益其知見，增其雜毒之謂也。夫人性無有不善，亦不能無欲。率性以道，則欲出於正，如饑食、渴飲、寒衣、惓息之類。滯〔一〕性於俗則欲出於邪，食必珍，飲必醇，衣必華，息必縱是也。欲入乎邪，則性失乎善，溺於流俗，浸遠乎道矣。道以恬淡爲貴，俗以華競爲先，學非其學，思非其思，人心道心之所以分，上善大惡之所以立也。惟絶學無思，乃可復性初而致清明，柰何外學以雜之、妄思以障之，是以學日益而真日損，思日煩而道日踈〔二〕，此真人之所哀也。若夫全自然之性而不爲俗所滯〔三〕者，本初不期復而復；正性〔四〕之欲而不爲俗所滑者，清明不期致而致，「惟道集虚」故也。《語》云「學而不思則罔，思而不學則殆」，是學與思者，聖賢資之以進修，而南華不取何邪？蓋賢者以内學爲學，近思爲思；聖人以絶學爲學，無思爲思，所以異乎世俗多聞博識之學也。由内學而至於絶學，由近思而至於無思，聖賢之能事畢矣！恬主静，知主動；静生潤，動生炎，炎潤得中而和理出焉。和者，德之粹；理者，事之宜。二者皆吾性中物，非由外爍也。世人知恬不能交養，動静所以或偏，利害相摩，生火焚和而真性虧矣！惟知〔五〕道者動静不越乎道，應物而不藏；存恬以養知，知生而不用，又所以養恬。性極乎和，事盡其理，而天地之和應矣。此修身以及天下之明驗也。後敘仁、義、忠、禮、樂，「忠」字詳郭註、成疏，皆當是「中」。

〔一〕「滯」，褚本作「治」。
〔二〕「踈」，褚本作「疏」。
〔三〕「滯」，褚本作「治」。
〔四〕褚本「正性」前有「存」字。
〔五〕「知」，褚本作「治」。

治道至於尚禮樂則愈下矣，所以亂繼之。禮樂非能亂世而繼之者不能無亂，勢使然也。若能由禮樂而躋乎仁義，由仁義以歸乎道德，斯爲彌禍亂而致隆平之術也歟？

原夫〔一〕鬼神守其幽，萬物遂其性，至於人有知而不用，非在混芒而得澹漠，能如是乎？此之謂「至一」，言上古君德真淳，民心無二也。逮德下衰，有逆之者，故以順天下爲心，則離乎至一矣；有撓之者，故以安天下爲心，則忤其真性矣。下至唐虞，興治化以散淳樸，離道德而爲善行，則去性愈遠。以心識心，用知不足，附以文博，是猶抱薪而止火也。己之性情猶不能自得，其如天下何？南華論唐虞之世已離道若此，蓋上古淳質，猶嬰兒之未〔二〕孩，次則能言笑〔三〕喜怒，由兹已降，喜怒哀樂交乎中，姦詐機險形於外，覬其還淳復樸，不亦難乎？今欲澄源而清流，故以伏羲、燧人〔四〕例在德衰之列，則其所期望者，躋民於太古之上。而有德無位，惜哉！

詳夫世道交喪之語，意甚可悲！真人超出世累，固未必以一己之遇、不遇介懷，此特爲世道而言，亦〔五〕悲人之悲耳，究其極致，又有足以解人之悲者，能於言下以至理燭破，則處窮如通，視毁如成，其得失果何如哉？古之隱士，知時命之謬而安之，故德隱身不隱，雖處亂世而和光同塵，害莫能及，今之隱士，竄身避地，名隨迹彰，不安其所〔六〕，故〔七〕有行恠而召釁者矣。「反一無迹」，則明道若昧；「深根寧極」，則良賈若

〔一〕褚本無「原夫」二字。
〔二〕「未」，褚本作「夫」，褚本當誤。
〔三〕褚本「笑」下有「而有」二字。
〔四〕「伏羲、燧人」，褚本作「燧人、伏羲」。
〔五〕褚本「亦」前有「是」字。
〔六〕「其所」，褚本作「所安」。
〔七〕「故」，褚本作「固」。

虚。所謂隨時隱顯，能龍能蛇，則此身何往而不存，此道何时[一]而不可哉？《文中子》「天隱」「人隱」之説蓋原於此。

辯、知者，戕身之具，故存身者不取焉。天下之德，歸於玄默無知而已。「巍然」，言獨立不離[二]羣；「處其所」，謂静定於此。足以反其自然之性，何必它求哉？「小行」「小識」，形容所見者小，故爲道德之累。大人者正己而物正，則至樂全而本志得。惟其性命足重於内，是以軒冕可輕於外。儻來暫去，付[三]之無心。若寄去而憂者，寄來則必樂，樂必荒矣。己因物而喪，性因俗而失，則冠履倒施，欲化天下之民也難矣。「行身」當是「存身」[四]，「危」當是「巍」。

**褚氏總論**：是篇主意，謂人無超軼[五]逸絶塵之見，而苟徇世緣，漸失其本，皆繕性滑欲於俗者也。雖未爲顯惡，而妨道爲尤甚。況又益之以外學，亂之以妄思，而欲復初致明，是猶適郢而北其轅也。真人又慮學者憚其空無渺莽，無所致力，設爲恬知交養之論，使人[六]易入焉。夫人處世間，酬機應變，不能忘知。知用則害恬，要在審酌其宜，處之以道。事來則知見，事去則恬存，久久調熟，二者俱化，精神魂魄融爲至

〔一〕「时」，褚本作「存」。
〔二〕「離」，褚本作「群」。
〔三〕「付」，褚本作「會」。
〔四〕褚本「存身」下有「上文可照」四字。
〔五〕「軼」，褚本作「逸」。
〔六〕「人」，褚本作「之」。

和。符性命於希夷，歸道德之根本，由是而充之，與一世之人處，混茫而得澹漠，雖有知而無所用，則其爲化也博矣。柰何政失淳和，俗趨浮薄，離道險德，滅質溺心，至於世道交喪而不可復也。然後有山林之聖人，深根寧極，以期旦暮之遇。「存身」，所以存道也。寄之去來，無容休戚於其間，尚何以知辯爲？而其樂全志得，有超乎軒冕之榮者，人患不知求耳。此聖賢處晦以自全之道也，南華心事，亦槩見於此云。

秋水第十七

秋水時至，百川灌河，涇流之大，兩涘音俟渚崖之間，不辯牛馬。於是焉河伯欣然自喜，以天下之美爲盡在己。順流而東行，至於北海，東面而視，不見水端，於是焉河伯始旋其面目，望洋向若海神名而歎曰：「野語有之曰，『聞道百多以爲莫己若者』，我之謂也。且夫我嘗聞少仲尼之聞而輕伯夷之義者，始吾弗信；今我睹子之難窮也，吾非至於子之門則殆矣，吾長見笑於大方之家。」

北海若曰：「井鼃不可以語於海者，拘於虛也猶墟居也；夏蟲不可以語於冰者，篤於時也；曲士不可以語於道者，束於教典籍也。今爾出於崖涘，觀於大海，乃知爾醜，爾將可與語大理矣敘事。天下之水議論，莫大於海，萬川歸之，不知何時止而不盈；尾閭泄之，不知何時已而不虛；春秋不變，水旱不知。此其過江河之流，不可爲量數。而吾未嘗以此自多者，自以比形於天地，而受氣於陰陽，吾在於天地之間，猶小石小木之在大山也，方存乎見少，又奚以自多！計解上文自少四海之在天地之間也，不似礨力罪反空音孔之在大澤乎？計中國之在海內，不似稊米之在大倉乎？號物之數謂之萬，人處一焉；人卒九州，穀食之所生，舟車之所通，人處一焉；此其比萬物也，不似豪末之在於馬體乎？五帝之所連，三王之所爭，仁人之所憂，任士之所勞，盡此矣。伯夷答前語辭之以爲名，仲尼語之以爲博，此其自多也，不似爾向之自多於水乎？」

河伯曰：「然則吾大天地而小毫末，可乎？」

北海若曰：「否。夫物量無窮，時無止流行不息，分窮通無常，終始無故成迹。是故大知觀於遠近〈之〉故，〈所以〉小而不寡，大而不多，〈由其〉知量無窮〈也〉；證嚮往日今〈之〉故，故遥遠未得而不悶憂，掇近可取而不跂立望，〈由其〉知時無止〈也〉；察乎盈虚〈之〉故〈所以〉得而不喜，失而不憂，〈由其〉知分之無常也；明乎坦途〈之〉故，〈所以〉生而不説，死而不禍，〈由其〉知終始之不可故之無定跡也。計人之所知，不若其所不知；其生之時，不若未生之時；以其至小，求窮其至大之域，是故迷亂而不能自得也。由此觀之，又何以知毫末之足以定至細之倪胚！又何以知天地之足以窮至大之域！」

河伯曰：「世之議者皆曰『至精無形，至大不可圍』，是信情乎？」

北海若曰：「夫自細視大者不盡，自大視細者不明。夫精，小之微也；垺音孚，又音裒，大之殷盛也，故異便。此勢之有也。夫精粗者，期於有形者也；無形者，數之所不能分也；不可圍者，數之所不能窮也。可以言論者，物之粗也；可以意致者，物之精也；言之所不能論，意之所不能察致者，不期精粗焉。

是故大人之行不出乎害人，不多仁恩；動不爲利，不賤門隸；貨財弗爭，不多辭讓；事焉不借人，不多食乎力，不賤貪汙；行殊乎俗，不多辟異；爲在從衆，不賤佞諂；世之爵祿不足以爲勸，戮耻不足以爲辱；知是非之不可爲分定，細大之不可爲倪。聞曰：『道人不聞，至德不得德誤，大人無己。』約斂分之至也」

河伯曰：「若物之外，若物之內，惡至而倪(胚)貴賤？惡至而倪小大？」

北海若曰：「以道觀之，物無貴賤；以物觀之，自貴而相賤；以俗觀之，貴賤不在己。以差觀之，因其所大而大之，則萬物莫不大；因其所小而小之，則萬物莫不小；知天地之爲稊米也，知豪末之爲丘山也，則差數覩矣。以功觀之，因其所有而有之，則萬物莫不有；因其所無而無之，則萬物莫不無；知東西之相反而不可以相無，則功分定矣。以趣觀之，因其所然而然之，則萬物莫不然；因其所非而非之，則萬物莫不非；知堯桀之自然而相非，則趣操覩矣。

「昔者堯舜讓而帝，之噲讓而絕；湯武爭而王，白公爭而滅。由此觀之，爭讓之禮(舉誤)，堯桀之行，貴賤有時，未可以爲常也。梁麗(欐同)可以衝城，而不可以窒穴，言殊器(材用)也；騏驥驊騮，一日而馳千里，捕鼠不如狸狌，言殊技(能長)也；鴟鵂夜撮蚤，察豪末，晝出瞋目而不見丘山，言殊性(天稟)也。故曰，蓋師是而無非，師治而無亂乎？是未明天地之(通方)理，萬物之情者也(殊分)。是猶師天而無地，師陰而無陽，其不可行明矣。然且語而不舍，非愚則誣也。帝王殊(尚)禪，三代殊繼。差其時，逆其俗者，謂之篡夫；當其時，順其俗者，謂之義之徒。默默乎河伯！女惡知貴賤之門(由入)，小大之家(居也)！」

河伯曰：「然則我何爲乎，何不爲乎？吾辭受趣舍，吾終柰何？」

北海若曰：「以道觀之，何貴(通)何賤(窮)，是謂反衍(餘覆)；無拘(理法)而志，與(志拘)道大蹇(塞)。何少(夫)何多(得)，是謂謝(去)施(來)；無一(偏執)而(汝)行，〈行一〉與道參差。嚴(儼)乎若(心中但)國之有君(如見大賓)，其無私德；繇(由同)繇乎若祭(如承大祭)之有社，其無私福；泛泛乎其若四方之無窮，其無所畛域。兼懷萬物，其孰承翼？是謂無方。〈蓋以〉萬物一齊，孰短孰長？道無終始，物有死生，不恃其成；一虛一滿，不位(居)乎其形。年(夭壽不定)不可舉，時不可止；消息盈虛，終則有始。是所以語大義之方，論萬物之理也。物之生也，若驟若馳，無動而不變，無時而不移。何爲乎，何不爲乎？夫固將自化。」

河伯曰：「然則何貴於道邪？」

北海若曰：「知道者必達於理（天然物則），達於理者，必明於權（術），明於權者不以物害己。〈何以言之〉至德者，火弗能熱，水弗能溺，寒暑弗能害，禽獸弗能賊。非謂其薄（忽）之也〈此所謂理也〉，言察乎安危，寧（定安）於禍福，謹於去就，莫之能害也。故曰，天在（所存）內，人在（所行）外，德在乎天。知夫（舊作天）人之行，本乎天，位乎得（德誤）；蹢躅（進退）而屈伸，〈惟〉反要而語極。」

曰：「何謂天？何謂人？」

北海若曰：「牛馬四足，是謂天；落（絡）馬首，穿牛鼻，是謂人。故曰，無以人滅天（命也有性不謂命），無以故滅命（性也有命不謂性），無以得（疑德）殉名。謹守而勿失，是謂反其真。」

【通義】此承上章小識小行之意而明其病於道德也。大率模倣首篇鯤鵬之論而枝葉加繁，中間「自細視大」一段，意亦精到，可語大理，即下文「大義之方」「萬物之理」。觀此結構，豈能繼莊者哉？遥而不悶二句，外物不動於心也。「之噲讓」在戰國時，稱曰「昔者」，則非孟子同時矣。北海若曰「以道觀之」一段，去莊不達。「反衍」，猶曰反復，凡物有餘則復迴也。「儼乎若有君」一段與仲弓問仁章意相似。不位形，形日衰而不定居也；年不舉，夭壽不可預論也。「位乎得」「無以得狗名」，二「得」字强解亦可通，但不若「德」字爲平易耳。「謹守而勿失」，雖承上三句，何能反真，即此一言斷非莊子胷襟。餘義皆明不贅。

【義海】「觀於海者難爲水，遊於聖人之門者難爲言」，故秋〔一〕至而河伯欣然，東至海則望洋而歎，無怪乎海若者〔二〕引井蛙、夏蟲之喻。繼又形容北海之大，不可量數，然計四海之在天地，中國之在四海，奚啻馬體一毫末，則安知天地之外不有大於天地者乎？故是篇借河、海問答，以明小大多少〔三〕之分，與鯤鵬、鷽鳩之論相類，文體機軸變換愈奇。海若首答，大意在曲士束於教，欲有以祛其自多之謬，使爲大方之歸而已矣。辯論極致，詳於後〔四〕。

人能知夫物量、時分之無常，又何終始小大多寡之足睨哉〔五〕。明〔六〕今故之不停，則此理自可見矣〔七〕。「遥」，謂歷時之久；「掇」，謂推移之速。「不悶」，無厭其所生也；「不跂」，無求益其生也。修短定分，安之而已，人固不能無生、不能無知，而經云不若無知、不若未生者，蓋爲世人不務真知而求妄知，不務全生而求益生，以有限而追無窮，忘素分而希分〔八〕外。在己之利害不能自明，何以定物理細大之倪域哉？不

〔一〕褚本「秋」下有「水」字。
〔二〕褚本無「者」字。
〔三〕「多少」，褚本作「少多」。
〔四〕褚本作「詳見下文」。
〔五〕「足睨哉」，褚本作「有」。
〔六〕褚本「明」前有「考」字。
〔七〕此句褚本作「則此理可見」。
〔八〕「分」，褚本作「券」。

若無知，王倪對齧缺之問是也。不若未生，髑髏不願人間之勞是也。然既生既知矣，將何以自免？曰能以無生爲生，不知爲知，則於吾〔一〕生何累，於知何有哉？

自細視大，至於不盡而止，非大止於此也；自大視細，至於不明而止，非細而無形也。精者，細之極；垺者，大之盛。小大雖殊，皆有形有數，故有成壞。精至於無形，大至於不可圍，則非形可定，非數可分，故無成壞也。夫物之粗者可以言論，精者可以意致，超乎精粗則言意所不能及也。言意不能及，形數不能分者，其惟道乎！故大人以利物爲先，而不以仁恩自多；不爲利動，而不賤趍〔二〕利之人。此下皆述大人之行異乎世俗，以至佞諂〔三〕亦不賤之，則君子、小人聽其兩行，是非、小大不足爲辨〔四〕，又何爵位戮恥之足爲勸懲哉？由是知大人虛己而道德自歸，非越分而求也。夫道德，至貴也，求之分内而足則亦至易也。今世人乃棄内而求外，舍易而趍難，不亦惑乎！

「物無貴賤」，己物兼忘也；「自貴而相賤」，彼此〔五〕未忘也；「貴賤不在己」，忘己任物也。「因大而大」「因小而小」，即物所宜也。以至功趍〔六〕之有無知〔七〕非，相反而不可以相無，則物理人情於斯可見矣。故争讓之迹，善惡之行，貴賤有時而未可以爲常。猶殊器之異用、殊技之異能、殊性之異便，不可以一

〔一〕褚本無「吾」字。
〔二〕「趍」，褚本作「趨」，二者爲異體字，段末「趍」同此。
〔三〕「諂」，褚本作「謟」。
〔四〕「辨」，褚本作「辯」。
〔五〕「此」，褚本作「是」。
〔六〕「趍」，褚本作「趣」。
〔七〕「知」，褚本作「然」。

槩論也。若師治而無亂，師陰而無陽，明[一]乎天地萬物之理者不然[二]也。禪繼順逆，各因其時而已。女必不多言也[三]，縱使言之，僅論其迹耳，又惡知貴賤小大之所從出哉？欲知貴賤小大之所從出者，當於未始有物求之。

河伯未明天理物情則猶有所疑，復以辭受、趣舍爲問。海若告以世間所謂貴賤少多是其一反一衍、一謝一施耳。若拘志而一行，與道差蹇矣。若君之於民，德無不被；社之於人，福無所私，明道之無方而兼懷萬物也。物之死生，乃形化之一變，非道之終始也。故成毁無常處之，惟一不以形名爲定而守之，惟虚其去不可止[四]，其來不可禦，萬物盈虚之理，如斯而已[五]。物[六]生若馳，其機不息，任其自化，無容爲不爲於其間，況辭受、趣舍乎？此言應物貴乎無心，則死生不足爲累也。

自篇首至此，凡六問答，如風驅遠浪，漸近漸激，至是而雪濤噴薄，使人應接不暇。須臾澄静，則波光萬頃，一碧涵天。人之息僞還真，中扃虚湛者，有類於此。夫至德之士，由人以明天，因權以達理，察安危，謹去就，物孰能害之？然亦未嘗恃此而傲物也。「天在内」，所以立體；「人在外」，所以應用；「德在乎

〔一〕褚本「明」前有「非」字。
〔二〕褚本無「不然」二字。
〔三〕「必不多言也」，褚本作「不必多言也」。
〔四〕「故成毁無常處之」至此，褚本作「故成無常處，不以形爲位而守之。其去不可止」。
〔五〕「已」，褚本作「矣」。
〔六〕褚本「物」前有「夫」字。

天」，則合乎神而無方不測者也。體天居德則屈神[一]從世，反要語極則弗[二]失其真。若然，則處己處人之道盡矣，故河伯心冥體會而無所復問焉。今學者自信不及，羣疑窒心，與河伯同病者不少。儻能於海若言下豁然有省，如雲開見月[三]，則昭昭靈靈，求諸己而足，何暇它問哉[四]？

夔憐蚿（音賢），蚿憐蛇，蛇憐風，風憐目（敘事），目憐（羡慕）心。

夔謂（申論）蚿曰：「吾以一足跉（初稟反）踔（敕角反）而行，予無如矣。今子之使衆足，獨柰何？」

蚿曰：「不然。子不見夫唾者乎？噴則大者如珠，小者如霧，雜而下者不可勝數也。今予動吾天機而不知其所以然。」

蚿謂蛇曰：「吾以衆足行，而不及子之無足，何也？」

蛇曰：「夫天機之所動，何可易邪？吾安用足哉！」

蛇謂風曰：「予動吾脊脅而行，則有似也。今子蓬蓬然起於北海，蓬蓬然入於南海，而似無有，何也？」

風曰：「然。予蓬蓬然起於北海，而入於南海也，然而指我則勝我，蹭（蹈也，舊作䲮）我亦勝我。雖然，夫折大木，蜚大屋者，唯我能也，故以衆小不勝爲大勝也。爲大勝者，惟聖人能之。」

〔一〕「神」，褚本作「伸」。
〔二〕「弗」，褚本作「勿」。
〔三〕「見月」，褚本作「月見」。
〔四〕褚本以下有一段句訓，朱本未録，褚本曰：「『知天人之行』，『天』當是『夫』，音『符』。『位乎得』，當是『德』，詳文義可見。」

【通義】此言天機之在萬物，各有自然之分，非歆羨畔援所能與。又解河海之校量也，與大瓠大樗之義相近，彼言素位，此言願外，故有勝負相形，亦與莊意相左。夔無角，一足而行，紀在《山海經》。目力乘虛高則天，象遠則山林一舉目而見，勝於風矣，心則轉盼之間而再撫四海，其出其入，絶無聲臭，尤勝於目。申論遺之心目，歸諸聖人也，目猶囿於形心，則非形所囿矣。不疾而速，不行而至，無可形容，故不言且欲人致思於此，得其無所校量者而成大勝也。

【義海】河伯、海若問答既畢，南華又自立説以衍前意。云夔、蚿、蛇以足之少多有無相憐，是著於體也；心與目之以内外勞逸相憐，是著於用也，皆物之妄情耳。惟風有體有礙而實無體，乃能成大勝〔一〕，有用則動化萬物，無用則蓬蓬入海。蓋嘘吸莫非造化之運而已〔二〕，喻聖人屈伸從世，體用兼資，出處兩全，終不失道。人見其小不勝而輕易之，及積而爲大勝，則不止乎拔木蜚屋而已，豈有心於勝物哉？天機所動，自然而然，視彼河伯、海若貴賤、少多、大小精粗之論，亦如異類之以妄情相憐，而不悟物物皆具自然之理，無容憎愛於其間也。夫形數之少多，行止之遲速，各安其自然，則莫不足乎道，此聖人處世所以無往而不適也。或疑後文細述相憐之義，至風而止，憐目、憐心之旨遺而不論。疑獨結以「有心有目然後有所憐」，其説得之。

〔一〕褚本此句作「唯風則有體而不礙指蹭，無體而能成大勝」。
〔二〕褚本此句作「蓋造化嘘吸，復歸於造化而已」。

孔子遊於匡，宋衆誤人圍之數匝，而弦洗心歌不惙止。子路入見，曰：「何夫子之娱也？」

孔子曰：「來！吾語女。我諱窮久矣而不免，命也；求通久矣而不得，時也。當堯舜而天下無窮人，非知得也；當桀紂而天下無通人，非知失也；時勢適然。夫水行不避蛟龍者，漁父因材誘掖之勇也；陸行不避兕虎者，獵夫之勇也；白刃交於前，視死若生者，烈士之勇也；知窮之有命，知通之有時，臨大難而不懼者，聖人之勇也教子路也。由處矣，吾命有所制矣。」

無幾何，將甲者進，辭曰：「以爲陽虎也，故圍之。今非也，請辭而退。」

【通義】此言入軍不破甲兵，以實《秋水》篇前知安危等意，而槩之以「時」「命」，以見君子之所守也。「匡」，衡邑，去宋甚遠，疑宋即匡。君子於貧賤不以其道得之，則安處而不去。知「命有所制」也，故曰「由處矣」，勉其安於所遇也。

【義海】此章明死生有命，窮通有時，故君子不立巖牆之下，亦不求生以害人〔一〕，臨大難而不懼，知命有所制，則盡人事於平日，安天命於此時而已。蓋内得其至富至貴〔二〕者，則外之窮通利害不足以動其心，

〔一〕「人」，褚本作「仁」。
〔二〕「至富至貴」，褚本作「至貴至富」。

卒致[一]將甲者知非，請辭而退，有以見人不勝天而以弱制强之驗也。非聖人燭理之徹，自知之明，何以與此[二]？

公孫龍問於魏牟曰：「龍少學先王之道，長而明仁義之行；合同異，離堅白；然不然，可不可；困百家之知，窮衆口之辯；吾自以爲至達已。今吾聞莊子之言，汒（茫）焉異之。不知論之不及與，知之弗若與？今吾無所開吾喙，敢問其方。」

公子牟隱機大息，仰天而笑曰：「子獨不聞夫埳（音坎）井之鼃乎？謂東海之鱉曰：『吾樂與！吾跳梁乎井幹之上，入休乎缺甃之崖；赴水，則接腋持頤，蹶泥，則没足滅跗；還（回視）虷（音寒）蟹與科斗，莫吾能若也。且夫擅一壑之水，而跨跱埳井之樂，此亦至矣，夫子奚不時來入觀乎！』東海之鱉，左足未入而右膝已縶矣。於是逡巡而却，告之（復）海曰：『夫千里之遠，不足以舉其大；千仞之高，不足以極其深。禹之時，十年九潦而水弗爲加益；湯之時，八年七旱而崖不爲加損。夫不爲頃（暫）久推移，不以多少進退者，此亦東海之大樂也。』於是埳井之鼃聞之，適適然驚，規規然自失也。

「且夫知不知是非之竟，而猶欲觀於莊子之言，是猶使蚊負山，商蚷馳河也，必不勝任矣。且夫知不知論極妙之言，而自適一時之利者，是非埳井之鼃與？且彼方跐黄泉而登大皇，無南無北，奭然四解，淪於不測；無東無西，始於玄冥，反於大通。子乃規規然而求之以察，索之以辯，是直用管窺天，用錐指地也，不

[一]　「致」，褚本作「使」。

[二]　段末褚本有一段音訓，朱本未録，褚本曰：「陸氏《音義》載司馬舊注云：『宋』，當作『衛』。匡，衛邑也。今本多誤作『宋』。」

亦小乎！子往矣！且子獨不聞夫壽陵餘子之學行於邯鄲與？未得國能，又失其故行步矣，直匍匐而歸耳。今子不去，將忘子之故，失子之業。」

公孫龍口呿巨劫反而不合，舌舉而不下，乃逸而走。

【通義】魏牟、公孫龍事，《列子》籍中與此不同，蓋二子皆當時辨士，互有得失，故紀載若此。《列》在《莊》前，或者牟、龍二子學有消長，故此優牟而劣龍歟。此章大意，只是形容莊子之書不易讀，非得莊子之心不能讀也，亦以申明小行小識之傷道德者。以愚論之，莊子必不自衒若此，豈猶二戴之禮，出於衆人之所記，故多攙入附會者乎。邯鄲之行，濶步麗容，動，觀而起人敬者。「國能」，猶曰國是，言其行動之態優於一國也。失故步而「匍匐」者，嬰孺學成人之威儀，則勞而至困，力不能支，是以匍匐而志隳也。

【義海】公孫龍，趙之辨[一]士，能合同異，離堅白，困百家，窮衆口。及聞莊子之言而茫然失措，蓋逐外學而忘本真者，其患常若此。故牟以[二]井鼃海鱉[三]所見不同，使知是非之所起、妙論之所存，斯可以登

[一]「辨」，諸本作「辯」。
[二]「牟以」，諸本作「魏牟告」。
[三]「鱉」，諸本作「鼈」。

天徹泉，奭然四達。「始於玄冥」，契虛合無而〔一〕「反於大通」，與道爲一也。今徒以區區口辨〔二〕，而欲窮莊子之道，無異壽陵餘子學行於邯鄲，直匍匐而歸耳〔三〕。

莊子釣於濮水，楚王使大夫二人往先焉，曰：「願以竟境內累矣！」

莊子持竿不顧，曰：「吾聞楚有神龜，死已三千歲矣，王巾笥而藏之廟堂之上。此龜者，寧其死爲留骨而貴乎？寧其生而曳尾於塗中乎？」

二大夫曰：「寧生而曳尾塗中。」

莊子曰：「往矣！吾將曳尾於塗中。」

【通義】知適性之爲真，則名器非所負矣。

【義海】莊子辭召，以神龜爲喻，義甚真切。蓋賢才之士爲國排難圖治，實有賴焉，而成功〔四〕患集，身或不免，猶龜能靈於人也。昔陶隱居畫二犍牛以答詔，一拘窘於鞭繩，一優遊於水草，亦此意。

〔一〕「而」，褚本作「也」。

〔二〕「辨」，褚本作「辯」。

〔三〕褚本段末有一句字訓，朱本未録，褚本云：「餘子，猶云孺子也。」

〔四〕「成功」，褚本作「功成」。

惠子相梁，莊子往見之。或謂惠子曰：「莊子來，欲代子相。」於是惠子恐，搜於國中，三日三夜。莊子往見之，曰：「南方有鳥，其名爲鵷鶵，子知之乎？夫鵷鶵，發於南海而飛於北海，非梧桐不止，非練實不食，非醴泉不飲。於是鴟得腐鼠，鵷鶵過之，仰而視之曰：『嚇！』今子欲以子之梁國而嚇我邪？」

【通義】此二子相識之因，後漸交密，是以有過墓之悲。

【義海】鴟〔二〕得腐鼠而嚇鵷鶵，又何足以知〔三〕練實、醴泉之味、碧梧高潔之棲哉？

莊子與惠子遊於濠梁之上。莊子曰：「儵魚出遊從容，是魚之樂也。」

惠子曰：「子非魚，安知魚之樂？」

莊子曰：「子非我，安知我不知魚之樂？」

惠子曰：「我非子，固不知子矣；子固非魚也，子之不知魚之樂，全審矣。」

莊子曰：「請循其本。子曰『女安知魚樂』云者，既已知吾知之而問我，我知之濠上也。」

〔二〕 褚本於此段前有一段音訓，朱本未録，褚本云：「『搜』，應作『獀』，郭註可證。成疏謂『搜索國中，尋訪莊子』，疑獨因之，義頗淺近，蓋本於偏旁之誤。」

〔三〕 「以知」，褚本作「與語」。

【通義】遊濠梁，正天機活發，中心無累時也。見魚而契其性，本無可言，惠子逐言起識，遂生辯詰。「循本」者，指點初遊未言之時，胷次自適，故曰「知之濠上也」。不在濠上，不知魚樂，見庭草，聞驢鳴，天機觸於無心者。

【義海】明己性者可以通物，故天下無遁情；昧己性者無以知人，故在物多滯迹。莊子之知魚，以性會之也；惠子不知莊，以形問〔一〕之也。驟讀此章，莫不喜惠子之雄辨〔二〕，視南華之壘若不足攻。暨聞「循本」一言，而五車之學無所容喙，則惠子之本可知矣。經中往往力救惠子之失，未有若此二字之切至者，蓋使之反〔三〕求，而得其性本通乎物理之同然，則彼我無間於大情，動寂皆歸於至理，奚待入水而後知魚哉？再詳經文，謂莊子〔四〕「不知魚之樂全矣」，「全」，猶必也，猶言全然不知魚樂之意〔五〕。碧虚以「樂全」名章，似失本旨。今擬名「循本」章，庶協經意。

**褚氏總論**：是篇以「秋水」命題，設河伯、海若問答，喻細大精粗之理，明道物功趣之觀，各本自然，無貴無賤，成敗得失，時適然耳。翻覆辨〔六〕難，卒歸於「無以人滅天，無以故滅命」，則求之性分之内而

---

〔一〕「問」，褚本作「間」。
〔二〕「辨」，褚本作「辯」。
〔三〕「反」，褚本作「友」。
〔四〕「莊子」，褚本作「惠子」，褚本誤。
〔五〕褚本此句作「又全然不知魚樂之意」。
〔六〕「辨」，褚本作「辯」。

足，是謂反其真，有非言論意察所可及也。次論夔、蚿、蛇、風之相憐，喻人以才知短長爲愧衒，而弗悟天機之不可易，小不勝之爲大勝也。信明此理，則物各足其分，何所憐哉？無所憐則無所慕，故企羡之情息，分別之意消，斯爲要極也歟！孔子遊匡而臨難不懼，知命由造物，非匡人所得制也。若爲横逆沮屈，何以見聖人之勇？井鼃、海鱉〔一〕，即前河伯、海若之義，而歸於達理明權，物莫能害。謂世俗沉濁，所見隘陋，雖知有聖賢在前，强欲企羡，猶餘子學行，反失故步。蓋以所短而希所長，越分而求，非徒無益也。至論神龜寧曳〔二〕尾於塗中，鵷鶵豈罣情於腐鼠，皆歎時之澆〔三〕薄，傷道之不行也。終以莊惠濠梁之論，言物我之性本同，以形間而不相知耳。會之以性，則其樂彼與此同；即人之所安，而知魚之樂固無足怪。而競言辨〔四〕之末、忘性命之本者，斯爲可怪矣。此語非獨鍼惠子之膏肓，亦所以警世之學〔五〕先生之言而媛姝自悦者，無異河伯之自多於水也，故以結當篇之旨云。

## 至樂第十八

天下有至樂無有哉？有可以活身者無有哉？今奚爲奚據守？奚避奚處？奚就奚去？奚樂奚惡？

〔一〕「鱉」，褚本作「鼈」。
〔二〕「曳」，褚本作「曳」。
〔三〕「澆」，褚本作「澆」。
〔四〕「辨」，褚本作「辯」。
〔五〕褚本「學」下有「一」字。

夫天下之所尊者，富貴壽善也；所樂者，身安、厚味、美服、好色、音聲也；所下者，貧賤夭惡也；所苦者，身不得安逸，口不得厚味，形不得美服，目不得好色，耳不得音聲；若不得者，則大憂以懼。其爲形也亦愚哉！

夫富者，苦身疾作，多積財而不得盡用，其爲形也亦外矣。夫貴者，夜以繼日，思慮善否，其爲形也亦疏矣。人之生也，與憂俱生，壽者，惛惛久憂，不死何之苦也！其爲形也亦遠矣。列（烈）士爲天下見（顯）善矣，未足以活身。吾未知善之誠善邪，誠不善邪？若以爲善矣，不足活身；以爲不善矣，足以活人。故曰：「忠諫不聽，蹲循勿争。」故夫子胥争之以殘其形（事在魯哀後），不争，名亦不成。誠有善，無有哉？

今俗之所爲與其所樂，吾又未知樂之果樂邪，果不樂邪？吾觀夫俗之所樂，舉羣趣者，誙誙（胡捷反）然如將不得已，而皆曰樂者，吾未之樂也，亦未之不樂也。果有樂無有哉？吾以無爲誠樂矣，又俗之所大苦也。故曰：「至樂無樂，至譽無譽。」

天下是非果未可定也。雖然，無爲可以定是非。至樂活身，惟無爲幾存。請嘗試言之。天無爲以之清，地無爲以之寧，故兩無爲相合，萬物皆化（生）。芒乎芴（音忽）乎，而無從出乎！芴乎芒乎，而無有象乎！萬物職職，皆從無爲殖。故曰天地無爲也而無不爲也，人也孰能得無爲哉！

【通義】此章大意，言世俗安其危而利其菑，樂其所以亡者，故曰吾以無爲爲真樂，又世俗之所大苦。末證以「天地無爲」，而結以「無不爲」也，則其所謂「無爲」者可識矣。

【義海】人處幻境之中，難遂者樂，難保者生。故是篇首歎至樂、活身之不可必得而兼有，使人安其素分，無所爲、攄〔一〕、去、就於其間；則亦奚樂奚惡哉？天下所樂者富貴壽善、厚味聲色也，而倚伏之機莫測，美善不可常有。所下所苦者貧賤夭惡，所求不得也。苟〔二〕遊乎物初，則己猶可忘，何外累之能及？今觀夫富者之苦身疾作，貴者之思慮善否，壽者之久憂不死，皆疏〔三〕外其形，去道遠矣！列士之不足活身，亦猶是也。故忠諫勿争，徐有以啓悟之，則君無過舉，臣得盡職，君臣之盛也。若夫子胥因争以殘形，亦因以成名，誠有善邪？無善〔四〕邪？觀俗之所樂，果樂邪？不樂邪？吾以無爲樂〔五〕矣，而世俗以爲大苦，則其向背可知，故必知至樂之無樂，至譽之無譽者，然後安於無爲，始可以定天下是非矣。夫欲求至樂、活身者，惟無爲近之。天地無爲而清寧，故萬物皆化。人而能無爲，物惡得不化哉？

莊子妻死，惠子吊之，莊子則方箕踞鼓盆而歌。

惠子曰：「與人子居，長育子，老，身死不哭，亦足矣，又鼓盆而歌，不亦甚乎！」

莊子曰：「不然。是其始死也，我獨何能無槩然！察其始而本無生，非徒無生也而本無形，非徒無形也而本無氣。雜乎芒芴之間，變而有氣，氣變而有形，形變而有生，今又變而之死，是相與爲春秋冬夏，四

〔一〕「攄」，褚本作「據」。
〔二〕「苟」，褚本作「而能」。
〔三〕「疏」，褚本作「疏」。
〔四〕「善」，褚本作「有」。
〔五〕褚本「樂」前有「誠」字。

時行也。（此）人且偃然寢於巨室，而我嗷嗷古吊反然隨而哭之，自以爲不通乎命，故止也。」

【通義】物外逍遥者，情定於理，應跡無滯固如此。莊之言不哭之故也，蓋就衆人之畱情者而開諭之也，若莊之胷襟一了便了，不必推求。其歌者蕩滌其「槩然」者，猶登木之歌、倚門之歌也。「鼓盆」，登木自滌也；「倚門」，滌人也。

【義海】莊子妻死章，以世情觀之，人所難忘者，而處之泰然，何也？蓋究其形之始，悉本於無，雜乎芒芴，有氣有形，形生而情識，愛樂無所不有，至若親姻情好，假合須曳〔一〕耳。惑者認以爲實，緑〔二〕情生愛，因愛生貪，滋長業緑，生死纏縛，害形損性，一何愚哉？真人痛憫凡迷，方便開喻，謂天下之物生於無，成於有〔三〕，有歸於無，此自然之理。金石有壞，況於人乎？須以毒眼覷破世間，使無一毫障礙。青天白日，萬古靈明〔四〕，固已無容憂喜於其間，而又鼓盆而歌者，寄聲於無情之物，所以矯流俗哀號痛泣過用其情之弊。若云易悲爲喜，則亦不免於偏見耳。《列子》載：「魏有東門吳者，其子死而不哭，人問其故，曰：『吾嘗無子，無子之時不憂，今子死，與向無子同，吾何憂焉？』」此達人大觀，所以異於俗也。然則物外〔五〕

〔一〕「曳」，褚本作「臾」。
〔二〕「緑」，褚本作「緣」，異體字。下句之「緑」與此同。
〔三〕此句褚本作「謂天下之物生於有」。
〔四〕「明」，褚本作「靈」。
〔五〕「物外」，褚本作「外物之」。

儻來不足介懷也，宜矣！「槩」字説之不通，當是「慨〔一〕然」，歎也。「芒芴」宜讀「恍惚」，同〔二〕。

支離叔與滑介叔觀於冥伯之丘寓言，崑崙之虚，黄帝之所休。俄而柳生其左肘，其意蹶蹶然惡之。

支離叔曰：「子惡之乎？」

滑介叔曰：「亡，予何惡敍事！生者議論，假借也；假之而生生者，塵垢也。死生爲晝夜。且吾與子觀化而化及我，我又何惡焉！」

【通義】「柳」者，疽毒之名，如鮨腹人面之類。蹙然之惡，痛楚也。「子惡之乎」，憎惡也，故曰「亡，吾何惡」。「假之而生生者，塵垢也」，言此身借太虚之氣會合而有生，今柳又生於此生之肘，亦如塵垢之集於器物之上耳。人生曰「觀化」，今曰「化及我」者，還於化也。

【義海】按「柳生左肘」，其語頗怪，諸解畧而不論，獨吕註〔三〕偶與管見同〔四〕，乃〔五〕爲説云：柳者，易生之木。左肘，罕用之臂。臂罕用而木易生，喻無心無爲者之速化也。夫肘，動物也；柳，植物也。動植

〔一〕「慨」，褚本作「嘅」。
〔二〕「讀恍惚，同」，褚本作「讀同恍惚」。
〔三〕「吕註」下，褚本有「及之」二字。
〔四〕「偶與管見同」，褚本作「偶得管見」。
〔五〕「乃」，褚本作「廣而」。

異性，形質亦殊，動者俄化爲植，在常情不能無怪，然物受化而不自知，故處乎大冶之中者，例莫遁焉。倘〔一〕悟吾生之爲假借、塵垢，則肘也，柳也，均爲物耳，何所容其親踈〔二〕愛惡哉？由是知萬物與我同一化機，然非静極無以見，所以滑介叔觀於黄帝之所休而化及之。黄帝土德，主静，休亦息静之義。静者，化之體；動者，化之用。觀化而化身〔三〕，與化俱者也。身與化俱，何往而非我？此言有情化爲無情者〔四〕，無情〔五〕者亦或化爲有情。《至樂篇》「種有幾」已下可見，皆造物所化耳。行小變而不失大常，無適〔六〕而非樂也。

莊子之楚，見空髑音獨髏音樓，髐苦堯反然有形，撽以馬捶，因而問之，曰：「夫子貪生失理，而爲至此乎？將子有亡國之事，斧鉞之誅，而爲此乎？將子有不善之行，愧遺父母妻子之醜，而爲此乎？將子有凍餒之患，而爲此乎？將子之春秋，故及此乎？」

於是語卒錯縱句，援髑髏，枕而卧。夜半髑髏見夢曰：「子之談者似辯士。諸凡子所言，皆人生之累也，死則無此矣。子欲聞死之説乎？」

〔一〕「倘」，褚本作「儻」。
〔二〕「踈」，褚本作「疏」。
〔三〕「身」，褚本作「及」。
〔四〕褚本無「者」字。
〔五〕褚本「無情」前有「則」字。
〔六〕褚本「無適」前有「當」字。

莊子曰：「然。」

髑髏曰：「死無君於上，無臣於下；亦無四時之事，從縱同然以天地爲春秋，雖南面王之樂，不能過也。」

莊子不信，曰：「吾使司命，復生子形，爲子骨肉肌膚，反子父母妻子，閭里知識，子欲之乎？」

髑髏深矉蹙頞曰：「吾安能棄南面王樂，而復爲人間之勞乎！」

【通義】枕髑髏而卧，示死之不足異也。所問五言而謀復其生，正人間之勞，常情所迷者，不能棄所樂而復生，枯禪斷滅之見也，皆非天機之自然也。若然，乾坤息矣，順世無情免夫。

【義海】南華致髑髏五問，可謂灼見世情憂患之端。據髑髏所答，則雖有世患，何由及哉？觀者往往於此反疑其樂死惡生，誤矣。蓋見世人貪生惡死，營營不息，喪失本來之我，則此形雖存，與死何異？故立是論以矯之，庶警悟其萬一，猶良醫之因病制〔二〕劑，損彼所以益此，其勢不得不然。知生之有涯，取温飽而止，不多積以資業也。知死之爲息，則委而順之，不忻忭〔三〕而增戚也。如是則生而無勞，死而無苦，從然以天地爲春秋，何往而非南面王樂耶？陳碧虚名此章爲「兩謬」，所以破二見之惑，其論得之。

〔二〕「制」，褚本作「施」。
〔三〕「忻忭」，褚本作「忤化」。

顔淵東之齊，孔子有憂色。子貢下席而問曰：「小子敢問，回東之齊，夫子有憂色（將迎之見非孔子意非莊語也），何邪？」孔子曰：「善哉女問！昔者管子有言，丘甚善之，曰：『褚（布袋）小者，不可以懷大，綆短者，不可以汲深。』夫若是者，以爲命有所成而形有所適也，夫不可損益。吾恐回與齊侯言堯舜黄帝之道，而重以燧人神農之言。彼將内求於己而不得，不得則惑，人惑則死。

「且女獨不聞邪？昔者海鳥止於魯郊，魯侯御而觴之於廟，奏九韶以爲樂，具太牢以爲膳。鳥乃眩視憂悲，不敢食一臠（里轉反），不敢飲一杯，三日而死。此以己養養鳥也，非以鳥養養鳥也。夫以鳥養養鳥者，宜栖之深林，遊之壇陸，浮之江湖，食之鰍鰷，隨行列而止，委蛇而處。彼惟人言之惡聞，奚以夫譊譊爲乎！咸池九韶之樂，張之洞庭之野，鳥聞之而飛，獸聞之而走，魚聞之而下入，人卒聞之，相與還而觀之。魚處水而生，人處水而死，彼必相與異（何也），其好惡異故也。故先聖不一其能，不同其事。名止於實，義設於適，是之謂條達而福持。」

【通義】此言世無大受之人，使帝皇之道不能明，亦所謂不是知音不與彈也。

【義海】小〔一〕不可懷大，喻命有所成而莫强是〔二〕。皆得之於〔三〕造物，無容益損於其間。今回與齊侯

〔一〕褚本「小」前有「褚」字。
〔二〕此句褚本作「喻命有所成而莫易。綆短不可汲深，喻形有所適而莫强是」，疑朱本抄録時有錯行所致。
〔三〕褚本無「於」字。

言先王之道，將不契其素心，則惑以爲反復其言矣〔二〕。故繼以海鳥之喻，對太牢而不敢享，聞《韶樂》而增憂〔三〕，此「以己養養鳥」，失其本性，終於不飲食而死耳。後又申言「以鳥養養鳥」之意，使求其所適而合其性情，則物我之養皆得。是以聖人不一其能，順物性之自然也；不同其事，度人事之可否也。故名止於實而不浮，義設於適而不過，此條理之所以暢達，多福之所以扶持也。

列子行（乞）食於道，從（因）見百歲髑髏，攓（撥）蓬而指之曰：「惟予與女，知而未嘗死，未嘗生也。若（汝）果養乎？予果歡乎？」

種（凡物）有幾？得水則㡭，得水土（近岸處）之際則爲鼃蠙之衣，生於陵屯（野中高處）則爲陵舄（車前草），得鬱棲（糞壤）則爲烏足（草），烏足之根爲蠐螬（蠍），其葉爲蝴蝶。蝴蝶胥（蝶名）也化而爲蟲，生於竈下，其狀若脱，其名爲鴝掇。鴝掇千日爲鳥，其名爲乾餘骨。乾餘骨之沫（口中）爲斯彌（蟲），斯彌爲食醯。〈又化〉頤輅生乎食醯，黄軦（音況）生乎九猷，瞀芮生乎腐蠸（音權，音歡，皆虫名）。羊奚比乎不箰（息尹反），久竹（草）生青寧（虫）；青寧生程（虫），程生馬（齒莧），馬生人（人參），人又反入於機。萬物皆出於機，皆入於機。

【通義】生機不息，無所不爲。入於機，自有而無也；出於機，自無而有也。此舉一端以見之也。盧齋謂「㡭者，水上塵垢，初生苔而未成者」。鼃蠙之衣苔近岸則厚，故曰衣、馬與人本是草，却不明言，此其

〔二〕此句褚本作「則惑而無主，反傷其形矣」。
〔三〕褚本「憂」下有「悲」字。

弄奇處是也。

【義海】此章自「種有幾」至「馬生人」，詳見《列子》，南華舉似差畧其文。夫動化生植[一]之理，耳目不可偏及，非知性[二]君子不能盡其故也[三]。蓋極論物類變化之不常，以明人世生死去來之不足怪，但知有不化者存足矣。按經文所載，雖未悉通，姑以文義考之，當從二「醯」字爲句，次九猷、腐蠸，次羊奚至青寧爲一句，參諸《音義》亦然。成法師疏乃從頤輅、黄軦、瞀芮、久竹爲句，恐非經意。陳碧虚照張君房校本作「斯彌爲食醯、食醯生乎頤輅，頤輅生乎黄軦，黄軦生乎九猷，九猷生乎瞀芮，瞀芮生乎腐蠸，腐蠸生乎羊奚，羊奚比乎不箰[四]，久竹生青寧」云云，此則排句整齊，第加衍太繁，文無變體，非南華文法也。續考《列子註》引《爾雅》「熊虎配[五]豹」，《山海經》「南山多貘豹」，郭璞註「豹之白者曰貘」，程是貘之别名，貘又豹之别名也。

〔一〕「動化生植」，褚本作「動植生化」。
〔二〕「知性」，褚本作「格物」。
〔三〕「也」，褚本作「知」。
〔四〕「箰」，褚本作「筍子」。
〔五〕褚本「配」下有「其子」二字。

此篇褚氏不爲總論〔一〕，意其指無不明也，即其以「至樂」名篇，首唱無爲，繼以死不必哀、疾不足惡，且意死者不願生，則以有爲之累明矣。孔之憂顔益見有爲之徒勞，不若順物守己之不擾。末引例子乞食一段，以見物化之無窮，智慮不能測，終於無爲而後已也。

莊子外篇第六卷　終

〔一〕　朱氏於此言「此篇褚氏不爲總論」，與實情不符，褚本此段下確有統論一段，惜乎其未見耳。褚氏總論曰：「是篇名以『至樂』，而首論有生爲累，憂苦多端，以至避處去就，罔知所擇，而莫得其所以活身之計，何邪？意謂人能於憂苦中，心生厭離，勇猛思復，則其樂將至矣。故凡俗之所謂樂者，未知其誠樂否邪？蓋天下之事盛則有衰，極則必變。孤臣孽子，操心也危，慮患也獨，故達。由是知貧賤憂戚，玉女于成，則禍福之機，常相倚伏，所以舉世陷於哀樂之域而不能自出，其能安於性命之情乎？故卒之於無樂無譽，是爲至譽至樂也已！次載鼓盆而歌，髑髏之答，皆以人所不樂爲己之樂，則其樂也豈世俗所可共語哉？中敘觀化而化及者，肘變而無惡。求己而不得者，聞樂而驚憂，此言順化則其樂皆同，拂情則雖養非樂也。終論人卉蟲獸，生化之不常，而斷之曰『皆出於機，皆入於機』，大哉機乎！孰池張是？凡涉形器，罔不由斯，生死變化，循環無極。若悦生而惡死，或樂死而厭生，皆滯於一偏而非樂之至。必也無樂無不樂，無生無不生，然後不爲化所役，不爲機所運，造夫大衍虚一不用之妙，泯然無際，湛兮若存，斯爲至樂也歟！」。

# 莊子卷第七

糸元朱得之傍注並通義
附錢塘褚伯秀《藝海纂微》
雲谷王潼録校刊

## 雜篇

### 達生第十九

達生之情者，不務生之所無以爲（身外之物）；達命之情者，不務知之所無奈何（人力所不及）。養形必先之物（剖腹藏珠），物有餘而形不養者有之矣（勞心瘁力以求厚積）；有生必先無離形（行屍走肉），形不離而生亡者有之矣（醉行夢食自謂活人）。生之來不能却，其去不能止。悲夫！世之人以爲養形足以存生；而養形果不足以存生，則世（事）奚足爲哉（役役）！雖不足爲而不可不爲者（衣食俯仰），其爲不免矣。

夫欲免爲形〈累〉者，莫如棄世（順應無情）。棄世則無累，無累則〈心〉正〈氣〉平，正平則〈形〉與〈神〉彼更生，更生則幾矣。〈至此〉事奚足棄而生奚足遺？棄事（不棄而棄）則形不勞，遺生（不遺而遺）則精不虧。夫形全精復，與天爲一。天地者，萬物之父母也，合則成體，散則成始。形精不虧，是謂能移；精而又精，反以相天（生稟）。

【通義】生之來去，不可却止，言氣機之往來有一定之命，所謂循是出入，不得已而然者。「正平」者，心體虛明必平功造正，平則形神湛寂，如死而甦，是「更生」也。更生則所存者惟幾惟神而應跡不撓。事與生不必遺棄而自無累矣，心不逐事即無累。「形精不虧」四句足養生之義，形損而全精，耗而復則反本還元，去敝就完是能移是也。工夫如此不息，日新日精，漸躋純氣之守。命本百年，今可倍蓰，非惟不失其天年，且又加於定稟，此命在我不在天之意，是謂「反以相天」也。

【義海】許由高隱而辭禪，知「生之所無以爲」也。夫子阨陳而弦歌，知「知之無所〔一〕柰何」也。儻不安其生而益之，物有餘而形不養矣。不安其知而役之，形不離而生亡矣。生之來不能卻，善養以致之也，其去不可止，過養以傷之也。「世之人以爲養形足以存生」，是知養之爲養；「而養形果不足以存生」，蓋不明其所以養，而養非其養也。生不足爲，以其因養而亡也〔二〕，然有不可不爲者，若饑食渴飲之類，其爲也不免，以有世有爲〔三〕耳。故欲免爲形累〔四〕，莫如棄世。有世而遺之，何累之有？「正平」，謂視物如一，而與世俗之生道不同，故曰「更生」，更生則近於道矣。事〔五〕不足棄，我能轉物也。生〔六〕不足遺，我亦忘之也。然而「形全精復」，則本於棄事遺生，由粗以至精也。「與天爲一」，斯其極致歟！夫世間萬物皆稟天地之氣，合則爲萬物之體，出而有也，散則復還天地之始，歸於無也。形全精復則能通化，故潛天而

〔一〕「無所」，褚本作「所無」。
〔二〕褚本無「也」字。
〔三〕「有爲」，褚本作「存焉」。
〔四〕褚本無「累」字。
〔五〕褚本「事」下有「固」字。
〔六〕褚本「生」下有「固」字。

天，潛〔一〕地而地，在人爲人，遇物爲物也。「精而又精」，謂「純亦不已」。「反以相天」，則歸乎受氣之初，造化〔二〕所不能役。此由達生以造乎忘生之妙也。爲世爲形，義亦相類，互其文耳。

子列子問關尹曰：「至人潛行不窒，蹈火不熱，行乎（履虛）萬物之上（首出庶物）而不慄。請問何以至於此？」

關尹曰：「是純氣之守也，非知巧（心）果敢（力）之列。居，予語女！凡有貌象聲色者，皆物也，物與物何以相遠（知巧果敢是色而已）？夫奚足以至乎先（首出）？是色而已（例一句在下）。則物之造（生）乎不形（生），而止乎無所化（死）。夫（人）得是而窮（盡）之者，物焉得而止（猶制）焉！彼將處乎不淫之度（無外），而藏乎無端之紀（朕始），遊乎萬物之所終始，壹（不移）其性，養（不勞）其氣，合（和）其德，以通乎物之所造（始）。夫若是者，其天守全，其神無郤（貌象聲色），物奚自入焉！

「夫醉者之墜車，雖疾不死。骨節與人同而犯害與人異，其神全也，乘亦不知也，墜亦不知也，死生驚懼不入乎其胷中，是故逆物而不慴（惧）。彼得全於酒而猶若是，而況得全於天乎？聖人（神）藏於天（無知），故莫之能傷也。復讎者（人也非兵也）不折鏌干，雖有忮心者不怨飄瓦（無心），是以天下均平。故無攻戰之亂，無殺戮之刑者，由此道也。不開人之天，而開天之天，開天者德生，開人者賊生。不厭其天，不忽於人，民幾乎以其真！」

【通義】此列子以所知者設問，答以自決，亦以闡道也。潛行於水也，造乎不形無始也。止乎無所化，無終也。「不厭其大」，不自滿也。「不忽於人」，不棄事也。物焉得而止，言過化存神者，外物不滯其

〔一〕「潛」，褚本作「之」。
〔二〕褚本「造化」作「萬化」。

太虚之體也。餘義皆明。

【義海】列子得風仙〔一〕之道，故其問若此。以〔二〕「純氣之守」一語盡之。蓋人獸、草木、虚空、金石，有情、無情，不離乎氣。人則得氣之純，仙〔三〕則能守此純氣而抱神以静，故其動也物莫能窒，火莫能熱，危莫能慄也。夫貌象聲色，物無相遠，又奚足以相先？舉不離乎形色而已，然則所謂先者，物之不形，乃物之所自形；物之無化，乃物之所自化，則萬物之終始可見矣。得是理而窮之，物焉得而制焉？故將處乎所受之分，藏乎日新之紀，而遊乎物之至極，一情〔四〕養氣，與天合德，「通乎物之所造」，則超乎形色之表矣。其形可忘，其神無間，物奚事入其舍哉？次論醉者全於酒，聖人藏乎天，故莫之能傷也。鏌干、飄瓦喻無心無情，雖觸人而人不怨，況不觸人乎？人能若是，天下均平，戰争殺戮，何自而有？故天性人知在乎所開，而德賊分焉。學者慎諸。「物焉得而止焉」，「止」字説之不通，郭註云「至極者非所制也」，當是「制」字，聲近而訛耳，讀者詳之〔五〕。

仲尼適楚，出於林中，見痀僂者承蜩，猶掇之也。

〔一〕「仙」，褚本作「倦」。
〔二〕褚本「以」前有「答」字。
〔三〕「仙」，褚本作「倦」。
〔四〕「情」，褚本作「性」。
〔五〕褚本無「讀者詳之」四字。

仲尼曰：「子巧乎！有道邪？」曰：「我有道也。五六月累丸二而不墜，則失者錙銖；累三而不墜，則失者十一；累五而不墜，猶掇之也。吾處身也若（搰）厥株拘（定），吾執臂也若槁木之枝，雖天地之大，萬物之多，而唯蜩翼之知。吾不反不側，不以萬物易蜩之翼，何爲而不得！」

孔子顧謂弟子曰：「用志不分，乃凝於神，其痀僂丈人之謂乎！」

【通義】此即事以演老子之言，以見孔子之信老也。承蜩持竿粘蜩也，累丸於竿首，自二至五而不墜，言練習之熟，神凝而物定也。厥株槁枝，言其形知不擾；不反不側，言其心之不摇。

顏淵問仲尼曰：「吾嘗濟乎觴深（淵名）之淵，津人操舟若神。吾問焉，曰：『操舟可學邪？』曰：『可。善游者數能。若乃夫没人（善水潛者），則未嘗見舟而便〈於〉操之也。』吾問焉而不吾告，敢問何謂也？」

仲尼曰：「善游者數能，忘水也。若乃夫没人之未嘗見舟而便操之也，彼視淵若陵，視舟之覆猶其車却也。覆却萬方陳乎前，而不得入其舍（心者神明之舍），惡往而不暇！〈舉證〉以瓦注者（賭物）巧，以鉤〈爲〉注者憚，以黄金注者殙。其巧一也，而有所矜，則重外也。凡外重者内拙。」

【通義】此與上章言習熟若性成，此則言外重者雖習不能熟，無見志之不可分也。

田開之見周威公。威公曰：「吾聞祝腎學生養，吾子與祝腎遊，亦何聞焉？」

田開之曰：「開之操拔篲以侍門庭，亦何聞於夫子！」

威公曰：「田子無讓，寡人願聞之。」

開之曰：「聞之夫子曰：『善養生者，若牧羊然，視其後者而鞭之。』」

威公曰：「何謂也？」

田開之曰：「魯有單豹者，岩居而水飲，不與民共利，行年七十而猶有嬰兒之色；不幸遇餓虎，餓虎殺而食之。有張毅者，高門縣薄無不走也，行年四十而有内熱之病以死。豹養其内而虎食其外，毅養其外而病攻其内，此二子者，皆不鞭其後者也。」

仲尼曰：「無入而藏，無出而陽，〈只是〉柴立其中央。三者若得，其名必極。夫畏塗者，十殺一人，則父子兄弟相戒也，必盛卒徒而後敢出焉，不亦知乎！人之所取畏者，衽席之上，飲食之間；而不知爲之戒者，過也。」

祝宗人、玄端以臨牢筴，説彘曰：「汝奚惡死？吾將三月犧音患汝，十日戒，三日齊，藉白茅，加汝肩尻乎雕俎之上，則汝爲之乎？」爲彘謀曰，不如食以糠糟，而錯之牢筴之中，自爲謀，則苟生有軒冕之尊，死得於腞直轉反楯之上、聚僂之中則爲之。爲彘謀則去之，自爲謀則取之，所異彘者，何也？

【通義】鞭後勉其所不足也，入而藏有心晦也。豹似之，處而陽有心顯也，毅似之，柴立木偶也，中央隨時顯晦，不以顯晦成跡也。畏塗之喻，日用之謹也。牢彘之喻，名利之謹也，夫是之謂「達生」。

【義海】已上四章，大意相類。痀僂承蜩，「用志不分」，似〔一〕發明前章「純氣之守」。淵人操舟若神，即「精義入神」之謂也。牧羊鞭後，則示養生之規。祝宗説彘，則警軒冕之惑。是皆所以破世人之昏迷，歸達生之妙旨。經旨坦明，不復贅釋。「拔篲」，上蒲末切，李氏舊註云「把也」，《膚齋口義》同「根拔」之「拔」，「篲」，掃帚也。諸解畧而不論，無隱范先生云「拔讀同拂，拂、篲皆服役者所執」，解義通而音訓未明。詳玩字形，參之以理而得其説，「拔」當是「帗」，傳寫小差，《監韻》「拔音拂，與翇同，全羽也，亦侍者所執」。「豚楯」，陸氏《音義》云字當作「篆輴」，畫輴車所以載柩。「聚當作菆，才官切。僂當作蔞，力九切，謂殯於菆塗蔞翣之中也。」而舊傳經文用字若此，續考《禮記·檀弓篇》「天子之殯菆塗龍輴以椁」，又云「設蔞翣」。「蔞」，同柳，「菆」也聚〔二〕，聚木蓋棺而塗之。「龍輴」，則篆畫龍文也。經意蓋謂取富貴者之死以易彘之生，彘猶不爲之，豈有人而不如彘乎。

桓公田於澤，管仲御，見鬼焉。公撫管仲之手曰：「仲父何見？」對曰：「臣無所見。」公反，誒〔呼該反 嘔噦〕詒〔吐代反〕爲病，數日不出。齊士有皇子告敖者曰：「公則自傷，鬼惡能傷公！夫忿滀〔鬱結〕之氣散而不反，則爲不足〔此一段可知氣，可知病〕；上而不下，則使人善怒；下而不上，則使人善忘；不上不下，中身當心，則爲病。」

〔一〕褚本「似」下有「亦」字。
〔二〕「也聚」，褚本作「聚也」。

桓公曰：「然則有鬼乎？」

曰：「有。沈（溝）有履（神名），竈有髻（神名）。户内之煩壤（雜塵），雷霆（神名）處之（屋中）；東北方之下者，倍阿鮭（神名）蠪躍之；西北方之下者，則泆陽（神名）處之。水有罔象（一家中鬼），丘有峷（音臻，神），山有夔（神），野有彷徨（神），澤有委蛇（神名）。」

公曰：「請問（曰於澤）委蛇之狀何如？」

皇子曰：「委蛇其大如轂，其長如轅，紫衣而朱冠。其爲物也，惡聞雷車之聲，則捧其首而立。見之者殆乎霸。」

桓公辴（敕引反）然而笑曰：「此寡人之所見者也。」於是正衣冠與之坐，不終日而不知病之去也。

【通義】疑妖而病，聞霸而愈，固常人之情。或謂之有無盡由心造，此則迂儒執一之見。達幽明之故者，知鬼神之情狀，易曰「載鬼一車」，伯有爲鬼。禍盈福謙，謂無鬼神可乎，此見桓公之霸有命存焉。幾故先見，或曰霸以得仲，仲亦命也，尸蟲出户亦命也。

【義海】桓公因疑而致疾，則非藥所可痊。告敖以妄而止妄，遂不藥而成效，則知鬼之有無由心之起滅，而心有好惡又人之妄情也明矣。妄情去則好惡得其真，本心明則起滅不由彼。今人之逐妄喪真，皆見鬼而成疾者也。然則孰知治之善哉？告敖之言曰「公則自傷，鬼惡能傷公」，斯爲治病之良劑與〔一〕！蓋戲瓦出而心痛除，弓影去而疑病愈之類也。信能澄心滌覽，虚白内融，一塵不留，萬境莫撓，則鬼何由而見，病何由而入哉？據所載鬼名，似涉怪誕，然《孔子家語》亦有夔、罔象之説，《左傳》「新鬼大故鬼小」，《史記》滴池君獻璧之事，則鬼不爲無有也。但陰陽各得其所，兩不相傷足矣。經云「天下有道，其鬼不神」。

紀渻子爲王養鬭雞。

十日而問：「雞已可誤乎？」曰：「未也，方虚憍而恃氣。」

十日又問，曰：「未也。猶應嚮景聞見。」

十日又問，曰：「未也。猶疾專視而盛氣。」

十日又問，曰：「幾矣。雞雖有鳴者，已無變矣，望之似木雞矣，其德全矣，異雞無敢應者私欲退聽，反走矣。」

【通義】此即雞以狀進德脩業者之始終也。具美質者，初焉自大，無所角而誇。既知養矣，時或逐於聞見。養漸深矣，神定氣充不畏外感。養既久矣，則外感不辭而中存坦寂。已忘其機，物忘其類，不動如

〔一〕「與」，褚本作『歟』。

偶，動則物從也。

【義海】「虚憍而恃氣」，暴其氣以求敵也。「猶應嚮〔一〕景」，有所逐而忘内也。「疾視而盛氣」，内充而發見，有意於勝物也。「望之似木雞」，則内融而外化，遺物而獨立。「異雞無敢應」，見者「反走矣」，此明養氣以全神，神全而威著之效也。人而學道至於形如槁木，則氣與神不待養而自全，鬼神猶爲之欽服，況同類乎？古之人所以不争而善勝者，以此。「雞已乎」，説不通，按《列子》本文作「雞可鬭已乎」，莊文脱略耳。

孔子觀於吕梁，縣水三十仞，流沫四十里，黿鼉魚鱉之所不能遊也。見一丈夫即列子也游之，以爲有苦而欲死也，使弟子並傍流而拯之。數百步而出，被髮行歌而游於塘下敘事。孔子從而問焉，曰：「吾以子爲鬼，察子則人也。請問蹈水有道乎？」曰：「亡，吾有何誤道。吾始乎故，長乎性，成乎命。與齊音蹺漩渦俱入，與汩亂湧偕出，從順水之道而不爲私逆焉。此吾所以蹈之也。」

孔子曰：「何謂始乎故，長乎性，成乎命？」

曰：「吾生於陵而安於陵，故舊跡也；長於水而安於水習熟成性，性也；不知吾所以然而然無容於我，命

〔一〕「嚮」，褚本作「響」。

也。」

【通義】此與前操舟大旨畧同。雖言入水不溺之故，實指「素患難，行乎患難」，未嘗不自得也。

【義海】吕梁丈人之蹈水行歌，其妙在乎「從水之道而不爲私」，所以水不能害也。人之處世，能從人之道而不爲私，人亦無害之者矣。推是理以交物，安往而不全哉？「始乎故」，則因習而成，「長乎性」，習久成自然也，「成乎命」，則與水相忘，不知所以然而然。是謂「得全於天」者也。按此章即「無忤者[一]，處物而不傷」之意。斯言也，其爲涉世之標準與[二]。

梓慶削木爲鐻，鐻成，見者驚猶鬼神〈之所成〉。魯侯見而問焉，曰：「子何術以爲焉？」對曰：「臣工人，何術之有！雖然，有一焉。臣將爲鐻，未嘗敢以耗氣也，必齊以静心。齊三日，而不敢懷慶賞爵禄；齊五日，不敢懷非譽巧拙；齊七日，輒然忘吾有四枝形體也。當是時也無公朝，其巧專而外骨滑消；然後入山林，觀天性；形軀至矣。然後成見是鐻，然後加手焉；不然則已。則以天合天，器之所以疑神者，其是與！」

[一]「無忤者」前，褚本有「與物」兩字。
[二]「與」，褚本作「歟」，褚本此字下還有一段：「『並』字舊無它音，宜讀同『傍』，去聲。」

【通義】此言因材而薦，各成其天。任責者，非純心斂神亦不足以盡物之性也。鐻者，筍簴之端刻爲禽獸形者，梓人小藝，猶以無外慕，忘形體，不役於物乃能施其工，欲成天下之材者可知矣。

【義海】「未嘗耗氣」，則神全矣。又齋以静心，是爲養神氣之道，故見於用也。其巧專而外滑消，觀夫木材天性合鐻形者，然後加手，則用力少而見功多，此器之所以「疑神」也。然而以天合天之妙，不可以言盡，惟窮神知化，斯足以與焉。人而能不爲慶賞爵禄非譽之所移，則凡所舉措，何往而非疑於神耶？

東野稷以御見莊公，進退中繩，左右旋中規。莊公以爲文弗過也，使之鉤百而反。顔闔遇之，入見曰：「稷之馬將敗。」公密而不應。少焉果敗而反。公曰：「子何以知之？」曰：「其馬力竭矣，而猶求焉，故曰敗。」

【通義】君子不竭人之歡，不盡人之情，以全交也。至於自用勞神，理勢必敗，況馳騖於外者，形神俱勞乎。此言竭媚君之才以從君欲者，失己傷物類如此。

【義海】《詩》云「執轡如組，兩驂如舞」，可以證「文弗過」之義。織組者總紕於此而成文於彼，喻善御者執轡於上而馬調於下也。「鉤百」，謂圓。驅而不止，故知其必敗。力竭而猶求，則非惟馬敗而人亦勞，只公密而不言，惡其沮志也。少頃而驗，斯表先見之明，然於危已無濟矣。世之聽忠言而不能用者，其失亦若此。

工倕旋而蓋規矩，指與物化而不以心稽，故其靈台一而不桎。忘足，屨之適也；忘要，帶之適也；知忘是非，心之適也；不内變，不外從事，會之適也。始乎適而未嘗不適者，忘適之適也。

【通義】此言忘之爲德以見無爲之境像。「旋而盖規矩」「指與物化」者爲方圓，但以手轉不須用規矩，故曰蓋由其手指與方圓相忘，是以不必疑其無式，而復稽考其中度否也。「故其靈台一而不桎」，「故」字應在句盡，猶言職此之故也。「忘足」「忘要」「知忘是非」，其下「會適」句。「會」者，合也，心與所學相融，如時習而悦四體，不言而喻之意。「始乎適而未嘗不適」，初尚有適之情，至於無往而不適，則所謂適者亦忘之矣，此之謂真適。

【義海】「工倕旋而盖規矩」，諸解中吕説明當，所論「盖」字尤有理。鬳齋於「盖」字頗費辭而後論精到，合二家之長斯爲盡善[二]。經意不過謂達生之人，心通物理而物與之合，非區區求合於物，故其巧妙，其功深，徜徉於世而未嘗不適，是爲「忘適之適」。盖人處世間能與物通[三]，則無往而非適矣。

[二] 褚本「盡善」下有「也」字。
[三] 「通」，褚本作「無忤」。

有孫休者，踵門而詫（恠問）子扁慶子曰：「休居鄉不見謂不修，臨難不見謂不勇；然而田原不遇歲，事君不遇世，賓（擯同）於鄉里，逐於州部，則胡罪乎天哉？休惡遇此，命也？」

扁子曰：「子獨不聞夫至人之自行邪？忘其肝膽，遺其耳目，芒然彷徨乎塵垢之外，逍遥乎無事之業，是謂爲而不恃，長而不宰。今汝飾知以驚愚，修身以明汙，昭昭乎若揭日月而行也。汝得全而（汝）形軀，具而（汝）九竅，無中道夭於聾盲跛蹇，而比於人數，亦幸矣，又何暇乎天之怨哉！子往矣！」

孫子出，扁子入，坐有間，仰天而歎。弟子問曰：「先生何爲歎乎？」

扁子曰：「向者休來，吾告之以至人之德，吾恐其驚而遂至於惑也。」

弟子曰：「不然。孫子之所言是邪？先生之所言非邪？非固不能惑是。孫子所言非邪？先生所言是邪？彼固惑而來矣，又奚罪焉！」

扁子曰：「不然。昔者有鳥止於魯郊，魯君説之，爲具太牢以饗之，奏九韶以樂之，鳥乃始憂悲眩視不敢飲食。此之謂以己養養鳥也。若夫以鳥養養鳥者，宜棲之深林，浮之江湖，食之以委蛇，則平陸而已矣。今（繳）休款啓寡聞之民也，吾告以至人之德，譬之若載鼷（又設二諭）以車馬，樂鴳（音晏）以鐘鼓也。彼又惡能無驚乎哉！」

【通義】此亦明小行小識不足與聞乎大道，以表失言之可悔也。孫休指在要譽，非誠自修者，不遇而怨，小人之尤矣。慶子語此至人之德，豈亦聞見自信未臻身之域乎。「明汙」者，自潔以明他污也，驚者訝所聞之異，遂至惑於趨向而廢業，是以「仰天而歎」也。不然者，知教當英才不可躐等也，疑啓者隨件開論，漸此引掖也。養鳥之諭，義見前篇末繳中。復設「載鼷」「樂鴳」二諭，亦是文藝中引氣克神之一技。

【義海】樂天知命故不憂，窮理盡性夫何疑？若休〔一〕之所云，其於天命、理性之説，大有逕庭矣，故扁子告以至人之行。忘肝膽則内虚，遺耳目則外静，然後彷徨乎塵垢之外。凡人世有爲事迹皆塵垢也，能離乎此，則行住坐卧莫非無事之業，所謂「世出世間」矣，何爲可恃，何長可宰耶？今汝飾知脩身，昭若日月，以攬世間之禍患，得全形無夭亦幸矣，何暇乎天之怨哉。此所以深警其迷，而使之知復也。海鳥之喻，文意顯明。

**褚氏總論**：是篇首論生者人之所重，或過養而傷生，命在天而莫達，或以故而滅命。儻達於斯二者，則能保其生而安乎命，是爲深根固蔕，長生久視之道也。故凡生之所無以爲者，已之命之所無柰何者，達之知其非所當務，而吾有純全之天不可須臾離也。請觀醉者之墜〔二〕車，龤者之於鏌干，則亦何所容心哉。承蜩、操舟，以明積習而造妙；牧羊、畏途，在乎鞭後而戒危。説彘，喻貪爵者不如；見鬼，顯不能冥妄者

〔一〕「休」，褚本作「孫休」。
〔二〕「墜」，褚本作「視」。

多惑，此後設喻不一，皆所以申達生之止〔二〕，可謂諄且切矣！夫人生所養，自有定分，不爲求之而得，弗求而失也。人之患難有出非虞，不爲幸而可逃、智而可免也。在乎修人事以順天理，求其無愧而已。壽夭禍福，非所汲汲也。至若岩谷清修，廟堂事業，内而養生，外而治人，亦不過美人倫、興教化，同歸乎道德之理而已，然的知生爲可重，而能警惕〔三〕乎衽席飲食之間者，幾何人哉。必也望之而似木雞，御而不竭其力，斯達乎生理而庶幾乎至人之行矣。結以魯郊之鳥聞鐘鼓憂悲，蓋外失其養，則内傷其性，苟知所以養之，則知所以全之，要在達己之生，推以利物之生，與物同適，忘適而無不適矣。

【通義】此篇首言達生可以相天，後至人潛行不滯，至篇末皆紀事實，以證生之不可不達也。

## 山木第二十

莊子行於山中，見大木，枝葉盛茂，伐木者止其旁而不取也。問其故，曰：「無所可用。」莊子曰：「此木以不材得終其天年。」

莊子出於山，舍於故人之家。故人喜，命豎子殺雁而烹之。豎子請曰：「其一能鳴，其一不能鳴，請奚殺？」主人曰：「殺不能鳴者。」

〔二〕「止」，褚本作「旨」。
〔三〕「警惕」，褚本作「警」。

明日，弟子問於莊子曰：「昨日山中之木，以不材得終其天年；今主人之雁，以不材死；先生將何處？」

莊子笑曰：「周將處乎材與不材之間。材與不材之間，似之而非也，故未免乎累。若夫乘道德而浮游則不然。无譽无訾，一龍一蛇，與時俱化，而无肯專爲；一上一下，以和爲量，浮游乎萬物之祖；物物而不物於物，則胡可得而累邪！此神農黄帝之法則也。若夫萬物之情，人倫之傳，則不然。合則離，成則毁；廉則挫，尊則議，有爲則虧，賢則謀，不肖則欺，胡可得而必乎哉！悲夫！弟子志之，其唯道德之鄉乎！」

【通義】笑而曰「將處乎材與不材之間」，此莊子工夫間斷時，聞難而逐言詮也。出口即有覺，故隨曰似之而非也。自指其言，似可免累而實非免累之道，以其猶有材不材之可見也。惟不以免累爲心，一任道德而卷束無我，其感應之，有累無累非所與論也。大抵物以資用而受戕，天也，非人所能庸心也，命定於木，用必以材，命定於禽，廢必以不材。其所取於世者，生質定之矣。惟無可用之具，則木不召伐，雁不召烹，尚何材不材之足論哉。試觀天道之循環，得失不可以心思必也。

【義海】爲聖賢者，無不因學而成；學聖賢者，往往狗迹成弊。唯得心遺迹，斯無弊矣。木以不材而是生，雁以不材而死，此可見之迹也。然其所以生所以死，豈專在乎材與不材，亦有係乎所遇焉。故真人將處乎材與不材之間，猶以爲未免乎累，而欲脱去之，特未知所遇者如何耳。能否係乎材，所遇係乎命。

或謂材屬人而命屬天，則截然二途矣。蓋材亦出於天而成之在人，命全之在人而有係乎天。所遇則天人相因之迹，而美惡之所以著也。故材不材之間，賢者之事。超三者而無累，則入乎聖矣。是以必至於「遊乎萬物之祖，物物而不物於物」，然後材之所不能役，命之所不能物〔一〕也。故聖人不貴材，罕言命。「鄉」字舊無它音，今擬從去聲，與「向」同。

市南宜僚見魯侯，魯侯有憂色。市南子曰：「君有憂色，何也？」

魯侯曰：「吾學先王之道，修先君之業；吾敬鬼尊賢親，而行之無須臾離，居然不免於患，吾是以憂。」

市南子曰：「君之除患之術淺矣！夫豐狐文豹，棲於山林，伏於岩穴，静也；夜行晝居，戒也；雖饑渴隱約，猶旦胥疏（與人相遠）於江湖之上，而求食焉，定也；然且不免於罔羅機辟之患。是何罪之有哉？其皮爲之灾也。今魯國獨非君之皮邪？吾願君刳形去皮，灑心去欲，而游於无人之野。南越有邑焉，名爲建德之國。其民愚而樸，少私而寡欲；知作而不知藏，與而不求其報；不知義之所適，不知禮之所將；猖狂妄行乃蹈乎大方；其生可樂，其死可葬（忘）。吾願君去國捐俗，與道相輔而行。」

君曰：「彼其道遠而險，又有江山，我無舟車，柰何？」

市南子曰：「君无形倨（忘身），无留居（忘國），以爲君車。」

〔一〕「物」，諸本作「拘」。

君曰：「彼其道幽遠而无人，吾誰與爲鄰？吾無糧，我無食，安得而至焉？」

市南子曰：「少君之費，寡君之欲，雖無糧而乃足。君其涉於江而浮於海，望之而不見其崖，愈往而不知其所窮。送君者皆自崖而反，君自此遠矣！故有人者累，見有於人者憂。故堯非有人，非見有於人也。吾願去君之累，除君之憂，而獨與道游於大莫之國。〈且如〉方舟而濟於河，有虛船來觸舟，雖有惼心之人不怒；〈設〉有一人在其上，則呼張歙之；一呼而不聞，再呼而不聞，於是三呼〈三呼〉邪，則必以惡聲隨之。向也不怒而今也怒，向也虛而今也實。人能虛己以遊世，其孰能害之！」

【通義】居塵出塵，此章之大旨。中間舉名舉相，皆指吾固有者，寓言以寄意也。送者「自崖而反」，猶老子語南榮趎以偕來者衆之意。「有人」者，我役物也，「有於人」者，物役我也，二者皆非爲己之道。若堯不以己役物，亦不爲物役，則何累何憂。「大莫之國」，結前「建德」而復取喻。以無心爲歸宿，文氣便自悠長。「三呼邪」之上，當疊「三呼」二字，此譬曲盡人情，學者當知道不遠者如此。

【義海】狐豹栖伏隱約，猶不免於患，皮爲之災也。今魯國君位無異乎〔一〕文皮之買禍，信能刳形，則外皮自去；洒心，則内欲自除；超然遠俗，是「遊無人之野」也。到此恐侯〔二〕渺茫無據，又設「建德之國」以誘之。「作不知藏」，見在而足；「與不求報」，施不爲恩，又安知義禮之所適將哉？所以恣行而不

〔一〕褚本無「乎」字。
〔二〕「侯」，褚本作「魯侯」。

離乎大道也。「可樂」「可葬」，言安生安死，「去國捐俗」舍其係累，「與道相輔」則歸於無爲。若是者，可以至於建德之國矣。魯侯未悟，又慮道遠而無舟車，告以但能無以君侯自尊，仍無戀此國位，以是爲車則可往矣。又慮幽遠無鄰，無糧曷至。故凡著物滯有者，畏墮於虚，其患常若此。又告以少費寡欲，無糧乃足，君其泛乎道德之海而無崖無窮。「送君者」，喻爵位嗜欲，平日相從諳熟者，一旦棄去而遊乎無窮，則向之相從者望崖而不可進，遂與之日遠矣。夫「有人」「見有」，於人〔一〕皆不免憂累，唯能若堯之蕩蕩無名，斯可免患。願君去累除憂，而獨與道遊於大莫之國。「莫」，即無也，盖由「無人之野」斯造「建德之國」。「大莫」，則德亦忘矣，即《逍遥遊》所謂「無何有之鄉」是也。「虚船觸舟」，備見前解。「無須臾離，居然不免於患」，舊從「居」爲句，諸解多因之。今定從「離」爲句，「居」屬下文。

北宫奢爲衛靈公賦斂以爲鐘，爲壇乎郭門之外，三月而成上下之縣。

王子慶忌見而問焉，曰：「子何術之設？」

奢曰：「一之間，無敢設也。奢聞之，『既雕既琢，復歸於樸。』侗乎其無識，儻乎其怠疑；萃乎芒乎，其送往而迎來；來者勿禁，往者勿止；從其彊梁，隨其曲傳，因其自窮，故朝夕賦斂而毫毛不挫，而況有大塗者乎！」

〔一〕　褚本無「於人」二字。

【通義】「爲壇於郭門之外」，來者弗禁，多寡弗議也，往者弗止，無亦弗恠也。蓋謂喻意於民而聽民之自願，是以今不煩而事易集也。「一之間，無敢設也」者，誠心爲國，專一而不用智巧，况有「大塗」云者，言抱大道以御事，則一而不設，又豈持此小成哉。

【義海】金石，奉天之器，應律吕而調陰陽，國所當備者。而賦歛於民以爲之，則宜難成也。今乃三月而成上下之懸鐘[一]，上下各六，所謂編鐘是也。恠其成之速，故問何術之設而致是，答以唯知純一是守，無敢有所設也。「既彫既琢」，始於有爲；「復歸於朴」，終乎無爲，所以至於無識而若怠若疑也。「萃乎芒乎」，送往迎來若蚊蝱[二]之過前也。「來者勿禁」，隨其曲附也；「往者勿止」，從其强[三]梁也；「因其自窮」，使各盡其情而已。吾能止此而上下二懸猶足以不擾而辨，况懷大道於身者乎？蓋其謙辭也。此言以道處物者，無往而不從容，執物而障道，無往而不係累。夫賦歛以成事，後世爲國者所不免。有道存乎其間，則事成而民不害也。所謂有道者何？守一復朴而已矣。

孔子圍於陳蔡之間，七日不火食。

大公任往弔之曰：「子幾死乎？」曰：「然。」

〔一〕褚本此處作「上下之懸，設架懸鐘」。
〔二〕「蝱」，褚本作「虻」。
〔三〕「强」，褚本作「彊」。

「子惡死乎？」曰：「然。」

任曰：「予嘗試言不死之道。東海有鳥焉，其名曰意怠燕。其爲鳥也，翂翂音紛翐翐音秩而似無能；引援而飛，迫脅而棲；進不敢爲前，退不敢爲後；食不敢先嘗，必取其緒。是故其行列不斥，而外人卒不得害，是以免於患。直木先伐，甘井先竭。子其意者飾知以驚愚，修身以明汙，昭昭乎如揭日月而行，故不免也。昔吾聞之大成之人曰：『自伐者無功，功成者墮，名成者虧。』孰能去功與名而還與衆人！道流而不明居，得德誤行而不名明誤處；純純常常，乃比於狂；削迹捐勢，不爲功名；是故无責於人，人亦无責焉。至人不聞，子何喜猶取哉？」

孔子曰：「善哉！」辭其交遊，去其弟子，逃於大澤；衣裘褐，食杼栗；入獸不亂群，入鳥不亂行。鳥獸不惡，而況人乎！

【通義】凡序仲尼深造者，必極其精純則知，凡言其未至者，皆其早歲求道，發憤之時也。觀《論語》「從心」一章，可見孔子曰「善哉」以下非孔子實事，蓋設言以見意，所謂重言也。

【義海】「道流而不明居，得行而不名處」二句，停勻分讀，義自顯然。郭氏乃於「明」字下著注，故後來解者不越此論。唯呂氏、疑獨二家從「居」從「處」爲句，蓋「得」當是「德」，「名」應是「明」，庶與上文義協。言道德流行無往不在，但不欲自顯其道德以取伐竭耳。純常比狂，彼此無責，故能入獸不亂群，入鳥不亂行，此孔子服膺大成之言而洗心藏密之效也。故標示後世以爲規戒焉。

孔子問子桑雽音户曰："吾再逐於魯，伐樹於宋，削迹於衛，窮於商周，圍於陳蔡之間。吾犯此數患，親交益疏，徒友益散，何與？"

子桑雽曰："子獨不聞假國名人之亡與？林回，棄千金之璧，負赤子而趨。或曰：『爲其布怖通與？赤子之布寡矣；爲其累與？赤子之累多矣；棄千金之璧，負赤子而趨，何也？』林回曰三字衍：『彼以利合，此以天屬也。』夫以利合者，迫〈於〉窮禍患害相棄也；以天屬者，迫〈於〉窮禍患害相收也。夫相收之與相棄，亦遠矣。且君子之交淡若水，小人之交甘若醴；君子淡以親，小人甘以絶。彼无故以合者，則无故以離。"

孔子曰："敬聞命矣！"徐行翔佯而歸，絶學捐書，弟子无挹於前，其愛益加進。異日，桑雽又曰：其令二字误禹曰：『汝戒之哉！形莫若緣因便，情莫若率真性。緣則不離，率則不勞；不離不勞，則不求文以待形；不求文以待形，固不待物。』"

【通義】"林回"，林木遭回，祿也。"赤子怖寡"，不知火之可怖也，故曰寡利。合天屬一段，誠足以開外逐之蔽，無揖於前不修世俗之禮也。"真泠"乃其"其令"之誤。"不求文以待形"，固不待物，足乎己，無待於外也。孔子之困，皆有待於物之故。

【義海】天屬相收，出乎自然，無故而合也；利合相親，出乎使然，有故而合也。以夫子之友[一]徒比林回之赤子，則有故無故可見。淡親甘絶，又爲世道泛[二]言之，此相收相棄之所以分也。夫子既悟，歸而絶學，以至於無爲捐書，而究其所以[三]。弟子無揖遜之禮而相忘於前，「其愛益加進」，則去飾任真皆天屬也，奚獨父子而後爲至親耶？形緣而不離，則己常存；情率而不勞，則性常逸。所謂我者得矣，又何待乎禮文，何資乎外物哉！

莊子衣大布而補之，正緳賢節反系履，而過魏王。魏王曰：「何先生之憊邪？」莊子曰：「貧也，非憊也。士有道德不能行，憊也；衣弊履穿，貧也，非憊也；此所謂非遭時也。王獨不見夫騰猿乎？其得柟梓豫章也，攬蔓其枝而生長其間，雖羿、逢蒙不能眄睨也。及其得柘棘枳枸之間也，危行側視，振動悼慄；此筋骨非有加急而不柔也，處勢不便，未足以逞其能何能可逞也。今處昏上亂相之間，而欲無憊，奚可得邪？此比干之見剖心，徵也夫！」

【通義】此淺夫托爲南華之言，使南華而言此，何以爲南華。況原憲子貢之言，以盡之矣，此復重出，況以「比干剖心」爲徵，尤見紕謬。魏王聞言而不色動，其賢心矣哉。此章貶莊子而褒魏王者乎。正緳

〔一〕「友」，褚本作「交」。
〔二〕「泛」，褚本作「汎」。
〔三〕褚本「所以」下有「跡」字。

帶中結也，係履履敝而以繩約之也。

【義海】外利禄而守志曰[一]貧，無所守而氣餒曰憊。貧者士之常，憊者士之喪。故南華於一字之間[二]必正其名，所欲充其實也。騰猿之喻，夫豈得已。意在柟梓、柘棘之分，以形容其不遭時耳。觀南華所對，可謂確乎其尚志者矣！吁士抱道而不遇賞音，何代而非魏王邪？然心廣體胖，足以勝之，則亦何貧憊之有！

孔子窮於陳蔡之間，七日不火食，左據槁木，右擊槁枝，而歌焱氏之風，有其具而無其數，有其聲而無宫角，木聲與人聲，犂然有當於人之心。

顔回端拱，還目而窺之。仲尼恐其廣己而造大也，愛己而造哀也，曰：「回，无受天損易，無受人益難。无始而非卒也，人與天一也。夫今之歌者其誰乎？」

回曰：「敢問无受天損易。」

仲尼曰：「饑渴寒暑窮桎不行，天地之行也，運物之泄也，言與之偕逝之謂也。爲人臣者，不敢去之。執臣之道猶若是，而況乎所以待天乎！」

「何謂无受人益難？」

[一]「曰」，褚本作「者」。
[二]「間」，褚本作「充」。案：褚本當誤。

仲尼曰：「始用四達，爵祿並至而不窮物之所利，乃非己也，吾命其在外者也。君子不爲盜，賢人不爲竊。吾若取之，何哉！故曰鳥莫知於鷾鴯，目之所不宜，處不給視，雖落其實，棄之而走。其畏人也，而襲諸人間，社稷存焉爾。」

「何謂無始而非卒？」

仲尼曰：「化其萬化而不知其禪之者，焉知其所終？焉知其所始？正而待之而已耳。」

「何謂人與天一邪？」

仲尼曰：「有人，天也；有天，亦天也。人之不能有天，性也形稟，聖人晏然，體逝而終矣！」

【通義】槁木、槁枝，非樂器也。有具無數，有聲無音，而又能當於人心，此正形容孔子聲律身度之意。餘義皆明，惟「無受天損易」「無受人益難」，與《論語》「貧而無怨難，富而無驕易」意似相反，彼示人以處貧富之功者，蓋曰富者不可誇作事之易，貧者不可苦日給之難，而此則以理勢論，受於外者之物也。

【義海】「槁木」「槁枝」，皆無情之物。「歌猋氏風」，傷今思古也。「廣己而造大」，猶云張皇其事。「愛己而造哀」，鍾情憂戚也。夫天損之來，安之則易，人益之至，辭去則難。孔子嘗謂「貧而無怨難，富而無驕易」。南華反立説，語意尤奇而於理無悖，此所以度越諸子也。蓋「貧〔一〕無怨難」，指俗而言；「無受天損易」，爲學道者而言。若顔子簞瓢自樂，「無受天損易」也。王子搜登車仰呼，「無受人益難」也。蓋天益〔二〕損之來，安之在我，不以損爲損，此所以爲易；人益之至，制之有尊，不可辭却，此所以爲難。然而禍福倚伏，勢若循環〔三〕，是以達人視損如益，處窮如通，故不淫不移，死生莫奪也。信知「無始而非卒」，則何損之能損哉？天人之理，互相因成，今之歌者亦非我也，造物使之耳。夫物受天地運化，不啻人臣之從君命，唯抱道在躬者不受其損也。四達並至，命在外者，得之有道，非竊取也，則人益之來，君子亦有時乎受之矣。鷾鴯「畏人〔四〕襲人間」，喻處世全身之知。其顧窠巢而不去，猶人守社稷而不可離也。天地之化物，不覺其變，人當以天合天，安時任化，爵禄窮桎非所介懷。人而不能有天，魯鷾鴯之不若也。「運物」，碧虛照江南古藏本作「運化」，於義爲優。「桎」，當時「窒」，本經多通用。

莊周遊乎雕陵之樊，覩一異鵲自南方來者，翼廣七尺，目大運寸，感周之顙，而集於栗林。莊周曰：「此何鳥哉，翼殷大密不逝，目大不覩？」蹇裳躩步，執彈而留戀取之。覩一蟬，方得美蔭而忘其身；螳蜋執翳而搏之，見得而忘其形；異鵲從而利之，見利而忘其真。莊周怵然曰：「噫！物固相累，二類相召也！」捐彈而反走，虞人逐而誶雖遂反之反走則驚鵲故誶。

〔一〕褚本「貧」下有「而」字。
〔二〕褚本無「益」字。
〔三〕褚本下有一段：「又安知天損之非益，人益之非損乎？」。
〔四〕「人」下褚本有「而」三字。

莊周反入，三月不庭。藺且從而問之：「夫子何爲頃間甚不庭乎？」莊周曰：「吾守形而忘身，觀於濁水而迷於清淵。且吾聞諸夫子曰『入其俗，從其俗』，今吾游於雕陵而忘吾身，異鵲感吾顙遊於栗林而忘真其真，栗林虞人以吾爲戮，吾所以不庭也。」

【通義】「感周之顙」，忘機而物不避也。「此何鳥也」，則逐外矣。噫捐彈而走，即自覺也。「三月不庭」，自省也。此言餓渴之害爲心害也，心害而身殞矣。「逐而誶之」，故曰「以吾爲戮」。〔一〕

陽子名居之宋，宿於逆旅。逆旅人有妾二人，其一人美，其一人惡，惡者貴愛而美者賤憎。陽子問其故，逆旅小子對曰：「其美者自美，吾不知其美也；其惡者自惡，吾不知其惡也。」

陽子曰：「弟子記之！行賢而去自賢之行，安往而不愛哉！」

【通義】「自美」則有所恃而不修於行，「自惡」則常抱歉而樂動於事。「行賢」，有功於人也。汝惟不矜，天下莫與汝争能；汝惟不伐，天下莫與汝争功。

〔一〕 褚本下有一段管見，而朱本無，褚氏管見曰：「『樊』，舊説同『藩籬』之『藩』，音訓俱遠，兼氣象隘陋，非所宜遊，今依字以『山樊』釋之。《則陽篇》『夏則休乎山樊』，謂山林茂密之地。『三月不庭』，《音義註》『一本作三日』，詳下文『頃間』之語，則『三日』爲當，傳寫小差耳。『從其俗』，碧虚本作『從其令』，元本應是『令』字，故郭註及之，與《禮記》『入竟而問禁，入國而問俗』義同。」

**【義海】** 存自賢之行，則美者人猶惡之，況於惡乎？去自賢之行，則惡者人猶愛之，況於美乎？美惡由乎形，愛惡由乎心，貴賤由乎命。形一定而不易，命有時而窮通，心則隨物而變。故其愛惡也無常，至於彼自美惡而吾不知其美惡，則心與物忘，同乎溟涬，然後可以化物矣。彼能去賢，此能忘賢，是謂[一]「不尚賢」，所以「使民不争」，歸於自化。無爲而治，莫大於斯，故用以結《山木》之論。

**褚氏總論：** 是篇以「山木」命題，即大樗、櫟社之義，皆以不材得終天年；又以雁不能鳴而見殺相對立論，則南華之於世，諦觀之亦熟矣。夫木以擁腫全生，理固然也；而物之壽夭窮通，各係乎命分，所遇不可[二]例，以不材而幸免也。材與不材，俱爲著迹，中間一路猶涉殽訛，以其似之而非，故未免乎累。必欲離三者而獨立，乘道德以浮遊，與物同波，與時俱化，超物欲[三]而無累，去文皮而無灾，則「建德」「大莫」之國不在遠求而自至矣。若虚船之觸舟不怒，賦斂而毫毛不挫，皆以無心待物，物亦以無心應之。至論陳、蔡之厄，不若鷾鴯之知，螳螂蟬鵲，不知挾彈乘之，此皆逐於物而忘其真[四]，故不免乎累也。林回棄璧、甘負赤子而趨，帝舜命禹，貴形緣而情率，則知尊天屬而不待外物矣。衣大布而過魏王，擊槁枝而歌猋氏，明處貧而非憊，知天損之易安，則人益之來，處之必有道矣。結以「行賢而去自賢之行」，是超乎「材與

[一]「謂」，褚本作「爲」。
[二]「不可」，褚本作「不可謂」。
[三]「物欲」，褚本作「物祖」，當以朱本爲是。
[四] 此句褚本作「此皆處材而未盡善」。

不材之間」而一，真自如者也〔二〕。故真人不憚諄復，期學者更進竿頭一步云。

## 田子方第二十一

田子方侍坐於魏文侯，數稱谿工。

文侯曰：「谿工，子之師邪？」

子方曰：「非也，無擇（子方名）之裡人也；稱道（大）數當，故無擇稱之。」

文侯曰：「然則子無師邪？」

子方曰：「有。」

曰：「子之師誰邪？」

子方曰：「東郭順子。」

文侯曰：「然則夫子何故未嘗稱之？」

子方曰：「其爲人也真（朴實），人貌而天，虛緣而葆真（性），清（近隘）而容物。物（人）無道，正容以悟之，使人（此）之意（無道）也消。無擇（淺陋）何足以稱之！」

子方出，文侯儻然終日不言，召前立臣而語之曰：「遠矣全德之君子！始吾以聖知之言，仁義之行爲至矣，吾聞子方之師，吾形解而不欲動，口鉗而不欲言。吾所學者，真土梗耳，夫魏真爲我累耳！」

---

〔二〕 褚本此句作「是超乎『材與不材之間』而真似者也」。

【通義】「數稱」者，以文侯之造詣與之相近也。「稱道數當」，論大道而得情也。爲人真者，言行率真，雜以人僞也。上真見於外，下真守於中者。意消，無道之意。上言物，下言人，惟無道也，故曰物惟其消也，故曰人此以善養人也。

【義海】名所以彰德，外學也，内學則以爲累德，故凡學道之人爲世所稱者皆未能無迹，非德之全。若東郭順子，其徒猶未嘗稱之，世人又安能窺其萬一？特因文侯之問，遂言大畧。「其爲人也，人貌而天」，謂外同光塵而内不虧其自然之得〔一〕。「虚緣」則無爲也，而能混迹以「葆真」，「清」則忤俗也，而能恢度以「容物」。「正容以悟」，此爲容之之道，「使人意消」，則德博而化。容之在我，其化在彼，此人所難能者，而順子能之，非唯不待乎稱揚，而亦不可得而稱揚也。「聖知之言，仁義之行」，脩其外者耳。子方之師之德，足以使人内化。文侯聞風而悟，至於「形解」「口鉗」，亦可謂速化者矣。悟所學爲土梗，則知絶學爲全真；悟魏國爲身累，則知忘位〔二〕之可久，使〔三〕人意消之良驗也。又況於親炙規誨者乎？〔四〕

温伯名雪子字適齊，舍於魯。魯人有請見之者，温伯雪子曰：「不可。吾聞中國之君子，明乎禮義而

〔一〕「得」，褚本作「德」。
〔二〕「忘位」，褚本作「無位」。
〔三〕褚本「使」前有「此」字。
〔四〕褚本下接一段：「『其爲人也真』，疑此『真』字爲『冗』，下文有之，誤加於此，詳文義可見。」朱本無此段文字。

陋於知人心，吾不欲見也。」

至於齊，反舍於魯，是人也又請見。温伯雪子曰：「往也蘄見我，今也又蘄見我，是必有以振我也。」出而見客，入而歎。明日見客，又入而歎。其僕曰：「每見之此客也，必入而歎，何耶？」曰：「吾固告子矣：『中國之民，明乎禮義而陋乎知人心。』昔之見我者，進退一成規一成矩，從容一若龍一若虎，其諫我也似子，其道我也似父，是以歎也。」

仲尼見之而不言。子路曰：「吾子欲見温伯雪子久矣，見之而不言，何邪？」

仲尼曰：「若夫人者，目擊而道存矣，亦不可以容聲矣。」

【通義】此見魯人久習於儀文，務於聞見，而孔子獨出乎流俗也。規矩，禮法也；龍虎，文章也；諫似子，道似父，自賢而好爲人師也。「魯國一儒」與此互發，語而條貫，默而道存，孔子也。

【義海】言所以在意，得意而言可忘。禮所以接誠，誠至而禮可薄。故先聖教人，務脩其實而文非所尚也。則夫進退從容，諫我道我者，形諜成光，去道愈遠，謂之「陋乎知人心」也宜矣。昔韋鼎請見文中子，子三見而不言〔一〕，恭恭若不足。鼎出謂門人曰：「夫子得志於朝廷，有不言之教，不殺之嚴矣。」是亦庶乎「目擊道存」之義云。

〔一〕「不言」前褚本有「三」字。

顔淵問於仲尼曰：「夫子步亦步，夫子趨亦趨，夫子馳亦馳；夫子奔逸（馬狀）絶塵，而回瞠（敕庚反 直視）若乎後矣！」

夫子曰：「回，何謂邪？」

曰：「夫子步亦步也，夫子言亦言也，夫子趨亦趨也，夫子辯亦辯也，夫子馳亦馳也，夫子言道，回亦言道也，及奔逸絶塵，而回瞠若乎後者，夫子不言而信，不比而周，無器（位）而民滔乎（歸）前，而不知所以然而已矣。」

仲尼曰：「惡可不察（反觀）與！夫哀莫大於心死，而人死亦次之。〈試觀〉日出東方（自朝）而入於西極（至暮），萬物莫不比方，有目有趾者，待是（日）而後成功（有爲），是出則存（作），是入則亡（息）。萬物〈之於道〉亦然，有待也而死，有待也而生。吾（此形）一受其（虛靈）成形，而不化（離）以待盡（此虛靈），效物而動，日夜無隙，而不知其所終（無窮）；熏然（烝和煦）其成形，知命不能規（計）乎其前（將來），丘以是日徂（新）。

「吾終身與汝交一臂而失之，可不哀與！女殆著（見）乎吾所以著也。彼已盡矣，而女求之以爲有，是求馬於唐肆（市）也。吾服女也甚忘，女服吾也亦甚忘。雖然，女奚患焉！雖忘乎故（知）吾，吾有不忘者存。」

【通義】此紀孔顔之授受也。「步」「趨」「馳」，刑行；「言」「辯」，道行也。由緩入急，爲學而倣於形跡，見於事功，所以瞠若而覺夫子「奔逸絶塵」也。此形容仰鑚瞻忽末，由之意回之倣於心跡。心死於物也，故使之反觀心之所在。又即天運與人事相符而不息者，以日爲準，以起萬物之於虛靈亦莫不然。太虛之靈，熏烝和煦，充滿宇宙，生生化化，莫非此所成，此所謂命也。知幾者知此命有定，惟素位而行不能計乎將來。丘以此之故，所以此生與日俱躋而不敢將迎也。人苟相親以形而失此天性，豈不可哀乎。汝之所學，皆可見者，不知事過而道已化，汝乃以爲有象而求之，是求無以有也。唐不壁之屋肆，市也，鬻馬者於此而聚，既鬻則散而無馬矣，此虚室也，乃復求馬，不亦謬哉，服醒而衣之也。吾之語汝者，語過而忘其所語矣，汝之聽我者，聽過而忘其所以聽，斯則虚靈之體也。至此汝無謂無栖箔而生慮，此雖忘其知而湛一無知者千世而不變也，此所謂物有待而生死「日夜無隙」者。

【義海】孔子「奔逸絶塵而回瞠若乎後」，即楊子所謂「顔苦孔之卓」也。聖人之心，湛如止水，物來斯燭，潛應所感，是謂「與物爲春」「日夜無隙」者也。若其心死，則枯槁絶物，滯於頭空，沈淪幽寂，莫使復陽，故哀莫大焉。既心死而不復陽，則人死亦隨之矣。日有出入，以喻物有死生。「有目」，當是「有首」，《天地篇》「有首有趾無心無耳者衆」，「有首有趾」謂凡戴天履地之人，「是」指造化，物之存亡係於造化之出入，所謂「有待」者也。「日徂」，則與化俱徃，吾與汝共處一生之中，若交臂而過，頃刻失之，可不哀與！汝殆見乎吾所以見，特窺其陳迹已化〔一〕，而汝求之以爲有，是求馬於唐肆也。「唐肆」，鬳齋説爲近。又疑當時闤闠有此名，如京師馬、竹〔二〕樊樓之類，要亦不必深究。「吾服汝也甚忘」，謂吾思汝之前事已俱化矣，汝之思吾亦然。此古今聖賢愚知所共，非可以計力免，但當委順〔三〕之，知「有不

〔一〕褚本「已化」前疊「陳跡」二字。
〔二〕「竹」，褚本作「行」，當以朱本爲是。
〔三〕褚本「順」前有「而」字。

忘者存」足矣。竊觀此章問答，極於出生入死、造化推遷之理，先儒所未發明，群弟子所不可得聞者也。唯顏子優入聖域，故夫子以此告之。再詳「交臂而失」一語，有以見拳拳於道義之間，情均天屬，德意熏然，夫〔一〕化機之不可停，群生〔二〕之不可常也。然而知有不忘，則大常者存，非化所役，去來見在，無得而間之。前所云者，特其涉世之迹耳，豈足以窺聖賢之蘊哉。

孔子見老聃，老聃新沐，方將被髮而乾（晞），慹然似非人。孔子便而待之，少焉，見曰（敘事）：「丘也眩與（起下），其信然與？向者先生形體掘若槁木，似遺物離人而立於獨也。」

老聃曰：「吾（綱）遊心於物之初（父母未生前）。」

孔子曰：「何謂邪？」

曰：「心困焉而不能知（議論），口辟焉而不能言，嘗（試畧）爲汝議乎其將。至（目）陰肅肅，至陽赫赫；肅肅出乎天（陰根陽），赫赫發乎地（陽根陰）；兩者（陰陽）交通成和而物生焉，或爲之紀（主張）而莫見其形。消息滿虛，一晦一明，日改月化，日（日）有所爲而莫見其功。生有所乎萌，死有所乎歸，始終相反乎无端，而莫知乎其所窮。非是（造物者）也且孰爲之宗（主）！」

孔子曰：「請問遊是（作息於此）。」

老聃曰：「夫得是，至美至樂也，得至美而游（盤桓）乎至樂，謂之至人。」

〔一〕褚本「夫」前有「惜」字。
〔二〕「群生」，褚本作「群居」。

孔子曰：「願聞其方。」

曰：「草食之獸，不疾易藪，水生之蟲，不疾易水，行小變而不失其大常也，〈蓋以〉喜怒哀樂不入於胷次（所存惟常性耳）。夫天下（天地之內）也者，萬物之所一（性之原方也）也。得其所一而同焉，則四支百體，將爲塵垢，而死生終始，將爲晝夜而莫之能滑，而況得喪禍福之所介乎！棄隸者（身外所司），若棄泥塗，知身貴於隸也，貴在於我而不失於變。且萬化而未始有極也，夫孰足以患心（失至樂）！已，爲道者，解乎此。」

孔子曰：「夫子德配天地，而猶假（藏密）至言以修心，〈然則〉古之君子，孰能脱（不修）焉？」

老聃曰：「不然。夫水之於汋也，无爲而才自然矣。至人之於德也，不修而物不能離焉，若（如）天之自高，地之自厚，日月之自明，夫何修焉！」

孔子出以告顔回曰：「丘之於道也，其猶醯雞與！微夫子之發吾覆也，吾不知天地之大全也。」

【通義】李、孔之授受，莫此爲精，吾師乎，吾事乎。「議乎其將」句，「其」者，指人性之原天地之根柢也，「將」者，目無而有將然未然之謂。蓋以性之體不可言具，幾畧有可言者。陰陽互感而萬物之生無窮，其幾不可見不可窮而實爲萬物之王。「遊是」者，心盤桓於無朕無方也。願聞其趨向之方，得其所一而已。貴者「至美至樂」者也，得「至美至樂」則死生禍福與所隸之事，皆不足以累心矣。「已爲道者，解乎此」，言神明之舍，全體是道，而無我者，惟解乎此而已。「假至言以修心」，指前不能知、不能言爲至言，伏於中以默自修，不忘於修也，老子猶然，孰能忘修乎。「不然」者，謂修而至於無，修非不修也。醯雞醑甕中之蠛蠓也，包覆於甕中，自安於小，不見其大也，道莫大於自然。

【義海】「物初」者，「無名天地之始」，即「太極」也。「肅肅出天，赫赫出地」，即太極「動而生陽，動極而静，静而生陰，静極復動」，循環無端。似有物爲之紀而莫見其形，即所謂「上知造物無物，下知有物之自造」也。明夫「物初」，則知己之初以至天地之初，亦若是而已。得是至美而遊乎至樂，斯爲人道之至也。夫物之所生〔一〕，有萌有歸，人之生死，可不深究。「小變」謂生死，「大常」，不壞也。「不壞」者，一靈之本，静而曰性，含虚空爲有餘，動而曰心，入塵垢爲不達〔二〕。斯理者，涉變而通，「知常曰明」。其存也如月在水，其化也如風行空，何易水易藪之足慮哉！天下者萬物之所同，則四肢百體，豈吾獨有？知隸賤可棄，而身貴常存，則何得喪禍福之能滑？夫水之於清，性自然也，喻至人之德無假修爲，而物自歸之。天職生覆，地職形載，主教化者聖人之職，斯其所以爲「大全」也與。此章要旨在生萌死歸，而先聖於此多不明言，欲人反而求之，充其真，見之實，然後不爲死生轉移。且人處生死之間，上知下愚，無得免者；生圖厚養，死圖後葬，比比皆然，罔知〔三〕萌所歸之何如也。夫欲知其所歸，必當究其所萌，乍聞此言，若茫然無致力處，研窮經意，互有發明。南華亦嘗有云：「察其始也本無生，非徒無生而又無形無氣，雜乎茫忽〔四〕之間，變而有氣，氣變而有形，有生，生又變而之死，是相與爲四時也。」又云：「善吾生者，所以善吾死。」則先聖不言之秘，真人已詳言之，人患不求耳！是道也，可以心會，而不可以言盡，即禪家

〔一〕「所生」，褚本作「生死」。
〔二〕褚本「達」前有「足」字，「達」從下讀，作「達斯理者，涉變而通」。
〔三〕「罔知」前，褚本有「而」字。
〔四〕「茫忽」，褚本作「芒芴」。

究竟「父母未生已前」，「風火既散已後」。雖因師指而入，終焉直須自悟，所謂「説破即不中」是也，學者勉之。

莊子見魯哀公。哀公曰：「魯多儒士，少爲先生方比者。」

莊子曰：「魯少儒。」

哀公曰：「舉魯國而儒服，何謂少乎？」

莊子曰：「周聞之，儒者冠圜冠者，知天時；履方屨者，知地形；緩佩玦者，事至而斷。君子有其道者，未必爲其服也；爲其服者，未必知其道也。公固以爲不然，何不號於中國曰：『无此道而爲此服者，其罪死！』」

於是哀公號之五日，而魯國无敢儒服者，獨有一丈夫，儒服而立乎公門。公即召而問以國事，千轉萬變而不窮。

莊子曰：「以魯國而儒者一人耳，可謂多乎？」

【通義】此見當時信莊孔爲真儒也。前《胠篋》篇中謂「陳成子傳世十二，享有齊國」，此言見哀公與陳恒同時矣，計其壽將幾何乎。余故謂外篇、雜篇多後人所擬而附會之者。

【義海】南華以間世卓犖之才而居溷濁之世，時人無足與語，無以發胸中之奇，遂上論皇王，中談孔老，下至楊、墨、桀、跖，悉評議而無遺。其於察言行之實，判心迹之微，不啻明鑑之燭秋毫也。或謂所談多譏孔子，徒觀其言而不究其意耳！是章結以「舉魯國儒服」而「儒者一人」，余謂尊孔子者莫若南華也〔一〕。請觀東坡《莊子祠堂記》，庶表余言之不妄云。

百里奚爵祿不入於心，故飯牛而牛肥，使秦穆公忘其賤與之政也。有虞氏死生不入於心，故足以動人。

【通義】惟思盡職，惟恐鰥曠，何爵可計，何祿可籌，故「飯牛而牛肥」，撫國而國裕，正易地皆然之謂。無求在平時行也，盡職在當事事也。

宋元君將畫圖，衆史皆至，受揖而立；舐筆和墨，在外者半。有一史後至者，儃儃吐但反然不趨，受揖不立，因之舍。公使人視之，則解衣般礴羸。君曰：「可矣，是真畫者也。」

【通義】「舐筆和墨」，矜能逐技於目前。「不趨」「不立」，神營景色於圖外，是故謂之「真畫」。若元君者，亦可謂之鑒別矣，「受揖不立」，領畫圖之意，逐返舍也。即「舐筆和墨」四字，絶非漆書壁經之

〔一〕「莫若南華也」，褚本作「莫南華若也」。

時所作也。

【義海】爵禄無心而飯牛，故穆公與之政而治；工技[一]不矜而槃礴，故元君知其畫之真。心虛則物附，足者内閒故也[二]。今世從事才技者，汲汲然恐人之不知，而用才者則惟外飾是取，宜其得之不精也。[三]

文王觀於臧，見一丈夫釣，而其釣莫釣；非持其釣，有自別釣者〈之人〉也，常釣夢語也。

文王欲舉而授之政，而恐大臣父兄之弗安也；欲終而釋之，而不忍百姓之無天也。於是旦而屬之夫大誤夫曰：「昔者寡人夢，見良人，黑色而頓而占反，乘駁馬而偏朱蹄，號曰：『寓而政於臧丈人，庶幾乎民有瘳乎！』」

諸大夫蹴然曰：「先君王也。」

文王曰：「然則卜之。」

諸大夫曰：「先君之命王，其無它，又何卜焉！」

遂迎臧丈人而授之政。典法無更，偏令無出。三年，文王觀於國，則列士壞植散群不樹朋黨，長官者不成德不居功，斔音庚斛不敢入於四竟。列士又自解壞植散群，則尚同也；長官者不成德，則同務也二句治内；斔斛不

[一]「技」，褚本作「拙」。

[二]此句褚本作「内足者外閒故也」。

[三]褚本於此下有一段文字作：「再考『飯牛而牛肥』，只應作『飯牛而肥』，謂百里奚雖處賤，躬耕而樂道忘貧，四體充悦，非謂牛肥也。」

敢不同之量入於四竟，則諸侯無二心也。

文王於是焉以爲大師，北面而問曰：「政可以及天下乎？」臧丈人昧然而不應，泛然而辭，朝令而夜遁，終身無聞敘事。

顔淵問於仲尼曰議論：「文王其猶未邪？又何以夢爲乎？」

仲尼曰：「默，汝无言！夫文王盡之也，而又何論刺焉！彼直以循斯須也何以服顔子。」

【通義】此非知德之言也。文王用機械，仲尼苟斯須，雖鄙夫猶羞爲之，何以爲文王仲尼。

【義海】「壞植」，説者不一，司馬註云「行列也。散群，言不養徒衆」。一説「植者，疆界頭造屋以待諫士」，故成疏云「諫士之館」也。無隱范先生云：「植者，邊疆植木以爲界，如榆關、柳塞之類。『壞植散羣』，則撤戍罷兵，憐〔一〕封混一，此尚同之俗也。續考司馬子長《樂毅上燕王書》云『薊丘之植，植於汶篁』，徐廣注謂『燕之疆界移於汶水〔二〕』，竹田曰篁，桓〔三〕以爲界之物也。」按此則范講爲可據，餘義備見諸解。

〔一〕「憐」，褚本作「鄰」。
〔二〕「汶水」，褚本作「齊之汶水」。
〔三〕「恒」，褚本作「植」。

列御寇爲伯昏無人射，引之盈貫，措杯水其肘上，發之，適矢復沓，方矢復寓。當是時，猶象人也。伯昏無人曰：「是射之射，非不射之射也。當(試)與汝登高山，履危石，臨百仞之淵，若(汝)能射乎？」於是無人遂登高山，履危石，臨百仞之淵，背逡巡，足二分垂在外，揖御寇而進之。御寇伏地，汗流至踵。

伯昏無人曰：「夫至人者，上闚青天，下潛黄泉，揮斥八極，神氣不變。今汝怵然有恂目之志，爾於中也殆矣夫！」

【通義】事見《列子》，此亦述之者，御寇自表若此，可見道無終，窮學之不可以自滿也。

【義海】此章明精藝而神耗者易窮，以道而通藝者不慄。當發矢沓寓而如象人，可謂盡射之藝矣。及登山臨淵，則悚汗而不能立，況欲射乎？此伯昏所以示不射之射，特寓道於藝，非以是爲極至〔一〕也，然亦揮斥八極之漸與。習養神之道者，請觀諸此。或疑御寇著書而自貶若是，何邪？蓋抑己所以尊師，所以〔二〕尊道也。與彎射羿之弓者不俟矣。無隱范先生講宗呂註，兼證郭氏小失，云「『方矢』猶『方舟』之義，並也。謂並執之矢已寓於弦，非寓杯水於肘上也」，其論爲當。

〔一〕「至」，褚本作「致」。
〔二〕「所以」前褚本疊「尊師」二字。

肩吾問於孫叔敖曰：「子三爲令尹而不榮華，三去之而无憂色。吾始也疑子，今視子之鼻間栩栩然，子之用心獨柰何敘事？」

孫叔敖曰議論：「吾何以過人哉！吾以其來命之當貴不可却也，其去不可止也，吾以爲得失之非我也，而無憂色而已矣。我何以過人哉！且不知其富貴在彼人乎，其在我乎？其在彼邪亡乎我，在我邪亡乎彼。方將躊躇，方將四顧，何暇至乎人貴人賤哉！」

仲尼繳聞之曰：「古之真人，知者不得説，美人不得濫，盜人不得刦，伏戲黄帝不得友。死生亦大矣，而无變乎己，況爵祿乎！若然者，其神經乎大山而无介，入乎淵泉而不濡，處卑細而不憊，充滿天地，既以與人，己愈有。」

【通義】此章只是敷演老子。「既以與人，己愈有」一句，亦散見於前，趙孟之與奪人，己之得失，亦無可以入心者。「彼」指人，非指造物者也。

【義海】中心閑豫，故「鼻間栩栩然」，息深而動微。知爵禄之來不可却，去不可止，以爲得失之非我而無憂色，此其所以過人也〔一〕。不知其在造物乎？其在我乎？以爲在我則無造物，以爲造物則無我，彼我

〔一〕褚本「也」前有「者」字。

兼忘，得失[一]何憂哉！「躊躇四顧」，言其自得，何暇至於人貴人賤，則所樂在[二]內，其視三仕三已若遊塵之過前。此言安命者忘貴賤，輕利者忘爵禄也。故仲尼以比古之真人。真人者，死生無變於己，以其浩然之氣充塞天地，故推以利人，其用無極。南華寓言於肩吾、叔敖，所以爲可仕可止之鑑，而於内樂無益損焉，斯可與之論道矣。

楚王與凡君坐，少焉，楚王左右曰凡亡者三。凡君曰：「凡之亡也，不足以喪吾存敘事。夫『凡之亡不足以喪吾存』議論，則楚之存，不足以存存。由是觀之，則凡未始亡，而楚未始存也。」

【通義】此亦實上章「得失非我」之義，而指點却明爽。「楚王與凡君坐」，王心猶未亡凡也。左右三日，凡亡，欲王不禮乎。凡，君也，楚不禮人，楚先亡矣，故曰「不足以存存」。

【義海】凡君不以國亡係念，而能存己之存，知身之重於國也。楚王以國存自矜，而己之所存者已亡，以國爲重於己也。己重於國，則國雖亡而無傷；國重於己，則國雖存而已無濟矣。是知君子所當存者在乎道德，而不在國位，而況區區得喪下於國位者乎？

[一] 「得失」，褚本作「夫」。
[二] 「在」，褚本作「也」。

**褚氏總論：** 是篇立論，始於子方之師「人貌而天」，隱德潛耀有不容稱者，遂足以使文侯悟所學之非真知。魏國之爲累，可謂善揚師德，一言悟主者矣。何患乎己之不立，道之不行邪？仲尼見温伯雪子，「目擊道存」，則啓迪之機，不在乎諄諄訓古之間。顔子歎「超逸絶塵」「瞠若乎後」，則大化密移，盍求諸交臂易失之際！老聃遊乎物初，而孔子識其「離人立獨」，具眼相逢。造妙若此而猶有問，不幾於贅乎？然非因機闡理，則無以惠後學，故詳及於陰陽成和生物之奥，由其萌以究其歸，使人人知天地之大全而忘形骸之小變，是亦聖人弘道濟物之盛心也。哀公謂魯多儒〔一〕，則以衣冠取人，莊子稽其行實，故得以少之。及其號於國而獨存仲尼，有以見真道之不磨，僞學之易泯，衡鑑昭昭，其可欺邪？文王舉臧丈人，政成而夜遁，則知有心爲治者，任賢惟急；應物無心者，功成弗居，君臣之道至是極矣。所以示萬世之標準也。至若伯昏以射觀列御寇，叔敖三已而無憂色，此又論至命之士，離人入天，與化爲一，揮斥八極，死生無變者也。學道必至此地，庶〔二〕爲極則，不然皆外殉而中殆者耳。終以楚王、凡君身國存亡之喻，明物我内外之分，可謂知輕重矣。

## 知北遊第二十二

知北遊於玄水之上，登隱弅音紛之丘，而適遭無爲謂焉。知謂無爲謂曰：「予欲有問乎若汝：何思何

〔一〕「儒」，褚本作「儒士」。
〔二〕「庶」，褚本作「方」。

慮則知道？何處何服則安道？何從何道則得道？」三問而无爲謂不答也，非不答，不知答也。

知不得問，反於白水之南，登狐闋之上，而睹狂屈焉。知以之此言也問乎狂屈。狂屈曰：「唉！予知之，將語若汝。」中欲言而忘其所欲言。

知不得問，反於帝宮，見黄帝而問焉。黄帝曰：「无思无慮始知道，无處无服始安道，无從无道始得道。」

知問黄帝曰：「我與若汝知之，彼與彼不知也，其孰是邪？」

黄帝曰：「彼无爲謂真是也，狂屈似之；我與汝終不近也。夫知者不言，言者不知，故聖人行不言之教。道不可致，德不可至。仁可爲也，義可虧也，禮相僞也。故曰：『失道而後德，失德而後仁，失仁而後義，失義而後禮。禮者，道之華而亂之首也。』故曰：『爲道者日損，損之又損之，以至於无爲，無爲而無不爲也。』今已爲物也，欲復歸根，不亦難乎！其易也，其唯大人乎！

「生也死之徒，死也生之始，孰知其紀！人之生，氣之聚也；聚則爲生，散則爲死。若死生爲徒，吾又何患！故萬物一也，是其所美者爲神奇，其所惡者爲臭腐；臭腐復化爲神奇，神奇復化爲臭腐。故曰『通天下一氣耳』。聖人故貴一。」

知謂黄帝曰：「吾問无爲謂，无爲謂不應我，非不我應，不知應我也。吾問狂屈，狂屈中欲告我，而不我告，非不我告，中欲告而忘之也。今予問乎若汝，若知之，奚故不近？」

黄帝曰：「彼其真是也，以其不知也；此其似之也，以其忘之也；予與若汝終不近也，以其知之也。」

狂屈聞之，以黄帝爲〈自〉知〈其〉言有條理也。

【通義】 此章人名、地名皆擬爲之者，大旨形容直超頓悟之得，亦敷演老子「知者不言」等意。末歸狂屈而不舉無爲謂，終於無言也。無爲謂不知答，守虛而不逐，問乃所以爲答也。狂屈忘所欲言，方逐問而即還守虛也，皆所以滌知者之外求也。黄帝之答，落言詮矣，雖其知無，安得皆本於無，而聽者終入於有，是故「不近」也。自此至篇末數章頗精純。

【義海】 「知北遊於玄水」，喻多識之士，欲求歸本源。「隱弅之丘」，謂未能全隱其知，猶有以示人也。「无爲謂」則不復以知言，故問而不知答。「反乎白水之南」，又向明以求之。「狐闋」，則疑心已空。「狂屈」，人以爲狂而全[一]者也。「欲言而忘」，明其不可得而言。「反於帝宫」，則求諸内。「黄帝」，居中之主，有扣不得不應，遂告以知道、安道、得道之要，在乎无思、无處、无從而已。「真是」謂得其實，「似之」次焉，「不近」則遠於道矣。知言之相反若此，宜吾[二]夫子之於人，「聽言而觀行」。「不言之教」，以身率之，无待於言也。夫道降而爲德、仁、義、禮，猶人生而知，知而能，能而役，役則爲物所物，欲復歸根也難矣！唯大人則能物物，所以易也。死生者，一氣之聚散。神奇、臭腐交相化成[三]，亦以人之所美所惡言之。且[四]聖人貴一，一則混然无間，何分乎神奇、臭腐哉！唯知死生爲徒者，可以語此。「知謂黄帝曰」已下，

[一] 「全」，褚本前有「曲」字。
[二] 「吾」，褚本作「其」。
[三] 褚本無「成」字。
[四] 「且」，褚本作「耳」，從上句句尾爲讀。

重衍前文，義不待釋。

天地有大美而不言，四時有明法而不議，萬物有成（定）理而不説。聖人者，原天地之美，而達萬物之理，是故至人无爲，大聖不作，觀〈法〉於天地之謂也。

今彼神（天之神）明至精，與彼（物之主）百化物已，死生方圓，莫知其根也，扁（翩同）然而萬物自古以固存。六合爲巨（大無不目），未離其内；秋豪爲小（小無不體），待之（造物）成體。天下莫不沈浮（往來不滯），終身不故（日新不舊）；陰陽四時，運行各得其序。惛然若亡而存，油然不〈恃〉形而（立）神，萬物畜而不知。此之謂本根，可以觀於天矣。

【通義】此旨已散見於前辭，無隱奥。「扁然」者，去去不已之意，係以固存，蓋曰生死相代，往過來續之物自古如此，由於造物之精常如此而無去來也。觀天，法天之自然也。

【義海】此段南華自立説，亦接前章无爲无言之意。首三句即是「天何言哉！四時行焉，百物生焉」。聖人體天地而育萬物，豈直塊然无爲，不作如木偶哉！蓋爲出於无爲，作本於不作，若天時之運行，地利之發育，不越乎自然而已。合天地之神明至精，與物變化〔一〕，榮枯形狀，昭昭可覩，而莫知其爲之者，此所謂「根」也。「扁然而萬物」，即「萬物芸芸」之義。「自古固存」，「道不渝」也。故大彌六合，細

〔一〕「變化」，褚本作「百化」。

入秋毫，與物同波而日新，陰陽俱運而有序。「若亡而存」，「恍惚有物」也。「不形而神」，「冥冥見曉」也。萬物莫不生育於斯，而不知此爲本根，所謂「本根」者，亦豈他求哉！反求諸吾身，得其所以生我者。是以[一]知其根而守之不離，是謂「歸根」。「歸根曰靜，靜曰復命」，學道至此始可進。又玄一步，故曰「可以觀於天矣」。「今[二]」，陳碧虚照散人劉得一本「合彼」，參之上文，於義爲優。

齧缺問道乎被衣，被衣曰：「若汝正汝形，一汝視，天和將至；攝汝知，一汝度，神將來舍。〈如此〉德將爲汝美，道將爲汝居，汝瞳焉何所如新生之犢，而无求其故所爲！」言未卒，齧缺睡寐。被衣大説，行歌而去之，曰：「形若槁骸，心若死灰，真天機其實非妄知，不以故格式自持。媒媒無可見晦晦，無心而不可與謀。彼何人哉極贊之也！」

【通義】此與「孔子見老聃新沐」意同。「睡寐」非昏然不覺。比也，心冥意契，形神俱化也。正形，四體安舒也。一視，明目而反觀無他見也。天和，猶曰太和，元氣全也。攝知，收斂，覺性也。一度，氣止不紊也。神自已，神明也。如此德潤身，道爲廣居矣。若造於此，則瞳凝定，何所似乎，殆猶犢，雖視而無意乎。師言未竟而弟子忘機，言者聽者同此洗心之功也。鬳齋謂此二人「好手，手中呈好手，紅心，心

[一]「以」，褚本作「已」。
[二]「今」，褚本做「今彼」，當以褚本爲是。

裏中紅心」。彼忘聽此言，「忘」言疑其人非人也，故曰「彼何人哉」。〔一〕

舜問乎丞（官名）曰：「道可得而有乎？」

曰：「汝身非汝有也，汝何得有夫道？」

舜曰：「吾身非吾有也，孰有之哉？」

曰：「是天地之委形也；生非汝有，是天地之委和也；性命非汝有，是天地之委順也；孫子非汝有，是天地之委蜕也。故行不知所往，處不知所持，食不知所味。天地之彊（不息）陽氣也，又胡可得而有邪！」

【通義】忘形骸、泯知識者，而後可以語乎此。此紀古昔君臣之爲師友相礪者如此。既知爲氣則其聚散無常，成人成物皆適然耳。胡可得而有耶。

【義海】「丞」，或云舜師，諸解罕詳。及續考碧虚子音義註云「古者帝王有四辅，左辅右弼，前疑後丞，盖官名也」，此説明當。夫道本无形，因物而見。身非我有，以神而靈。天地委形，有成必毁，所謂吾者，暫寄焉耳。曰生、曰性亦然，則子孫之爲委蜕，又可知矣。故其行、處、飲食，一當任之自然。天地之和

〔一〕此下朱本未引褚氏管見。管見云：善誨者立條必簡，善學者受化必速。「正形」「一視」，所以檢外也；「攝知」「一度」，所以肅内也。可謂條簡也。「言未卒」而睡寐，則尤可謂速化也。「瞳然如新生之犢」一句，形容德美道居，無心無爲，粹然與物相忘之狀最佳，觀此可以知入道之方矣。被衣形歌之辭，與子貢讃漢陰丈人義同。人患在爲謀府、知主，今也無心而不可與謀，故歎美其淳德，謂世間無復有此人也。

氣流行，生育萬物，此榮彼謝，彼死此生，皆道之運化无極，而物之受命无窮者也。汝惡得而獨有之？盖明天地造化无私，以破世人執有其身而憐子愛孫之惑，破〔一〕始可愛身〔二〕以入道矣。此南華真切爲人脱韁解鏁之要訣〔三〕。

孔子問於老聃曰：「今日晏閒，敢問至道。」

老聃曰：「汝齊戒疏(通)瀹而(汝)心，澡(滌)雪而精神，掊(棄)擊而知！夫道，窅然難言哉！將爲汝言其崖畧附餘。

「夫昭昭生於冥冥，有倫生於無形，精神生於道，形本生於精，而萬物以形相生，故九竅者胎生，八竅者卵生。其來無跡，其往無崖(盡)，无門无房，四達之皇皇也。邀(出入必歸)於此者四肢彊(堅强不息)，思慮恂達，耳目聰明，其用心不勞，其應物無方。天不得此不高，地不得此不廣，日月不得此不行，萬物不得此不昌，此其道與！

「且夫博之不必知，辯之不必慧，聖人以(已)斷(脱去)之矣。若夫益之而不加益，損之而不加損者(外無與於內)，聖人之所保也。淵淵乎其若海，巍巍乎其終則復始也，運量萬物而不匱(舊遺)，此其道與！

「中國(天下)有(設)人焉，非陰非陽，處於天地之間，直且爲人，將反於宗(未生)。自本觀之，生者喑(音陰)醷(於異反)

〔一〕 褚本無此「破」字。

〔二〕 褚本無「愛身」二字。

〔三〕 褚本「要訣」下有「也」字。

物也。雖有壽夭，相去幾何？須臾之説也。奚足以爲堯桀之是非！〈且〉果蓏〈亦〉有理，〈是以〉人倫雖難所以相齒。聖人遭之而不違存神，過之而不守過化。調而應之，德也；偶而應之，道也；帝之所興，王之所起也。「人生天地之間，若白駒之過郤，忽然而已。注然勃然，莫不出焉；油然漻然，莫不入焉。已化而生，又化而死，生物哀之，人類悲之。解其天弢敕刀反，墮其天袠，紛乎宛乎，魂魄將往，乃身從之，乃大歸乎！不形之形，形之不形，是人之所同知也，非將至之所務也，此衆人之所同論也。彼至則不論，論則不至。明見无值，辯不若默。道不可聞，聞不若塞。此之謂大得全天。」

【通義】此章問答詞旨，皆明惟「果蓏有理」一句，不類盖舉微物以例其餘，所以起下文也。「天弢」「天袠」，猶曰天刑，盖以人之甘於桎梏，如弓矢之在弢袠，亦天限之，使不能出也。將至道者無言無聞，今有言有聞，非將至之所務也，必復其無知無爲，不思不議而後可謂之至道。此章不若新沐章精粹。

【義海】「昭昭生於冥冥」至「形本生於精」，明天下之有生於无也。「萬物以形相生」，「一生二，二生三」之義。「來往无門」而「四達皇皇」，无非門也；「思慮恂達」，而「耳目聰明」，无非用也。天地萬物莫不由斯，則道之爲用大矣。世人徒以區區博辯爲知慧，而欲求合乎大道，聖人已斷棄之矣。此章首所以先令掊擊知慮，而後告之必至於世間益損所不能加，則淵乎巍巍，終始萬物，運量萬物而不匱〔一〕，雕

〔一〕「匱」，褚本作「遺」。

琢衆形而非巧也。「物往資焉而不匱」，至无而供其求也。此其所以爲道歟。「中國有人，非陰非陽」，言有无死生不得以係之。「直且爲人」，「有人之形而无人之情」。「將反於宗」，「遊乎物初」之謂也。人生乃一氣之結聚，雖壽夭不同等，之[一]須臾耳，奚足以分堯、桀之是非。觀夫果蓏雖微，種類滋榮，各有條理，人倫之貴賤高下相齒亦然。是以聖人遇則順之，不忤物性；過則忘之，不介己懷。曰「調」曰「偶」，皆應物之妙用，而不離乎道德之間，此帝王之所興起，人民之所依賴者也。夫物之出機入機，亦其常理，而世人不免乎悲哀，未離乎自然之弢袠也。若以理燭破，則弢袠自解。魄往身從，乃大歸耳，何足哀耶？「不形之形」，出而生也；「形之不形」，入而死也。是人之所知，非將至而難明之事，衆所同論也。然理至則忘言，可言則未至，故「辯不若默」「聞不若塞」。若塞若默，此謂「大得」，則辯之與聞，失可知矣。「運量萬物而不遺[二]」，碧虚照散人劉得一本作「不匱[三]」，義長。

東郭子問於莊子曰：「所謂道，惡乎在？」

莊子曰：「無所不在。」

東郭子曰：「期而後可。」

莊子曰：「在螻蟻。」

---

〔一〕褚本無「之」字。

〔二〕「遺」，褚本作「匱」。

〔三〕「匱」，褚本作「遺」。

曰：「何其下邪？」

曰：「在稊稗。」

曰：「何其愈下邪？」

曰：「在瓦甓。」

曰：「何其愈甚邪？」

曰：「在屎溺。」

東郭子不應。莊子曰：「夫子之問也，固不及質。正獲（官名）之問於監市履狶也，每下愈況（倒用句）。汝唯莫必无乎逃物（錯縱句）。至道若是，大言亦然。周徧咸，三者異名同實，其指一也。

「嘗相與遊乎無何有之宫，同合而論，無所終窮乎！嘗相與无爲乎！澹而静乎！漠而清乎！調而閒乎！寥已吾志（倒句），无往焉而不知其所至。去而來而不知其所止，吾已往來焉而不知其所；彷徨乎馮（大壞）閎，大知入焉而不知其所窮。物（生）物者與物无際而物有際者，所謂物際者也；不際之際，際之不際者也。謂盈虚衰殺，彼爲盈虚非盈虚，彼爲衰殺非衰殺，彼爲本末非本末，彼爲積散非積散也。」

【通義】道無往而不在，問不及本，正猶司市知官問監市，以物之市價而不及於屠宰之流，雖曰至下，亦市價之所在也。惟無固必揀擇之心，何往而非至道。且如今人之言曰周曰偏曰咸，三者雖異名而實則一指也。若無固必而游乎太虚，視萬物爲一，而論之則無跡無爲一，惟澹漠清浄，調適於其間而已。如此則寂寥無感者，吾志也，無所往，無所至，湛然常住，萬物之來去無窮而吾之應不留，逍遥天壤通明無際矣。

蓋生物者非物也，何有所際，惟物則有際，試觀天象盈虛衰殺，本末積散者，則道也，豈有際乎？豈謂瓦甓之類非道乎？此亦申上章之意也。

【義海】道之在天下，猶水之在地中，而其體性周徧法界。此云道在瓦甓、稊稗，指其至下者言之，觸類而通，則知徧一切處，何物不具此道。但人品不同，見有差別，聖人見道不見物，凡人見物不見道，蓋因物以障之，非道有存亡也。今所問固陋，不及道之真質，反不若履豕者得其豕肥之要也。汝若謂道之逃乎卑下之物則不能周、徧、咸具〔一〕矣。混三者而遊於无何有之鄉，安有所窮極邪？所謂「澹静」「漠清」「調閒」者，終歸於寂寥而已。吾志无往焉，而不知其所至，謂神遊八極，舉意即到，以至不知所止，不知終窮，皆形容此道用之无盡。物物者，道也。「與物无際」，通生萬物之謂也。「而物有際者」，謂物各有限量，是所謂「際」也，道何有際哉？「不際之際」，道散而爲物也。「際之不際」，物全而歸道也。道散爲物則易全〔二〕，從源趨流，出乎自然也。物全歸道則難，反流還源，出於使然也。若悟夫爲盈虛者非盈虛，爲積散者非積散，則安知使然之極不歸於自然者乎！

妸呵同荷甘與神農同學於老龍吉。神農隱幾闔户寂晝瞑，妸荷甘日中奓音奢 推開户而入曰：「老龍死矣！」神農隱幾擁杖而起，嚗音剥然放杖而笑疑呼曰：「天，知予僻陋慢訑，故棄予而死已矣。夫子无所發

〔一〕褚本無「具」字。
〔二〕褚本無「全」字。

予之狂言而死矣夫！」

弇堈弔聞之曰：「夫體道者，天下之君子所繫焉。今於道秋豪之端，萬分未得處一焉，而猶知藏其狂言而死，又況夫體道者乎！視之无形，聽之无聲，於人之論者謂之冥冥，所以論道而非道也。」

於是泰清問乎无窮曰：「子知道乎？」

无窮曰：「吾不知。」

又問乎无爲。无爲曰：「吾知道。」

曰：「子之知道，亦有數乎？」

曰：「有。」

曰：「其數若何？」

无爲曰：「吾知道之可以貴可以賤，可以約可以散，此吾所以知道之數也。」

泰清以之言也問乎无始曰：「若是，則无窮之弗知與无爲之知，孰是而孰非乎？」

无始曰：「不知深矣，知之淺矣；弗知內矣，知之外矣。」

於是泰清中（仰誤）而歎曰：「弗知乃知乎！知乃不知乎！孰知不知之知？」

无始曰：「道不可聞，聞而非也；道不可見，見而非也；道不可言，言而非也。知形形之不形乎！道不當名。」

无始曰：「有問道而應之者，不知道也。雖問道者，亦未聞道。道无問，問无應。无問問之，是問窮也；无應應之，是无內也。以无內待問窮，若是者，外不觀乎宇宙，內不知乎大初，是以不過乎崑崙，不遊乎太虛。」

【通義】道不可言，不得已而有言，言即狂妄也。天，非乎老龍，猶今人忽聞異事訝之而呼，天也。夫子，君子之称，唐虞之世尚無之，況又古乎於是者。猶言是即也，因此而知上古之論同也。泰清、無窮、無爲、無始，皆擬名寓言也。

【義海】此章明道至大，不可以問答盡。聖賢於此，没身而已。人處萬物之中，不啻豪末之在馬體，其於道也亦然。故老龍死而神農興歎，弇堈弔所謂「體道」者，正指老龍能〔一〕隱而顯之耳。世人以視聽莫及爲合道之冥冥，非知道也。特見道之無，而未能無無也。泰清問無窮，無窮不知也。又問無爲，無爲知道之數而已。乃問無始，無始定知與不知之淺深内外，即篇首黄帝云不知真是，忘之次之，知之終不近也。於是泰清印〔二〕而歎曰「孰知不知之知」，謂不必求知而有自然合道處。无始乃悟道之不可以聞見言也。「形形之不形」，猶云「生生者不生」，則道不可得而名也。故問者、應者，皆未聞道，聞則不問亦不應矣。道无問而强問，是因問而窮。道无應而强應，是无主於内，又安足以知至大、至先、至高、至廣者哉。「中而歎」，説之不通，義當是「印」，《詩》「瞻印昊天」，與「仰」同，傳寫之誤耳〔三〕。

〔一〕 褚本無「能」字。
〔二〕 「印」，褚本作「中」。
〔三〕 褚本無「耳」字。

光曜問乎无有曰：「夫子有乎？其无有乎？」光曜不得問，而孰視其狀貌，窅然空然，終日視之而不見，聽之而不聞，搏之而不得也。光曜曰：「至矣！其孰能至此乎！予能有无矣，而未能无无也；及爲无有矣，何從至此哉！」

【通義】「及爲无有矣」，此「有」字，指上文「予能有無」之「有」字，謂無其所有所能也。

【義海】「光曜」喻學道而有所見心，華發明之初。「无有」則損而至於无爲。宜其不得問而「窅然空然」，視、聽、搏之不可得也。光曜始悟，而歎其道之至，何所修爲而至於此乎？猶河伯見海若，望洋而歎也。「予能有无」，謂知萬法皆空，故獨明此道。然猶坐於无，未造重玄之域，今汝得爲「无有」，何從而至此哉！重歎羨其不可及也。

大馬之捶鉤者，年八十矣，而不失豪芒。大馬曰：「子巧與？有道與？」曰：「臣有守也。臣之年二十而好捶鉤，於物无視也，非鉤无察也。是用之者，假不用者也，以長得其用，而況乎无不用者乎！物孰不資焉！」

【通義】「大馬」，或曰大司馬之屬。有鍛鉤者，老精於藝，與庖丁解牛義同，心純而已。

【義海】捶鉤之於物無視，不用世間之用，能「无有」之謂也。「非鉤無察」，精其在我之用，能「有無」之謂也。至於「無不用」，則「無無」之謂與。「天下之物生於有，有生於无」，有无互顯，故「物孰不資焉」！無之爲物，「窅然空然」，最難形狀，而道妙所立，至神之運，實資於此。世人執著於有，不知從無而生，還歸於无耳。故真人多以立論，破世人之執，見明萬物之始終。信能静而求之，忘而契之，萬有俱空，一真獨露，始知「用假不用」而「長得其用」，非虚言也。〔一〕

冉求問於仲尼曰：「未有天地可知邪？」

仲尼曰：「可。古猶今也。」

冉求失問而退，明日復見，曰：「昔者吾問『未有天地可知乎？』夫子曰：『可。古猶今也。』昔日吾昭然，今日吾昧然，敢問何謂也？」

仲尼曰：「昔之昭然也，神者先受之；今之昧然也，且又爲不神者求邪？無古無今，無始無終。未有子孫，而有子孫可乎？」

冉求未對。仲尼曰：「已矣，未應矣（至此掃蕩有心一刀兩段）！不以生生死，不以死死生。死生有待邪？皆有所一體。有先天地生者，物邪？物物者非物。物出不得先，物也，猶（同由）其有物也。猶其有物也，無已。聖人之愛人也終無已者，亦乃取於是者也。」

〔一〕褚本下有一段文字曰：「『及爲无有矣』，諸本皆然，審詳經意，當是『无无』，上文可照。」

【通義】如此問，如此疑，如此答，點鉄成金之訣也，惜乎冉求不足以與之也。

【義海】冉求此問有疾雷破山之勢，夫子等閑一答，使之失問而退，聖賢之分量可知。蓋求也雖升夫子之堂，所習无過世學，則其聞見不越乎耳目之間。未有天地之先，豈能逆知哉！宜其怪而有問也。夫人之一身，法天象地，未有天地之先，吾身之本來是也。知吾身之本來，則知天地之先，知天地之先，亦以有天地之後推之耳。聖人者，執古以御今，則必能推今以明古，豈止百世可知哉！夫天地乃空中之細物，物中之至大者，有形生於无形，終亦必歸於壞，但人居短景，目不及見，猶夏虫之不知冰耳。「神者先受之」，知其神而神也。「又且爲不神者求」，不知不神之所以神也。「昔昭然」者，汝用知識而求其所謂神，是神者先受之；「今昧然」者，聞道而忘其知識，是不神之中有神存焉。汝又何必更求邪？蓋使之反照心源，得无所得，不昭不昧。「无古无今」，則死生不得以係之矣。「不以生生死，不以死死生」，謂其獨也[一]，非有所待也，猶「向息非今息」「前焰非後焰」之義。復提起問端云：「有先天地生者物邪？」言獨有道居天地之先，物无先天地生者，「物物者非物」，道生天地萬物，不可以物名之。有[二]物出，涉乎形器，使不得爲無物[三]，由其有物故也。由其有物，則從一生萬，林林總總，日接乎前，能卓然獨立不爲所惑者鮮矣。是知人物无窮，由於造化之无窮，故聖人仁愛之心及物亦无窮，然均不免散淳朴爲澆漓。太古无爲之

[一]「獨也」，褚本作「獨化」。
[二] 褚本「有」前有「一」字。
[三] 褚本此句作「便不得爲先物」。

治不可得而復也，夫欲還太古无爲之治，其惟善求已之先天者與？經文「猶」字，疑當是「由」。

顔淵問乎仲尼曰：「回嘗聞諸夫子曰：『无有所將，无有所迎。』回敢問其遊。」

仲尼曰：「古之人，外化過而內不化存神，今之人內化忘己而外不化逐物。與物化者，一不化者也。安化安不化，安與之相靡，必與之莫多。狶韋氏之囿，黄帝之圃，有虞氏之宫，湯武之室。君子之人，若儒墨者師，故以是非相鳌也，而況今之人乎！聖人處物不傷物。不傷物者，物亦不能傷也。唯無所傷者，爲能與人相將迎。山林與！皋壤與！使我欣欣然而樂與！樂未畢也，哀又繼之。哀樂之來，吾不能禦，其去弗能止。悲夫，世人直爲物逆旅耳！夫知遇而不知所不遇，知能能而不能所不能。无知无能者，固人之所不免也。夫務免求多乎人之所不免者，豈不亦悲哉！至言去言，至爲去爲。齊知民之之所知則淺矣。」

【通義】無將迎而湛湛於中，此真遊也。古人過化而存神，囿、圃、宫、室以漸而隘，「聖人處物」以下，言游於無將迎之方。遇，猶悟也，適然有見，故曰「遇不遇」，迷而不見也。能其材之所能，藝也，不忘其所能，則蔽其本體而不見者，終於不能矣，是不能所不能也。大抵有所知，有所不能，固人之常也，求多知多能以免無知無能者，有限光陰、有限足力、有限心思而求欲免，此是役役終身，徒敝精神而卒歸於無知無能也，不亦可悲乎，此非顔子所宜問。

【義海】「外化」者，柔以和光；「內不化」者，介以立德。「內化」者，心隨物遷；「外不化」者，矜持矯俗。世之人，不化其所當化，而化其所不當化，此古今澆淳之所以別，君子小人之所以分也。聖人「土苴以治天下」，「與物化」也，「真以治身」，「一不化」也。誠能真以治身，則推之天下，特餘事耳。聖人將无内外之可辨，化與不化，同歸於化矣，故安然與之相順，而必无過舉也。囿、圃、宫、室，言聖人之所安，後世遊之者益少，而日狹其居。所尚者儒墨之師，猶不免是非分〔一〕競，以相韲傷，況今之人，其能處物无傷而與〔二〕相將迎乎？无恠其棄囿、圃、宫、室群居之樂，而爲山林、臯壤獨善之情〔三〕。樂極必哀。滑鄺市者，慕山林之清；樂山林者，无不厭之理。盖性情密移，與化同運，不自覺此身爲哀樂之旅舍也。《外物篇》云「大林丘山之善於人也〔四〕」與此同。「遇」謂物接於前者，「不遇」則遺物離人，見猶不見也。「能」，謂施爲處當者。「不能」，則如愚守朴，絶學无爲也。人莫不以物之去來爲哀樂，不悟吾身亦暫寄耳。況所遇所能，必吾身之暫寄者哉！唯无知乃真知，无能乃真能，是人所固有而不免者。今棄其固有，而反務乎多知多能，苦心勞形，役役以至於弊〔五〕，此真人之所哀也。凡人固不能无言无爲，但无心於言爲之間，則言爲之累自去，斯爲至言至爲也。若齊限以爲知〔六〕，則淺陋不近道矣。「君子之人」，當是「古之人」三字〔七〕。

〔一〕「分」，褚本作「紛」。
〔二〕褚本「與」下有「人」字。
〔三〕「情」，褚本作「舉也」二字，褚本在此下還有一段「凡物之理，動極必静，在人之情」。
〔四〕褚本下有「亦神者不勝」五字。
〔五〕「弊」，褚本作「斃」。
〔六〕褚本下有「之所知」三字。
〔七〕褚本下有「詳下文可照」五字。

**褚氏總論：**是篇以「知」立題，「知」者，有爲有言之所自也。「北遊」，則趨其本方，有還源之意。「玄水」，至妙而存澤物之功，有心於爲道之譬。「无爲」「无謂」，則冥於道矣。故三問而不知答，不知乃真知也。黄帝答之愈明，其如道愈不近何？是故聖人離形去知，墮體黜聰，无爲而萬物成，不言而天下化，知道不可得而有，身不可得而私，物之有生於无，通天下一氣耳。神奇、臭腐之交化，陰陽、暗醷而自生，勃然出，漻然入，衆人所同也。「與物化」「一不化」，聖人之所獨也。死生任化，彼衰自墮，則居化而任化，无化无不化，忘化而化化，安化安不化哉！每況愈下[一]，故道在瓦甓。用假不用，故工乎捶鉤。以今日而知天地之先，不居則不去也。无將迎，而通内外之化，處物而不傷也。由是知不因境而静者，无所不静；化[二]不因物而樂者，无所不樂。非化所能運，非累所能侵，可以一日爲百年，可以百年爲一日，則安知今日之所寓，非壺中之天地哉！靖觀世人之爲物逆旅，往往以所遇所能而殘生傷性，无異沉檀就爐，騰馥須臾而形已燼矣。莫若不遇不能之全其真也。太上云「不言之教，无爲之益，天下稀及之」，故南華以「至言去言，至爲去爲」，終外篇之旨云。

莊子卷第七　終

---

[一] 「每況愈下」，褚本作「每下愈況」。
[二] 褚本無「化」字。

# 莊子卷第八

糸元朱得之傍注並通義
附錢塘褚伯秀《藝海纂微》
雲谷王潼録校刊

## 雜篇

### 庚桑楚第二十三

此篇敷流曼衍，固非老子之言，亦非莊子所述也。

老聃之役（徒），有庚桑楚者，偏（獨）得老聃之道，以北居畏壘之山，其臣之畫然（洞明）知者去（楚則）之，其妾之挈（戀）然仁者遠（楚則）之；擁腫（與仁異）之與居，鞅掌（與知異）之爲使。居三年（召和），畏壘大壤（人情稔熟）。畏壘之民相與言曰：「庚桑子之始來，吾灑（不取）然異之。今吾日計之而不足，歲計之而有餘（有可見非嘷嘷也）。庶幾其聖人乎！子胡不相與尸而祝之，社而稷之乎？」

庚桑子聞之，南面而不釋然。弟子異之。庚桑子曰：「弟子何異於予？夫春氣發而百草生，正得秋而萬寶成。夫春與秋，豈無得而然哉？天道已行矣。吾聞至人，尸居環堵之室，而百姓猖狂不知所如（向）往。今以畏壘之細民而竊竊焉欲俎豆予於賢人之間，我其杓（匹么反）之人邪！吾是以不釋（恐孤師訓）於老聃之言（脱仁義知巧）。」

弟子曰：「不然。夫尋常之溝，巨魚無所還其體，而鯢鰌爲之制（有深淺）；步仞之丘陵，巨獸無所隱其軀，而蘖狐爲之祥（安居）。且夫尊賢授能，〈惟〉先善與利，自古堯舜以（已）然，而況畏壘之民乎！夫子亦聽矣！」

庚桑子曰：「小子來！夫函車之獸，介而離山，則不免於罔罟之患；吞舟之魚，碭而失水，則蟻能苦之。故鳥獸不厭高，魚鱉不厭深。夫全其形生之人，藏其身也，不厭深眇而已矣。

「且夫二子（堯舜）者，又何足以稱揚哉！是其於辯也（譬如），將妄鑿垣牆（毀瓦畫墁）而殖（積蕪穢）蓬蒿也。〈其猶〉簡髮而櫛，數米而炊，竊竊乎又何足以濟（苟道了）世哉！（下却解）舉賢則民相軋，任知則民相盜。之（此）數物者，不足以厚民。民之於利（生計）甚勤（苦），子有殺父，臣有殺君，正晝爲盜，日中穴阫（音裴）。吾語女，大亂之本，必生於堯舜之間，其末存乎千世之後。千世之後，其必有人與人相食者也！」

南榮趎（疇）蹴然正坐，曰：「若趎之年者已長矣，將惡乎托業以及此言邪（尸居環堵藏身深渺）？」

庚桑子曰：「全汝形，抱汝生（神），無使汝思慮營營。若此三年，則可以及此言矣。」

南榮趎曰：「目之與形，吾不知其異〈於人〉也，而盲者不能自見；耳之與形，吾不知其異〈於人〉也，而聾者不能自聞；心之與形，吾不知其異〈於人〉也，而狂者不能自得。形（心誤）之與形亦辟（分明闢）矣，而物（雜念）或閒之邪，〈是以〉欲相求而不能相得？今謂趎曰：『全汝形，抱汝生，勿使汝思慮營營。』趎勉（强）聞道（止）達（於）耳矣（未得於心）！」

庚桑子曰：「辭盡矣。曰奔蜂不能化藿蠋，越雞不能伏鵠卵，魯雞固能矣。雞之與雞，其德非不同也，有能與不能者，其才固有巨小也。今吾才小，不足以化子。子胡不南見老子！」

南榮趎贏糧七日（志篤）七夜至老子之所。

老子曰：「子自楚之所來乎？」南榮趎曰：「唯。」

老子曰：「子何與人偕來之衆也？」南榮趎懼然顧其後。

老子曰：「子不知吾所謂乎？」

南榮趎俯而慙，仰而歎曰：「今者吾忘吾答，因失吾問。」

老子曰：「何謂也（問）？」

南榮趎曰：「不知乎（名利二端）？人謂我朱愚（顓蒙）。知乎？反愁我軀。不仁則害人，仁則反愁我身；不義則傷彼，義則反愁我己。我安逃此而可？此三言者，趎之所患也，願因楚而問之。」

老子曰：「向吾見若（汝）眉睫之間，吾因以得汝（情）矣，今汝又言而信之（果然偕衆）。若（汝）規規然若喪父母，揭竿而求諸海也。汝亡（失心）人哉，惘惘乎汝欲反汝情性而無由入，可憐哉！」

南榮趎請入就舍（自洗濯也），召其所好，去其所惡，十日自愁（怨艾），復見老子。

老子曰：「汝自洒濯（去其洒意），孰（誰）哉？鬱鬱乎然而其中津津乎猶有惡（指怨）也。夫外韄（事障音囊）者不可繁（多）而捉（持），將內揵（音蹇 鍵同）；內韄者（理障）不可繆（膠）而捉（縛），將外揵。外內韄者，道德不能持，而況放道而行者乎！」

南榮趎曰：「里人有病，里人問之，病者能言其病，然其病（知）病者，猶未病也。若趎之問大道，譬猶飲藥以加病也（益增卿見），趎願聞衛生之經而已矣。」

老子曰：「衛生之經，能抱一乎？能勿失乎？能無卜筮而知吉凶乎（吉凶在我，不待卜筮，何知何不知）？能止乎（無出入）？能已乎？能舍諸人（因其人己並憂而滌之）而求諸己乎？能翛然乎（不混於物）？能侗然乎（無知）？能兒子乎（無知如嬰兒）？兒子終日嗥而嗌不嗄（於邁反），和之至也；終日握而手不掜（音藝），共其德也；終日視而目不瞚（瞬），偏（專）不在外也。行不知所之，居不知所爲，與物委蛇而同其波。是衛生之經已。」

南榮趎曰：「然則是至人之德已乎？」

曰：「非也。是乃所謂冰解了手凍釋者。夫至人者，相與交食乎地而交樂乎天，不以人物利害相攖三句工夫，不相與爲怪，不相與爲謀，不相與爲事，翛然而往，侗然而來。是謂衛生之經已。」

曰：「然則是至乎？」

曰：「未也。吾固告汝曰：『能兒子乎？』兒子動不知所爲，行不知所之，身若槁木之枝而心若死灰。若是者，禍亦不至，福亦不來。禍福無有，惡有人災也！」

宇泰襟懷自然定者，發乎天光水靜則明。發乎天光者，人見其人〈以爲〉人之誤有善修者，乃今〈復其〉有恒；有恒者，人舍之，天助之。人之所舍，謂之天民；天之所助，謂之天子。〈亦惟〉學者，學其所不能學也；行者，行其所不能行也；辯者，辯其所不能辯也。知止乎其所不能知，至矣；若有不即是此者，天鈞公平敗喪之。

備物理以將〈保〉形，藏蘊不虞以生心，敬中以達彼身外，若是而萬惡至者，皆天也，而非人也，不足以滑成定業何也，不可内於靈台〈也〉。靈台者有持執，而不知其所持，而不可持者也。

不見其誠己而發，每發而不當自信，業入而不舍变，每更頻復爲失。爲不善乎顯明之中者，人得而誅之；爲不善乎幽間闇誤之中者，鬼得而誅之。明乎人，明乎鬼者，然後能獨行。

券内者，行乎無名；券外者，志乎期費。行乎無名者，唯庸有光；志乎期費者，唯賈人也，人見其跂外券出人一頭，猶之魁然。〈不知〉與物窮者，物入焉；與物且者姑且無誠，其身之不能容，焉能容人！不能容人者無親，無親者，盡人棄乎。兵莫憯於志，鏌鋣爲下；寇莫大於陰陽，無所逃於天地之間。非陰陽賊之，心无親則使召之也。

道通，其分也，其成也毁也。所惡乎分者，其分也以備；所以惡乎備者，其有以備。故出而不反，見其鬼；出而得，是謂得死。滅而有實，鬼之一也。以有形者象無形者而定矣何以言之。

出無本，入無竅。有實咸而無乎處方，有長日新而無乎本体剽標同，有所出而無竅者有實。有實而無乎處者，宇也。有長而無本剽末者，宙也。有乎生，有乎死，有乎出，有乎入，入出而無見其形，是謂天門物出入。天門竅者，無有也，萬物出乎無有。有不能以有爲有，必出乎無有，而無有〈亦〉一無〈其〉有。聖人藏乎是無。

古之人，其知有所至矣。惡乎至？有以爲未始有物者，至矣，盡矣，弗可以加矣。其次以爲有物矣，將以生爲喪失常也，以死爲反也，是以分已。其次曰始無有，既而有生，生俄而死；以無有爲首，以生爲體，以死爲尻；孰知有無死生之一守者，吾與之爲友。是三者雖異，〈皆〉公族也，昭景也，著戴也，甲氏也，著封也，非一也。

有生，黬烏感反疵黑也，披紛然曰移是。嘗言移是，非所言也。雖然，不可知者也。臘者之有膍音毗胲古來反，可散而不可散也；觀室者周於寢廟，又適其偃焉，爲是舉移是。

請常言移是。是以生爲本，以知爲師用，因以乘是非；果有名實，因以己所知爲質是；使人以爲從己節準制，因至於以死償僅節制。若然者，以用能爲知，以不用能爲愚，以徹通爲名，以窮塞爲辱。〈此〉移是〈也〉，〈此〉今之人也，是蜩與學鳩〈之笑鵬也〉同於同也。

蹍市人之足，則辭以放驁，〈蹍〉兄〈足〉則以嫗，大親蹍父母則已無言矣。故曰，至禮有不〈分〉人已，至義不物貴賤，至知不謀，至仁無親，至信辟金不用贊也。

徹通志之勃，解心之謬，去德之累，達道之塞。貴富顯嚴名利，六者勃志也。容動色理氣意，六者謬心也。惡欲喜怒哀樂，六者累德也。去就取與知能，六者塞道也。此四六者不盪胷中，〈胷中〉則正，正則静，静則明，明則虚，虚則無爲而無不爲也。道者，德之欽也；生者，德之光顯也；性者，生之質本也。性之動，謂之爲；爲之僞，謂之失。知者，接也應；知者，謨也應；知者之所不知，猶睨也。動以不得已之謂德，動無非我之謂治，名相反而實相順也。

羿工乎中微，而拙乎使人無已譽。聖人工乎天而拙乎人。夫工乎天而俍音良拙則善乎人者，唯全人能之。唯蟲能蟲各率其性，唯蟲能天。全人惡天知識？惡人爲之天？而況吾天乎人乎！一雀適羿，羿必得之，威也；以天下爲之籠，則雀無所逃。是故湯以胞人籠伊尹此段決非老莊心事，秦穆公以五羊之皮籠百里奚。是故非以其所好籠之而可得者，無有也。

介刖也者拸敕紙反　却畫，非不足譽也；胥罪人靡濫登高而不懼，遺死生也。夫復反謵熟不餽遺而忘人，忘人，因以爲天人矣。故〈人〉敬之而不喜，〈人〉侮之而不怒者，唯同乎天和者爲然。出怒不怒，則〈其〉怒出於不怒矣；出爲無爲，則〈其〉爲出於無爲矣。欲静，則平氣；欲神，則順心，有爲也。欲當，則緣於不得已，不得已之類，聖人之道。

【通義】初曰弟子汎論也，后曰南榮趎舉好學者，以發老子之機也。思慮者，心也，又欲使之無營營，將心捉心，此正求而不得之故。「營營」，趎之病也，楚不盡言，以趎執心不一不虚。若與指破，益增其障，故使徃見老子，猶善才之五十三叅[一]也。道遠日久，此意漸覺，故老子皆來之衆，一勘而膽喪魂消所以忘答失問也。忘答失問者，多者死而一者生，有知者死而無知者生，欲答欲問者死而覺失覺忘者生也。知仁義失己失人之憂，皆功利識情也，韄皮幃也。外障於事，本以才能自居，若以繁多而拘之，其病必將盡閉其天德，故曰「將外揵」。内障於理本，以見識自安，若更以繆纏者而縛之，其病必將盡棄其事而枯寂，故曰「將内揵」。若其有一障者，雖以天性之良、自然之道振厲之而不能改，況望其順道無心而行乎？飲藥加病，趎自悟多聞爲病，而後問以益其所聞，因聞生見也。「然則至人之德已乎」一問，是將住於所聞，不察乎衛生，則道德在矣，故聃曰「非也」，掃其成心也。水凝於寒曰水，物困於寒曰凍，今也少煦春和，解汝徃見之水，釋汝受見所縛之凍而已。又曰「然則是至乎」，又將住也，故掃之曰「未也」。若果非果，末則告之當有不同者，今前後無異，而即趎之問辭知其爲拂塵也。

天光明則日月不明，《素問》之言也。言陰崖覆盆，日月不能照幾徵杳冥之地，良知所獨明，是吾之天光明，則日月不足爲明也，「宇泰定」也。靈臺湛一，無微可隱，高明配天，衆人視之以爲人之有修於恒德者，是其不取於世，獨得乎天矣。「學」「行」「辯」皆於自然者而安身，此則得乎天之道也，不然喪其天矣。苟能盡性體物以範圍其形骸蘊真純者，不將不迎，惟虚靈者，不昧篤恭以達於天下，則無徃而不吉也。靈臺六句，言存神之功，至於化而不自知，或乃每更頻復，必有其危。券内者求合乎天，則券外者求合於多聞。合天則闇然而日章，合多聞必如貨殖，而後可聞見日多，良心日喪，至於無親，是其忍心甚於鏌

〔一〕「叅」，傅山本同，李栻本作「叅」，均爲「參」之異體字。

鄉，盜氣甚於陰陽，以其分别多也。道本合萬而爲一，各以分而足，不分不俻〔一〕也。今不然是，爲物所迷也，故曰「見鬼」。以有形者象無形者而定矣，是衛生之要訣也。

有實而無乎處，神無方也，無方故同於宇；有常而無本標，易無體也，無體故同於宙。上下四方之無際，古往今來之無盡，此吾之性也。生死出入自有矣，而無形可見，是謂「天門」，惟一無而已。萬有本於此，不直曰無，而必曰無有者，萬象皆有也。本於無蓋曰無其有也，雖曰無而亦無所謂無者，此千古聖人安身立命之所，繼天立極者在是。衆人有有無生死之分，猶公族分姓、臘祭剖牲，與爲室有寢廟，理一而分殊者也。苟各是其是，則在我在彼，去來不定，故曰「移是」。故今之有蜩鳩之笑鵬，鵬之小蜩鳩也。

譬之市人，無心蹍他人之足，則自罪以驚而謝之；蹍兄之足，則陪笑而已；蹍父母之足，彼此無言。所以無心而率真，乃爲至德，此惟去四六之蕩胷中者而已。嬰兒之視出於無意，曰睨應感而謀生，是知者之所知也，其謀之所自生，與應之所以出，則非知者之所知矣，正猶嬰兒視而不知其視之所出也。故凡動以應物，出於不得已，而能知其由於我，則德之無知、治之有覺，實非二也。不得已而有爲，天亦人，人亦天，猶飛潛動植，各率其性，物也亦天也。不可分别所惡於知者，分别天人也。羿雀之喻，言雀有好故爲羿所得，起下文尹奚事，介首二喻，言忘美也。全人不得已而有爲，是無所好而忘己者。惟爲己反覆自習，不以誇於人，不誇於人則忘人矣。忘己忘人非無形骸者，而何敬侮二句，狀其爲天人也。下又原其不受於外，由其不動於中，此衛生之真常，道德之都會，非至聖其孰能與於此。

〔一〕「俻」，傅山本同，李栻本作「備」。

**【義海】**「庚桑」，太史公作「亢桑」，一作「亢倉」，諸子中之一家也。唐朝册號《洞靈真君經》〔一〕，其經云：「庚桑子居羽山之顛。」〔二〕「畏壘」〔三〕，指其形之拙朴。「畫然」「挈然」，皆顯示貌。爲仁智而不晦藏，則不仁不知者疾之，而患至掇也。寧與椎鈍者居，彼此无心，風淳俗阜，久而民樂其化，願推尊之。「日計不足，歲計有餘」，積絲成帛之義。庚桑以爲不知己，恐民歸附而爲己累也。夫春生秋成，天道自運，聖世之民，何知帝力？今乃陳列予於賢人之間，我雖不自賢而猶爲彼所尚，是立的〔四〕於此，以召矢石也。吾肯爲此乎？然則庚桑之居畏壘，韜光未密，不能使人兼忘，莫若列子居鄭爲圃，而混融无迹也〔五〕。

弟子謂尊賢先善，堯舜遺法，畏壘舉而行之，未爲失當。答以至人藏身不厭深眇，猶九淵之龍，蟄而後能神也。夫堯、舜繼統作君，功成治備〔六〕，莫非由仁義而行，若无可訿〔七〕者。南華主於老氏絶仁棄義之説，凡欲揚道德而抑仁義，必指堯舜爲首，意在拔本塞源，拂塵洗跡，不得不爾。觀者當求其主意，无惑於緒言可也。故謂子雖引以爲辯，猶植蒿取蕪穢，簡髮徒自勞，何足以濟世？且仁知數物，世之所尊，以爲可以致

〔一〕褚本作「《洞靈真經》」。
〔二〕褚本其下引何粲註曰：「何粲註：羽山在徐州。」
〔三〕褚本「畏壘」前有「莊子言」三字。
〔四〕「的」，褚本作「杓」。
〔五〕褚本此句作「莫若列子居鄭圃之，而混融无迹也」。
〔六〕「備」，褚本作「備」。
〔七〕「訿」，褚本作「疵」。

治，儻无道以統之，但狥〔一〕其迹，將見奸弊横生，豈止乎相軋相盜而已？俗既梟薄，竊爲利謀，則臣子之分有所不安，君父之尊有所不畏，叛倫悖理將无不爲矣！庚桑不受畏壘之祝，是察病於未形，而先固其本也，世患何由而及哉！

趎聞至人藏身不厭深眇，遂問於何託業，而可踐及此言，庚桑誨以全形而勿損，抱生而勿離，忘思絶慮，功周千日，庶幾可矣。若前所云「尊賢先善」，皆勞思而爲之，損形離生之本也。趎猶未悟，乃述中心之疑，謂目與形本同而盲者不能自見，耳與心之於物〔二〕亦然。「聾者不自聞」，「狂者不自得」，即連叔曰「豈唯形骸有聾盲哉？知亦有之」。今趎非形有聾盲，正坐知之聾盲，所以費庚桑點化。「形闢」，即覺也。我形彼形，俱開而應物，本无所蔽，及物入而爲主，所謂我者反爲客矣。「相求而不能相得」，猶孔門云「夫子之言性與天道，不可得而聞」。相求而相得，則「子知我」，而「我知魚」矣。今雖承師訓，勉聞達耳，未能心悟也。庚桑至此，無所施其巧，遂使就有道而求速化，將無不解之惑矣。於此有以見庚桑之德，不責人之難化，反揆己之不足，所以廣師門之樂育，躋弟子於成材者也。

「何與人偕來之衆」一語，勘辨甚力，此楚、老爲人真切處。若内无真見，聞此鮮不懷疑。禪宗〔三〕諸老慣用此機，趎於言下忘答失問，遂以第二機接之。及其懼消慚釋，陳述三條，覬免世累，老子告以汝如孩童失親而揭竿求海，言〔四〕汝之至親，不能保全而致喪失，乃欲爲仁義，以索之於无涯世事之中，愈求愈遠，

〔一〕「狥」，褚本作「徇」。
〔二〕「物」，褚本作「形」。
〔三〕「禪宗」，褚本作「宗門」。
〔四〕褚本「言」下有「真性」二字。

身雖存，與亡无異矣！「惘惘」，无歸貌。「欲反性情而无由入」，則是迷能思復。聖人不棄，所以憐而進之。信能超三言而无累，斯爲反性情之道也與〔一〕。「朱愚」難通，碧虛云江南古藏本作「株遇」，取形若橛株之義。

「請入就舍」，願留而受業於門。「召好」「去惡」，則不能忘情於善惡之間，又不知所好之果善、所惡之果不善耶？「自愁」，一本作「自愁」〔二〕，又作「愁自」〔三〕，俱未通〔四〕，審詳經意，猶《書》云「自怨自艾」之義。退處旬日，怨艾日前，爲學不力，見道不明，今雖遇聖師，卒難陶鑄，至於洗心復見，可謂有志而能自新矣。老子謂「汝洗濯孰哉」〔五〕，「鬱鬱乎」，勇進於學〔六〕，充乎顔貌。然其中「津津」，形見於外，猶有未除之惡，此又勉進向上一步，而成其自新之志也。「内韄」，即六根之盤固；「外韄」，即六塵之染著。內外揵〔七〕則關閉防閑，以嚴其界限之意，諸解多從「捉」爲讀，疑獨從「繁」從「繆」絶句，有理〔八〕。內外二韄，人之通患。在中有主者善持之，則情不流而性可復，心不撓而道可進矣。趎猶未悟，引里人有病，猶能言己病而不能醫，恐不可以深進大。願聞衛生之經而已。「能抱一」則心不二，不務得則必无失，「无

〔一〕「與」，褚本作「歟」。
〔二〕「自愁」，褚本作「息愁」。
〔三〕「愁自」，褚本作「愁息」。
〔四〕此句褚本作「説俱未通」。
〔五〕褚本下有「固同孰」三字，褚伯秀四庫本作「固同孰」爲「固同熟」。
〔六〕「學」，褚本作「子」。案：當以朱本爲是。
〔七〕「揵」，褚本作「楗」。
〔八〕褚本作「亦有理」。

卜筮知吉凶」，垢去而心鑑明也。知至則能止，造忘則能已。「舍人求己」，內足而不假乎物也。「能兒子乎」，此誠切喻，使人皆可以求諸己而復[一]本來之天。其嗥、握、視之所以異於成人者，內韞沖和而无心於外故也，衛生之經，何以加此。

《列子》載陳大夫使[二]魯，稱「吾國有尤倉子者，得老聃之道」。魯侯「使上卿厚禮而致之」，則知庚桑之道與老子无異，故其推仁愛物，善誘樂育之心，唯恐其不至也。是篇首「庚桑子曰」凡四，「南榮趎問」者三。洎趎往見老子，「老子曰」者八，其諄諄誨導，不忍棄人於失道之域，蓋可見矣。夫真性如水，虛明澄湛，非有非无，及爲物欲蔽結，如水凍而成冰。水至清而結水[三]不清，神至靈而結形不靈。聞道悟理，則水解凍釋[四]，清靈何損焉，人患弗反求耳。「交食乎地」，耕鑿共給也。「交食乎天」，均陶太和也。若然，則人物利害何由及，怪謀事爲[五]何所用，往來安得而不適，生經安得而不衛。學道造此，因已至矣，而猶曰「未也」，逮詰其至，又復引兒子之辭以告，此師家作用轉換人耳目處，分明兩手分付，要人力量承當，蓋人之性質本柔，日與物接，客氣乘之，相刃相劘[六]，皆吾敵矣。信能專氣致柔，而至於還淳反朴，粹如嬰兒，又何禍福之能及！翻覆答問，至此辭窮理盡，亦无所施力矣。柰何趎之載道力微，卒无領會一語，惜哉！

〔一〕褚本「復」下有「乎」字。
〔二〕「使」，褚本作「聃」，《列子·仲尼》此處原文作「聘」。
〔三〕褚本此「水」作「冰」。
〔四〕此句褚本作「冰解冰釋」。
〔五〕褚本作「怪行謀爲」。
〔六〕「劘」，褚本作「靡」。

身者神之宇，神安，宇泰〔一〕，猶主鎮静而家和平，君无爲而國寧謐也。泰然而定，則行、住、坐、卧无非定，不在乎堅剛〔二〕强執，似繫馬而止也。「天光」，即己之靈明内發外見，如鑑无隱，人見其同乎人，而實與天爲徒矣。若能修〔三〕此，乃合有常之德，德有常，則功齊天運。外貌若愚，世人忽而舍之，天則愛而助之，以其心合天德故也。「天民」，則德超乎人，光而不耀。「天子」，則體天立極，推得及人，即所謂「以此處上，天子帝王之德；以此處下，玄聖素王之道也」。凡此皆君子所當學、當行之事，世人多務學人之所能，而失己之良能。唯至於道者，學人所不能學，「學不學」是也；行人所不能行，「无徹迹」是也；辯人所不能辯，「不言之辯」是也。信能造此，則是知人之所不知，是爲知之至。若舍此而求進乎道，則敗其自然之鈞，无以陶成己德，何望乎發天光而得天助哉？〔四〕

人而知萬化生乎身，備物之大者，則能順乎生理矣。「藏」，猶深造。「生心」，謂應物。深造無恩〔五〕之地，而物來斯應，應以无心，敬在中而自達彼，身修〔六〕而物化之謂。至此猶有無妄之灾，安之而已，不足以滑吾成全之性。「靈臺」，喻心之虚敞高明，外物之至，鑑而不留，納於其中，則桎而不靈矣。「持」，謂主宰之者。知其不可持，故以不持持之。不誠己則非敬中，發不當則無以達彼，皆有爲之失也。「業」，謂世間

〔一〕此句褚本作「宇泰定」。
〔二〕「剛」，褚本作「制」。
〔三〕「修」，褚本作「脩」。
〔四〕褚本下有一段：「『乃今』難釋，疑當是『乃合』。『天均』，古本作『鈞』，通用。」
〔五〕「無恩」，褚本作「無思」。
〔六〕「修」，褚本作「脩」。

有爲之事。不趨乎惡則歸於善者常少〔一〕，爲惡者常多，是以莫逃人鬼之誅，因果相緣而無已。以道觀照，善惡二業，善猶爲幻，況於惡乎？然而爲惡者，心常有歉，夢寐猶不自安，生死之際焉能弗怖？非鬼神仇之，心實使之也。爲善有心，希求福報，妄念一萌，真性已失，物得以誘之。故善惡二業，有一於胷中〔二〕，愈爲而愈失，又安知所以持靈臺之道哉？惟通乎幽顯之情者，乃可獨行乎天地間，俯仰而無愧也。凡〔三〕人務内者貴實，故行乎無名而建德若偷；務外者貴華，故志乎求用而矜能自衒。唯能用光歸明，斯可常也。買人求售，則非深藏若虚者，此言無常之人，重外輕内，人見其跂立不安，而自謂魁然碩大也。「與物窮者」，言盡物之性。「入」，猶「歸」也。與物齟齬，則彼我角立，身不能容，安能容人？與「我之大賢，何所不容？我之不賢，人將拒我」義同。不能容人，則孤立而無與，身外皆他人耳。志異而矛戟生，不啻陰陽之寇，原其所由，心爲之賊。大哉心乎！善惡所出，禍福之機也。苟不得其持之之要，則物欲撼之，流於不誠不當，人非鬼責之莫逃，雖天地之大，而片體一節將無所寄矣！是以君子謹所出。「幽間」，舊音「閑」，詳上文顯明之義，則此當是「幽闇」，傳寫欠筆。

道本乎一，真體混成，適〔四〕生萬物，其體分矣。然則萬物之成，乃大道之毁也。所以「惡乎分」者，以萬物分稟道氣，無不俻〔五〕足，聖人慮物繁而道愈分，樸散而難復也，所以「惡乎俻」者，爲人不能忘物

〔一〕 褚本此句作「不趨乎善，必趨乎惡，爲善者常少」。
〔二〕 褚本此句作「有一於胸中而不合離」。
〔三〕 褚本無「凡」字。
〔四〕 「適」，褚本作「通」。
〔五〕 「俻」，褚本作「備」，褚本下「俻」字同此，皆作「備」。

以契道，資生之物愈偹，而衛生之道愈蹠〔二〕，「物有餘而形不養者有之矣」。夫道之通乎萬物，猶水之通乎百川；道无心於通物，物不得不禀乎道，水無心於通川，川不得不納乎水。道通物，而後生成之德著，川通水，然後運載之功成。然則其分也，亦豈惡乎分？其偹也，亦豈惡乎偹哉？此與《齊物論》「其分也成也，其成也分〔三〕也，萬物無成與毁，復通爲一」義同。「出而不反」，謂忘道逐物，見其動之死地，「是」者，指此道，謂出生而得此道，則入死也亦以道矣。「得死」，謂得其死所，與「善吾生者，所以善吾死」相類。世人毁滅其真性，認物以爲實，形雖存而與死无二，所謂行尸是也。唯能以有形象无形，則身心俱空，物何能動？出非无本也，而人莫知其所萌；入非无窮也，而人莫知其所歸。信能身心俱空，則虚而靈，寂而照，物來必鑑，一毫莫欺，况已之所萌所歸乎？「實」謂真性，「長」謂性所自來。真性隨處發見，而無定所，在眼曰見，在耳曰聞是也。性所自來，宰形分化，莫知終始，「長於上古而不爲〔三〕老」是也。「有所出而無本者有長」，言出生亦莫究其根，但與化流行而已。「有入而无竅者有實」，言入死亦莫見其門，但一真不昧而已。吕氏補句義甚明，當以無乎處者爲宇，則所居而安；以无本剽者爲宙，則所適而得。宇宙何能不容人物？人物亦何能離宇宙哉？萬物生死出入，必有主張綱維之者，而莫見其形，是之謂「天門」。以物所出入，强名曰「門」，而實无有也。若執於無有，猶不免乎有，併無有一無之，乃造真空之妙，而萬物萬理且〔四〕焉。聖人藏乎無有，故能無所不有也。「剽」，同「標」，末也。

〔二〕「蹠」，褚本作「疏」。
〔三〕「分」，褚本作「毁」，參《莊子》原文，當以褚本爲是。
〔三〕褚本無「爲」字。案：參《莊子》原文，當以朱本爲是。
〔四〕「且」，褚本作「具」。

稟質爲人，既形而下，欲復乎「未始有物」，不亦難乎？夫有物皆幻也，心存則存，心亡則亡。我心不萌，寂寥獨立，謂之「未始有物」可也。儻造乎此，則雖有生死亦寄焉耳，古之得道者能之。次則有物而有死生之分，然能以生爲喪，以死爲反，則與常人處生死流者異矣。又次曰無有生死之分，首、體、尻焉，三者雖異而同出乎道，猶楚之公族[一]而有昭、屈、景三姓之別，蓋謂貴賤[二]滋衍而封建制度之不一，喻人知識日增而嗜欲滋廣也。「黬」者，釜底結墨，似形非形而生於形者也。人寄形而有生，亦猶黬耳。俄而披散，則所謂我者又移而之他，不可定言其有无，故試言之。喻夫臘祭之有膍胲，備牲體以薦神則不可散，祭畢分胙則爲可散。觀寢廟則肅然起敬，適偃厠則不無褻慢焉，有[三]此皆可移之是也。經文「請嘗言移是」五字，詳文義合在上五句前「不可知者也」之下，觀郭註可證。人之自是，以其有生，生則有知，知爲之師，二者相承[四]而不已，果執以爲名實，因以爲己質，則不可變矣。謂不能照破幻塵而認虚爲實，至於以名實爲己節而以死償之，皆由自是其是以致此弊。舉世循習，莫悟其非，无異鷽鳩之同於榆枋之適，而不知有鵬程九萬里也。

蹍足以親疏[五]而分敬驁，則世俗之所謂禮者，相僞而已矣。庸敬在兄，斯須之敬在鄉人，大親則不喻而愛敬常存，脱悮[六]蹍足，無所復問，故禮、義、知、仁之至者，皆不資於有物有爲而自造其極。此出乎天理

〔一〕　褚本「公族」下有「則一」二字。
〔二〕　「貴賤」，褚本作「貴戚」。
〔三〕　褚本無「有」字。
〔四〕　「承」，褚本作「乘」。
〔五〕　「疏」，褚本作「疏」。
〔六〕　「悮」，褚本作「誤」。

自然而不用擬議〔一〕，而行者合轍也。至於徹志解心，去累達塞，則由乎人爲，又下一等。繼以「四六者不盪於中」，以示入道之要。由正而静，所以應天下之動；自明而虚，所以容天下之實。則與前所謂至禮、至義者無間，而同歸乎道矣。德者，物之欽，道又德之欽，則其尊可知。「生者，德之光」，德者，生之光〔二〕，人而無德，奚以生爲？「物得以生之謂德」是也。「性者，生之質」，「形體保神，各有儀則，謂之性」是也。「性之動，謂之爲」，則知無爲者，其性未嘗動，「爲之僞，謂之失」，則知有爲者其爲未嘗真。世之任知者，與接爲構，相與爲謀，唯恐接之不徧，知之不博，以自苦其形神，而弗悟知之所不知者，乃其所以知，猶睨者之所不睨，乃其所以睨，即本經云踐者「恃其所不踐而後善博」也。故凡應物處事，必不得已而動，則出於性之自爲而無失矣。此皆與世之名相反而實相順。《老子》云「正言若反」。此有道者所以異於俗，而能處物不傷也。

羿不工乎射，人安得而譽之？聖人不止〔三〕乎治，百姓安得而歸之？然而物歸則己累，彼工則此拙，此必至之理。工天而〔四〕拙人，猶之可也；若工人而拙天，則純乎人欲累，將若之何？此工天佷人所以爲全而免乎幽顯之患。夫卵生濕化，翾飛跂行，「蟲能蟲」也。烏慈鴝友，蛛網蜣丸，「蟲能天」也。人之能人能天，亦可類推矣。「全人惡天」，惡人之分别以爲天，非惡自然之天也，況肯自分「天乎人乎」？必也藏

〔一〕本句褚本作「此出乎天理自然故不容擬議」。
〔二〕褚本在「德者生之光」前有「義當是」三字。
〔三〕「止」，褚本作「工」。
〔四〕褚本無「而」字。

人於天，混而一之，所以爲全德而免世間之累也。一雀適羿，羿以威得之。威之得物，未若無心得物之衆；若以天下爲籠，所得豈止乎一雀[一]？唯有所好，然後可籠；淡然無欲，彼惡得而籠哉？介兀之不願飾，胥徒之不懼死，皆以刑戮之餘，人所不齒而已，亦無意乎生全，無可柰何，姑安之耳。而於服謂之久[二]，中心無所愧懼，能忘人所不忘，因而入於自然，此言處惡之久，安而化也，況本乎自然而能天能人者，其脱塵獨悟，詎可量哉？區區外貌之敬侮，何足以介浩然之懷？「同乎天和」，即人之能天者。「出怒不怒」，則所過者化。「出爲無爲」，則事成無迹。聖人非絶無喜怒，絶無作爲也，物不因細故以發，不爲己私而動。一志養氣，以乘事物之機，怒所當怒，爲所當爲。一以百姓之心爲心，有以勸善懲惡，亦猶不怒不爲也。氣平而静，心順而神，感而後應，迫而後動，其有不當者乎？經文「不餽」難釋，作「不愧」，是[三]。

**褚氏總論**：庚桑之於老子，具體而微，然其未至者，猶有所立卓爾。意[四]居畏壘而民稱其德，乃聖賢利物之常；至於衆心欣感，欲推而尊之，則愛利之迹著，物交而情生，是以南榮趎[五]所見亦猶畏壘也。庚桑恐己德不足以化，遂使往見其師，將有以轉移其心而警發之，是爲换手接人，使之的信無疑，然後至言可

[一] 褚本無「一」字。
[二] 此句褚本作「至於復謵之久」。
[三] 褚本此句作「一本作『不愧』，今從之」。李栻本無以上文字，僅摘引下文褚氏總論。
[四] 褚本無「意」字。
[五] 褚本無「趎」字。

入。故其入門一勘，棒喝不施，問答俱喪，是爲撒手懸崖，命根斷處，幾何而一遇耶！惜乎南榮趎〔一〕不能直下承當，而曼衍支離，鋪陳長語，老子揣其病源而痛鍼之，乃退舍自怨〔二〕，灑濯復見，亦可謂善受教而能自新矣。故其再接也，乘機直指，盡去其津津之惡，徐有以發藥之。趎自揆受道器淺，但願聞衛生之經，即道之方充廣在人耳。老子誨以抱一求己，還嬰順物，衛生之經，槩見乎此。問結〔三〕至極，又復歸結於「能兒子乎」，「言有宗，事有君」也。次論泰宇發乎天光，靈臺不知所持，謂虛室而生白〔四〕，不必以有心有爲汲汲求也。「券外」「券内」之説，志僭鏌鋣之喻，又使學者知輕重而加决擇焉。無有生死，序先後而同一體。寢廟偃厠，勢貴賤而各有宜。蓋欲悟有生之本無，破移是之妄見。至叙貴富欲惡之勃志繆心，則知志欲一而心欲虛。凡涉物累而障虛明者，不可不棄而遠之，所以全吾天而復乎道也。臘具膍胲而可散不常，羿工中微而拙乎藏譽，此皆解執滯之凡見，廓虛玄之化權，混天人工拙而超乎物我是非，忘毀譽敬侮而造乎不爲不怒。静則平氣，養浩在不擾也；動〔五〕則順心，好和而惡奸〔六〕也。如是則澹然獨與神明居，定於一而應無方矣。此庚桑所得老聃心傳之奥，若顏子之於尼父有不可容聲者。南華繼絶學於百年之後，猶孟氏聞而知之，操踐至極，成功一也，故舉以爲天下式。

〔一〕褚本無「趎」字。
〔二〕「怨」，李栻本作「怨」，褚本作「愁」。
〔三〕「結」，褚本作「詰」。
〔四〕褚本此句作「室虛而白生」。
〔五〕「動」，褚本作「神」。
〔六〕「奸」，褚本作「姦」。

# 徐無鬼第二十四

徐無鬼因女商見魏武侯，武侯勞之曰：「先生病矣！苦於山林之勞，顧乃肯見於寡人。」

徐無鬼曰：「我則勞於君，君有何勞於我！君將盈耆欲，長好惡，則性命之情病矣；君將黜耆欲，掔（音牽）好惡，則耳目病矣。我將勞君，君有何勞於我！」武侯超然不對（此笑之源也）。

少焉，徐無鬼曰：「嘗（試）語君，吾相狗也。下之質，執（求）飽而止，是狸德也；中之質若視日（仰不逐欲），上之質，若亡其一（無知）。吾相狗，又不若吾相馬也。吾相馬，直者中繩，曲者中鉤，方者中矩，圓者中規，是國馬也，而未若天下馬也。天下馬有成材，若卹（馴良愛物）若佚（閒暇），若喪其一（凝定不擾），若是者超軼絶塵，不知其所（不可程限）。」武侯大說而笑（有覺於選材之方）。

徐無鬼出，女商曰：「先生獨何以說吾君乎（錯縱句）？吾所以說吾君者，橫說之則以詩書禮樂，從說之則以金板六弢，奉事而大有功者不可爲數，而吾君未嘗啓齒。今先生何以說吾君，使吾君說若此乎？」

徐無鬼曰：「吾直（但）告之吾相狗馬耳。」

女商曰：「若是乎？」

曰：「子不聞夫越之流人乎（結設二諭意在言外）？去國數日，見其所知而喜；去國旬月，見所嘗見於國中者喜；及期年也，見似〈鄉〉人者而喜矣；不亦去人滋久，思人滋深乎？夫逃虛空（谷）者，藜藋柱（植蒲）乎鼪鼬之逕，踉（良行）位（止）其空（無聊之極），聞人足音，跫（巨恭反）（躍）然而喜矣，而況乎昆弟親戚之謦欬其側者乎！久矣夫，莫以真人之言謦欬吾君之側乎！」

【通義】使武侯知凝一之爲上，是勞君之道也。武侯悦於凝一之爲才，則自處與用人皆有省也，故大悦而笑。寧静爲上，躁率爲下，此真人之言意也。臣之告君以事功，則君之神馳越而無家；告君以守一，則君之心欲浄而得佚。此無鬼之所自許，武侯之所乍聞而喜也。有匡弼之責者，宜究心焉。

【義海】狗馬，常畜也，所能不過警盗代步，雖善相而得其真，亦未爲絶技。武侯聞之大悦，何耶？盖善説者必因其所好而籠之，則其言易入，猶王好戰而以戰喻也。請玩「天下馬有成材」一語，「超軼絶塵」之姿可想象而得，伯樂、九方皇〔一〕之技，至是亦无遺鑑矣。「視日」「亡一」，猶可形容，至於「卹失」「喪一」，又善述其難寫之狀，非若國馬之可以規矩鉤繩喻也。「一」者，物始萌兆。「若亡」「若喪」，猶云怳惚有无之間，不可指定其形質。唯其啓之有道，所以得武侯之心，其效速於詩書弢畧〔二〕也。後引去國者不免懷思，以喻失性者亦必求復，有人乘機以發之，何異逃跡空曠之地而聞人足音哉。「久矣夫」以下〔三〕，乃歎惜无人以至言妙理感悟武侯之心，故使之聞相狗馬而悦，儻有賢臣近辅以道德微言漸化而密融之，吾知其良心善性如水之回淵，沛乎〔四〕其莫禦也，是以凡有洗心向善者，君子不拒焉。或疑无鬼，賢士

〔一〕「皇」，褚本作「皋」。
〔二〕「畧」，褚本作「略」。
〔三〕「以下」，褚本作「已下」。
〔四〕「沛乎」，褚本作「浩乎」。

也，見武侯而突然語狗馬，似无意義。蓋武侯素驕慢，故忠良之臣莫進，真人之言莫聞。無鬼求見，欲有以救正之，而侯以常士待，遂申言吾見狗馬，尚能相其優劣而爲〔二〕去取，君之見士，豈不能鑑其賢而加禮敬邪〔三〕？此又言外之意云。

徐無鬼見武侯（此終上章勞君之意），武侯曰：「先生居山林，食茅栗厭蔥韭，以賓（外）寡人久矣。夫今老邪？其欲幹酒肉之味邪（爲己）？其寡人亦有社稷之福邪（爲人）？」

徐無鬼曰：「無鬼生於貧賤，未嘗敢飲食君之酒肉，將來勞君也。」

君曰：「何哉，奚勞寡人？」

曰：「勞君之神與形。」

武侯曰：「何謂邪？」

徐無鬼曰：「天地之養（生）也一，登高不可以爲長，居下不可以爲短。君獨爲萬乘之主，以苦一國之民，以養耳目鼻口（勞形也），夫神者不自許（知）也。夫神者好和而惡姦（巧）；夫姦病也（勞神也），故勞之。唯君所病之，何也？」

武侯曰：「欲見先生久矣。吾欲愛民（此其自役之故），而爲義偃兵，（脱民之死）其可乎？」

徐無鬼曰：「不可。愛民，害民之始也；爲義偃兵，造兵之本也；君自此爲之，則殆不成。凡成、美，

〔二〕　褚本「爲」下有「之」字。
〔三〕　「邪」，褚本作「耶」。

惡器也；君雖爲仁義同室皆鬭舟中皆敵也，幾且僞哉！形心固造形事，成固有伐誇，變固外戰正見惡器。君〈之心中〉亦必無盛鶴兵障之名列於麗譙宮名之間，无徒驥步兵騎卒於錙壇祭所之宮，無藏逆失於得順，无以巧勝人，无以謀勝人，无以戰勝人。夫殺人之士民，兼人之土地，以養吾私，與吾神者其戰不知孰善？勝之惡乎在？君若勿已矣自信，〈惟〉脩胷中之誠，以應天地之情，而勿攖夫民。〈民〉死已脱矣，君將惡乎用夫偃兵哉！」

【通義】登高非長，居下非短，遇也。貴賤不可自異，以成驕諂之失。害始兵，本用知成僞，必至於兵害也。苟不知省，必危殆而志不成。盖凡有心成可美之事，乃聚惡之因，故曰「惡器」也。以仁義爲心而有所爲，是有爲，而爲其幾微之□〔一〕僞而已，是以有形之心而造有形跡之事。設一有成，必自誇許，中存變亂，外與物角，是在宮墻之内、愛敬之地而畜兵以圖其欲也。外得土地，内耗神氣，勝負安在哉。以我之見，莫若釋此一念，復其真純，以迓天休，則兵不求偃而民免塗炭矣。

【義海】無鬼再見武侯，豈爲身謀而希進用哉。欲有以匡救其失，而免民於難也。武侯乃云「厭葱韭」而「干酒肉」，其尊己薄人甚矣。無鬼不爲勢屈，直云「勞君之神與形」，則非特藐之，亦且哀之。武侯猶未之省，盖乎日湛於聲利嗜欲，不暇形神之顧，所以聞告茫然。無鬼又陳「天地之養也一」，以槩其自尊之心，其要在「神者好和而惡姦」一語，神則己之真。而武侯以「爲義偃兵」爲問，因失義而後思

〔一〕浩然齋本此處空格，當有闕文，丁坊本同此。

爲義，因窮兵而後思偃兵，遽反其常，豈真情哉。夫恩害相生，理之必至，无爲任真，庶可全也。凡事成而美者，皆爲「惡器」，謂迹之著見。愛民偃兵，迹之尤著者也。我以此心感，彼以此心應，謂之「形造形」。形成必召伐，動與物迕，斯「外戰」矣。況列兵陣、盛騎卒，夸耀於世，覬天下之歸己，得之不順於理，皆「藏逆」也。天所助者順，逆其能久乎？巧勝則事物之間無非機，知謀勝則圖度浸大而害物漸深。至於戰勝則殺人兼地，焚都墟國，害莫甚焉。皆由於積暴致然，恢恢之網莫逃[一]，而身亦與之俱燼[二]矣，故當自微而謹遏之。今乃藉君臨之勢，恣無窮之欲，以養吾私與君神者較之，「其戰不知孰善？」勝勝[三]惡乎在？」請武侯自度之。君若未明養神之道，但修誠[四]以應天地而勿攖，即是順天地之養，而見其與己爲一，則君民熙熙，至和潛暢，物无疵癘，人無夭傷，何在乎[五]區區求偃兵哉。

黄帝將見大隗乎具茨之山，方明爲御，昌寓驂乘，張若謵朋前，馬昆閽滑稽後；車至於襄城之野，七聖皆迷，無所問塗。

適遇牧馬童子，問塗焉，曰：「若汝知具茨之山乎？」曰：「然。」

「若汝知大隗之所存乎？」曰：「然。」

〔一〕此句褚本作「積暴所致，然恢恢之網莫逃」。
〔二〕「燼」，褚本作「盡」。
〔三〕「勝勝」，褚本作「勝之」。案：據《莊子》原文，當以褚本爲是。
〔四〕「修誠」，褚本作「脩己誠」。
〔五〕「乎」，褚本作「夫」。

黄帝曰：「異哉小童！非徒知具茨之山，又知大隗之所存。請問爲天下。」

小童曰：「夫爲天下者養民，亦若此而已矣，又奚事焉！予少而自游於六合之内，予適有瞀病，有長者教予曰：『若乘日之車而游於襄城之野。』今予病少痊，予又且復游於六合之外。夫爲天下亦若此而已。予又奚事焉！」

黄帝曰：「夫爲天下者，則誠非吾子之事。雖然，請問爲天下。」小童辭。

黄帝又問。小童曰：「夫爲天下者，亦奚以異乎牧馬者哉！亦去其害馬者而已矣！」

黄帝再拜稽首，稱天師而退。

【通義】此承上章勿攖民意，而揭黄帝爲準，又擬人名地名，皆寓言以闡無爲之意。「害馬」者，能害馬之事物，與牧羊鞭後意稍不同。「天師」者，純乎天而可師也。

【義海】黄帝見大隗於具茨，猶堯見四子於姑射，蓋神交氣合，不可以形相求。黄帝辅以六臣者，喻六識未泯，則猶以知見能解爲聖，雖欲之乎大隗，而中道不免於迷。大隗混成，諭道之體。具茨全覆，諭道之用。「襄城之野」，則郛郭猶存，非洞庭廣莫之比，蓋未能虚廓洞達，暢乎無垠。非唯賴之以求道者，莫之適從，而一精明之主，亦昧然無所向矣。然猶知問塗〔一〕於牧馬童子，亦庶幾焉。「牧馬童子」，喻守心之

〔一〕「途」，褚本作「塗」。

神，猶禪家牧牛之譬，然而牧者何物？牧之者誰耶？知慧能反六情，無異善牧之去其害馬者。「爲天下亦若是」，言其本無難，與治民如牧羊意同。「瞀病」，目眚。目力所及，不過六合之内，拘於形器而不能徧燭無外，斯爲病也。猶〔一〕教之去其病者，謂能乘天光而上達，則遊襄城之野，何迷之有？「今病少痊」而「遊於六合之外」，則無形器之拘，而猶知有六合内外之分，所以未爲全愈而云「少痊」也。童子不過以自然爲師，而能若是，故黄帝稱「天師」而退。此章寓言以明學道之難，多中道而畫，當十〔二〕諸心君而力主之，乘天光而上達，超〔三〕形器而逍遥，具茨之山不待問途〔四〕而可至矣。

知士無思慮之變則不樂，辯士無談説之序則不樂，察士無淩誶之事則不樂，皆囿於材物者也。招攬世之士興朝，中民之士榮官，筋力之士矜難，勇敢之士奮患，兵革之士樂戰，枯槁之士宿名，法律之士廣治，禮教之士敬容，仁義之士貴際交〔五〕。農夫无草萊之事則不比，商賈无市井之事則不比。庶人有旦暮之業則勸，百工有器械之巧則壯。錢財不積則貪者憂，權勢不尤極則夸者悲。勢物之徒樂變，遭時有所用，不能無爲也。此皆順比乘於歲時，不〈成〉物於〈變〉易者也，馳其形性，潛之萬物，終身不反，悲夫！

〔一〕「猶」，褚本作「有」。
〔二〕「十」，褚本作「卜」。
〔三〕褚本無「超」字。
〔四〕「途」，褚本作「塗」。
〔五〕浩然齋本與丁坊本同註爲「交」，傅山本「際」註釋爲「時」，「貴」右下側有「於人」二字。

【通義】此章評世燭情，與憐而極勸也。囿於物者三，身居事外，用智者也。順比於時者十又五，身居事內，用力者也。其間「貴際」以上稱士者十，無如與力。「農夫」以下者五，則農工商賈與勢利，全用力者也。「不物於易」，不爲物之能變易者也。物而能易，則形雖物而能神矣。「不物於易」，言前諸藝情狀皆如物之有方有所，不爲能變易之物也，猶言物於不易，此言物以天能自許，安於此不達於彼，自成一物，失其神也。

【義海】此章起論突兀，疑前有闕文，不可復考，其詳〔一〕智〔二〕、辯、察士之所樂，乃學道者之所悲，何背馳若此？是各爲其能所囿而不得自由者也。「招世」，謂舉善推賢〔三〕，以來天下之士，故可以興起朝廷。「中民」，猶云宜民，固〔四〕當榮以官爵。後叙諸士農庶百工趨向之不同，各執一偏，但以得用爲樂而忘其勞苦，失性之爲患。然而不能變通，用各有極，極則姦僞生而患害作矣。當其處無用也，常以有用爲心，思所以設施註措，志念〔五〕未嘗暫息。遭時有用，則志滿意得，作法遑能之不暇，又安望其無爲哉。貪者不積則憂，夸者不尤則悲，亦不越前意。是皆安其所不安者也。所以〔六〕猶春秋冬夏之統溫涼寒暑，雖順比於歲而

〔一〕「詳」，褚本作「評」。
〔二〕「智」，褚本作「知」，二字可通。
〔三〕「推賢」，褚本作「旌賢」。
〔四〕「固」，褚本作「故」，二意不同。
〔五〕「志念」，褚本作「妄念」。
〔六〕「所以」，褚本作「亦」。

各得其偏，不物於易〔二〕，寒令不可施之於夏，暑令不可施之於冬。「不物於易」，猶云不易於物，錯綜其文耳〔三〕，惟至人心同太虛而身備四時之氣，所以能易物而不易於物也。

莊子曰：「射者非前期（先有的）而中，謂之善射，天下皆羿也（起下句），可乎？」

惠子曰：「可。」

莊子曰：「天下非有公是也，而各是其所是，天下皆堯也，可乎？」

惠子曰：「可。」

莊子曰：「然則儒墨楊秉四（公孫龍名），與夫子爲五，果孰是邪？或者若（設論敷衍）魯遽者邪？其弟子曰：『我得夫子之道矣，吾能冬舍鼎（不用火爨）而夏造冰矣。』魯遽曰：『是直（但）以陽召陽，以陰召陰，非吾所謂道也。吾示子乎吾道。（句法）』於是爲之調瑟，廢一於堂，廢一於室，鼓宫宫動，鼓角角動，音律同矣。夫或改調一弦，於五音無當也，鼓之，二十五弦皆動，未始異於聲，而音之君已（則無）。且若是者邪？」

惠子曰：「今夫儒墨楊秉，且方與我以辯相排，以辭相鎮（壓），以聲（名）而（相加）未始吾非也，則奚若矣？」

莊子曰：「齊人蹢（足弱）子於宋者，其命閽也不以完，其求鈃鐘也以束縛，其求唐（失也）子也而未始出域，有遺類矣！夫楚人寄（寓）而蹢（足病）閽者，夜半於無人之時而與舟人鬬，未始離於岑，而足以造於怨也。」

〔二〕「不物於易」，褚本作「不能與物易」。
〔三〕褚本無「耳」字。

【通義】此發好智者之蔽而覺之也。蓋上章囿於物之類，冬舍鼎不用火也，夏造冰不畏暑也，陽召陽，陰召陰。冬有伏陽，夏有伏陰也。「廢」，或訓置余，以爲發之悞。五音無當改調而聲亂也，二十五音皆動，聲響雜然而宫商之所主則無可見，故曰「未始異於聲而音君已」。聲成文，謂之音也，此應「天下非有公是」句，置蹢子於閽，不求完求亡子而不出域，求鈃鐘則束縛而愛之，此皆就所見而有失倫者，故曰「有遺類」。楚人寄而蹢閽者，蓋諭已開其蔽，而五子反以爲怨也。

【義海】「皆羿」「皆堯」之論，莊子力鍼惠子之病，以救其自是之失。故舉魯遽與弟子所較優劣。「召陽」「陰陰」〔一〕，即是以同應同耳。及改調一弦於此，而彼衆絃皆變，聲不同故不應也。五音皆聲，而音則有所主，是爲「音之君」。在乎善聽者别之耳。故「鼓宫宫動，鼓角角動」，以類相推〔二〕，未爲特異也。五子之各是一偏而非公，猶宫止於宫，角止於角，而不能相通也。惠子猶未悟，以己能超出四子而「未始吾非」，則吾之所是真是矣。莊子遂引齊人人輊子重鐘，失恩背理而亦自以爲是，至於楚人寄閽而鬬，不自知非，則三轉語矣。於此有以見莊子愛友惠子之篤〔三〕，事〔四〕詳後章經意可知。「聲」，猶木也。「音」，以喻棟梁榱桷。「音之君」，喻良匠之手，所以成棟梁榱桷者，皆不可以相無也。

〔一〕褚本引作「陽召陽」「陰召陰」。
〔二〕「推」，褚本作「從」字。
〔三〕褚本此句作「莊子於惠子愛友之篤」。
〔四〕褚本無「事」字。

莊子送葬，過惠子之墓，顧謂從者曰：「郢人堊烏路反慢其鼻端若蠅翼，使匠石斲之。匠石運斤成風，聽而斲之，盡堊而鼻不傷，郢人立不失容。宋元君聞之，召匠石曰：『嘗試爲寡人爲之。』匠石曰：『臣則嘗能斲之。雖然，臣之質死久矣。』自夫子之死也，吾無以爲質矣，〈今〉吾無與言之矣。」

【通義】此見莊子愛惠子之真心正意。只結二句，言有盡而意無窮，文哉。質，猶本也、地也。

【義海】莊子抱道高堅，非時俗可探其淵，大抵論端無由而發〔一〕，僅一惠子可與言，時得以伸〔二〕其汗漫無崖之説，以豁暢胷中之奇，載道鳴文亦或在是。及惠子殁，過墓而憶之，顧從者而與言，其感慨可知。夫匠石之斲，天下敏手也，然非郢人能立，則亦無所施工〔三〕。「臣之質死已久矣」，故運斤無失，而彼能忘形以聽斲者，豈易得哉。莊子之失惠子亦然。「吾無以爲質」一語，頗難釋，審詳經意，前云「臣之質死久矣」，必須〔四〕得質死之人，不怖不動，乃可施斲。今惠子既亡，此質雖存而無以對，是〔五〕無質也，謂世無知音，孰相激發者。「無與言之矣」，有以見傷悼友生之切。惠子平生時有機〔六〕刺之言，南華每盡忠竭力而救正之，雖不逃辯給之名，而所務者清談雅論，免墮當時縱横詭詐之習，是亦尚友之力也。故南華於其殁

〔一〕褚本此句作「非時俗可探其淵大，則論端無由而發」。
〔二〕「伸」，褚本作「申」。
〔三〕「施工」，褚本作「施其工」。
〔四〕「必須」，褚本作「又須」。
〔五〕「是」，褚本作「猶」。
〔六〕「機」，褚本作「譏」。

後猶致意焉。「聽而斲之」，據《郭註》云「瞑目恣手」，是也[一]。

管仲有病，桓公問之，曰：「仲父之病病矣，可不謂諱誤云，至於大病，則寡人惡乎屬國而可？」

管仲曰：「公誰欲與？錯縱句」

公曰：「鮑叔牙。」

曰：「不可。其爲人絜廉，善士也，其於不己若者不比數之，又一聞人之過，終身不忘。使之治國，上且鉤乎君，下且逆乎民。其得罪於君也，將弗久矣！」

公曰：「然則孰可？」

對曰：「勿已，則隰朋可。其爲人也，上忘而下畔，愧不若黃帝而哀不己若者。以德分人謂之聖，以財分人謂之賢。以賢臨人，未有得人者也；以賢下人，未有不得人者也。其於國有不聞也，其於家有不見也。勿已則隰朋可。」

【通義】此章義明。「不比之」，不與之並立也。「鉤君」，束縛也。「逆民」，强逼也。「上忘而下叛」，忘君之勢，不親乎民也。「以德分人」，猶曰教人以善也。國家有不聞見，能包荒也。此見管仲之知人。

[一]「是也」褚本無，褚本「《郭註》云『瞑目恣手』」下有一段：「陳碧虛照江南李氏書庫本，此四字係是經文，後人誤引爲《郭注》，緣此四字不類注文故也。」

【義海】管仲病，桓公問而曰「可不謂云」，列文作「可不諱云」，爲當[一]。惡乎屬國[二]，仲宜以叔牙對，而乃審所欲與。公以叔牙爲言，仲知其賢，而才不足以治劇，慮其執中無權，鈎君逆民，乃斷以不可。蓋不以與己善而私其舉，使之不勝任而得罪於君也。「勿已則隰朋可」，言僅「可」耳。「上忘而下畔」，按《列子》「下[三]不叛」，張湛註「居上而自忘不憂下之離散也」，足以證莊文誤逸。古文「畔」，通作「叛」。據此方論隰朋之德，似不可以背叛言者，若從「邊畔」，説又不通，宜從《列》文「下不叛」爲正。「於國有不聞」「於家有不見」，言其爲政寬恕，不衒己聰明以爲苛察。善下而能得人，知其可以屬國。蓋與其以知治國，作法害民，寧若寬厚得衆而相安於無事。此仲知人能任，所以成霸齊之功，忠於君而愛於友，在義實[四]兩得也。

吴王浮於江，登乎狙之上[五]。衆狙見之，恂然棄而走，逃於深蓁。有一狙焉，委蛇攫抓，見巧乎王。王射之，敏給搏捷矢。王命相者趨射之，狙執死。王顧謂其友顏不疑曰：「之狙也，伐其巧恃其便以敖予，以至此殛也！戒之哉！嗟乎，无以汝色驕人哉！」顏不疑歸而師董梧以鋤其色，去樂，辭顯，三年而國人稱之。

[一] 此句褚本在段末，無「管仲病，桓公問而曰」八字。
[二] 此句褚本作「公問屬國」。
[三] 褚本無此「下」字。
[四] 褚本「實」下有「爲」字。
[五] 「上」，衆本皆作「山」，朱本當誤。

**【通義】** 取諭明「鋤其色」，去其驕人之色，如墾闢草萊之用力，與「去樂」「辭顯」，皆言其勇也。

**【義海】** 狙之與人，異類也，得深山茂林而王長其間，唯人聲之惡聞，況見其身乎？然則睹吴王而攫搔見巧，是其速死之徵，故不免乎射。而猶能搏接捷矢，可謂敏給也已。王怪其過巧趨射之，則左右莫非彀中〔一〕，能無中乎？其執樹而死也亦宜。王於此悟夫傲物之速禍，出羣之招患也，因戒其友顏不疑〔二〕「無以色驕人」。不疑歸而「鋤色」「去樂」〔三〕「辭顯」，非勇於進善，疇克爾耶，猶閱三年而後國人稱之，蓋爲善在乎不倦，千日而後成功。若爲惡，則不崇朝而殺身有餘地矣，可不戒哉。

南伯子綦隱几而坐，仰天而噓。顏成子入見曰：「夫子，物之尤也。形固可使若槁骸，心固可使若死灰乎？」曰：「吾嘗昔居山穴之中矣。當是時也，田禾一睹我，而齊國之衆三賀之。我必先之，彼故知之；我必賣之，彼故鬻之。若設我而不有之，彼惡得而知之？若設我而不賣之，彼惡得而鬻之？嗟乎！今我悲人之自喪者，吾又悲夫悲人者，吾又悲夫悲人之悲者，其後而日遠矣與可悲。」

〔一〕 褚本此句作「王怪其過巧，遂命左右趨射之，則莫非彀中」。
〔二〕 褚本無「顏不疑」三字。
〔三〕 褚本無「去樂」二字。

【通義】田禾，即田和，齊君也。此章大意見前，惟後三悲乃見昨非而今是，故曰「其後日遠也」。不自悲而悲人，由其不自慊而慊人也，今則自慊矣。

【義海】此即《齊物論》首南郭子綦故顔成入見問端亦同。「隱几」，静極之際。「仰天而吁〔一〕」，則其機已動，故乘而問之。「尤」謂物之最靈。今乃灰槁若此，子綦因〔二〕往事以對。田禾，齊君，聞子綦之賢，入山一顧，而齊國三贺，其得賢共理可以致治也。我有則彼知，我賣故彼鬻，言不能自晦而招來聲名。名至則身累，責重者患生，非「自喪」而何？是爲可悲也。「吾悲自喪者」，跡近而易見；「吾又悲夫悲人者」，則漸深而歸於自悲；「又悲夫悲人之悲者」，則付之無可柰何，以不悲悲之而聽天籟之自鳴自己。然後世間之憂累日遠，故能形槁心灰若此也。信知懷才而隱，古今所難，唯能脱世網鴻冥高舉者〔三〕，斯可以始終之耳。

仲尼之楚，楚王觴之，孫叔敖執爵而立，市南宜僚受酒而祭曰：「古之人乎稱讚！於此言已。」曰：「丘也聞不言之言矣，未之嘗言，於此乎言之。市南宜僚弄丸而兩家之難解，孫叔敖甘寢秉羽而郢人投棄兵。丘願有喙三尺然後能言。」彼之謂不道之道，此之謂不言之辯，故德總乎道之所一。而言休乎知之所不

〔一〕「吁」，褚本作「嘘」。
〔二〕「因」，褚本作「引」。
〔三〕褚本此句作「唯龍脱世網，鴻冥高雲者」。

知，至矣。道之所一者，德不能同也；知之所不能知者，辯不能舉也；名若儒墨而凶矣言辯。故海不辭東流，大之至也；聖人並包天地，澤及天下，而不知其誰氏。是故生無爵，死無謚，實不聚，名不立，此之謂大人。狗不以善吠爲良，人不以善言爲賢，而況爲大乎！夫爲大不足以爲大，而況爲德乎！夫大備矣，莫若天地；然奚求焉，而大備矣。知大備者，无求，无失，无棄，不以物易己也。反己而不窮息，循古而不摩廢，大人之誠。

【通義】誠之動物，不待言也。「弄丸」「秉羽」，此不言不言，「解難」「投兵」，是物動於誠也，即執爵受酒。二人往事，以見德不在虛言也。竊意此章言大、言一、言誠，蓋一者誠之不貳，大者誠之無外。意實諷楚之君臣，不當狃於功利富强。故舉二臣之善以起其信道之心，以明己之不言之言也。狗吠二句，正破其求言之意，反己循古二句，見大人之所以備，隱然自許以勸人也。結句冷軟，言大言誠，一在其中。

【義海】弄丸於掌，轉運無窮，應用之機在乎而[一]寸，以喻世事萬變莫匪由人，達士觀之，等如遊戲然。宜僚[二]，楚之知勇士也。司馬子綦謂，若得之，可敵五百人，則其才可知。隱居市南，適意於此，視天下事無足爲者矣。彼白公欲[三]將謀不軌，而覬其相成之，何不知己之甚，宜其弄丸而弗顧也。此雖戲事而

〔一〕「而」，褚本作「方」。
〔二〕褚本「宜僚」前有「熊」字。
〔三〕「欲」，褚本作「勝」。

能阻〔一〕白公作亂不成，子西免禍，是兩家難解也。孫叔敖三仕三已而無喜慢〔二〕，則其量未易測也。酣寢問晦〔三〕，秉孫扇〔四〕而清談，皆能使敵國投兵而退，法〔五〕所謂「不戰而屈人」者也。是爲「不道之道」「不言之辯」，有口難以形容。夫子「願有喙三尺」，方可議論此事，非實有三尺喙也。「道之所一」，乃萬物之祖，德自歸之。「知所不知」，乃道之真，非言可載，故「德不能同」「辯不能舉」也。儒墨雖以善辯著名，至是亦無所施其辯矣。聖人海量并包天地〔六〕，澤及天下而不有其功，故爵謚不立，名實俱忘，是以能如天地之大備，而不在乎有言有爲也。大備，故於物無求，無求故於道無失，無失故於人無棄。能居今而常循古，通物而不失已，蓋本乎誠而已。誠則實行之著見，物焉有不化者哉！「無求」不當〔七〕，疊「無求」字，屬之下文。「不摩」，一作「不磨」，爲當。

子綦有八子陳諸前，召九方歅音因曰：「爲我相吾子，孰爲祥？」

九方歅曰：「梱也爲祥。」

子綦瞿然喜曰：「奚若？」曰：「梱也將與國君同食以終其身。」

〔一〕「阻」，褚本作「使」。
〔二〕「慢」，褚本作「慍」，當以褚本爲是。
〔三〕「問晦」，褚本作「閒暇」。
〔四〕「孫扇」，褚本作「羽扇」。
〔五〕「法」，褚本作「兵法」。
〔六〕褚本無「天地」二字。
〔七〕「不當」，褚本作「下當」。此句前褚本還有一句：「『夫大備矣』，多『矣』字。」

子綦索然出涕曰：「吾子何爲以至於是極也！」

九方歅曰：「夫與國君同食，澤及三族，而況於父母乎！今夫子聞之而泣，是禦（拒止）福也。子則祥矣，父則不祥。」

子綦曰：「歅，汝何足以識之，而梱祥邪？盡於酒肉，入於鼻口矣，而（汝）何足以知其所自來？吾未嘗爲牧，而牂（牝羊）生於奥（室西南隅），未嘗好田（獵）而鶉生於宎（室東北隅），若勿怪，何邪？吾所與吾子遊者，遊於天地。吾與之邀樂於天，吾與之邀食於地；吾不與之爲事，不與之爲謀，不與之爲怪；吾與之乘天地之誠，而不以物與之相攖，吾與之一委蛇（自然坦蕩），而不與之爲事所宜。今也然有世俗之償焉！凡有怪徵者，必有怪行，殆乎，非我與吾子之罪，幾天與之也！吾是以泣也。」

無幾何而使梱之於燕，盜得之於道，全而鬻之則難，不若刖之則易，於是乎刖而鬻之於齊，適當渠公之街，然身食肉而終。

【通義】此惟「邀樂於天」「邀食於地」，無求於世，是大意。術之謂祥，道之不祥也，意外禍福如此。

【義海】九方歅以術而知人，子綦以理而占事。術相者知食肉之祥而遺其刖，理占者知分外之理〔一〕而安於常。然則關乎定命，人力莫移，安知術之不通乎理，理之不包乎術？又何祥不祥之辯？請觀夫塞翁

〔一〕「知分外之理」，褚本作「懼分外之福」。

之馬，蕉中之鹿，其得失果何如哉。知命者聽之而已。今子綦以未嘗牧、田而羊、鶉忽生，莫知其所自來，亦惡得不怪。且我與吾子樂天之道，食地之利，不從事〔一〕詭異之謀，而與之乘天地之正，故於物無櫻，於事忘適，一任乎自然之道，而乃謂將與國君同食，此世俗之願，非吾望也。無怪行而有此怪徵，幾天與之。既知其天與，又何以泣爲？蓋至人燭理之微，慮事之變，知福之盛必出於禍之極，未有無因而至者，是以不免乎泣也。「無幾何」而下，具述禍福倚伏之機。相者謂與國君同食，後乃食於渠公之街。《音義》註：「渠公，齊之富室，爲街正。」以此與刖〔二〕而論，則相術未爲全驗，不若理占之近道而无所希倖也。

齧缺遇許由，曰：「子將奚之？」

曰：「將逃堯。」

曰：「奚謂邪？」

曰：「夫堯畜畜然仁，吾恐其爲天下笑。後世其人與人相食與！夫民不難聚也；愛之則親，利之則至，譽之則勸，致其所惡則散。愛利出乎仁義，捐仁義者寡，利仁義者衆。夫仁義之行，唯且無誠，且假乎禽貪者囂囂。是以一人之斷制利天下，譬之猶一覕（薄結反 割也）也。夫堯知賢人之利天下也，而不知其賊天下也，夫唯外乎（脱去）賢（知）者知之矣。」

有暖姝者，有濡需者，有卷婁者。所謂暖姝者，學一（纔）先生之言，則暖暖姝姝而私自說也，自以爲足

〔一〕 褚本「事」下有「乎」字。
〔二〕 褚本「刖」前有「遺」字。

矣，而未知未始有物也，是以謂暖姝者也。濡需者，豕虱是也，擇疏鬣，自以爲廣宮大囿，奎蹄曲隈乳間股脚，自以爲安室利處，不知屠者之一旦鼓臂布草操煙火，而已與豕俱焦也。此以域(籠絡)進，此以域退，此其所謂濡需者也。卷婁者，舜也。羊肉不慕蟻，蟻慕羊肉，羊肉，羶也。舜有羶行，百姓悦之，故三徙成都，至鄧之虚，而十有萬家。堯聞舜之賢，擧之童土(不生)之地，曰冀得其來之澤。舜擧乎童土之地，年齒長矣，聰明衰矣，而不得休歸，所謂卷婁者也。是以神人惡衆至(歸)，衆至則不比(和)，不比則不利也。故無所甚親，無所甚踈，抱德(内)煬和以順天下，此謂真人。於蟻棄知(巧)，於魚得計(此句宜在羊下)，於羊棄意。

〈若〉以目視目(以物付物)，以耳聽耳，以心復心。若然者，其平(一作羊)也水，其直也繩，其變也循。古之真人，以天待之(己)，不以人入天。古之真人，得之也生，失之也死；得之也死，失之也生。藥也，其實堇也，桔梗也，雞廱也，豕零也，是時〈或〉爲帝者也，何可勝言！句踐也，以甲楯三千棲於會稽。唯種也能知亡之所以存(一作有)，唯種也不知其身之所以愁。故曰，鴟目有所適，鶴脛有所節，解之也悲。故曰，風之過河也有損焉，日之過河也有損焉。請只(惟)風與日相與守河，而河以爲未始其攖也，恃源而往者也。故水之守(不離)上(一作土)也審(定)，影之守人(形)也審，(是)物之守物也審。故目之於明也殆，耳之於聰也殆，心之於殉也殆。凡能其於府也殆，殆之(幾)成也〈苟〉不給(及供)改。〈則〉禍〈事〉之長也茲〈於此〉萃〈矣〉，其反也緣功，其果也待久。而人以爲己寶，不亦悲乎！故有〈取〉亡〈之〉國〈取〉戮〈之〉民無(相尋)已，不知問(審)是(於此)也。

故足之於地也踐，雖踐，恃其所不蹍(重足)而後善博也(起下文)；人之於知也少，雖少恃其所不知而後知天之所(衍)謂也。知大一，知大陰，知大目，知大均，知大方，知大信，知大定，至矣。大一通之，大陰解之，大目視之，大均緣之，大方體之，大信稽之，大定持之。

盡有天，循有照，冥有樞，始有彼。則其解之也似不解之者，其知之也似不知之也，不知而後知之。其問之也（窮結），不可以有崖而不可以無崖。頡滑（上下莫孰）有實，古今不代而不可以虧，則可不謂有大揚（發）搉（音角 取）乎！闔（曷通）不亦問是已，奚惑然爲（如此哉）！以不惑解惑，復於不惑，是（庶乎）尚大不惑。

【通義】由之逃，蓋所以洗堯之跡而成其無名之德，且以教後世化跡免患，忘其仁義之爲利，率性以行之，是乃所謂誠也。「禽貪」者，囂囂利仁義而自誇者衆也，「一覞」，盡斬也，言禽貪者滅其天性也。「暧昧」「濡需」「卷婁」，亦莊子自立之名，又復自解，只言德不可以有跡，名不可居也。蟻至微，羊極柔，而未能忘知忘意，真人取其微且柔者以自屈，而棄其巧與意，一如魚之悠悠於水，而忘水以爲自得也。目耳心，物各付物，不起私智，一身自足，若然者，其平水也，其直繩也，其變動以應世也。循此無知無意平直之道而行，此其待己待人，惟天而已，不以人爲而入於其間也。「得之也生」四句，舊以死生得失混然一視，爲解亦通。熟玩其旨，蓋曰古之所謂真人，得此無知無爲之道，乃謂之生，一息失此無知無爲之道，乃謂之死。原其初之入道也，得此者無知無爲如死人然，失此者逞奇鬬巧，千營百搆，自以爲生也。不知死生得失之於人世，其實不過如藥之互相顯其低昂，以成一時之用，於本性無所加損也。至如種之於句踐，明於人而自闇於己，亦猶鴟之目不明於晝，鶴之脛不能自短，皆役於所長，不能化其物者也。惟風日有損於水，在河可見，而水不能自以爲損，源之長也。物守物，承上二句，言理定於一，無容私智，而耳目心之殆者以能自用也，原夫殆之成以不改。苟不及時而亟改，則禍之長也於此而聚矣。見禍而思反，必因於修省之功，修省而成，必待於久，於是而脱禍，乃遂以爲喜，其愚不可憐哉。士之亡其國戮其軀，相尋而無已，由其不知審此自然無爲之道故也，意指堯舜所爲涉跡也。足踐之博，不盡地之廣，以譬知識之少，必資於無知之天。

「太乙」，造化未分也，通之者於此而流行不窮也。「太陰」，極静也，解之者静極而不染塵也。「大目」，天聰明也，視之者無所不照也。「大鈞」，大分也，人物所稟，各有定量，不外形而爲神，是緣之也。「大方」，天地形體也，渾然一體，故曰體之大信真實之情，自可内考無疑可決也。此一定之理，捴持萬物而無外者。人能盡此道，便是天命。循此不已，則吉凶禍福，炳於幾先，是謂真人也。此非知巧所能與，冥冥之中，自有執其樞者。故萬物之始，以有彼也。彼指造化言。既及此則其解不解，知不知，不敢自許，皆有天知，問者亦不知其崖涘也。此道之在天下，無方無體無臭無聲，不可執持而又不可謂之無。從古至今未嘗或變，萬物資生，未嘗或窮，此造化所以大有發揚給取於世者。君人者亦惟問於此而法之而已，又何必「暧姝」「濡需」「卷婁」以自惑哉。誠能以此不惑，解其所惑而復於不惑，亦庶乎從來不惑者矣。此吾所以有望於堯而逃之也。

即此章觀之，此籍有脱有訛，如「囂」作「器」，「暧妹」作「暧姝」，「其平」作「其羊」，「亡之存」作「亡之有」，「水之守土」作「守上」，魚計宜後而先羊意，繩直水平，今曰其羊也繩，得非悮乎。故凡艱險字句，必傳寫之不謹也，讀者詳之。

【義海】 齧缺、許由皆能貴其真以治身，而無以天下爲者也。觀其所論亦非拙於治，庖者顧樽俎之間〔一〕不可越。遊方内外，有勞逸有跡無跡〔二〕之分耳。夫仁義，五帝之道〔三〕不可輕訾。但後世行之不至者，往往認跡爲履，愈失其真。既離性而任情，則仁義不出於安行，利心存於中，不免繼以僞，似之而非，是誠足以害道。故老莊氏還淳復本之學，皆辭而闢之。若夫至仁大義，涵天育物，配道德以立人極者，又何闢之有。仁義至於堯，已爲澆〔四〕薄，許由恐其爲天下笑，蓋察形而知影〔五〕，所以欲逃去之而免乎後患也。凡治天下當無爲而自化，倘孜孜焉欲有以愛惡〔六〕之，力有不及，不免繼之以僞，僞出而患害横生矣。爲人上者，信能以百姓之心爲心，雖不行仁義而與之暗合。不然則譬夫禽貪之人，而假之繒〔七〕弋網羅之器，其害物之〔八〕甚。「是以一人之斷制」，欲以利天下，猶於瞥見之頃，求盡天下萬物之情，徒知尚賢之爲利，不知其爲後世害也。惟「外乎賢者知之」，必超出一頭地，然後能識破也。後序〔九〕「煖姝」「卷婁」「濡需」

〔一〕 褚本無「間」字。
〔二〕 褚本無「有跡無跡」四字。
〔三〕 「五帝之道」，褚本作「五常之首」。
〔四〕 「澆」，褚本作「澆」。
〔五〕 「察形而知影」，褚本作「察影而知形」。
〔六〕 「惡」，褚本作「利」。
〔七〕 「繒」，褚本作「矰」。
〔八〕 「之」，褚本作「也滋」。
〔九〕 「序」，褚本作「敘」。

以證前義，條衍頗詳，諸解亦備〔一〕。「神人惡衆至」連下二句，言民之歸堯，堯之舉舜，而衆心悦服，皆理之自然，非比而利之。故無親無疏而以德順天下，此真人以其緒餘應世之驗也。蟻、魚、羊三語，皆以喻〔二〕舜有羶行而發，立言甚奇當。先蟻次羊，後結以魚。不爲羶之所化，「蟻棄知」也。不著羶行以動人，「羊棄意」也。知〔三〕是則上下各安其分，無慕聖尚賢之跡，猶魚不厭水〔四〕而相忘於江湖，豈非得計哉！夫然後「以目視目」而不眩於色，「以耳聽耳」而不惑於聲，「以心復心」而不役於知，則天下之目可一，耳可同，心可盡矣。故其平如繩爲天下法，其應事變，一循理之自然，無利物之私，無忤物之患，何憂乎天下不自化而有心爲治以治之耶。衆人以名利爲役，衆蝨以豕身爲役〔五〕。「進退」，猶成敗也。

「以天待人」，其義灼然，謂以天理爲主，而人事應之。「人入天」者，以人事爲主，而天理悖矣。次「古之真人」四字，只應是「故」字，上文有此誤筆重出。言或得此道而生，失此道而死，理之常也。或得此道而死，失此道而生，又出於人事之變，如顔夭跖壽之類，譬藥中之烏喙、豕苓〔六〕，隨病〔七〕施用，主治則爲君，佐使則爲臣，適當其時，非有常也。種之忠〔八〕於謀國，拙於全身，猶鴟目、鶴脛各有所適，强其所不能

〔一〕「亦備」，褚本作「備悉」。
〔二〕「皆以喻」三字，褚本作「爲」。
〔三〕「知」，褚本作「如」。
〔四〕「水」，褚本作「深」。
〔五〕兩處「役」字，褚本均作「域」。
〔六〕「苓」，褚本作「零」。
〔七〕「病」，褚本作「證」。
〔八〕「忠」，褚本作「工」。

則悲矣。又喻風、日過河，不能無損，損而不覺，恃其有源。然則得失利害之攖人〔一〕心，人能無損乎？欲補之者，道爲之源。凡事物之來，能不納於靈府，則吾源壯矣。事物之起伏，不啻蚊蝱之過前，又何所攖拂哉。水之守土，理相資而實無心。影之守形，則所自出而不能相無者。物之守物，各生其心，雖相守之審，而互生互尅，或然或流，有若《外物》篇所云者，則不能無殆矣。況以耳目心之所〔二〕徇爲能，殆成而不給改，其禍長也固宜夫！欲反元歸本〔三〕，當致功於改過，待久而決成。世人乃以聰明心知爲己寶，此真人之所憫也。亡國戮民，禍之大者，其端實起於耳目心之所殉，貴在謹遏其源耳！

足踐之地，不若所不踐之廣，心知之事，不若所不知之多。不知〔四〕其所知所踐〔五〕，而以無用爲用，然後可以知天矣。天道難諶，不容擬議，故無所措知於其間。止乎其所不知，斯真知也。要在日損之功，人欲既盡，天理見矣。自「大一」「大陰」至「大信」，皆因知天而後知。首以「大一」通之，道貫萬理，通生庶物，禀陽而結形，遇陰則解化，生於無而歸於無也。「大目」，視物所不視。「大均」，順物使自平。「大方」，以無方爲體。「大信」，稽之以不期。終以「大定」，持之所以應天下之動而已，常無爲也。「盡有天」則極物之自然，「循有照」則順理而自明。冥中有樞，寂而常運，始由乎彼，和而不唱也。以不解解天下之紛，以不知知天道之秘，又何所施其頡問而考其有崖無崖哉！由是言之，雖若頡頏滑稽，而有實理

〔一〕　褚本無「人」字。
〔二〕　褚本無「所」字。
〔三〕　「反元歸本」，褚本作「反歸本源」。
〔四〕　「知」，褚本作「恃」。
〔五〕　「所知所踐」，褚本作「所踐所知」。

存焉，古今不易，各盡其分，可不謂有大揚榷乎？《漢書》：「揚榷古今」，「揚」，舉也，「榷」，引也。舉而引之，陳其趣也。世人胡不問是，而恃其妄知之博，昧夫自己之天，又安足以知乾元之所謂始〔一〕，蓋心天無照，有惑以障之。故以不惑解惑，復於不惑，是「尚大不惑」。「惑」者，妄情之僞，「不惑」者，本來之真。本來之真，我之自然者，猶知尊尚之，則非大不惑也。若真造不惑之地，有何不惑之可尚，亦何惑之可解哉？

**褚氏總論**：有道之主，不以國位而驕人。有道之士，必以節義而匡君。武侯雖强悍難入，而無鬼説之有道，首言良駿以啓其心，兼明君之於臣下可不具眼乎。遂能始忤終合，徐救其虐民奉已之過。蓋人之良心善性無蔑盡之理，猶去國者見似人而喜也。及其再見，然後納忠逆耳，以警其失。好和而惡奸，盡脩身之要，脩誠應天地，盡爲國之道。得聞斯語，社稷之福也，何在乎爲義以宜民，偃兵而求治哉。「黄帝見大隗」而「七聖皆迷」，喻人之六識俱〔二〕昏，則心君不能獨朗。猶知問塗於牧馬童子，則不遠復。故至人取之寓言，明君欲見大道，當絶聖棄知，求諸守心之神而去其爲吾害者，則大隗不求而自至矣。豈若武侯者，虐〔三〕國民以養耳目，至於神者不自許，然後求夫爲義偃兵哉。唯其後世君德不淳，所尚非一，遂有諸士趨向之不同，潛恒〔四〕性而之萬物，無復望其歸根，則與道日遠矣。若儒、墨、楊、秉、惠者，各執一偏，自以爲道

〔一〕「始」，褚本無，下「蓋」字前褚本有「此」字。
〔二〕「俱」，褚本作「既」。
〔三〕「虐」，褚本作「苦」。
〔四〕「恒」，褚本作「形」。

又喻有隰朋之才，然後足以收〔二〕管仲之舉，終不以鮑叔私愛而易之也。狙以傲人而速斃，人以忘〔三〕色而致稱，此所以警世俗之驕慢也。又豈若灰心槁形者之累日遠，弄丸秉羽者之〔四〕難可解乎？九方歅知梱祥而不言其刖，許由畏堯仁欲逃而去之，此皆覩微而知彰，外賢而廢〔五〕利者也。堇、梗、雍、零，時爲帝，以喻人之移化〔六〕。風日河水之相攖，以喻化之移人。物之守物固審矣，終不免於移，移則殆矣。惟知足恃不踐，心恃不知者，則盡己夫以燭物之失〔七〕，己不惑而可〔八〕解天下之惑矣。

盡於是。然其言論意機〔一〕所觸，亦有賴以發明道妙者，猶郢人聽斲足以成匠石之巧也。

## 則陽第二十五

則陽遊於楚，夷節言之於王，王未之見，夷節歸。

彭陽見王果曰：「夫子何不譚談我於王？」

王果曰：「我不若公閱休。」

〔一〕「意機」，褚本作「機鋒」。
〔二〕「收」，褚本作「致」。
〔三〕「忘」，褚本作「狙」。
〔四〕褚本無「之」字。
〔五〕「廢」，褚本作「獲」。
〔六〕「化」，褚本作「是」。
〔七〕此句褚本作「盡己天以燭物之天」。
〔八〕褚本無「可」字。

彭陽曰：「公閱休奚爲者邪？」

曰：「冬則擉(音捉)鱉於江，夏則休乎山樊。有過而問者，曰：『此予宅也。』夫夷節已不能，而況我乎！吾又不若夷節。夫夷節之爲人也，無德而有知(錯縱句)不自許(知)，以之神(良法)其交固，顛冥乎富貴之地，非相助以德，相助消也。夫凍者假衣於春，暍者反冬乎冷風。夫楚王之爲人也，形尊而嚴；其於罪也，无赦如虎；非佞人(巧言)正德(真道)，其孰能橈焉！

「故聖人其窮也，使家人忘其貧，其達也，使王公忘爵祿而化卑。其於物也，與(同)之爲娛(樂)矣；其於人也，樂道(引掖)之通(達)而保己焉(此上君及物)；故或不言(此言無心爲應)而飲人以和，與人並立而使人化。〈皆如〉父子之宜，彼其(猶期)乎歸居，而一閒其所施。其於人心者〈之躁進〉，若是其遠(不同)也。故曰待公閱休。」

聖人達綢繆(此節泛論)，周盡一體矣，而不知其然，〈明覺之〉性也。復命搖作(動之恍惚)，而以天爲師，人則從而命(名稱)之也。憂乎知，而所行恒无幾時，其有止(行不通)也若之何！生而美者，人與之鑑(別)，不告則不〈自〉知其〈見〉美於人也。若知之，若不知之，若聞之，若不聞之，其可喜也終無已，人之好之亦无已，性(真情)也。聖人之愛人也，人與之名，不告則不知其愛人也。若知之，若不知之，若聞之，若不聞之，其愛人也終无已，人之安之亦无已，性(真情)也。

舊國舊都(此復即論以明竟性得復之喜與感愴也)，望之暢然；雖使丘陵草木之緡，入之者十九，猶之(且)暢然。況見見(所本)聞聞(所本)者也，〈如〉以十仞之台縣衆閒(中)者也！

冉相氏得其環中以隨成，與物无終无始，无幾无時。日與物化者，一不化者也，闔(曷通)嘗舍之！夫師天而不得，〈雖〉師天與物皆殉，其以爲事也若之何(錯縱句)？夫聖人未始有天，未始有人，未始有始，未始有物，與世偕行而不替，所行之備而不洫^(洫同溺也)，其合之也若之何^(不知也)？湯得其司御門尹登恒^(用)爲之傅之，從師而不囿；得其隨成，爲之司，其名^(稱聖)之名嬴^(餘)法，得其兩見。仲尼之盡慮，爲之傅之。〈豈若〉容成氏曰：「除日无歲，无内无外。」

【通義】則陽，姓彭，名陽，字則陽。公閲休宅於擉鱉山樊，無求於世也。夷節本無德而有知，不自知其疵，以此爲良法而交於上下，是迷亂於富貴而損德之友也。「聖人其窮」以下，言公閲休之爲人也，「樂道之通而保己」，成物而不失己也。「彼其乎歸居，而一閒其所施」，言彼之所爲，惟安居守己，而時或一有所施，莫不如父子之相愛，非有心於施也。聖人應時，精審曲全而不自知其故者，性之也。在聖人，惟復其所稟之命，而恍惚作爲以法天道之自然，不知所謂聖也，人自名之曰聖人耳。大抵人生之憂患皆生於知，及考其所行，終身亦不多成就，況乎時有止而不能行者若之何，而務知以自役也。「美」「鑑」，言妍者不自知其妍，以啓聖不自聖者。「舊國舊都」，此喻得復其性者之自慨也。「見見聞聞」謂見聞其聞見之主，正指性也。冉相氏，古聖人也，得道應世，隨物曲成不用智者，是以與物相爲終始，幾微天時，皆歸於無知。日與萬物遷化者，以其所存之一未嘗化也，此即「過化存神」之旨。「闔嘗舍之」者，曉彭陽何不舍其貪競之習，以師天之自然乎。夫有心師天而不得其自然之道，雖師天與師物無異，如之何其可以應事。聖人之衷，忘天、忘人、忘始終、忘萬物，與時偕行而不息，應萬事而不溺，豈有心曰如之何，擬於合天也。湯得尹而師之，得意忘言而不爲法縛，惟隨物曲成之爲主，是湯尹得善治之名，「一見」也。已落有爲，及仲尼又竭慮以求爲人傳，是「兩見」也。豈若容成氏過一日、除一日，不知有歲，隨感而應，不知有内外乎。

【義海】王果言夷節之好進，不能爲公閲休之行，而二人者皆楚王所愛重也。今則陽以榮進爲心，故求薦於夷節。夷節弱於德，强於知，不知内有神者可尊，而外迷於富貴，非以德相助，徒取消爍耳。猶假衣於春，何足以救凍；反風乎冬，何足以救暍？達宜背理，求之無益也。「夫神者好和而惡奸」，人性本善，無有不可，至於神者有得於己而信之篤，然後能自許。今夷節貪競若此，是不自許以之神也，況楚王嚴暴，非夫奸佞之人及德之正者，不足以撓動之。蓋行之善惡不越此二途，子何不捨惡趨善，從閲休以進，庶乎可久也。「故聖人」已下，叙閲休之德足以化物，而一出於無爲。至若「不言而飲人以和」，「並立而使人化」，非聖人不能也。

「綢繆」，謂世累糾纏，不得自在，皆始於有我與物爲敵故也。唯聖人能以道通之，使周盡物理，歸於一體，而不知其然，蓋以性會之，而不以物我生心，何所不同哉。故於静默之際而有動作者存，則知動作之中不離復命之道。「一動一静，互爲其根」，是知陰陽無消盡之理，此皆以自然爲師，非出有心而自有主之者。至於大而化之之域，人則從而命之。以爲聖非聖人自聖也，亦「大德必得其名」之義。世人乃憂乎智之不足，「而所行恒無幾時，其有止也」，謂欲以智爲名而驅馳不息，將若之何哉。喻人〔一〕因鑑而知美，不告則不知，鑑之照人無已，人之喜鑑亦無已。聖人愛人而人與之名亦然，故其愛之、安之也亦無已，皆出

〔一〕 褚本「人」前有「以」字。

於自然〔一〕，各安其宜而已矣。

人之真性渾全，久而内虧者，外爲聞見所移，浸遠其内，猶去國都之舊，漂寓他鄉，遇明師啓發之，安有望故都而不暢然者。雖陵木緡合，十失其九，猶爲之欣喜，況見所自見，聞所自聞，出於性之本然。如高臺縣衆人之中，無所不睹也。昔冉相氏得虚通之道，其爲治也，隨物而成，其性與之。「無終始」，則忘其化之大者。「無幾〔二〕」，則忘其化之小者。小大久近，混而一之，只今見在，又何執著。「日與物化」者，前焰非後焰，「一不化」者，今吾即故吾，何嘗舍離哉。夫無心〔三〕自然而有心殉物則不自然矣，其爲事也，若之何而可濟耶？聖人忘天忘人，所以能天能人；忘始忘物，所以能始能物。「與世偕行而不替」，順物而已，無虧也。「所行之備而不濫〔四〕」，周物而无過舉也。動合於道，若之何而能如此也。湯得三臣爲之傅，師其道之無爲而不爲政術所囿。盖賢臣之政術所以囿天下而育萬民，其致君尊安者道而已，技能無與焉。此又在乎君之用舍，而治亂禍福之機見矣。湯得隨物順成之道，爲之司其治天下之名，功成於三人而名歸於湯。此名皆剩法耳，非湯之真也。「得其兩見」，謂君臣相資而成治道。其論〔五〕著見於世也，故仲尼盡慮於其後，以治世〔六〕之法，雖不與湯同時，是亦爲之傅也。曆家積日而成歲，帝王積知而爲聖。湯非三

〔一〕「自然」前，褚本有「性之」二字。

〔二〕褚本「幾」下有「時」字。

〔三〕「無心」，褚本作「欲師」。

〔四〕「濫」，褚本作「溢」。

〔五〕「論」，褚本作「跡」。

〔六〕褚本「治世」前有「成」字。

人[一]爲傅，無以成其治道。非三臣[二]開創於前，仲尼亦不能獨成於後，猶内外之不可相無也。及其道成德備，澤流無垠，皞皞熙熙，民忘帝力，則聖知亦與之俱化，「除日無歲」之義也，又何内外之分哉。經文「入之」難釋，疑只是「合」字，連上文續[三]之。

魏瑩與田侯牟約，田侯牟背之。魏瑩怒，將德人刺之。

犀首聞而耻之曰：「君爲萬乘之君也，而以匹夫從讎！衍請受甲二十萬，爲君攻之，虜其人民，係其牛馬，使其君内熱發於背。然後拔其國。忌畏也出走，然後抶其背，折其脊。」

季子聞而耻之曰：「築十仞之城，城者既十仞矣，則又壞之，此胥靡之所苦也。今兵不起七年矣，此王之基也。衍亂人，不可聽也。」

華子聞而醜之曰：「善言伐齊者，亂人也；善言勿伐者，亦亂人也；謂伐之與不伐亂人也者，又亂人也。」

君曰：「然則若何？」

曰：「君求其道而已矣！」

惠子明之知此意而使見戴晉人。戴晉人〈於魏君〉曰：「有所謂蝸者，君知之乎？」

〔一〕「人」，褚本作「臣」。
〔二〕「三臣」前，褚本有「湯與」二字。
〔三〕「續」，褚本作「讀」。

曰："然。"

"有國於蝸之左角者曰觸氏，有國於蝸之右角者曰蠻氏，時相與争地而戰，伏屍數萬，逐北旬有五日而後反。"

君曰："噫！其虚言與？"

曰："臣請爲君實之。君以意在四方上下有窮乎？"

君曰："无窮。"

曰："知遊心於无窮，而反在通達之國，若存若亡乎？"

君曰："然。"

曰："通達之中有魏，於魏中有梁，於梁中有王。王與蠻氏，有辯乎？"

君曰："无辯。"

客出而君惝然若有亡也。

客出，惠子見。君曰："客，大人也，聖人不足以當之。"

惠子曰："夫吹管也，猶有嗃（呼洛反）也；吹劍首者，吷（音血 無聲）而已矣。堯舜，之人（衆指季子）所譽也；道堯舜於戴晉人之前，譬猶一吷也。"

【通義】伐齊魏亂事，非道也。弗伐亦亂，無道以止其事也。謂二説爲亂，未有以釋君心之怒，則事之亂未已也。末言"君求其道"而不竞其説，啓其深思也。惠施子知此意，故以戴晉人見於魏君，魏君竟惝然自失，善引君也。吹劍之吷，將聲而無聲也，此言季子尚仁義之弊，犀首不足論矣。兵寢七年，固非仁義以易好戰之偏，君而聞道則知足知耻、畏天畏義，内重外輕，道大物小。凡疑人之忽違約之怒，方將自反自責，何假爲匹夫從仇興兵結怨之事乎，又況視士爲毫末而動心於形骸之間哉。即此觀惠子，蓋深於莊子之道者，故莊子重惜之，過墓而興思也。

【義海】「犀首」，武士官號。時公孫衍爲此官，欲請兵攻齊，虜民拔國，恃强輕敵，固「亂人」也。季子謂兵久不起，爲王之基，志在安民靖國，何爲而謂其亂人耶？蓋華子欲伸復[一]説，故以此撓動魏君之心，待其切問而後告之，奇哉。「君求其道」之一語，謂前犀首所言非其道。季子欲止之而無其道，若謂二者皆非，未有以處之之道，舉不免爲亂人而已。惠子請見戴晋人，是求之有道也。蝸角二國，以喻齊魏，所争者甚微[二]。吹管有聲，喻衆人之譽堯舜。道堯舜於晋人之前，猶吹劍無聲。論伐國於華子之前，亦猶是也。

孔子之楚，舍於蟻丘之漿。其鄰有夫妻臣妾登升極棟者，子路曰：「是稯稯紛紛何爲者邪？」仲尼曰：「是聖人僕也。是自埋於民，自藏於畔阡陌。其聲譽銷，其志無窮，其口雖言，其心未嘗言，方且與世違而心不屑與之俱，是陸沈者也，是其市南宜僚邪？」子路請往召之。孔子曰：「已矣！彼知丘之著於己也，知丘之適楚也，以丘爲必使楚王之召己也，彼且以丘爲佞人也。夫若然者，其於佞人也羞聞其言，而

[一]「復」，褚本作「後」，朱本當誤。

[二]褚本下文有「詳見諸解，不復贅釋」八字。

況親見其身乎！而何以爲存留？」子路往視之，其室虚矣。

【通義】此章惟「陸沉」之意。或謂沈不在水而在陸，以喻大隱，余謂視世皆空，萬物沉寂也。

【義海】古者風俗淳厚，民至老死不相往來，各安其素分，内足而無求於外故也。今夫子遑遑歷聘，欲以仁義化天下，使之屈折禮樂而失恬愉之性，彼隱德潛耀之君子，宜其徙而之高隱〔一〕，唯恐去之之不速也。然而聖人愛人無已，不問己之窮達，嘗以兼濟天下爲心，與彼陸沉獨善者，不可同日而語。夫子知其爲聖人僕役而未升堂奥，是亦逃名求志者，必市南熊宜僚也。聖人知人之審若此，子路欲召之，而夫子知其必不至，各從所好而已矣〔二〕。「其室虚」，即《語》云「使子路反見之，至則行矣」〔三〕。

長梧封人問子牢曰：「君爲政焉勿鹵莽，治民焉勿滅裂。昔予爲禾，耕而鹵莽之，則其實亦鹵莽而報予；芸而滅裂之，其實亦滅裂而報予。予來年變齊劑量，深其耕而熟耰之，其禾蘩以滋，予終年厭飧。」

莊子聞之曰：「今人之治其形，理其心，多有似封人之所謂，遁其天，離其性，滅其情，亡其神，以衆爲故。鹵莽其性者，欲惡之孽爲性萑音丸葦蒹葭，始萌以扶吾形，尋擢吾性；並潰漏發，不擇所出，漂疽疥癰，

〔一〕褚本無「隱」字。
〔二〕「各從所好而已矣」七字，褚本在本段末，恐爲傳抄時錯行所致。
〔三〕褚本下有一段文字：「於此尤足以彰夫子先知之明。而陸沉獨善者處身之隘，亦隨其見地，各從所好而已矣。」

内熱溲膏是也。」

【通義】粗鹵草莽、棄滅訣裂，不盡治苗之方，變劑即「深耕熟耰」也。

【義海】鹵莽之人〔一〕，不盡耕耘之齊量，故其實亦鹵莽。今變昔日之齊量而盡其功力，是以禾繁而厭飧〔二〕。以此爲治形理心之喻，可謂切當。人心、天性皆不越乎自然，唯其逃自然，所以離真性，以至滅情忘〔三〕神而不悟，皆溺於衆人所爲故也。欲惡之害性，無異萑葦之害苗。「蒹葭」，即萑葦之初生，始則扶苗同長，終則過盛而害苗。欲惡拔性而失真，則形軀潰漏，所向成疾，必至澌盡而後已。此治形鹵莽之報也，可不戒哉。

柏矩學於老聃，曰：「請之天下游。」老聃曰：「已矣！天下猶是也。」又請之，老聃曰：「汝將何始？」曰：「始於齊。」

〔一〕 諸本在此句前有一段文字，爲：「『變齊』，舊音去聲，耕法也。司馬如字，謂變其耕法，不與人齊。一云變齊國之耕法。碧虛引《説文》『禾麥吐穗上平』曰『齊』。審詳經意，去聲爲當，與『分劑』同謂限量也。」

〔二〕 「飧」，諸本作「餐」。

〔三〕 「忘」，諸本作「亡」。

至齊見辜人焉，推而强之，解朝服而幕之，號天而哭之曰：「子乎子乎！天下有大菑，子獨先離之，曰莫爲盜！莫爲殺人！榮辱立，然後覩所病；貨財聚，然後覩所争。今立人之所病，聚人之所争，窮困人之身，使无休時，欲无至此，得乎！

古之君人者，以得爲在民，以失爲在己；以正爲在民，以枉爲在己；故一形物悞有失其形者，退而自責。今則不然。匿爲物而愚不識，大爲難而罪不敢，重爲任而罰不勝，遠其塗而誅不至。民之力竭，則以僞繼之，〈上之人〉日出多僞，士民安取不僞！夫力不足則僞，知不足則欺，財不足則盜。盜竊之行，於誰責而可乎？」

【通義】立人之病，聚人之争，原其罪之所由來存乎上也。又思古聖責己而不求諸人，以歎今之不然。末言「於誰責而可乎」，意極婉切。

【義海】栢矩請之天下遊，夫子「欲乘桴浮海」之意。至齊見罪人戮死在道，則當時諸侯〔一〕政化可知。「幕朝服而哭」，哀矜之至也。世間凍餒、疾厄、縲絏、喪憂，皆謂之「灾」，而性命慘傷莫大於戮死，汝獨何爲先罹之？莫爲盜乎？莫爲殺人乎？何爲而至此極也。又得非榮辱、貨財之召〔二〕，啓争而至是乎？立人所病，聚人所争，其來久矣，禍其可免乎？此語有譏及時政之意。次叙古之君天下者，心存愛育，惟恐

〔一〕「諸侯」，褚本作「諸國」。
〔二〕褚本「召」下有「病」字。

一夫之不得所[一]，所以治成而化洽。「今則不然」已下，直指時政之失，「言之者無罪，聞之足以戒」也。結以「於誰貴而可乎」，又有嗟嘆不足之意。覬有位君子反躬而加察焉，信能節己之養而去病絶争，民化其德而刑措不用，豈不盡善盡美哉。「一形」當是「一物」，傳寫之誤。[二]

蘧伯玉行年六十而六十化，未嘗不始於是之，而卒詘之以非也，未知今之所謂是之非<sub>猶不</sub>五十九非也。萬物有乎生而莫見其根，有乎出而莫見其門。人皆尊其知之所知，而[三]而莫知恃其知之所不知而後知，可不謂大疑乎！已乎已乎！且无所逃，此所謂然與，然乎？

【通義】改舊初新謂之「變」，舊盡新成謂之「化」。萬物之出生必有所自，但人不能見，是其不可知者。衆人不知求於此，非「大疑」而何？末云「然與，然乎」，即前「未知今之所謂是之非五十九非」，意此一轉，自警自省之功與欲寡過而未能意相發。

【義海】明有所易謂之「變」，暗有所易謂之「化」。「行年六十而六十化」，謂人處世間，其形容知識能解事，爲彼[四]造物。暗易而不知，未嘗不始是而卒非也。及乎耳順之年，更事既久，庶乎是非可定，物

〔一〕「不得所」，褚本作「失所」。
〔二〕褚本下有「見膚齋註」四字。
〔三〕「而」字衍，當爲刻本之誤。
〔四〕「彼」，褚本作「被」。

理可明，然猶未知今之所謂是，非五十九年之非也。此言物變無窮，事變無窮，人心之變亦無窮，三者交相化而古今成焉，得失著焉。事融理定，是非乃審，然猶未知後世之公論何如也。人閱人而成世，事更事而成化。若蚊虻、野馬之過前，不知其幾，而吾之至寶[一]真常者，固未嘗變也。人而知此，死生不足以動其心矣。物之生死出入，有根有門，而人不見者，皆知尊其所知以爲已能，而不知恃其所不知而後能知。信能知其所不知，則萬物之根門可覩矣。其生死出入，理之常然，化與不化，與之俱化，則亦何惑之有。蓋人之[二]所知所能，特其不知不能中萬分之一耳。聖人亦不能盡夫知能，又豈能逃乎物化哉。雖然，吾今所言以爲是者，亦未知其信然否也。凡聖賢論化，皆有不敢指定之辭，乃其不可致詰之妙，此所以爲「化」。

仲尼問於大史大弢、伯常騫、狶韋曰：「夫衛靈公飲酒湛樂，不聽國家之政；田獵畢弋，不應諸侯之〈交〉際；其所以爲靈公者何邪？」

大弢曰：「是因是也。」

伯常騫曰：「夫靈公有妻三人，同濫而浴。史鰌奉御而進所，搏幣而扶翼。其慢若彼之甚也，見賢人若此其肅也，是其所以爲靈公也。」

狶韋曰：「夫靈公也，死，卜葬於故墓，不吉，卜葬於沙丘而吉。掘之數仞，得石槨焉，洗而視之，有銘焉，曰：『不馮[可托]其子，靈公奪而里之。』夫靈公之爲靈也久矣，之二人，何足以識之！」

〔一〕「寶」，諸本作「靈」。
〔二〕「之」，諸本作「生」。

【通義】《謚法》不勤成曰靈，謂不自勤勉，以成其德，雖生而近死之義。三人之答大義已明，今觀名既默定於前，則其德之善惡亦有莫之爲而爲者，可知也。堯舜所以有朱均，而曰「天之歷數在爾躬」「舜亦以命禹」。竊意天不生朱均，則堯舜敝屣天下，而天下爲公器者不可見也。不然，何以堯舜而有朱均，瞽鯀而有舜禹，此性之立命，命之顯性，性之幾微一徼也。

【義海】「靈」之爲謚，可善可惡，故夫子問於三人。大弢答以惟〔一〕如此，所以如此，則「靈」爲無道之謚明矣。伯常騫曰公與三妻同浴，無禮孰甚焉，及賢臣奉御而進，使人摶幣扶翼而出之。「幣」，謂奉御衣物。是於人欲織然之中，天理一毫之善未至全泯，則其謂之「靈」，幾可以善言矣。狶韋曰公卜葬而得石槨之銘，昭然「靈公」之字，冥符千載，其所謂「靈」也久矣，彼二人何足以知之。義同處父之槨、滕公佳城，莫非前定，至於名謚，亦豈偶然。但當盡人事以應天理，其是非〔二〕美惡則係乎生前之所爲，在人不可不謹。謚法始於周公，以一字示褒貶，亦嚴矣〔三〕。「不勤成名曰靈」，古之人主不善終者，有「靈」若「厲」之號。至於達識〔四〕大觀，善惡兩忘，去來見在，等無滯跡，無爵無謚，翛然順化，使人無得以議其善否，豈不混成盡美哉。三人各一答，首言其不道，次言其敬賢，後言天理一定。以跡論之，不無優劣，卒不

〔一〕 褚本「惟」下有「其」字。
〔二〕 「是非」，褚本作「謚號」。
〔三〕 褚本「矣」下有「哉」字。
〔四〕 「識」，褚本作「人」。

逃天理之定〔一〕耳。

少知問於大公調曰：「何謂丘里之言？」

大公調曰：「丘里者，合十姓百名而以爲風俗也，合異以爲同，散同以爲異。今指馬之百體而不得馬，而馬係於前者，立其百體而謂之馬也。是故丘山積卑而爲高，江河合水而爲大，大人合并而爲公。是以自外(聞見)入者，有主而不執；由中出者，有正而不距。四時殊氣，天不(知)賜，故歲成五官(爵)殊職，君不私，故國治；文武大人不賜，故德備；萬物殊理，道不私，故无名。无名故无爲，无爲而无不爲。時有終始，世有變化。禍福淳淳，至有所拂(禍)者而有所宜(福)；自殉殊面，有所正者有所差。比於太澤，百材皆度；觀於大山，木石同壇。此之謂丘里之言。」

少知曰：「然則謂之道，足(盡此)乎？」

大公調曰：「不然。今計物之數，不止於萬，而期曰萬物者，以數之多者號而讀之也。是故天地者，形之大者也；陰陽者，氣之大者也；道者爲之公。因其大以號而讀之則可也，已有之(名)矣，乃(汝)將得比哉！則若(汝)以斯辯，譬猶狗〈與〉馬，其不及遠矣。」

少知曰：「四方之内，六合之裏，萬物之所生，惡起？」

大公調曰：「陰陽相照，相盖相治，四時相代，相生相殺，欲惡去就，於是橋起(駕虛)，雌雄片合，於是庸

〔一〕褚本「定」前有「一」字。

或有安危相易，禍福相生，緩急相摩，聚散以成。此名道實之可紀，精微之可志也。隨〈倫〉序之相理，橋太虛運之相使，窮則反，終則始。此物之所有，言之所盡，知之所至，極物而已。覩道之人，不隨其物所廢終，不原其物所起始，此議之所止。」

少知曰：「季真之莫爲，接子之或使二語襲孟而偏，二家之議，孰正於其情，孰偏於其理？」

大公調曰：「雞鳴狗吠，是人之所知；雖有大知，不能以言讀其所自化，又不能以意其所將爲。斯而析之，精至於无倫，大至於不可圍，或之使，莫之爲，未免於物，而終以爲過。或使則實，莫爲則虛。有名有實，是物之居；无名无實，在物之虛。可言可意，言而愈疏。未生不可忌，已死不可徂。死生非遠也，理不可覩。或之使，莫之爲，疑之所假。吾觀之本，其往无窮；吾求之末，其來无止。无窮无止，言之无也，與物同理；或使莫爲，言之本也，與物終始。道不可有，有〈則〉不可无。道之爲名，所假而行。或使莫爲，在物一曲，夫胡爲於大方？言而足，則終日言而盡皆道；言而不足，則終日言而盡皆物。道物之極，言默不足以載；非言非默，議其有極。」

【通義】此擬名闡義，寓言也。少與大對，知與公對，調者，調變於其間。不可有知、不能無知，惟復其本覺之性，而不參以思慮之營營，是則所謂公而調也。此篇七百餘字，只是闡明此義，以見人之於世本不必知，亦有不能知者，如赤子熙熙，視而無意於視，聞而無意於聞，悲喜而無意於聞悲喜，而視聽喜怒之良能，又孰能知其所自來乎。

通篇文義平實，無庸訓解。惟其間字句，稍與他書不同者，略爲一通。聚井爲丘，聚丘爲里，其言一里之公也。「自外入者，有主而不執」，凡人天性不迷，則内有主矣，故聞見自外而不入者，可否有辨。自無執一之偏，天性不迷，則中心正矣，故其思慮由中而出，合於人情，自無拒拂，猶「四時殊氣」，不自知功云云也。「已有之矣，乃將得比哉」，言本無名，今已名之曰大道，「丘里之言」豈足以盡之。「橋起」者，兩崖相拱，駕虚可通爲橋，亦無中生有之喻。雞鳴、犬吠之不同，猶莫爲、或使之二説，而天下之大同莫有異於此。聲者大知者開之，亦莫知其意也。自此言之，小大不可盡也。彼二子莫爲、或使之説，未免因物而見，而未盡夫道之不滯於物也，故曰「終以爲過」。曰虚、曰實、曰疑，皆就莫爲、或使言意而推見其疵，終不足以盡无言无名之妙，故曰「胡爲於大方」。大抵立言虚者，無與於實用，所見迂者，終入於無稽，此非知幾者不識。

【義海】凡一丘一里之間，必有年德之尊者，考衆情而立論，猶所謂月旦評。及各有里諺漢傳，以記其風土事物，是謂「丘里之言」「合異以爲同」也。共出丘里，而有少長賢愚貧富得失之不齊，同而異也。天下之大，起於丘里，道之大，貫於事物。「散同而爲異」，猶指馬之百體，「合異以爲同」，立百體而謂之馬也。言之則有合散，冥之則歸混同，理有至極，不可容聲矣。丘山積卑，江河合水，大人合公，亦不外乎此理。蓋能合丘里而得宜，則合天下之物〔一〕亦猶是也。在乎「公」之一字而已。《道經》云「公乃王」，王則天下之所歸往，安往得辭哉〔二〕。故「自外入」者，學也，君子之學主乎道，則〔三〕物無不通。「由

〔一〕褚本「物」下有「情」字。
〔二〕褚本作「安得而辭哉」。
〔三〕「則」前，褚本有「主乎道」。

中出」者，思也，君子之思正乎理，正乎理則物無所距。猶四時殊氣而成歲，五官殊職而成治，總歸乎大人之德備，以闡大道之無私，又惡可得而名焉。「無名故無爲，無爲而無不爲」，此理之必至。然而時有變遷，機有倚伏，有以所拂而宜者，有以所正而差者，皆由自殉己情，故不免於殊〔一〕。而〔二〕譬大澤之百材，合而爲匠石之用，異而同也。太山之木石，散而爲天下用，同而異也。若冥理而歸於道，復何同異之辯哉。夫道之爲名，不足以盡物〔三〕，各以其大者言之耳。形之大者，天地統之；氣之大者，陰陽統之。道又以統天地陰陽，其大詎可量耶？然既有道之名，則不可與無名者比，所以至人之道，行乎無名，故天下莫得而名也。是章同〔四〕《齊物論》之談有無生死，此則頗觀〔五〕治道〔六〕，翻出〔七〕「丘里之言」一段，立説愈奇。製名寓意，謂至公而能和天下，則不可〔八〕知者所當請問也。

天有陰陽四時，人有欲惡去就，物有雌雄判合。「橋起」，憑虚而起，「庸有」，有〔九〕用是而有。言事或

〔一〕褚本「特」下有「向」字。
〔二〕褚本無「而」字。
〔三〕「盡物」前，褚本有「盡道；物數稱萬，不足以」九字。
〔四〕「同」，褚本作「類」。
〔五〕「觀」，褚本作「關」。
〔六〕「治道」下褚本有「者」字。
〔七〕「翻出」前褚本有「又」字。
〔八〕「不可」，褚本作「少」。
〔九〕褚本無此「有」字。

無因而〔一〕有因，皆出於天人萬物之交化，而本於道之緒餘。安危至聚散八者，又自前而生，其迹愈粗。人〔二〕數人據，紀述無遺於是。隨次序以相理，而君臣父子之義明，憑虛運以相使，而窮反終始之機著，故其言之〔三〕所至，極物而止。此治世之事，方内之論也〔四〕。若夫方外覩道之士，則不隨物所廢，不原物所起，首尾既忘，中亦不立，然則何所容其擬議哉。季真、接子當時有此二家之論，各執一偏，猶楊墨之爲我、兼愛，以其不合乎道，故以「雞鳴狗吠」鄙之。人皆知其鳴吠而不知所以鳴吠，則於〔五〕二子之論又安能知其所〔六〕自化哉。以此理析之，凡至小、極大，或使、莫爲，皆不離於物，莫免乎患。或使有由，然則實也；莫爲雖虛，有名則實係之，未得爲全無也。昔之語道者必離四句，謂有、無、非有非無、亦有亦無，離此即是道，舍〔七〕東西南北即中也。請觀夫四時之往來，日星之奔運，天行健而不息，海嘘吸而有信，莫之爲耶？或使之耶？然則有爲之者？有使之者？鳴吠爲風氣所使，生死爲大塊所使，四時、日星、天海，皆有真宰司之，但爲於無爲，使於無使耳。人之生死、去來不可阻，此理近在身中而不可覩，其義亦然。觀其本而往者無窮，觀其末而來者無止，則知受役造化〔八〕者，往古來古〔九〕而不息，非獨我也，何可勝言。與物同此理而

〔一〕「而」，褚本作「或」。
〔二〕「人」，褚本作「歷」。
〔三〕「之」，褚本作「知」。
〔四〕此句褚本作「此治世之論，方内事也」。
〔五〕褚本「於」前有「吾」字。
〔六〕褚本無「所」字。
〔七〕褚本「舍」前有「猶」字。
〔八〕褚本「造化」前有「於」字。
〔九〕「古」，褚本作「今」，朱本當誤，以褚本爲是。

已。若泥於或使、莫爲，則有言有名之所自起，與物終始而無已也。「道不可有」，有之則滯〔一〕而不通，何由造虛玄之妙？道處有無之間而不著於有無，假有無以行，無所徃而非道。若季真、接子者，各殉一曲，豈可達乎大方？「言而足」者，得道之精，言一〔二〕也，而有道物之分。若究其極物之虛，即道也，言默皆不足以載。超乎〔三〕言默之表，斯爲道之極議也〔四〕與。

**褚氏總論**：是篇自則陽、王果起論，稱山樊隱德，以鎮市朝奔競之風，有以見至人善達物之綢繆，使之歸乎恬暢，是謂「飲人以和」而「使人化」者也，裨益治道多矣。以其愛民無已，故民愛之安之亦無已，盖以道濟物，出乎性情之真，民安有不化之〔五〕者？世人徃徃殉物失己，日遠舊都，望之暢然，則未至蔑盡，猶思所以求復，苟〔六〕能見所自見，聞所自聞，其忻悦當何如。人之治身，猶治國也。天〔七〕君正而五官理，國君正而群辅賢，非獨利於一時，尤〔八〕足以興日後之化，如湯得三臣傅於前，而有夫子繼其後。若四時之成歲功，又河内天外人之辯哉。次因齊魏敗盟而舉兵，遂以〔九〕觸蠻爲喻，以眇當時好戰之君，明所習之隘陋，

〔一〕 褚本「滯」前有「窒」字。
〔二〕 「言一」前，褚本有一句「『言而不足』者，得道之粗」，當爲朱本傳寫中錯漏。
〔三〕 「超乎」前，褚本有「惟」字。
〔四〕 「與」，褚本作「歟」。
〔五〕 褚本無「之」字。
〔六〕 「苟」，褚本作「而」。
〔七〕 「天」，褚本作「心」。
〔八〕 「尤」，褚本作「猶」。
〔九〕 「以」，褚本作「引」。

所争之不足争也。孔子舍蟻丘，識有論之可羞〔一〕；封人論爲禾，爲未忘〔二〕欲惡之爲孽，此皆示應世理身之要。至於伯矩歎辠人，以失爲在己以〔三〕正物也。蘧瑗德〔四〕隨年化，恃知所不知，用物之知也。此又論治民化物之方。靈公之爲靈，定葬於未然，則凡所爲者不得不爲，造物有定算，託之於人耳。若夫「丘里之言」，合散同異，馬非百體，立體得名，大人合衆〔五〕爲公，萬物殊而道偹。猶大澤之百材、大山之木石，或同出而異用，或異産而同歸，不越乎形氣之分化而至理盡矣。結以季真、接子虛實皆爲執滯，未免與物循環而已。故必超乎言默之表，心融立無得之域〔六〕。則道物之擬議化焉〔七〕。斯〔八〕知可道可名之非真常，而非言非默之可載道也明矣。

莊子卷第八　終

〔一〕此句褚本作「識有迹之可嫌」。
〔二〕「爲未忘」，褚本作「忌」。
〔三〕「以」前褚本有「正己」二字。
〔四〕褚本無「德」字。
〔五〕「合衆」，褚本作「合並」。
〔六〕此句褚本作「心融而意得之」。
〔七〕褚本此句作「道物之極議存焉」。
〔八〕「斯」，褚本作「則」。

# 莊子卷第九

条元朱得之傍注并通義
附錢塘褚伯秀《義海纂微》
雲谷王潼録校刊

## 雜篇

### 外物第二十六

外物不可必，故龍逢誅，比干戮，箕子狂，惡來死，桀紂亡。人主莫不欲其臣之忠，而忠未必信，故伍員流於江，萇弘死於蜀，藏其血三年而化爲碧。人親莫不欲其子之孝，而孝未必愛，故孝己憂而曾參悲。木與木相摩則然，金與火相守則流。陰陽錯行，則天地大絯，於是乎有雷有霆，水中有火，乃焚大槐。有甚憂兩陷，而無所逃，螴音陳 怵惕蜳音惇 憂也不得成，心若縣於天地之間，慰暋沈屯，利害相摩，生火甚多，衆人焚和，月固不勝火，於是乎有僓音頽 然而道天性滅盡。

【通義】萇弘被放歸蜀，刳腸而死。蜀人以匱盛其血，三年而化碧玉。晉元帝托運粮不至而殺其臣，其血逆柱而上，齊以明月之讖，殺斛律光，其血在地去之不滅，此亦史所明載，不可謂之無者。「孝己」，殷高宗之子見逐於後母。曾參芸瓜，大杖則走，皆爲忠孝。人之所貴而或害其身，是外物之不可必也。世事無中生有，猶物情相感而生，此天機也。人持兩端之見而不能脱然自省者，必懷憂不能自安，心中如焚。

「月」比良心，「火」比私欲。

【義海】外重者内輕，物得則已失。凡世間利名、毁譽、成敗、得失，非性命所有者，皆外物也，而世俗認以爲真，殉而忘反，以至殺身而弗悟，何邪〔一〕？蓋澆風所尚，非利則名，而毁譽榮辱亦隨之。有識者知利之爲汙，不屑就焉，則慕名以自高，名之美者無過忠孝，以其能致君親於無過，有足以補國家興教化故也。上古風淳〔二〕，君如標枝，民如野鹿，則安有犯顔逆鱗之舉？亦豈有刀鋸鼎鑊之威哉？爲臣不幸而遇暴君，悖理枉〔三〕殺，即陰陽錯行，雷霆妄發之時也，而後忠見焉；爲子不幸而遇虐父，窘逐流離，即水中有火，焚槐之時也，而後孝聞焉。槐色正黄，喻性中和。木之爲物，絞之得水，鑽之得火，陰陽之性具焉。「水中有火」，陽侵陰位。至於焚槐，則過亢矣，和能不傷乎？譬人身由陰陽而生，抱沖和而立，或得以寇之者，物爲之累而氣動於中，喜怒并毗，陰陽交勝，沖和日損，客邪乘入，無根之木其能久乎？「兩陷」，謂外而事君奉親，内而修身養命，皆不外〔四〕乎憂患。心惶迫而志不成，若縣係於天地之間，無求解脱處。慰暋〔五〕字難釋，或借從鬱，音義頗明〔六〕。暋〔七〕於思慮，沈屯於嗜欲，言著物之重，所以利害交戰，生火内攻，沖和焚燼而患

〔一〕「邪」，褚本作「耶」，下同。
〔二〕「上古風淳」上褚本有「若」字。
〔三〕「枉」，褚本作「專」。
〔四〕「外」，褚本作「逃」。
〔五〕褚本此句無「暋」字。
〔六〕「明」，褚本作「明白」。
〔七〕「暋」，褚本作「慰暋」。

生焉。夫陰陽之氣，運於太虚而無形，其舒慘之機則隨人喜怒感召而發。吁！人亦至靈矣，可不自愛重乎。又譬以月之明，雖大而虧多盈少，出於天理也；火之明，雖小而然之益烈，由於人爲也。天道惡盈，其虧也易復；人爲好盛，其盛也易衰。「月不勝火」，人欲盛而天理滅之譬也。月盈而虧，則有常度。虧而復盈，明何損焉。火〔一〕之熾也，燎原燭天，及其薪盡，灰土而已。世有臣子盡道而遭困阨者，乃所以成忠孝之名，而虐之者自速於盡，則是身不勝暴虐之勢而理實勝之，猶月之形不勝火而明實勝之矣。吁！忠孝之名成，臣子之不幸也。《道德經》云：「六親不和有孝子〔二〕，國家昏亂有忠臣。」然則何以處之？曰「僨然而道盡」。「僨然而道盡」，已忘而物化之謂也。已忘物化，又安有「生火」「焚和」之患哉？

莊周家貧故，往貸粟於監河侯。監河侯曰：「諾。我將得邑金，將貸子三百金，可乎？」莊周忿然作色曰：「周昨來有中道而呼者。周顧視，車轍中有鮒魚焉。周問之曰：『鮒魚來！子何爲者邪？』對曰：『我東海之波臣也。君豈有斗升之水，而活我哉？』周曰：『諾。我且南遊吴越之王土誤，激西江之水而迎子，可乎？』鮒魚忿然作色曰：『吾失我常與，我無所處。吾得斗升之水然活耳，君乃言此，曾不如早索我於枯魚之肆！』」

【通義】此後世傳聞其事而擬爲之，若有不足於莊子之往貸者，且不能知監河侯之平昔，非定其交而

〔一〕褚本「火」前有「凡」字。
〔二〕褚本「子」作「慈」，當以褚本爲是。

后求之道也。其曰「忿然作色」，尤非莊周之常，其爲攙附無疑也，讀者詳之。

【義海】「監河」[一]，《説苑》作「魏文侯」。「呼」，舊音去聲，義當是「吁」字，去聲，歎也。「鮒」，鯽[二]魚。「波臣」，舊註「波蕩之臣」。「吴越之王」頗難釋，諸解畧之，獨碧虚云：「吴越，水聚之地。王，猶江海爲百谷王。」張君房較[三]本「遊」下加「説」字，去聲，其論亦未通。詳義考文，粗得其意。「王」字元應是「土」，誤加上[四]畫耳，説頗簡明。大意[五]謂人處道中，如魚在水，不可須臾離。失道[六]於身而欲假之於外，類望監河侯之邑金，何足以濟目前之急？

任公子爲大鉤巨緇，五十犗音界以爲餌，蹲乎會稽，投竿東海，旦旦而釣，期年不得魚。已而大魚食之，牽巨鉤，錎没而下騖，揚而奮鬐，白波若山，海水震蕩，聲侔鬼神，憚赫千里之達來。任公子得若魚，離而腊之，自淛河以東，蒼梧已北，莫不厭若此魚者。已而後世輇音權才諷説之徒，皆驚而相告也。夫揭竿累縲綸，趣灌瀆守鯢鮒，其於得大魚難矣，飾小説以干縣令，其於大達亦遠矣，是以未嘗聞任氏之風俗衍，其不可與經於世亦遠矣。

〔一〕「監河」，褚本作「監河侯」。
〔二〕「鯽」，褚本作「鰿」，爲「鯽」之異體字。
〔三〕「較」，褚本作「校」。
〔四〕「上」，褚本作「首」。
〔五〕褚本「大意」前有「此段」二字。
〔六〕「失道」前褚本有「苟」字。

【通義】此承上節，雖求而無必得之意，自不忿。雖得而無專利之心，故不驕。莊子與監河侯二子之病，胥見之矣。

【義海】大鉤[一]巨緇，喻所操者大，則其得必豐。「累」當作「縲」，綸也。「風」下「俗」字爲冗，出於誤筆。此言人之守道，久而見功，不可責以朝夕之效。及乎涵養成就，見之設施，澤及萬物，豈止淛河東、蒼梧北而已哉。「鯢魚」下「忽[二]然作色」四字，誤[三]重出。「縣」，平聲，「高名令聞」之説爲優。

儒以詩禮發冢。大儒臚傳曰：「東方作矣，事之何若？」小儒曰：「未解裙襦，口中有珠。詩固有之曰：『青青之麥，生於陵陂冢傍。生不布施，死何含朱。』爾爾輩爲接撮其〈死者〉鬢，壓按其顪音喙，儒以金椎控撬其頤，徐別緩開其頰，無傷口中珠！」

【通義】「詩禮」，孔氏趨庭之訓也，以爲起家。下文全不相關，況藉誦習以取富貴，非所謂儒也，亦非周時之事也。以爲發冢，謂盜死者之珠，正竊聖人緒餘，以自多者比也。下文「陵陂」「口中珠」與

[一]「鉤」，褚本作「鈞」。
[二]「忽」，褚本作「忿」。
[三]「誤」，褚本作「誤筆」。

謂「接其鬢」以下，大儒語□[二]儒之言也。無傷珠者，戒之無叛古訓也。「冢」字相應。大儒首倡者也，自上語下曰臚，自下語上曰句。其誦詩之意，以含珠者爲非盜珠者，爲是

【義海】《詩》《禮》之於天下，所以正治道而防其流，與法並行，使人有所興立也。聖人，世不常有，故其爲慮也深，思有以盡革天下之弊。出於禮秘[三]於法，合於禮而法可除。聖人之心本無而已，奈何季世薄俗有資其跡以爲姦者。至於發冢而不恤，則非獨害及生民，死者亦不安[三]於泉下。其流毒可勝道哉？而猶舉詩書[四]以諷世[五]，可謂爲所不當爲，用所不當用也。南華憫世真切而無所效其力，遂旁譬曲喻以致意焉。至若魯號多儒，及覈其實而儒者一人，則此章非無爲而言，蓋欲誅其心而正其教，使之爲《詩》《禮》所當爲，盡儒行所當盡；又將以示時俗厚葬之戒，起後世淳朴之風。一綱舉[六]而衆目張，於治道豈小補哉？

老萊子之弟子出薪，遇仲尼反以告曰：「有人於彼，修上而趍促同下，末微僂而後耳，視若營四海，不知其誰氏之子。」

[二] 浩然齋本、丁坊本此處空漏，李栻本此處作「小」。
[三] 「秘」，褚本作「必入」二字。
[三] 「安」，褚本作「得安」。
[四] 「書」，褚本作「語」。
[五] 褚本無「世」字。
[六] 「綱舉」，褚本作「舉綱」。

老萊子曰：「是丘也。召而來。」

仲尼至。曰：「丘！去汝躬矜，與汝容知，斯爲君子矣。」

仲尼揖而退，蹙然改容而問曰：「業(道)可得進乎？」

老萊子曰：「夫不忍一世之傷，而驁(輕忽)萬世之患，抑固窶邪，亡(忘同)其畧(簡槩)弗及邪？〈凡〉惠〈必〉以歡(得令)爲驁，(乃)終身(可)之醜，〈者惟〉中民之行〈知〉進焉〈不知退〉耳，〈所以〉相引(推)以名，相結以隱(秘)。與其譽堯而非桀，不如兩忘而閉其所譽。反(其兩忘)，無非傷也；〈以〉動，無非邪也。聖人躊躇以興事，以每成功。柰何哉(錯縱句)其載焉終矜爾！」

【通義】修上趍下，上長下短也。末僂後耳，身恭而不露耳也。「躬矜」，言矜馳之態，指上末僂。「容知」，動容不見朴實，指上視營四海，猶今言眉會説話也。「抑固窶邪」，言果無術而爲此自窮之道邪。亦忘其簡畧之性，是以「弗及邪」。凡以惠及人，必以得人之歡爲自足，是中民可愧之行。知進而不知退，不過相推引以虛譽，相結納以隱秘之計而已。終不若毁譽之兩忘，其機惟在忘譽，譽忘則毁忘矣。反此而營心於毁譽者，動必從邪，是以動無不傷也。聖人躊躇應感，不得已而後起。事有成功，柰何終身擔負矜馳之勞而不悔也。

【義海】老萊弟子形容夫子狀貌，見於三語，末句似得聖人之心，非具絶塵眼，未易道此，與關吏仇璋狀文中子之語相類。而其師已知之，聖賢心通神會若此。「躬矜」，謂全身是誇耀。「容」，驕色。「知」，多謀。皆足以召患，故令去之。「鶩」，一作「騖」，爲優。言不忍一時之患，爲仁義以救之，後世殉迹成弊，馳騖而不止也。抑固窮窶，輕於用世邪？或無謀而慮弗及此邪？何歡於爲惠之心，形見於外而不可掩邪？蓋譏夫子遑遑遊聘，徒自困其形神，是馳騖終身之醜，庸〔一〕民之行進於此耳。進則相引以名，退則相結以隱，譽堯非桀由此而生。若兩忘非譽，堯桀奚辯〔二〕哉？「反」，謂反前所言。不能兩忘者，則愛惡存懷，與物皆傷也。「動」，内無定見〔三〕。喜譽惡毀者，則隨物趣舍，於行爲邪也。是〔四〕聖人待時而動，徐以興事，每有成功。柰何自負其能，終不免於矜也。夫子之與老萊，猶出爲堯而隱爲由。南華寓言，以警世之不知時而强爲以要譽者耳，非實貶之也。

宋元君夜半而夢人被髮窺阿門，曰：「予自宰路之淵，予爲清江使河伯之所，漁者余且得予。」元君覺，使人占之，曰：「此神龜也。」君曰：「漁者有余且乎？」左右曰：「有。」君曰：「令余且會朝。」明日，余且朝。君曰：「漁何得？」

〔一〕褚本「庸」下有「徒」字。
〔二〕「辯」，褚本作「辨」。
〔三〕褚本「内無定見」前有「謂」字。
〔四〕褚本「是」下有「以」字。

對曰：「且之網，得白龜焉，箕圓五尺。」

君曰：「獻若汝之此龜。」

龜至，君再二心欲殺之，再欲活之，心疑，卜之，曰：「殺龜以卜吉。」乃刳龜，七十二鑽而無遺筴敘事。

仲尼曰：「試論神龜能見夢於元君，而不能避余且之網；知能七十二鑽而無遺筴，不能避刳腸之患。如是則知有所困，神有所不及也。雖有至知，萬人謀之。魚不畏網而畏鵜鶘。去小知而大知明，去善所長而自善矣。嬰兒生無石大師，而能言，與能言者處也。」

【通義】此章「知有所困，神有所不及」，是正論有用必自苦，去所長則無所不善矣。末言嬰兒能言，甚言習之不可不慎。言外見忠臣義士不恤其身，而惟以啓迪其君上爲任，不欲輕廢於小人，而甘死於知已，所謂盡其才而不吝也。其能其不能，皆天也。患非有心之可避，能非有心之可逞也。「去小知」，去一事之知，則心體虛明而全體天光，不爲物蔽，是以「大知明」，無不照也。

【義海】「宰路」，淵名，神龜所居。「爲清江神〔一〕使河伯之所」，則以知而見役，兼由清入濁，所以不免乎患。猶能見夢於元君，則其神靈未泯也。龜，陰陽〔二〕而介，色白應陽。「其圓五尺」，配五行也。十〔三〕殺

〔一〕 諸本無「神」字。
〔二〕 「陽」，諸本作「物」。
〔三〕 「十」，諸本作「卜」，當以諸本爲是。

龜而吉，明兆不爲己私，雖不利於己而能著靈於人也。「七十二鑽而無遺筴」，言其材美，上符天候。然而入網莫逃、刳腸不免者，其神其知有時而窮，皆不足恃。若不爲清江使而曳尾於塗中，以全無知之知，不神之神，斯爲至知至神矣，又何有網罟之憂哉？此章與《史記·龜策傳》相類，但彼作「漁者豫且」，即此人。是故有至知者，慮衆人之謀得以勝之，而不敢全恃。衆知之謀，無異鵜鶘之於魚，非若網之無心而可避也。欲避患者，當去自己小暗之知，而取衆謀以爲知，則大明而周物，是以去己善而天下之善歸之。如嬰兒與能言者處，久而俱化，不知所以然而然也。

惠子謂莊子曰：「子言無用。」莊子曰：「知無用，而始可與言用矣。夫地非不廣且大也，人之所用容足耳。然則側足而墊之致黃泉，人尚有用乎？」惠子曰：「無用。」莊子曰：「然則無用之爲用也亦明矣。（答而不審故直盡告）」

莊子曰：「人有能遊（自適），且得不遊乎？人而不能遊，且得遊乎？夫流遁之志，決絶之行。噫其非至知厚德之任（自務）與！〈蓋其〉覆墜而不反（改），火馳而不顧（自恤），雖相與爲君臣，時也，易世而無以相賤（貴）。故曰至人不留行焉（無用世之跡）。夫尊古而卑今，學者之流（不知世變）也。且以狶韋氏之流觀（比）今之世，夫孰能不波（隨流俗下趍），唯至人乃能遊於世而不僻（偏固），順人而不失己。〈何以言之〉彼教不（雖非我之所）學，承意不（以）彼（我爲見而外之）。」

「目徹爲明，耳徹爲聰，鼻徹爲顫，口徹爲甘，心徹爲知，知徹爲德（此至人之自居也）。凡道不欲壅，壅則哽，哽而不止則跈（碾），跈（跡）則衆害生。〈蓋〉物之有知者恃息，其〈息〉不殷（勤），非天之罪。天之穿（貫）之，日夜無降（隱伏止），人則顧塞其竇。胞（身）有重閬，心（中）有天遊。〈猶〉室無空虛，則婦姑勃谿；心無天遊，則六鑿（根）相攘，大林丘山之善於人也，亦〈精〉神〈勞〉者不勝。」

「〈大抵〉德溢蕩乎名，名溢乎暴，謀稽乎誸音賢，知出乎争，柴生乎守，官事果決乎衆宜。春雨日時，草木怒生，銚鎒耨於是乎始修，草木之到植者過半而不知其然。」

「静然默悮可以補耗損病，眥音剪㓕音滅可以休老，寧可以止遽急。雖然，若是，勞者之務也，非佚者之所是以佚者未嘗過而問焉。聖人之所以駴户楷反駭同天下，神人未嘗過而問焉；賢人所以駴世，聖人未嘗過而問焉；君子所以駴國，賢人未嘗過而問焉；小人所以合時同流合汙，君子未嘗過而問焉。演門有親死者，以善毁爵爲官師，其黨人毁而死者半。堯與許由天下，許由逃之；湯與務光，務光怒之，紀他聞之，帥弟子而踆蹲於窾水，諸侯弔之，三年，申徒狄因以踣河。〈嗟乎〉荃者所以在魚，得魚而忘荃；蹄者所以在兎，得兎而忘蹄；言者所以在意，得意而忘言。吾安得夫忘言之人而與之言哉！」

【通義】惠子問，意在「言」；莊子答，意在「無用」。故即地之見用於人者尺寸，其爲廣大者無窮，其廣大者，尚可謂人人尺〔一〕寸而用之，而其深厚者之爲用，斷然人不見之矣。然非深厚則不能廣大，非深厚則不能載萬物，是「無用之爲用」，不可一息一方之缺焉者。言外見吾言之意，包含博厚，在世事中，若不屑屑於用而生天生地、神鬼神帝者，非此意無以立極，固非徒以言也。惠子不能窮詰以盡其藴，故莊子復申言反覆，而歎得意忘言者之不易得也。

〔一〕「尺」，丁坊本作「只」。

「游」者，超然無方之名；「能游」者，逍遥物外，無物不資。所謂至人游於世而不僻，「心有天游」也。「不能游」者，甘焚溺以隨流俗，塞竇隘室，百骸相仇，有用無用可知矣。「流遁之志」至「相賤」，言小人求用，得志於一時，世變而無據矣。「不畱行」，行無所住也。彼教於我而承其意，「順人」也；不輕信從亦不棄忽，「不失已」也。惟五官通明，是非不昧，不同尊古卑今之流，壅哽於道行，則重足而生害也。今有知者莫不恃此氣意之往來，設有呼吸不繼，必至於死，非天之罪，乃我之不善養耳。天之息貫串於有知之形體，日夜無隙，而人顧以一藝自用，塞其不窮之竅，失身內之重閬、心中之天游，猶室窄而婦姑不相容。正眼耳鼻舌身意交相擾攘，豈天之罪哉。觀今之愛山林者，亦其精神不勝役役之勞，是以見虛壙而喜山林，有用無用乎，勞神者，有用無用乎，大抵德以好名而失名，以自暴而損。謚，急語也，猶躁人之辭多。謀必多言，「争」起於智，「柴」者呆蠢不動之象，此象生於有所持守不變者，職守之事，不過取決於一事之宜而已。此皆世謂之有用，果有用乎。至若春雨生物，銚鎒芟鋤，各率其職，不見成毁得喪之異，謂之有用乎、無用乎。

「静然」三句，「然」字是「默」字之誤，收心變質之方，然亦不能無意，是以有勞而非佚者之所問。神不問聖，聖不問賢，賢不問學，學不問衆，道不同不相爲謀，用不同也。善毁善居喪，孝也。毁而至於死，慕其得爵也。「逃」「怒」，清也。踆於水、踣於河，慕得吊之名也。效跡之弊如此，謂之有用可乎。故求魚兔者，用荃蹄而忘荃蹄，聽言者，不得其發言之意，而謂其言爲無用也，不亦謬哉。

【義海】「游」者，逍遥自適於無用之地，以全己之大用，唯達道之士能之。能之者不得不遊，不能者不可强也。蓋謂時俗逐物而流遁者多，否則又爲決絶之行，刻厲矯亢而不自適，則視人世如鼎鑊陷穽，至於負石自沉，抱木燔死者有之，何望乎逍遥游哉。故皆非至知厚德者之所因任，類多顛覆奔馳於名利以求慰其心。雖一時有君臣之分，若易此一時，則無以相貴賤。唯道爲天下貴，悖道則無以取重於世也，故至人聽物流行而不遏，與之同遊乎天地之一氣耳。古往今來，乃其常理，我能轉物，則可視今猶古〔一〕，豈貴耳賤目，妄有尊卑分别哉？且以上古觀今之世，孰不爲波蕩之人？心忘古今，遊世而不爲僻異之行，順人不失己，以衆心爲心，而我心得矣。是謂反今成古，何尊何卑？仲尼答冉求以「古猶今也」，即此意。是以人來學者，因彼性而教之，不學其所不能；承彼意而順之，不以彼爲異也。如是則古今物我同遊一天，雖相後千萬年，相去千萬里，相處千萬人，無異合堂同席於漆園夫子之門，而樂黄帝、老聃之道也。此言至人應世，非唯能自遊於道，又能與物同遊，所以貫百王於一道，參萬世而成純者也。

耳目鼻口心能通而無係者，皆由「知徹爲德」所致，苟無德以貫之，則五者俱壅，闕竅哽〔二〕塞，物欲騰踐，爲害多矣。夫生物之有息，所以通一身之氣，交天地之和，昇〔三〕降而滋榮之，故經久不衰，當老益壯，今養生家正主此論。但不能培養其源，而又有所作爲以壅閼之，則非與天地元氣流通之道。元氣貫穿萬物，無時休歇，其有衰殺者，人自以六物反塞其竇耳。動物恃乎息，植物恃乎氣〔四〕，皆其〔五〕所倚以爲命者

〔一〕「視今猶古」，褚本作「反今爲古」。
〔二〕「哽」，褚本作「便」。
〔三〕「昇」，褚本作「升」。
〔四〕「氣」，褚本作「根」。
〔五〕「其」，褚本作「受氣之」。

也。「胞」，謂腔子。「重閬」，謂此身從空而有，身内又有重閬以含畜精液〔一〕。「天遊」，謂心中能虚則無往不適也。「室不虚」，則尊卑勃戾；「心不虚」，則六鑿攘奪〔二〕。吾室與心有主之者，外物安得而撓動哉。「山林大林丘山之善於人，以平日所見隘陋，忽覩虚壙〔三〕高明之境，心必喜之，此乃神不勝物，反爲所勝。「在〔五〕皐〔四〕壤，使我欣欣，樂未畢也，哀又繼之」，大化密移，理之必至。唯至人不假物而樂，故不因化而哀，在我真〔六〕能轉物故也。然則物之善人也，豈真善？人之樂物也，豈真樂哉？蓋外有慕則内虧，重於彼則輕此矣。「夫名，公器〔七〕，不可多取」，故名之出，爲德之失。有名而暴之，又名之失也。二者俱失，急思所以爲謀，則知出而争興，此衆害生之驗。及有能守者，又病在柴柴因恣塞而無變〔八〕，執一己之私。若官事，則務在衆宜。「衆宜」謂前六者皆徹而無私，則其視聽嗅嘗思慮與天下共。否則嗜欲紛起，如「春雨日時，草木怒生」而不可遏。農器「於是乎始修」，言治之不早。草木雖拔〔九〕，得雨再生，時使之然，人莫知也。人之命在息，而使之降而不殷，則所以扶衛而補續之者，豈無其道哉？要在知其時而已。此又南華密示養生

〔一〕此句褚本作「身内又有五藏之空以行氣液」。
〔二〕此句褚本作「則欲恶凌奪」。
〔三〕「壙」，褚本作「曠」。
〔四〕「皐」，褚本作「皋」。
〔五〕褚本「在」前有「化」字。
〔六〕「真」，褚本作「而」。
〔七〕「器」，褚本作「器」，下同。
〔八〕此句褚本作「又病在柴塞而無變」。
〔九〕「拔」，褚本作「拔」。

之秘旨，學者宜深思之。「顫」同「膻」。「袗」同「振」。

「補病」「休老」「止遽」，皆勞損於前而後求復，非佚者之事，故過而弗問。神人之於聖人，聖之於賢，賢之於君子，亦若是。儻求合於時，則去君子遠矣。皆[一]以大觀小，其德量有以包含之而不復問，卒使自化，則等而上之可跂及也。故凡物之在外者，聖人以不必必之，然後涉世而無患。所以三教聖人設化雖不同，而其言未嘗相訾，不過乎開人心、資治道，同歸於善而止耳。「駴」同「駭」。《德充符》「惡駭天下」，崔本作「駴」[二]。演門善毁，黨人慕之，遂忘死。許由逃堯，申徒慕之遂蹈河。是皆認迹以爲真，併己之真失之，而[三]無異指筌蹄而求魚兔，何惑之甚邪？故南華思忘言之人而與之言，言忘而意可得矣。

**褚氏總論**：是篇首論内外之輕重，以明物我之親疎[四]。在外者係乎物，故不可必；在内者由乎我，求則得之。而世人多務外求，求而不得，怨尤至矣，故建言以破其惑。夫忠孝，立身之善行，猶不能必君親之知，以在内求其外故也，況以外求外者乎？由是知性命之内無非道，悟之則全；性命之外無非物，必之者失。唯憒[五]然無爲，闇與道合，斯可逃乎兩陷也。莊子貸粟而申轍魚之喻，則惠物在及時；任公垂釣而鄙

〔一〕褚本「皆」前有「此」字。
〔二〕褚本句末有「可照」二字。
〔三〕褚本無「而」字。
〔四〕「踈」，褚本作「疏」，二者爲異體字。
〔五〕「憒」，褚本作「僨」。

小説之非，則明道當存。大儒者，徵《詩》習《禮》，乃或發冢取珠，其初學未必不正，及爲物欲所遷，則冒禁傷化，有所不恤，反不若下愚不學者之猶有忌憚而安乎定分也。是皆原乎上之人以聖知治民之過，久則姦民之雄者併聖知而竊之矣。復寓言於老萊、仲尼，以非譽兩忘〔一〕，世患自息，即「我無爲而民自化」之意。白龜能見夢而不能逃網，則神不自神，而不知有不神之神，蓋喻恃知以脱患，不若忘知之無患也。次以「知無用而始可以言用」，其義互相發明。至論「人有能遊」，謂「遊心於淡」，遊在内也。前皆寓言，此稱「莊子曰」，正當篇本旨。使學者超外物之累，進虚通之域，神融意適，無所不之，則道幾矣。世習愈下，往往遊所不當遊，至於火馳、覆墜而不顧，雖聖人復出，末如之何〔二〕？間有樂於遊者，不過以江海爲閒，山林爲善，而放蕩終身焉。此遊世而僻者，不免務外而已。繼又誨以身貴六徹則道不欲壅，有知恃息則人當貴虚。室虚白生，無往而非天遊。故勞者之務，佚者不問，猶君子、賢、聖之有差等也；至於演門因毀而致爵，申徒逃湯而踣河，皆由上貴卓絶之行，是以下立潔修之名，本欲礪世興教，而不知傷生害俗也。故舉以爲後世鑑。夫以行觀言，亦外物也，然而非指無以見月，故立言君子不憚〔三〕於諄諄，在學者善求其要而已矣。

〔一〕「非譽兩忘」，褚本作「兩忘非譽」。
〔二〕「末如之何」，褚本與此同，四庫本褚本作「來如知何」。
〔三〕「憚」，褚本作「憚」。

## 寓言第二十七

寓言十〈中居〉九，重言十〈中居〉七，卮言（飲人以和）日出，和（事事不離）以天倪（幾微）。寓言十九，藉外論之。親父不爲其子媒。親父譽之，不若非其父者也；〈不明言〉非吾罪也，人〈不信〉之罪也。〈凡人〉與己同則應，不與己同則反；同於己爲是之，異於己爲非之（是以寓言也）。重言十七，所以已（止）言也，是爲耆艾。年（齒）先矣而無經緯本末，以期年耆者，是非先也。人而無以先人，無人道也；人而無人道，是之謂陳（腐）人。卮言日出，和以天倪，因以曼衍游嬉，所以窮年（度日）。不言則齊，齊與言不齊，言與齊不齊也，故曰無言。言無言，終身言，未嘗言；終身不言（未嘗不言句脱）。有自也而可，有自也而不可；有自也而然，有自也而不然。惡乎然？然於然。惡乎不然？不然於不然。惡乎可？可於可。惡乎不可？不可於不可。物固有所然，物固有所可，無物不然，無物不可。非卮言日出和以天倪，孰得其久。萬物皆種也，以不同形相禪，始卒若環，莫得（知）其倫（故），是謂天均（平一）。天均者天〈端〉倪也。

【通義】寓重卮三言，大意起信歸於忘言而止，自訓已明，兹復淺近爲之説。「寓言」者，如逐臣思君，托於棄婦，或托於異類，如邶之谷風，周之鴟鴞，本籍少知、大公調之類是也。「重言」者，引先哲緒言爲重，以申己意，猶孔子、法語之言，本籍義黄、孔顔之事是也。「卮言」者，投所好以破其固蔽，然後盡所規以要於中正，如相狗馬、説劍之類是也。借重先輩，本以德信於人，設使齒雖先而性昏昧，徒以年爲長者，不足爲先輩也。「無人道」者，不能成己成物以盡父師之德者。「不言則齊」，謂不形諸言則事物各安其所，理無不齊。今三言出於不得已，然已有言，與理之本齊者不能爲一，故道貴無言。苟其所言皆指無言之體，則言不言無所異矣。蓋天下之物，其異同各有所本，不可以我而是非之也。是以卮言順物，不起乖戾以傷其天機之微，不然何可以久於道而成其成物之志哉。末又原萬物並育、無始無終，亦莫知其故，乃天運之自然均平者，正天機微渺而不容測者。雖欲言之，惡得而言之。故孔子曰「子欲無言」，必即天運以明之也。

【義海】寓、重〔一〕十居九、七之論爲優，則出胷臆而言者無幾，蓋謂世俗之人，中無所主，輕重隨人，故從權立言，乘機化導，俾從信而入，陶成善心，其憂世愛民亦切矣。「卮〔二〕言」解者不一，夫卮之貯水，喻言之載道。道固非言所能盡，水亦非卮所能量。遽謂道不屬言、水不屬卮，不可也，故其言日出而不窮，人亦聽之而不厭，非若「寓言」「重言」之有所去取也。蓋能和以自然之分，則可以合天下之心。而我無心，何同異是非之辯〔三〕哉。「父不爲子媒」一語，足以盡「寓言」之旨。我所以「藉外論之」者，爲彼難信故也。其同異在言而應反見諸迹，不若無言之混成，而人莫我異。無言之混成，又不若無心之言，能化物而無迕也。「重言」亦出於「已言」。「經緯」其才，言「本末」，明所學〔四〕。此又有警勵學者之意。

〔一〕「寓、重」，褚本作「寓、重之義，諸解已明」。
〔二〕「卮」，褚本作「巵」，下同。
〔三〕「辯」，褚本作「辨」。
〔四〕此句褚本作「經緯，論其才；本末，明所學」。

卮言無窮而能和以自然之分，優游曼衍以終天年，何世累之能及？又随掃其迹云〔一〕，凡天下事物之理，「不言則齊」，與道爲一。齊語〔二〕言，猶無與有、粗與〔三〕妙異理，惡得而齊。惟超有無而冥粗妙者，斯大齊也。「故曰無言」〔四〕。此又明夫「未嘗言」「未嘗不言」之妙。神而化之，不滯有言、無言之迹，而天下風靡影從也。夫言之有可有然，出於固然固可，則無不然、無不可矣。此卮言所以併包「寓」「重」而無遺，故言滿天下，無口過也。本經末篇自叙有云「以卮言爲曼衍，以重言爲真，以寓言爲廣」，則知是經所言，浩瀚宏深，千變萬化，不越此三條而已。然而「絶迹易，無行地難」，不言易，言無瑕讁難。南華立此三言，所以免乎瑕讁也。夫以言免瑕讁，猶未若忘言而無瑕讁。「忘」謂有而無之，非不言之偏執也。「忘言」極議，夫子之「欲無言」近之。世間萬物同出乎機而稟形有異，相代無窮；猶言之同出乎心而立論有異，辯〔五〕諍無極。聖人因而不自唱，應彼而言，非我言也，故若環無端，莫究其極。我則和以是非而休乎自然之分而已。是亦遺〔六〕言之意云。

莊子謂惠子曰：「孔子行年六十而六十化，始時所是，卒而非之，未知今之所謂是之非五十九非

〔一〕此句褚本作「至此亦可矣，後又隨掃其迹云」。
〔二〕「語」，褚本作「與」。
〔三〕褚本無「與」字。
〔四〕此處一下褚本有一句「『曰』當是『言』字，下文可照」，朱本未見録。
〔五〕「辯」，褚本作「辨」。
〔六〕朱本、褚本同作「遺」，四庫本褚氏《義海》作「遺」。

也。」

惠子曰：「孔子勤不息志服〈良〉知也。」

莊子曰：「孔子謝之矣，而其未之嘗言。孔子云：『夫受才良能乎大天中本，復靈以生居世。』鳴而當律，言而當法，利義陳乎前，而好惡是非，直服人之口而已矣。使人乃以心服，而不敢蘁音悟對立，定天下之定不易理。已乎已乎！吾且不得及彼乎！」

【通義】此承上章無言之指，以見其尊信孔子者。今是而昨非，日新之覺也。「勤志」，好學而不息；「服知」，周旋於覺性而不離。蓋倣《論語》「吾〔二〕十有五」「不知而作」等章而爲此品題也。「謝之」言脱化其志與知，而無事於勤服也。未嘗言其謝孔子云者，猶曰孔子之所以爲孔子也。夫「受才」以下，雖若泛論，正指孔子之所謝者，才性之所具大本，萬物之所同出，猶曰根本復靈以生，謂形生神發之後，不爲物欲牽引，復其天賦之靈覺而居於世。出聲爲鳴，成文爲言，聲協天地之和，言爲人物之表，應感不謬。此但可以服人之口，豈能使人心服。不敢對立以定天下不易之理乎？言外見孔子無言而服人心，舉世莫敢並，天下不易之道於孔子而定也。「已乎已乎」者，不敢望也，猶顔子歎夫子超軼絶塵而回倘若乎後之意。「蘁」，逆也，迎而立也。

〔二〕「吾」，李栻本作「五」，李本當是抄寫之誤。

**【義海】** 人生隨年而化，賢愚所不免者。內而知慮日增，外而形貌日改，得失利害之相攻，是非成毀之變易，凡幻塵泡影倏起倏滅於前者，皆化也。夫子「行年六十而六十化」，則生道日新，不滯陳迹，其居化與人同而受化與人異。《黄帝書》云「宇宙在乎手，萬化生乎身」，信哉。夫六十歲爲天地枝幹之一周，人生上壽之中半，更事既久，是非可定矣。然猶未知今之所是之非五十九非也。請〔一〕原其由，患在於有我，苟未至無我，猶未必六十歲之後爲真，是故璩夫子亦有五十九〔二〕之歎。「勤志」謂積學，「服知」謂任能。夫子謝去所學所能久矣，默進此道而人不知耳。人皆受才性於造物，必能復其已靈，生道乃可長久，以至充之以學問，美之以德業。「鳴當律，言當法」，猶云「聲爲律，身爲度」。此皆由靈而出，人道可謂大備矣。及其義利陳乎前，而以己之好惡爲是非，直服人之口而已，世之學者往往皆然。今夫子乃「使人以心服而不敢蘁〔三〕（從無隱范先生點句），立定天下之定」，言其化之速也。「已乎」「不得及彼乎」〔四〕，乃莊子歎服夫子之辭。

曾子再仕而心再化，曰：「吾及親存仕，三釜而心樂；後仕，三千鍾親不洎同享，吾心悲。」弟子問於仲尼曰：「若參者，可謂無所縣係縛其罪乎不盡善？」曰：「既已縣矣。夫無所縣者，可以無哀乎？彼視三釜三千鍾，如鸛雀蚊虻相過乎前也。」

〔一〕「請」，褚本作「靖」。案：當以朱本爲是。
〔二〕褚本「九」後有「非」字。
〔三〕「蘁」，褚本作「噩」。
〔四〕此句褚本作「已乎至彼乎」。

【通義】充養而樂，無匱乏之憂；無親之悲，無承歡之樂，是曰「再化」。「縣」，係累也。學以無累爲善，有累，大道之罪也。「可謂無所縣其罪」者，謂其豈可以無所係累許之乎，疑而問之也。孔子言既見祿見親，不可謂無累矣，若無係累者，知親死之還大化，哀亦忘矣，況祿之厚薄，又何足以動心。

【義海】古人學優則仕，志在澤民，祿〔一〕以代耕，期於仰事俯育而已。豈若季世之仕者，俸祿之外，槌剥〔二〕取贏，極耳目口體之養，未嘗過親庭而問焉者有之。曾子三釜及親而心〔三〕樂，三千鍾不洎而心悲，其悲樂係親之存亡，非係祿之厚薄也。然而心不免於再化，門人所以有問。夫子謂參於二者之間不能無所係累，親之存亡，思〔四〕固不免，祿之厚薄，不必存懷可也。若無所係者，又豈有哀乎？彼視鍾釜猶蚊虻耳。曾子之孝行著乎萬世，仕祿三千鍾則所未聞。南華寓言亦責備〔五〕賢者之意，所以勉人以孝行爲重，仕祿爲輕，親之待不待，祿之及不及，一付之於分，又何所係累哉。

顔成子游謂東郭子綦曰：「自吾聞子之言，一年而野質朴，二年而從順世，三年而通彼此無疑，四年而物，

〔一〕「祿」，諸本作「禄」，異體字，下同。
〔二〕「剥」，諸本作「剝」，異體字。
〔三〕諸本無「心」字。
〔四〕「思」，諸本作「係」。
〔五〕「備」，諸本作「備」，異體字。

五年而來，六年而鬼入，七年而天成，八年而不知死，不知生，九年而大妙。生有爲死也。勸（教）公，以其死也，有自也；而生陽（氣）也，無自也。而果然乎？惡乎其（陽）所適（体）？惡乎其（陽）所不適（在）？天有歷數，地有人據，吾惡乎求之？莫知其所終，若之何其無命也？莫知其所始，若之何其有命也？有以相應也，若之何其無鬼邪？無以相應也，若之何其有鬼邪？」

【通義】「野」「從」「通」，在應感上見，尚未歸根。「物」「來」「鬼入」，在存主處見，外感可無言矣。「天成」「不知死、生」則合內外，「大妙」則忘內外矣。此猶列子之九淵，必入其室者，言之而後能真切。兹惟以意畧爲之通，以俟深造者取焉。「野」，質朴；「從」，順世；「通」，彼此不疑；「物」，心神凝定，卓然如有也。「來」，精神生意依依日親，所謂「厥修乃來」也。「鬼入」者，恍惚不可爲象。來者入於其中而不出，所謂存神也。「天成」，天然成就，無造作也。「鬼入」尚有形神之分，「天成」則渾然無內外之可見。不知死生，形神俱忘，心如太虛也。「大妙」者，體天地萬物無內無外，不容思，不容言也。「生有爲」以下，皆言大妙之意，疑而不決之辭，以見不能思議也。「生有爲死也，勸公，以其死也」十一字，中間有脱誤，畧爲强解。九年之序，隨資禀以爲久速，非定律也。「生有爲死」言即物而觀，生矣，而有爲死者，風雨霜露糟粕煨燼，無非至教，天之示教甚公，無物不死也。死果有自乎？即生之木於陽動，陽非有我之物也，適聚而爲有，豈真有所自乎？雖如此，言果能盡其藴乎？今觀氣之在太虛，何所適、何所不適。稽諸天則有律數，考諸地則有人跡，以爲據人之可知者此耳，然其不測無端者，不可盡也。吾於何而求之，終始不可知，似無命也，而又有命也。虧盈益謙變盈流謙禍盈福謙相應不爽，有鬼神矣，而或有未盡然者，又若無鬼神者，此道之所以爲大妙，而我之所得者如此。「命」言稟受之初，「鬼」言人爲之應。「命」，常也；「鬼」，變也。

【義海】人生隨俗凋喪，日失一日，學道者損之又損，所以求復其初。「野」謂漸還質朴，「從」謂順人不失己，「通」則徹理，「物」則忘我，「來」謂人歸之，「鬼入」，見理〔一〕造乎恍惚。「天成」，合乎自然；「不知死生」則無去無來。「九年大妙」，則極數〔二〕造微，神化莫測矣。能〔三〕以無爲爲宗，乃可登假乎此。而世俗耽於有爲，日趨死地。勸之以公者，以其死由乎私也。碧虚照張君房校本「以其」下有「私」字絶句，「私」謂貴愛其生，奉養過度，本求益己，損莫甚焉。故令去之，歸乎公道也。死者因生，爲「有自」；生者，從無而始，爲「無自」。生而無私，則亦無死，天不能殺，地不能埋，汝果能若是乎？由是知無以生爲者賢於貴生，又惡論其適不適邪〔四〕？「天有歷數」，可推否泰；「地有人據」，可考治亂。吾又何從他求哉？夫自二儀分判，幾千萬年，生育〔五〕而不知其終，非命何以立？禪物而不知其死〔六〕，命從何而立？「歷數」「人據」有禍〔七〕福之相應，豈無鬼神主之？天道有時而難諶，人事有時而無準，則又疑其

〔一〕褚本無「見理」二字。
〔二〕「極數」，褚本作「數極」。
〔三〕褚本「能」上有「人」字。
〔四〕「邪」，褚本作「耶」，下同。
〔五〕「育」，褚本作「物」。
〔六〕「死」，褚本作「始」。
〔七〕「禍」，褚本作「禍」，異體字。

無鬼神也。此言造化精密難窺〔一〕，所以爲造化。但當盡人事以俟之，故向上之學，使人反究自己。天地之始終，一身靈物之隱顯，盡性而至於命，明鬼而極乎神，在乎力行心契則功躋大妙，亦何待乎九年哉。

衆罔兩問於景影曰：「若汝向也俯而今也仰，向也括而今也被髮，向也坐而今也起，向也行而今也止，何也？」

景曰：「搜搜也，奚稍問也！予有而不知其所以。予，蜩甲也，蟬蜕也，似之而非也。火與日，吾屯也；陰與夜，吾代也。彼，吾所以有待邪？而況乎以有待者乎。彼來，則我與之來，彼往則我與之往，彼强陽，則我與之强陽。强陽者，又何以有問乎！」

【通義】此承上章，生死出於陽氣而不測，故復寓言以明之。「搜搜」，若隱若顯之狀，指罔兩也。「奚稍問」者，本無問，何忽然畧問及此也。予雖有而不自知意者，其猶蜩甲蟬蜕乎。蜩蟬比形，甲蜕比影，而甲蜕有質，影則可見而不可執，故曰「似之而非也」。「屯」而爲有，「代」而爲無，此影之待於明暗而又待於形者。形之生待於造化，而其動静亦待造化而然也。形影不相離，皆不能自有。「强陽者」，健而無息之稱，萬物者，雖曰待之而有無，而亦適然不可知，又何問哉。

〔一〕褚本句末有「唯其難窺」一句。

【義海】凡天下之物，有形必有影，人所共知。而影外微陰曰「罔兩」，人多不察焉。蓋因影之蒙昧而依附，彷彿於其間，其陰參差疊出，故云「衆罔兩」。罔兩之於形，猶七情之於心，心不官而七情縱，則反受其攻；影不明而罔兩多，則反遭其問。然而影之所待豈罔兩可知？心之所冥豈七情可立哉？此論物理相生，有若因待，而或有或無，非因非待，以譬形生之始、思慮之端亦猶是也。義極精妙，昔賢所未發。夫影生於形，非日、火則莫見，有若相因也；日、火雖光，非形則無影，本於獨化也。影之於形，行止不離。一身之至親者，其動静有無必有主宰。世人日用而不知，則罔兩之問無足怪也。《齊物論》云「若有真宰而不得其眹」，正明此義。所謂「真宰」者，即獨化之主，萬物萬形賴之以生育運動，而因待有無之所從出也。信能反而求之，恍惚之間而見曉聞和，則獨化之理明，罔兩之疑釋矣。「强陽」，謂人禀[一]造化之氣，運動[二]形體而掉運外物者。其聚則有，其散則零，真[三]寄焉耳。儻知獨化之主，則真我長存，彼之聚散無足問也，況景外微陰乎？

陽子居南之沛，老聃西游於秦，邀於郊，至於梁而遇老子。老子中道，仰天而歎曰：「始以汝爲可教，今不可也。」

陽子居不答。至舍，進盥漱巾櫛，脱履户外，膝行而前曰：「向者弟子欲請夫子，夫子行不閒，是以不

〔一〕「禀」，褚本作「稟」。
〔二〕褚本「運動」前有「能」字。
〔三〕「真」，褚本作「直」。

敢。今聞矣，請問其不可教故。」

老子曰：「而汝睢睢盱盱神馳於目瞻顧不止，而誰與居？大白若辱，盛德若不足。」

陽子蹵然變容曰：「敬聞命矣！」

其往也，舍者迎送將，其家公執席，妻執巾櫛，舍者避席，煬炊者避竈。其反也，舍者與之争席矣。

【通義】往也自賢，故人敬之。「睢盱」，矜衒之貌，聞教而歸，人忘之，以其知不足，故樂與同居也。

【義海】睢盱自異，人誰肯與汝居邪？夫行潔白者，人將汙之，故韜晦而若辱；德盛大者，人將虧之，故涵養若不足，此全身之道也。今汝反此，所以爲不可教。子居聞告，蹵然不安，容爲之變，則其心改悔可知。故其往也，逆旅主人「迎將於其家」，絶句「公執席，妻執巾櫛」，言室家通敬之。「避席」「避竈」，則衆皆駭異。及其反也，舍者争席，則矯飾去而真實存，使人忘外敬之粗迹也。古之人所以「人獸不亂羣，人鳥不亂行」者，以此。

**褚氏總論**：是篇以「寓言」標題，南華老仙渡水不濕脚之意。自揆立言既多，恐後人殉迹成弊，故隨步隨掃其迹。其「寓言」「重言」，皆不得已而藉外論之。「巵言」，如水在巵，有防而不失，則其出也由中，故日出而不厭。同異、是非，各當其分，言出於無言，亦猶不言也。其然、其可，則物情之去取耳，惡知其爲固然、固可邪？是以必至於不言則齊也。吁！世衰道微，人莫己信，不得行志當世，猶覬垂訓方來。

又慮無以必後人之知，故寓於所重以取信焉，使人由寓以究其真，從徼〔一〕而躋乎妙，其成功一也。至論夫子之迹隨年化，始是卒非，當身之是不可常也〔二〕，况欲必信於後世乎？曾子之再仕再化，心不免乎有係而哀樂形焉，無問乎爲親爲祿也。若夫聞言而悟，有若子遊〔三〕一年而野，至於大妙，則心日虛而道日集，所謂寓、重、巵言者，皆在過化之域矣。次論命、鬼之有無，形影之因待，皆明造化不可致詰之妙。人能充其造化所與而莫之夭閼，則吾身之天地不可測之，靈物亦猶是也。結以睢盱矜傲，人誰與居？聞命而反，舍者争席，則耳聆心悟，在片言之頃，孰謂載道而示後世無得魚忘筌者哉？予嘗閱東坡蘇文公《莊子祠堂記》，謂《寓言》篇末當連《列御寇》篇首，而不取《讓王》《盜跖》《説劍》《漁父》四篇。且二篇合一義或可通，而四篇遭黜無乃太甚。意其所病者，《讓王》條列繁而意〔四〕重復，《盜跖》訾孔子若太過，《説劍》類從横之談，《漁父》幾詆聖之語，此所以不爲坡翁所取也。然《祠堂記》中謂〔五〕莊子之言「皆實予而文不予，陽擠而陰助之」，則亦燭其立言救弊之本心矣，又何以粗〔六〕迹爲嫌？竊考《讓王》等四篇，較之内外部若有間，然其指歸不失大本。蓋言者〔七〕不無精粗〔八〕之分、抑揚之異，或門人補續，不得其

〔一〕「徼」，褚本作「繳」。
〔二〕褚本此句後有「如此」二字。
〔三〕「遊」，褚本作「游」。
〔四〕「意」，褚本作「義」。
〔五〕褚本「謂」前有「嘗」字。
〔六〕「粗」，褚本作「麤」。
〔七〕「言者」，褚本作「立言者」。
〔八〕「精粗」，褚本作「粗精」。

淳，所以置諸雜部之末。自可意會，無煩多議，以啓後疑。

## 讓王第二十八

堯以天下讓許由，許由不受。又讓於子州支父，子州支父曰：「以我爲天子，猶之可也。雖然，我適有幽（隱）憂之病，方且治之，未暇治天下也。」夫天下至重也，而不以害其生，又況他物乎！唯無以天下爲者，可以托天下也。

舜讓天下於子州支伯。曰：「予適有幽憂之病，方且治之，未暇治天下也。」故天下大器也，而不以易生，此有道者之所以異乎俗者也。

舜以天下讓善卷，善卷曰：「余立於宇宙之中，冬日衣皮毛，夏日衣葛絺；春耕種，形足以勞動；秋收斂，身足以休食；日出而作，日入而息，逍遥於天地之間而心意自得。吾何以天下爲哉！悲夫，子之不知余也！」遂不受。於是去而入深山，莫知其處。

舜以天下讓其友石户之農，石户之農曰：「捲捲（音權）乎后之爲人，葆（勤）力之士也！」以舜之德爲未至也，於是夫負妻戴，攜子以入於海，終身不反也。

大王亶父居邠，狄人攻之；事之以皮帛而不受，事之以犬馬而不受，事之以珠玉而不受，狄人之所求者，土地也。大王亶父曰：「與人之兄居而殺其弟，與人之父居而殺其子，吾不忍也。子皆勉居矣。爲吾臣，與爲狄人臣，奚以異。且吾聞之，不以所用養害所養。」因杖筴而去之。民相連（續）而從之，遂成國於岐山之下。夫大王亶父，可謂能尊生矣。能尊生者，雖貴富，不以養傷身；雖貧賤，不以利累形。今世之人，居高官尊爵者，皆重失之，見利輕亡其身，豈不惑哉！

越人三世弒其君，王子搜患之，逃乎丹穴。而越國無君，求王子搜不得，從之丹穴。王子搜不肯出，越人薰之以艾（亂草）。乘以王（者）輿。王子搜援綏登車，仰天而呼曰：「君乎君乎！獨不可以舍我乎！」王子搜非惡爲君也，惡爲君之患也。若王子搜者，可謂不以國傷生矣，此固越人之所欲得爲君也（應可託天下意）。

韓魏相與爭侵地。子華子見昭僖侯，昭僖侯有憂色。子華子曰：「今使天（世）下（有）書銘（盟約）於君之前，書之言曰：『左手攫（取）之則右手廢（斬去），右手攫之則左手廢，然而攫之者必有天下。』君能攫之乎？」

昭僖侯曰：「寡人不攫也。」

子華子曰：「甚善！自是觀之，兩臂重於天下也，身亦重於兩臂。韓之輕於天下亦遠矣，今之所爭者，其輕於韓又遠。君固愁身傷生，以憂戚不得也！」

僖侯曰：「善哉！教寡人者衆矣，未嘗得聞此言也。」子華子可謂知輕重矣。

魯君聞顏闔，得道之人也，使人以幣先焉。顏闔守陋閭，苴（粗朽）布之衣，而自飯牛。魯君之使者至，顏闔自對之。使者曰：「此顏闔之家與？」顏闔對曰：「此闔之家也。」使者致幣，顏闔對曰：「恐聽者謬，而遺使者罪，不若審之。」使者還，反審之，復來求之，則不得已。故若顏闔者，真惡富貴也。

故曰：道之真以治身，其緒餘以爲國家，其土苴以治天下。由此觀之，帝王之功，聖人之餘事也，非所以完身養生也。今世俗之君子，多危身棄生以殉物，豈不悲哉。凡聖人之動作也，必察其所以之（從），與其所以爲。今且有人於此，以隨侯之珠，彈千仞之雀，世必笑之。是何也？則其所用者重，而所要者輕也。夫生者，豈特隨侯之重（珠誤）哉！

【通義】此歷舉先哲内重外輕之德業，而各斷其情，曰不以天下害生，曰不以易生，曰尊生，曰不以傷生，曰養生，皆所以申愛生之旨也。故末結以生豈隨珠之重哉。其間魯君幣闔，使者聽詒而還，審世俗之見也。以其居陋閭衣苴布事飯牛，疑不足以應君聘也。

【義海】天生聖人，所以續道統，明人倫，育萬物，贊天地也〔一〕，君位之有無不與焉。然謳〔二〕歌獄訟之所歸，有不可得而辭者，亦一時寄託焉耳。雖居萬乘之尊，四海之富，而土階茅茨，惡衣菲食，不知其勢之重位之極也。蓋由得之非心，所以處之非榮，故其辭讓易如脱屣。夫物莫大於天下，能以天下讓，無物足争矣。其胷中所存詎可量邪？至若與之天下而不受，亦豈中無主者所能爲？堯舜太〔三〕王之德業，固不待讚揚，而諸子之高節，非莊子不能盡見。徐考其辭讓之語，大意不過卑物尊生，輕外重内以樂聖人之道而惡爲君之患也。且與之天下，古人猶不屑受，況〔四〕肯效後世矜詐恃力、悖理越分而妄求者哉？「幽憂之病」，按《吕氏春秋》引此章，高誘註云「幽，隱也」。《詩》云「如有隱憂」，是也〔五〕。謂方憂身之未治，何暇治天下爲？此所以異乎俗也。太王之避狄而不忍害民，王子搜逃民而恐其害己。恐害民則能愛己，

〔一〕此句褚本作「贊天地，育萬物也」。
〔二〕「謳」，褚本作「樞」。
〔三〕「太」，褚本作「大」，下同。
〔四〕褚本無「況」字。
〔五〕「也」，褚本作「己」。

恐害己則能愛民。此越人所以欲得爲君，以其德著也〔一〕。若夫上德不德，民無能名，則不可得而害，是超出一等矣〔二〕。南華雖不盡言，其意有在於此，詳後章經旨可見〔三〕。

察闔之心，真惡富貴者，超出世俗所見萬萬矣。惜乎不瀝忱以辭，乃失誠於使者，似亦稍虧淳德。使者既造其家，又見其人，而不能力致之，乃從其辭而反審，無乃過淳矣乎。夫難進易退，君子之常。養愈久而植愈深，於闔固不容多議。然魯侯渴心求賢，幾何而一遇，幸遇之又交臂而失，不得與君〔四〕之共理大業，以濟〔五〕昇平，實由乎使不使之過，故申言以爲戒。且天下功業，宜莫大於帝王，此猶以爲餘事，則所謂聖人之真者，豈常流所可窺測邪。「所以之」「所以爲」，即《語》云「所由」「所安」也。今世本「恐聽者謬」，多「者」字。「真以治身」，「治」當是「持」。「凡聖人之動作」，「聖」字爲冗。「隋侯之重」，當〔六〕是「珠」。此章全見《呂氏春秋》，不〔七〕韋去莊子非遠，必得其真。

〔一〕　此句褚本作「以其德著而不逃蟻慕也」。

〔二〕　此句褚本作「則不可得而利，不可得而害，是又超出一等矣」。

〔三〕　褚本「見」後有「云」字。「韓魏相與爭權地」至「子華子可謂知輕重矣」一段，褚本有一段註解，朱本未見録，褚本曰：「韓侯與魏爭邊境所侵之地，蓋無幾而憂形於色，可謂於所輕者重，而所重者輕矣。魏之諸臣諫者莫聽，華子入見，諫之有道焉。左攫銘而右手廢，右攫銘而左手廢，一利一害，不可免也，在人審利害之輕重而去取之耳。侯知臂重於天下，身又重於臂，而不知韓之輕於天下，所爭侵地又輕於韓。審知其輕，則重者自見。侯聞諫亟悟，明輕重之當然。吁，韓侯亦賢已哉！華子亦知矣哉！」。

〔四〕　褚本無「君」字。

〔五〕　「濟」，褚本作「躋」。

〔六〕　褚本「當」前有「侯」字。

〔七〕　褚本「不」前有「可證」二字。

子列子窮，容貌有饑色。客有言之於鄭子陽者曰：「列禦寇，蓋有好道誤之士也，居君之國而窮，君無乃爲不好士乎？」鄭子陽即令官遺之粟。子列子見使者，再拜而辭敘事。使者去，子列子起入，其妻望之而拊心曰：「妾議論聞爲有道者之妻子，皆得佚樂，今有饑色。君〈知〉過而遺先生食，先生不受，豈不命邪！」子列子笑謂之曰：「君非自知我也。以人之言而遺我粟，至其罪我也，又且以人之言，此吾所以不受也。」其卒應，民果作難而殺子陽。

【通義】令官遺粟，傲也，傲則狎虎之德也。因人言而遺我粟，因人之言而罪我，淺言之以答妻之疑也。即其以「得佚」爲歸，宜不足以知列子之所存也。末句非莊子文，非列意，計效也。

【義海】子陽相鄭，秉人物之權，以重輕一國者也，有賢在野而不知，可乎？聞人言其有道而遺之粟，則亦遇賢而能敬也。列子以爲因人之言而遺我，惡知不因人言而罪我邪？故辭而不受，此君子覩微而知著，見往而知來也。其妻拊心有言，乃世俗鄙見，孰謂有道者之妻子而爲此哉？夫至人之所爲，雖其妻子猶不能盡識，況他人乎？此言被褐懷玉之士未易知，知之又當致之有道，斯可以盡人才而得其用。《漁父篇》云：「下人不親〔二〕，不得其真」，信哉。

〔二〕「親」，褚本作「精」。案：考《莊子》原文，當以褚本爲是。

楚昭王失國，屠羊說走而從於昭王。昭王反國，將賞從者，及屠羊說。屠羊說曰：「大王失國，說失屠羊；大王反國各得其分，說亦反屠羊。臣之爵祿已復矣，又何賞之言！」

王曰：「强之！」

屠羊說曰：「大王失國言外見有致君失國者，非臣之罪，故不敢伏其誅；大王反國，非臣之功反國有倖意，故不敢當其賞。」

王曰：「見之！」

屠羊說曰：「楚國之法，必有重賞大功，而後得見，今臣之知不足以存國言外見尊賢之礼疏也，而勇不足以死寇。吳軍入郢，越說誤畏難而避寇，非故隨大王也。今大王欲廢法毀約而見說，此非臣之所以聞天下也。」

王謂司〈馬〉子綦曰：「屠羊說，居處卑賤，而陳義甚高，子綦爲我延之以三公旌別之位。」

屠羊說曰：「夫三旌之位，吾知其貴於屠羊之肆也；萬鐘之祿，吾知其富於屠羊之利也；然豈可以貪爵祿，而使吾君有妄施之名乎！說不敢當，願復反吾屠羊之肆。」遂不受也。

【通義】君而失國不君可想矣，其得反國，幸也。以反國而賞從行尚變之基，終非知過進德之志，故說辭而不受。即其三辭之言則昭王君道可知，此真良士也，真君子也。安於其分，不易業趍榮，君子又何學焉。

【義海】昭王賞說，示復國而推恩；說之辭賞，安義分而不濫。蓋王失國而不能伏其誅，則王復國而不敢當其賞，理亦宜然。世之無功叨賞者多，則以安命辭祿者爲創。「見」，王命見之，高其行而欲識其人。說以爲不可毀約而見，遂終辭焉，不使君有妄施之名。其不欺如此，士君子之所難能也，而屠羊說優爲之，使舉國臣人化說之德而克肖焉，何患世道之不交相興乎？

原憲居魯，環堵之室，茨以生草；蓬户不完，桑以爲樞；而甕牖二室，褐以爲塞；上漏下濕，匡坐而弦。

子貢乘大馬，中紺而表素，軒車不容巷，往見原憲。原憲華冠曳縰履，杖藜而應門。

子貢曰：「嘻！先生何病？」

原憲應之曰：「憲聞之，無財謂之貧，學而不能行謂之病。今憲，貧也，非病也。」子貢逡巡而有愧色。

原憲笑曰：「夫希世而行，比周而友，學以爲人，教以爲己，仁義之慝，輿馬之飾，憲不忍爲也。」

曾子居衛，縕袍無表，顏色腫噲虛浮，手足胼胝。三日不舉火，十年不製衣，正冠而纓絕，捉衿而肘見，納屨而踵決。曳縰而歌商頌，聲滿天地，若出金石。天子不得臣，諸侯不得友。故養志者忘形，養形者忘利，致道者忘心矣。

孔子謂顏回曰：「回，來！家貧居卑，胡不仕乎？」

顏回對曰：「不願仕。回有郭外之田五十畝，足以給飦粥；郭内之田十畝，足以爲絲麻；鼓琴足以自娱，所學夫子之道者，足以自樂也。回不願仕。」

孔子愀然變容曰：「善哉回之意！丘聞之：『知足者，不以利自累也，審自得者，失之而不懼，行修於内者，無位而不作音怍。』丘誦之久矣，今於回而後見之，是丘之得也。」

【通義】此章三引，見孔門敎學者，自得於良貴天祿，不外慕也。子貢之達，適足以爲鄙耳。逡巡愧色，良心未泯，道義猶存也。

【義海】原憲安貧弦[一]誦，學而能行，雖居環堵蓬門，如坐廟堂之上，仁義禮樂不離其身故也。子貢榮居相位，是蹇、零之時帝者，能枉駕而顧，亦見其友誼未忘，然問其何病，則不知心之甚。同學於聖人之門而所見若是，故憲歷分貧、病以告之。自「希世而行」至「輿馬之飾」，乃學者之大病，子貢身坐膏肓而不自知，賴憲痛鍼力砭，誠友中之師也。曾子「腫噲」「胼胝」「衿絶」「肘見」，其貧可知。然而養志忘形，歌若金石，浩然之氣充塞天地，萬乘之君不得而友，況欲臣之乎？顏子知足樂道，無位不怍，襲夫子之步，得夫子之心，而一無所作爲，簞瓢自樂，豈紆朱懷金可比哉？夫三子者皆孔門高弟，親受聖傳，所造有精粗，故所樂者[二]深淺。若子貢之遊説列國，榮官殖貨以駭動世俗，則所樂與二子不侔矣。故南華舉以爲戒。

[一]「弦」，褚本作「絃」，下同。
[二]「者」，褚本作「有」。

中山公子牟謂瞻子曰：「身在江海之上，心居乎魏闕之下（心不安分者天下皆然），柰何？」

瞻子曰：「重生。重生則利輕。」

中山公子牟曰：「雖知之，未能自勝也。」

瞻子曰：「不能自勝則從，神無惡乎？不能自勝而强不從者，此之謂重傷。重傷之人，無壽類矣。」

魏牟，萬乘之公子也，其隱巖穴也，難爲於布衣之士；雖未至乎道，可謂有其意（志未純）矣。

【通義】上章言素貧賤之自得，此言素富貴者有超乎富貴之志，依稀乎顔闔而陋子貢矣。「無惡乎」言不可怨不自勝也，「重傷」者，知不自勝己，不順神，是有傷也，强於抑遏，是加傷也。隱處巖穴，雖寒素者亦不易安，況豢養素厚者。故曰雖與能自勝未同，亦知内外之辨矣。

【義海】象魏、觀闕，國君之門。《淮南子》作「魏〔二〕闕」，音訓同。許慎註「天子之兩觀也」。「不能自勝則從」，謂從順性情，不强抑閼。或連「神」爲句，謂從心神所適也。夫學道者，當損情去欲，志尚清虛，此乃云「從其性情」，使之神和意暢，是「無惡乎不能自勝」也。又云强閼而不從，此之謂「重傷」，則是使人任情縱欲以爲道，有類《列子》載管夷吾所謂養生之道「肆之而弗〔三〕閼」者也。原其本

〔二〕「魏」，褚本作「魏」。
〔三〕「弗」，褚本作「勿」。

意，蓋謂〔一〕公子牟生於富貴而欲隱巖穴，實爲難能；若過閼其情，恐傷其性，故寬以誘之，進進不已，成功一也。南華取此以爲富貴學道者之勸，庶不至望崖而反，若夷吾者，以伯國强兵爲事，宜其立論之偏又非牟比矣。瞻子所言固不可爲學道者之法，譬名醫療疾，必審人而處方，期於瘳〔二〕而已。

孔子窮於陳蔡之間，七日不火食，藜羹不慘（糝誤），顔色甚憊，而弦歌於室。顔回擇菜，子路子貢相與言曰：「夫子再逐於魯，削迹於衛，伐樹於宋，窮於商周，圍於陳蔡，殺夫子者無罪，籍夫子者無禁。弦歌鼓琴，未嘗絶音，君子之無恥（此恥謂無奮怒也）也若此乎？」

顔回無以應，入告孔子。孔子推琴，喟然而歎曰：「由與賜，細人也。召而來，吾語之。」

子路子貢入。子路曰：「如此者可謂窮矣！」孔子曰：「是何言也！君子通於道之謂通，窮於道之謂窮。今丘抱仁義之道以遭亂世之患，其何窮之爲！故内省而不窮於道，臨難而不失其德，天寒既至，霜雪既降，吾是以知松柏之茂也。陳蔡之隘，於丘其幸乎！」

孔子削然反琴而弦歌，子路扢（魚乙反）躍然執干而舞。子貢曰：「吾不知天之高也，地之下也。」

古之得道者，窮亦樂，通亦樂。所樂非窮通也，道德（或作得）於此，則窮通爲寒暑風雨之序矣。故許由娱於潁陽，而共伯得乎丘首。

〔一〕「謂」，緒本作「爲」。
〔二〕緒本「瘳」下有「疾」字。

【通義】「藜羹不慘」，有菜無米也，於丘其幸乎。危亡之難，人生不可試習以自考，今得遇此厄，則常言死生無變於己者，我得身親見之其卓然與大化爲徒者，不成空言矣。貧賤憂戚，玉女於成，非幸乎，此亦承上章意。

【義海】子路、子貢所言者，夫子之迹。顔子知夫子之心，所以忘言也。窮通在道，則世間得失無所益損焉。不窮於道，則不失於德，又何患難之能移？歲寒而知松栢[一]，臨難乃見聖人，此所以爲幸。夫子復琴而弦歌，一安於命而不損其樂。子路執干而奮舞，悟理而心悅，不知手舞足蹈也。「子貢曰」數句，讚夫子之道大難窮。「道德於此」，德[二]當是「得」[三]。許由、共伯之自樂其樂，亦以得此道故也。「丘首」，山名。碧虚照江南古藏本「松栢[四]之茂也」下，有「桓公得之莒，文公得之曹，越王得之會稽」三句，故其註云云。又「共伯得」下有「志」字。「窮於商周」，「商」字説之不通，諸解遺而不論，獨膚齋及之。

舜以天下讓其友北人無擇，北人無擇曰：「異哉后之爲人也，居於畎畝之中，而遊堯之門！不若起下句

[一]「栢」，褚本作「柏」。
[二]「德」，褚本作「義」。
[三]「得」下有「上文可照」四字。
[四]「栢」，褚本作「橋」。

是而已，又欲以其辱行漫我。吾羞見之。」因自投清泠之淵。

湯將伐桀，因卞隨而謀，卞隨曰：「非吾事也。」湯曰：「孰可？」曰：「吾不知也。」湯又因瞀光而謀，瞀光曰：「非吾事也。」湯曰：「孰可？」曰：「吾不知也。」湯曰：「伊尹何如？」曰：「强（舍任道王就桀意）力忍垢，吾不知其他。」湯遂與伊尹謀伐桀，尅之，以讓卞隨。卞隨辭曰：「后之伐桀也謀乎我，必以我爲賊也；勝桀而讓我，必以我爲貪也。吾生乎亂世，而無道之人，再來漫我以其辱行，吾不忍數聞也。」乃自投椆（一作洞）水而死。

湯又讓瞀光曰：「知者謀之，武者遂之，仁者居之，古之道也。吾子胡不立乎？」瞀光辭曰：「廢上，非義也；殺民，非仁也；人犯其難，我享其利，非廉也。吾聞之曰，非其義者，不受其祿，無道之世，不踐其土。況尊我乎。吾不忍久見也。」乃負石而自沉於廬水。

昔周之興，有士二人處於孤竹，曰伯夷叔齊。二人相謂曰：「吾聞西方有人，似有道者，試往觀焉。」至於岐陽，武王聞之，使叔旦往見之，與之盟曰：「加富二等（棄國而就官非武周之審義知人也），就官一列。」血牲而埋之。

二人相視而笑曰：「嘻，異哉！此非吾所謂道。昔者神農之有天下也，時祀盡敬，而不祈喜；其於人也，忠信盡治，而無求焉。樂與政爲政，樂與治爲治，不以人之壞，自成也，不以人之卑，自高也，不以遭時，自利也。今周見殷之亂，而遽爲政，上謀而下行貨，阻兵而保威，割牲而盟以爲信，揚行以説衆，殺伐以要利，是推亂以易暴也。吾聞古之士，遭治世不避其任，遇亂世不爲苟存。今天下闇，周德衰，其並（同處）乎周以塗（污）吾身也，不如避之以潔吾行（有心潔行非率性也）。」二子北至於首陽之山，遂餓而死焉。若伯夷叔齊者，其於富貴也，苟可得已，則必不賴高節戾行，獨樂其志，不事於世，此二士之節也。

【通義】此與前子州支父、支伯、善卷、太王亶父、王子搜之逃位、子華子論隨珠彈雀章大意相同。彼言愛生，此言避辱。愛生者，所欲有甚於生；避辱者，所惡有甚於死也。末於夷齊論其苟可得已則必不然，可見無擇卞隨瞀光之自沉者，皆得已者，所謂是皆已甚也。

【義海】舜與無擇，友也，必知其可任，故讓以天下。爲無擇者，不受則已，或逃而去之，何至自投清泠邪？蓋指舜之居畎畝而遊堯門，以爲辱行，則其立志可見。何舜之不知心？所期愈下也。湯將伐桀，有爲方鋭。卞隨、瞀〔一〕光，無爲者也。而湯因之以謀，是猶〔二〕適越而北其轅也。後得伊尹，成〔三〕伐桀之功。

〔一〕「瞀」，褚本作「務」，下同。
〔二〕「猶」，褚本作「欲」。
〔三〕褚本「成」上有「乃」字。

歸而讓卞隨，隨非特不受而已，又恥其見污而投〔一〕稠水。洎讓瞀光，瞀光數其非仁非義非廉之悖道，卒不受其祿，不踐其土，而負石自沉。此二〔二〕子者皆高節厲行，剛介不回，自古有死，又奚恤焉。故南華舉此以激勵頹俗云。竊詳本章大意，舜禪之事雖不見他書，以得之於讓而施之讓，盡善盡美，人無間言。若湯之讓，恐非其本心，無以逃天下之議。卞隨、瞀光稠水、瀘水之事，蓋言其避之〔三〕極，存而勿論可也。

夷、齊棄君〔四〕，往觀於岐陽，蓋慕周之德化，願爲聖人氓，共樂無爲之化而已。武王使叔旦與盟而誘以爵祿，豈二士之志哉？故舉神農之世以證今日之非，時祀不祈福，社臘郊禘盡敬以報神，非有所覬望也，則治國以〔五〕無爲可知。「與政爲政」，無私於己；「與治爲治」，不擾亂之。不壞人以自成，不卑人以自高，不以遭時自利，則視人猶己，物得其平。今周見殷之亂而急於修政，幸彼之危而圖之。「行貨」「保威」「悦衆」「要利」，無異推亂以易暴也。時闇德衰，與之並世，恐污〔六〕吾身，不若避之，北至首陽而甘餓死焉。夫餓死及身，患也；節行之虧心，心患也〔七〕。心患推之至於冒刑犯義，流毒無窮；身患終於一己，而有足以障頹波、興教化者。故民到於今稱之，而孔子許之以仁。二子亦求仁得仁而無怨也。「今天下闇，

〔一〕褚本「投」上有「自」字。
〔二〕「二」，褚本作「三」。
〔三〕褚本「之」后有「之」字。
〔四〕褚本「君」字下有「位」字。
〔五〕褚本無「以」字。
〔六〕「污」，褚本作「汙」。
〔七〕「心患也」，褚本作「息也」。

周德衰」，陳碧虚照江南古藏本謂〔一〕「殷德衰」，殷德衰，故周滅之也。

**褚氏總論：**本篇載讓王高節，自堯舜、許由、善卷至於王子搜，皆重道尊生，不以富貴累其心，視天下如弊屣者也。子華、顔闔、曾、顔、公子牟之徒，葆真守約，不以利禄易其操，視富貴如浮雲者也。其間魏牟校諸聖賢若不足，然以國之公子能舍王位之尊，就巖穴之隱，亦良難矣，故其長風餘波之所彼〔二〕，實啓有國有位者重道尊生之心，清净〔三〕無爲之教所以立，玄聖素王之業所以著也。世之忘己殉物者，才〔四〕臨利害，一毫必争。在王位而能讓，可謂天下之盛舉矣。夫懷道抱德而爲人之所寄托〔五〕者，或不願有國，去而入山海有之，何無擇、隨、光之徒遽至自沉而喪不貲之軀邪？蓋士不得中道而狷介特立者不能無弊，是以貪甚者求之無厭必至於篡逆，讓者〔六〕避之無所，至〔七〕自沉而後已。此非特明其不受，又見其不受之極，以暴白於後世，亦慕名之過。唯聖人中庸無弊，讓受合宜，隱顯隨時，從容中道，堯舜之事是也。伯夷、叔齊讓國而逃於首陽，食薇蕨而終，則非故爲矯亢要名後世者。此〔八〕實以世闇德衰不容並立，志在出塵高舉，抱道

〔一〕「謂」，褚本作「作」。
〔二〕「彼」，褚本作「被」。
〔三〕「净」，褚本作「静」。
〔四〕「才」，褚本作「小」。
〔五〕「托」，褚本作「託」。
〔六〕褚本「者」上有「甚」字。
〔七〕褚本「至」上有「必」字。
〔八〕「此」，褚本作「比」。

獨全，雖死奚恤。若夫爲君而讓則其迹顯，未爲君而避則其迹[二]隱，退讓之志本同，惟其時而已矣。

## 盗跖第二十九

孔子與柳下季爲友，柳下季之弟，名曰盗跖。盗跖從卒九千人，横行天下，侵暴諸侯，穴室樞户，驅人牛馬，取人婦女，貪得忘親，不顧父母兄弟，不祭先祖。所過之邑，大國守城，小國入保，萬民苦之。孔子謂柳下季曰：「夫爲人父者，必能詔其子；爲人兄者，必能教其弟。若父不能詔其子，兄不能教其弟，則無貴父子兄弟之親矣。今先生，世之才士也，弟爲盗跖，爲天下害而弗能教也，丘竊爲先生羞之。丘請爲先生往説之。」

柳下季曰：「先生言，爲人父者必能詔其子，爲人兄者必能教其弟，若子不聽父之詔，弟不受兄之教，雖今先生之辯，將柰之何哉。且跖之爲人也，心如涌泉，意如飄風，强足以拒敵，辯足以飾非，順其心則喜，逆其心則怒，易辱人以言。先生必無往。」

孔子不聽，顔回爲馭，子貢爲右，往見盗跖。盗跖乃方休卒徒大山之陽，膾人肝而餔之。孔子下車而前，見謁者曰：「魯人孔丘，聞將軍高義，敬再拜謁者。」

謁者入通，盗跖聞之大怒，目如明星，髮上指冠，曰：「此夫魯國之巧僞人孔丘非邪？爲我告之：『爾作言造語，妄稱文武，冠枝木之冠，帶死牛之脅，多辭繆説，不耕而食，不織而衣，摇唇鼓舌，擅生是非

[二]「迹」，褚本作「進」。

以迷天下之主，使天下學士不反其本，妄作孝弟，而儌倖於封侯富貴者也。子之罪大極（懸）重，疾走歸！不然我將以子肝，益晝餔之膳。』」

孔子復通曰：「丘得幸於季，願望履幕下。」

謁者復通，盜跖曰：「使來前。」

孔子趨而進，避席反走，再拜盜跖。盜跖大怒，兩展其足，案劍瞋目，聲如乳虎，曰：「丘，來前！若（汝）所言，順吾意則生，逆吾心則死。」

孔子曰：「丘聞之，凡天下有三德（非擬孔言也）：生而長大美好無雙，少長貴賤見而皆說之，此上德也；知維天地，能辯諸物，此中德也；勇悍果敢，聚衆率兵，此下德也。凡人有此一德者，足以南面稱孤矣。今將軍兼此三者，身長八尺二寸，面目有光，脣如激丹，齒如齊貝，音中黃鐘，而名曰盜跖，丘竊爲將軍恥不取焉。將軍有意聽臣，臣請南使吳越（殊非法言），北使齊魯，東使宋衛，西使晉楚，使爲將軍造大城（脱割地字）數百里，立數十萬户之邑，尊將軍爲諸侯，與天下更始，罷兵休卒，收養昆弟，共祭先祖。此聖人才士之行，而天下之願也。」

盜跖大怒曰：「丘來前！夫可規以利而可諫以言者，皆愚陋恒民之謂耳。今長大美好，人見而說之者，此吾父母之遺德也。丘雖不吾譽，吾獨不自知邪？且吾聞之，好面譽人者，亦好背而毁之。今丘告我以大城衆民，是欲規我以利，而恒民畜我也，安可長久也。城之大者，莫大乎天下也。堯舜有天下，子孫無置錐之地；湯武立爲天子，而後世絶滅，非以其利太故邪？

「且吾聞之，古者禽獸多而人民少，於是民皆巢居以避之，晝拾橡栗，暮栖木上，故命之曰有巢氏之民。

古者民不知衣服，夏多積薪，冬則煬之，故命之曰知生之民。神農之世，臥則居居，起則于于，民知其母，不知其父，與麋鹿共處，耕而食，織而衣，無有相害之心，此至德之隆也。然而黃帝不能致德，與蚩尤戰於涿鹿之野，流血百里。堯舜作（此處有脱有復），立羣臣，湯放其主，武王殺紂。自是之後，以强陵弱，以衆暴寡。湯武以來，皆亂人之徒也。

「今子修文武之道，掌天下之辯，以教後世，縫衣淺帶，矯言僞行以迷惑天下之主，而欲求富貴焉，盜莫大於子。天下何故不謂子爲盜丘，而乃謂我爲盜跖？子以甘辭説子路而使之從，使子路去其危冠，解其長劒，而受教於子，天下皆曰孔丘能止暴禁非。其卒之也，子路欲殺衛君而事不成，身菹於衛東門之上，是子教之不至也。子自謂才士聖人邪？則再逐於魯，削迹於衛，窮於齊，圍於陳蔡，不容身於天下。子教子路菹此患（犯誤），上無以爲身，下無以爲人，子之道，豈足貴邪？

「世之所高，莫若黃帝，黃帝尚不能全德，而戰涿鹿之野，流血百里。堯不慈，舜不孝，禹偏枯，湯放其主，武王伐紂，文王拘羑里。此六子者，世之所高也，孰論之，皆以利惑其真，而强反其情性，其行乃甚可羞也。

「世之所謂賢士，伯夷叔齊，辭孤竹之君，而餓死於首陽之山，骨肉不葬。鮑焦飾行非世，抱木而死。申徒狄諫而不聽，負石自投於河，爲魚鼈所食。介子推（摧）至忠也，自割其股以食文公，文公後背之，子推（摧）怒而去，抱木而燔死。尾生與女子期於梁下，女子不來，水至不去，抱梁柱而死。此四者，無異於磔（竹客反）犬流豕，操瓢而乞者，皆離（遭綱）名輕死，不念本養壽命者也。

「世之所謂忠臣者，莫若王子比干伍子胥。子胥沉江，比干剖心，此二子者，世謂忠臣也，然卒爲天下笑。自上觀之，至於子胥比干，皆不足貴也。

「丘之所以説我者，若告我以鬼事，則我不能知也；若告我以人事者，不過此矣，皆吾所聞知也。今吾告子以人之情（通論），目欲視色，耳欲聽聲，口欲察味，志氣欲盈。人上壽百歲，中壽八十，下壽六十，除病瘦（疲誤）死喪憂患，其中開口而笑者，一月之中，不過四五日而已矣。天與地無窮，人死者有時，操有時之具，而託於無窮之間，忽然，無異騏驥之馳過隙也。不能説其志意，養其壽命者，皆非通道者也。丘之所言，皆吾之所棄也，亟去，走歸，無復言之！子之道，狂狂（猶皇皇）汲汲，詐巧虛僞事也，非可以全真也，奚足論哉！」

孔子再拜，趨走出門，上車執轡三失，目芒然無見，色若死灰，據軾低頭不能出氣。歸到魯東門外，適遇柳下季。柳下季曰：「今者闕然，數日不見，車馬有行色，得微往見跖邪？」

孔子仰天而歎曰：「然。」

柳下季曰：「跖得無逆汝意若前乎？」

孔子曰：「然。丘所謂無病而自灸也，疾走料虎頭，扁虎須，幾不免虎口哉！」

【通義】此反上章之意，形容自暴自棄者之情狀，背棄天命聖言而縱欲敗度者，所謂小人之中庸也。謂武爲後世滅，絕決非先秦之文矣。「執轡三失，目茫然無見，色若死灰，據軾低頭不能出氣」，絕不類莊周口氣，亦不知孔子之爲孔子也。

【義海】父不能詔子，兄不能教弟，此人倫之不幸也。橫行天下，侵暴無厭，此生民之不幸也。夫子以道德仁義化天下，莫不雲合景從，而獨不得行於跖，又遭其困辱焉，此聖人之不幸也。然而夫子猶日月，適與惡曜交纏〔一〕，暫爲沴氣侵薄，曾何傷乎？經意蓋謂非借夫善惡之極以爲對，形迹之著以爲言，則無以盡其辭而明其意，此聖狂之所以辯也。夫子首陳三德，以其最下者箴之，與說趙文王三劍義同。詳跖之所言雖出於强辯，其間亦自有理，不可盡以人廢言。然皆覩〔二〕其迹而未得其心，所以有是不齊之論。此章辭雄氣逸，如洪源疾注，不可壅遏，使人難以著語。故郭氏於三章之下畧述大意而義自明，觀者毋以辭害意。一〔三〕「樞户」，義當是「摳〔四〕」，苦鈎切。「枝木之觀〔五〕」，取嫩木皮以爲冠。「搓夜」〔六〕，搓腋之衣，大袂襌衣也。張其尸曰「磔」。「流」，烹也。「離名」當是「利名」。

子張問於滿苟得曰：「盍不爲行修德？無行則不信，不信則不任，不任則不利。故觀之名，計之利，而義真是也。若棄名利，反之於心，則夫士之爲行，不可一日不爲乎！」

滿苟得曰：「無恥者富，多誇言信者顯。夫名利之大者，幾在無恥而信。故觀之名，計之利，而信真是也。若棄名利，反之於心，則夫士之爲行，抱其天乎。」

〔一〕「纏」，褚本作「躔」。
〔二〕「覩」，褚本作「視」。
〔三〕褚本無「一」字。
〔四〕「摳」，褚本作「樞」。
〔五〕「觀」，褚本作「冠」。
〔六〕「夜」，褚本作「衣」。

子張曰：「昔者桀紂，貴爲天子富有天下，今謂臧聚(獲誤)曰，汝行如桀紂，則有怍色，有不服之心者，小人所賤也。仲尼墨翟，窮爲匹夫，今謂宰相曰，子行如仲尼墨翟，則變容易色，稱不足者，士誠貴也。故勢爲天子，未必貴也；窮爲匹夫，未必賤也；貴賤之分，在行之美惡。」

滿苟得曰：「小盜者拘，大盜者爲諸侯，諸侯之門，義士存焉。昔者桓公小白，殺兄入嫂而管仲爲臣，田成子常殺君竊國，而孔子受幣。論則賤之，行則下之，則是言行之情，悖戰於胷中也，不亦拂乎！故書曰：『孰惡孰美？成者爲首，不成者爲尾。』」

子張曰：「子不爲行，即將疏戚無倫，貴賤無義，長幼無序；五紀(常)六位(親疏貴賤長幼)，將何以爲別乎？」

滿苟得曰：「堯殺長子，舜流母弟，疏戚有倫乎？湯放桀，武王殺紂，貴賤有義乎？王季爲適，周公殺兄，長幼有序乎？儒者僞辭，墨者兼愛，五紀六位，將有別乎？

「且子正爲名，我正爲利。名利之實，不順於理，不監於道。吾日與子訟於無約(拘束)曰：『小人殉財，君子殉名。其所以變其情，易其性，則異矣；乃至於棄其所爲，而殉其所不爲，則一也。』故曰無爲小人，(〈但〉)反殉而(汝)天；無爲君子，(〈但〉)從天之理。若枉若直，相(同)而天(无誤)極；面觀四方(氣)，與時消息。若是若非，執而(汝)圓機；獨成(順)而(汝)意，與道徘徊。無(毋同)轉而行，無成而義，將失而所爲。無赴而富，無殉而成，將棄而天。

「比干剖心，子胥抉眼，忠之禍也；直躬證父，尾生溺死，信之患也；鮑子立乾，勝子不自理，廉之害也；孔子不見母，匡子不見父，義之失也。此上世之所傳，下世之所語，以爲士者正其言，必其行，故服其殃，離(罹)其患也。」

【通義】此亦上章之意而以無約折衷之也。擬名「滿苟得」，言滿其苟得之心，他不恤也。「無約」者，以至無至約爲指的也。「小人殉財」以下，擬爲無約之言。「匡子不見父」，謂上世之所傳，決非孟子同時矣。其曰殉天、從天，「相爲天極」，將棄而天不過，「與時消息」，執圓機徘徊於道，而枉直是非，任其自適而已。

【義海】行者，義之著見，信任與利又行之驗也。義由中出，行見乎〔一〕外，則信任與利皆從外來，故考名利而義真是也。若不以名利爲言，而反求諸心，士之行義不可一日不爲也。蓋謂行義士所當爲，名利之儻來不必計，此子張立論也。多言以求信於人，富顯之所自出，無恥者以此爲是。若不以名利爲意而反求諸心，則爲行者獨抱其天而不通乎人也，此苟得立論。子張，孔子之徒，苟得乃跖之徒，宜其相反也。至論藏獲〔二〕恥稱桀紂，卿相不敢當孔墨，則行可貴也；小盜拘而大盜爲諸侯，則利可樂也。此又引古聖賢以證其各有所偏，不能無弊。二子之論不決，故苟得争〔三〕與訟於無約。「小人徇財」至章末，皆無約之詞〔四〕。謂二子皆殉一偏，未爲合道，莫若心忘善惡，一無所殉，聽其自然，無君子小人之分，各得其性情之正，亦何有枉直、中外、是非之辯哉？此獨成其真〔五〕而不資於物，所以與道徘徊而不失也。若轉移自然之行，求成

〔一〕「乎」，褚本作「于」。
〔二〕「獲」，褚本作「聚」。
〔三〕「争」，褚本作「曾」。
〔四〕此句褚本作「並無約之辭」。
〔五〕褚本無「其真」二字。

爲義之名，及彊〔二〕於富利以望有成，皆棄滅其天理而陷溺於物欲〔三〕者也。「比干剖心」以下，條指其偏殉之失，不免於患，而爲士者猶取正其言，求必其行，服殃罹患而不悟也，悲夫！

無足問於知和曰：「人卒（到底）未有不興名就利者。彼富則人歸之，歸則下之，下則貴之。夫見下貴者，所以長生，安體樂意之道也。今子獨無意焉，知不足邪，意知而力不能行邪，故爲推正不忘邪？」

知和曰：「今夫此人以（字衍）爲與己同時而生，同鄉而處者，以爲夫絕俗過世之士焉；是專無主正，所以覽古今之時，是非之分也，與俗化世，去至重，棄至尊，以爲其所爲也；此其所以論長生安體樂意之道，不亦遠乎。慘怛之疾，恬愉之安，不監於體；怵惕之恐，欣懽之喜，不監於心；知爲爲，而不知所以爲，是以貴爲天子，富有天下，而不免於患也。」

無足曰：「夫富之於人，無所不利，窮美究埶，至人之所不得逮，聖人之所不能及，挾人之勇力而以爲威强，秉人之知謀以爲明察，因人之德以爲賢良，非享國而嚴若君父。且夫聲色滋味權勢之於人，心不待學而樂之，體不待象而安之。夫欲惡避就，固不待師，此人之性也。天下雖非我，孰能辭之！」

知和曰：「知者之爲，故動以百姓不違其度，是以足而不爭，無以爲，故不求。不足故求之，爭四處而不自以爲貪；有餘故辭之，棄天下而不自以爲廉。廉貪之實，非以迫（於）外也，反監之度。勢爲天子而不以貴驕人，富有天下而不以財戲人。計其患，慮其反，以爲害於性，故辭而不受也，非以要名譽也。堯舜爲帝而雍，非仁天下也，不以美害生也；善卷許由得帝而不受，非虛辭讓也，不以事害己。此皆就其利，辭其

〔二〕「彊」，褚本作「趨」。
〔三〕褚本無「欲」字。

害，而天下稱賢焉，則可以（此上下有脱誤）有之，彼非以興名譽也。」

無足曰：「必持其名，苦體絶甘，約養以持生，則亦久病長阨而不死者也。」

知和曰：「平爲福，有餘爲害者，物莫不然，而財其甚者也。今富人，耳營鐘鼓筦籥之聲，口嗛於芻豢醪醴之味，以感其意，遺忘其業，可謂亂矣；侅（礙）溺於馮（怒消）氣，若負重行而上也，可謂苦矣；貪財而取慰（足），貪權而取竭（盡），静居則溺，體澤則馮（矯蒲），可謂疾矣；爲欲富就利，故滿若堵耳而不知避，且馮（憑）而不捨，可謂辱矣；財積而無用，服膺而不舍，滿心戚醮，求益而不止，可謂憂矣；内則疑刦請之賊，外則畏寇盗之害，内周樓疏，外不敢獨行，可謂畏矣。此六者，天下之至害也，皆遺忘而不知察，及其患至，求盡性竭財，單以反一日之無故，而不可得也。故觀之名則不見，求之利則不得，繚意絶體而争，此不亦惑乎！」

【通義】此破盗跖、滿苟得之意，擬名「無足」「知和」而復。結以觀之名求之利之爲惑也，言世無足爲之事，惟知「和之以天倪」是也。

【義海】無足躭於利，故以富者「安體樂意」之事爲言。人而得富，以處世、養身，無所不利也。知和躭於名，故動不違度，足而不求，計患慮反，知利之不足恃而賈患速禍〔一〕也。故辭而不受，非以要譽也，譽自歸之耳。無足又議〔二〕其持名苦體，無異病阨而偷生。知和告以「平爲福，有餘爲害」，通天下之至

〔一〕「禍」，褚本作「禍」，異體字。
〔二〕「議」，褚本作「譏」。

論，無足亦爲之心服矣。此後至篇終，備言富者之所爲，其心術機謀不逃乎達人之鑑，然皆無益於身，終不免爲大盜積守而已。及其患至，知非已晚。石崇臨東市，歎曰「奴輩利吾財」是也。南華述此，聞之者足以戒云。「侅」，音「該」，奇侅非常。「馮」，音「憑」，憤畜不通也。「醮」，同「焦」。「樓疏」，窗牖。繚繞其意，謂深思。決絶其體，謂忘生也。

**褚氏總論**：按盜跖所言，强辯飾非，抑[一]揚己至矣，卒使聖賢通論亦爲之屈，此天下暴惡之尤者也。或者議其訾聖不典，出於後人附會，理蓋不然。夫孔子之仁，盜跖之暴，固不待辯而明。設爲是論者，蓋欲彰夫子聖道之至、容德之大也。然則夫子之所以聖，又豈跖所能知？以行察行，以心灼心，宜其立論若是，此姑道跖之知夫子者耳。夫子之聖，使跖盡得而知，則跖非跖矣。故夫子雖受抑而名愈尊，跖雖自揚而惡愈著，則天下之公，是非未嘗泯也。據辭演義，諸解班班，無以相出。竊詳言外微旨蓋有所寓，而讀者罔究，例以訾聖爲疵，使至理未伸於千載之下，輒爲之辯正云：經意本以譏當時國君卿相恃富貴，檀[二]生殺而不可以理化，使孔子復生亦不免其侮辱，故比以盜跖而以孔子自喻。次設子張問滿苟得，滿而務苟得，故所答亦無異乎跖。此皆以辯勝人，不悟夫喪真背理而遠乎道也。繼以無足問知和，志在興名就利，以安體樂意爲先，是亦苟得之徒，故知和告以富者貴其積而能散，惠衆周物，貧人倚之以爲命而免轉徙填壑之憂。昔陶朱公善理産業，致富則散之鄉鄰，凡三散而三徙，又避其爲善之名也。今富者溺於聲色嗜好而求

[一] 褚本「抑」字後有「人」字。
[二] 「檀」，褚本作「擅」。

益不止，多積若堵而憂畏滿懷，利愈重而害愈深，郿塢、金谷之覆轍可鑒[一]，反不若耕鑿自給者可以養生盡年而無累也。凡此皆所以痛鍼世俗之膏肓，密顯聖賢之教思。學者信能遺其迹而究其所以言，融名利之私心，歸道德之大本，無爲清浄[二]之化足以仁壽八荒，豈止康濟一身而已。於此足以見南華衛道弘化，救時憫俗之心，與孔孟無殊轍矣。

卷九　終

[一] 「鑒」，褚本作「鑑」，異體字。
[二] 「浄」，褚本作「静」。

# 莊子卷第十

粲元朱得之傍注并通義
附錢塘褚伯秀《義海纂微》
雲谷王潼録校刊

## 雜篇

### 説劒第三十

昔趙文王喜劒，劒士夾門而客，三千餘人，日夜相擊於前，死傷者歲百餘人，好之不厭。如是三年，國衰，諸侯謀之。太子悝患之，募左右曰：「孰能説王之意止劒士者，賜之千金。」左右曰：「莊子當能。」太子乃使人以千金奉莊子。莊子弗受，與使者俱往見太子曰：「太子何以教周，賜周千金？」

太子曰：「聞夫子明聖，謹奉千金以幣從者。夫子弗受，悝尚何敢言！」

莊子曰：「聞太子所欲用周者，欲絶王之喜好也。使臣上説大王而逆王意，下不當太子，則身刑而死，周尚安所事金乎？使臣上説大王，下當太子，趙國何求而不得也！」

太子曰：「然吾王所見劒士，皆蓬頭突鬢，垂冠曼胡之纓，短後之衣，瞋目而語難，王乃説之。今夫子必儒服而見王，事必大逆。」

莊子曰：「請治劒服。」治劒服三日，乃見太子。太子乃與見王，王脱白刃待之。莊子入殿門不趨，見王不拜。王曰：「子欲何以教寡人，使太子先？」

曰：「臣聞大王喜劍，故以劍見王。」

王曰：「子之劍，何能禁制？」

曰：「臣之劍，十步一人，千里不留行。」

王大悦之，曰：「天下無敵矣！」

莊子曰：「夫爲劍者，示之敵以虚，開之以利，後之以發，先之以至。願得試之。」

王曰：「夫子休，就舍，待命，令設戲，請夫子。」

王乃校劍士七日，死傷者六十餘人，得五六人，使奉劍於殿下，乃召莊子。王曰：「今日試使士敦篤試劍。」

莊子曰：「望之久矣。」

王曰：「夫子所御杖，長短何如？」

曰：「臣之所奉皆可。然臣有三劍，唯王所用，請先言而後試。」

王曰：「願聞三劍。」

曰：「有天子劍，有諸侯劍，有庶人劍。」

王曰：「天子之劍何如？」

曰：「天子之劍，以燕谿石城爲鋒，齊岱爲鍔，晉魏爲脊，周宋爲鐔，韓魏爲鋏；包以四夷，裹以四時；繞以渤海，帶以常山；制以五行，論以刑德；開以陰陽，持以春夏，行以秋冬。此劍，直之無前，舉之無上，案之無下，運之無旁，上決浮雲，下絶地紀。此劍一用，匡諸侯，天下服矣。此天子之劍也。」

文王芒（茫）然自失，曰：「諸侯之劍何如？」

曰：「諸侯之劍，以知勇士爲鋒，以清廉士爲鍔，以賢良士爲脊，以忠勝士爲鐔，以豪桀士爲鋏。此劍，直之亦無前，舉之亦無上，案之亦無下，運之亦無旁；上法圓天以順三光，下法方地以順四時，中和民意以安四鄉。此劍一用，如雷霆之震也，四封之内，無不賓服而聽從君命者矣。此諸侯之劍也。」

王曰：「庶人之劍何如？」

曰：「庶人之劍，蓬頭突鬢垂冠，曼胡之纓，短後之衣，瞋目而語難。相擊於前，上斬頸領，下決肝肺。此庶人之劍，無異於鬬雞，一旦命已絶矣，無所用於國事。今大王有天子之位，而好庶人之劍，臣竊爲大王薄之。」

王乃牽而上殿，宰人上食，王三環之。莊子曰：「大王安坐定氣，劍事已畢奏矣。」於是文王不出宫三月，（自省自咎），劍士皆服斃其處也。

【通義】此章始終敘事，而議論在其中。讀之可見君人者好尚雖微而風聲奔走，未必有封侯之賞能使殊死者相枕於前，而後至者不反，上下相矜，未嘗不曰予智也。智乎愚乎，不待超世忘形之智，而後知者而顧甘心焉。世道若此，謂之何哉。趙王聞竞，起敬起信，非外飾也，卒得謚文，有以哉，示虚、開利、後發、先至，人皆信其爲劍術之真訣，而不知爲匡救之良法，立言者善藏用乎。此稱王居曰殿，非戰國時之名也。餘議皆明。

【義海】南華立言明道，高越九天，深窮九地，闢闔造化，鬼神莫測。及其引事物以爲喻，則不出乎人間世之談，而玄機妙義隱然於中，有足以覺人心、救時弊者。豈浪鳴哉。《漢書》司馬氏「在趙者，以傳劍論顯」，則劍術其來尚矣，故漆園借此以發胷中之奇。或者泥於形似，遂認爲説客縱横之論，經意一失，指夜光爲魚目者有之。伯秀不揆淺陋，竊考南華所以言之旨，申爲説云：「趙國」以喻一身。「文王喜劍」，心牽於利欲之譬也。「太子悝患之」，猶志有所覺而不能制心之失。求莊子止王所好，喻推理以勝之也。所陳三劍，言其理有優劣，具眼決擇，差等見矣。「十步一人」，言其鋒莫當。「千里不留行」，言其用捷速。養神之全者似之。天子以憐〔一〕國爲固，諸侯以賢士爲幹，庶人恃匹夫之勇耳。以趙王之尊而好庶人之劍，是昧德性之至貴，趨物欲之至卑。「日夜相擊於前」，又惡保其無損？「鬪〔二〕雞」之喻，卑之甚也。欲有以救其失而復其初，非繩以至理不可。及其理勝欲消，所存者正性，則翻毒刃爲神器，亦無所事乎心矣。此由失以求復，不免艱難而得之，是謂勉强而行，成功一也。所云天子、諸侯、庶人三劍之等殊，喻稟〔三〕性之厚薄，趨向之高下，而成功有優劣也。古之君天下，神武而不殺者，皆得此劍以神其用，豈直太阿、干將比哉？於是趙王就食而不能餐〔四〕，禮義悦心，芻豢有不足羨〔五〕者。使王「安坐定氣，劍事已畢奏矣」，言心以動虧，性由静得，得性者復吾本來之真，亦由無所得也。

〔一〕「憐」，褚本作「鄰」。
〔二〕「鬪」，褚本作「鬭」，異體字。
〔三〕「稟」，褚本作「察」。
〔四〕此句褚本作「於是趙王繞食而不餐」。
〔五〕「羨」，褚本作「美」。

「趙王不出宮三月」，則能守之以靜，養之以虛，成性存存而不變矣。「劒士皆服斃其處」，以喻即時心死，蓋工技者去，和技者息，回視所謂神器亦與之俱化，又何有天子、庶人之别哉？從太子之請而辭其幣，與魯仲連存邯鄲而不受千金義同。卒能止趙王之戲好而安其國，兹又寓治道於其中而不廢也。蓋南華痛憫世人躭〔一〕於物欲，失性而不自知，故創爲是論，以明復性者在乎中有所主，防欲如讐〔二〕，心纔有覺，即推理以勝之，不待乎「劒士夾門」「日夜相擊」，然後求夫善説者以止之也。此寓道於技以立言，而解者往往以外象求合，使正大之理爲之久湮，併陷至言於辯者之囿，可爲太息。兹因鑽研至極，遂悟反流歸源，庶符立言本意云。子玄於是經得其心髓，雄文奥論與之並駕爭驅，獨此篇不著一語，使人深造而自得之也。恐或者於此乎致疑，故不得不辯之也〔三〕。

## 漁父第三十一

孔子遊乎緇帷之林，休坐乎杏壇之上。弟子讀書，孔子弦歌，鼓琴奏曲未半。有漁父者下船而來，須眉交白，被髮揄揚袂，行原以上，距陸而止，左手據膝，右手持頤，以聽曲終，而招子貢子路，二人俱柣對立。

客指孔子曰：「彼何爲者也？」

子路對曰：「魯之君子也。」

〔一〕「躭」，褚本作「耽」，異體字。

〔二〕「讐」，褚本作「雙」。

〔三〕褚本無「之也」二字。

客問其族。子路對曰：「族孔氏。」

客曰：「孔氏者，何治也？」

子路未應，子貢對曰：「孔氏者，性服忠信，身行仁義，飾禮樂，選人倫，上以忠於世主，下以化於齊民，將以利天下。此孔氏之所治也。」

又問曰：「有土之君與？」

子貢曰：「非也。」

「侯王之佐與？」

子貢曰：「非也。」

客乃笑而還行，〈自〉言曰：「仁則仁矣，恐不免其身；苦心勞形以危其真。嗚呼，遠哉其分於道也（錯縱句）！」

子貢還，報孔子。孔子推琴而起曰：「其聖人與！」乃下求之至於澤畔，方將杖拏（篙）而引其船，顧見孔子，還鄉而立。孔子反（退）走（急行），再拜而進。

客曰：「子將何求？」

孔子曰：「曩者先生有緒言而去，丘不肖，未知所謂，竊待於下風，幸聞咳唾之音，以卒（終）相（輔）丘也！」

客曰：「嘻！甚矣子之好學也！」

孔子再拜而起曰：「丘少而修學，以至於今，六十九歲矣（老不倦學），無所得，聞至教，敢不虛心！」

客曰：「同類相從（起下文四正），同聲相應，固天之理也。吾請釋吾之所有，而經（敘）子之所以（用）。子之所以者，人事也。天子諸侯大夫庶人，此四者自正（安分），治之美也，四者離（侵逼）位，而亂莫大焉。官治其職，人憂其事，乃無所陵（凌同）。故田荒室露，衣食不足，徵賦不〈順其〉屬，妻妾不和，長少無序，庶人之憂也；能不勝任，官事不治，行不清白，群下荒怠，功美不（無）有，爵祿不持（守），大夫之憂也；廷無忠臣，國家昏亂，工技不巧，貢職不美，春秋後倫（朝貢失序），不順天子，諸侯之憂也；陰陽不和，寒暑不時，以傷庶物，諸侯暴亂，擅相攘伐，以殘民人，禮樂不節，財用窮匱，人倫不飭，百姓淫亂，天子有司之憂也。今子，既上無君侯有司之勢，而下無大臣職事之官，而擅飾禮樂，選人倫，以化齊民，不泰多事乎！

「且人有八疵，事有四患，不可不察也。非其事而事之謂之總；莫之顧而進之謂之佞；希意道言謂之諂；不擇是非而言謂之諛；好言人之惡謂之讒；拆交離親謂之賊；稱譽詐僞以敗惡人謂之慝；不擇善否，兩容頰適，偷拔其所欲，謂之險。此八疵者，外以亂人，内以傷身，君子不友，明君不臣。所謂四患者：好經大事，變更易常，以挂功名謂之叨；專知擅事，侵人自用謂之貪；見過不更，聞諫愈甚謂之狠；人同於己則可，不同於己，雖善不善，謂之矜。此四患也。能去八疵，無行四患，而始可教已。」

孔子愀然而歎，再拜而起，曰：「丘再逐於魯，削迹於衛，伐樹於宋，圍於陳蔡。丘不知所失，而離此四謗者，何也？」

客淒然變容曰：「甚矣子之難悟也。人有畏影惡迹而去之走者，舉足愈數，而迹愈多，走愈疾而影不離身，自以爲尚遲，疾走不休，絶力而死。不知處陰以休影，處静以息迹，愚亦甚矣。子審仁義之間，察同異之際，觀動静之變，適受與之度，理好惡之情，和喜怒之節，而幾於不免矣。謹修而身，慎守其真，還以物與人，則無所累矣。今不修之身，而求之人，不亦外乎。」

孔子愀然曰：「請問何謂真？」

客曰：「真者，精誠之至也。不精〈則〉不誠，不能動人。故强哭者雖悲不哀，强怒者雖嚴不威，强親者雖笑不和。真悲無聲而哀，真怒未發而威，真親未笑而和。真在内者，神動於外，是所以貴真也。其用於人理也，事親則慈孝，事君則忠貞，飲酒則歡樂，處喪則悲哀。忠貞以功爲主，飲酒以樂爲主，處喪以哀爲主，事親以適爲主，功成之美，無一其迹矣。事親以適，不論所以矣；飲酒以樂，不選其具矣；處喪以哀，無問其禮矣。禮者，世俗之所爲也；真者，所以受於天也，自然不可易也。故聖人法天貴真，不拘於俗。愚者反此。不能法天而恤於人，不知貴真，碌碌而受變於俗，故不足。惜哉子之早湛於僞，而晚聞大道也。」

孔子又再拜而起曰：「今者丘得遇也，若天幸然。先生不羞而比之服役，而身教之。敢問舍所在，請因受業而卒學大道。」

客曰：「吾聞之，可與往者與之，至於妙道；不可與往者，不知其道，慎勿與之，身乃無咎。子勉之，吾去子矣，吾去子矣。」乃刺船而去，延緣葦間。

顔淵還車，子路授綏，孔子不顧，待水波定，不聞拏音而後敢乘。

子路旁車而問曰：「由得爲役久矣，未嘗見夫子遇人如此其威也。萬乘之主，千乘之君，見夫子未嘗不分庭伉禮，夫子猶有倨敖之容。今漁父杖拏逆立，而夫子曲要磬折，言拜而應，得無太甚乎？門人皆怪夫子矣，漁人何以得此乎？」[疑異]

孔子伏軾而歎曰：「甚矣由之難化也！湛於禮義有間矣，而樸鄙之心，至今未去。進，吾語汝！夫遇長不敬，失禮也；見賢不尊，不仁也。彼非至仁，不能下人，下人不精，不得其真，故長傷身。惜哉，不仁之於人也，禍莫大焉，而由獨擅之（因死悝難而爲此言）。且道者，萬物之所由也，庶物（天成）失之者死，得之者生，爲（人造）事逆之則敗，順之則成。故道之所在，聖人尊之。今漁父之於道（應釋吾所有意），可謂有矣，吾敢不敬乎。」

【通義】此言安分守真之爲貴。八疵、四患，以孔子好學老而不倦，猶且不免，況其下乎。「禮者，世俗之所爲；真者，所以受於天也」，二語故足以辨世儒之學，孰知禮者天然之物，則非止於器數也。此曰「世俗之所爲」，則指後世習於儀文之弊，正孟子所謂非禮之禮也。

【義海】漁父，或謂范蠡扁舟五湖，屈原澤畔所逢者，竊謂亦不必泥其人，但隱德藏輝、潛身湖海，若太公望、嚴子陵、張志和、陵龜蒙之徒，其間有併姓名俱隱者，豈得而盡考？「緇帷」，言林木茂密，暗如帷幄，因以爲名。南華寓言於漁父、孔子問答，與「楚狂接輿歌而過孔子」意同。蓋孔子爲人心切則經世迹著，所以人得而擬議，故漁父告之以去疵遠患，修身守真而還以物與人。夫名，亦物也。造物者所靳，過分則忌之。「真」者，在己之良貴，外物不足比。人而不知貴真，則中無所主，「碌碌〔一〕而受變於俗」也，宜矣。及〔二〕「强哭」「强怒」二喻，甚精當。「事親則慈孝」以下一段〔三〕，大有益於治道，有以見漁父亦

〔一〕「碌碌」，褚本作「禄禄」。
〔二〕褚本「及」前有「畏影惡迹」。
〔三〕「段」，褚本作「叚」，異體字，下同。

非獨善其身者，用舍有時耳。孔子聞言而悟，願棄所學而卒受教，蓋治世有爲者聞無爲之益，不得不宗焉。「刺船而去」，示過化而無畱〔一〕迹。「待水波定，不聞拏〔二〕音，而後敢乘」，則一聆至言，心悦誠服，其人雖往，敬猶存也。凡漁父所言，明世俗之疑〔三〕孔子者不過如此，特其行世之迹耳。唯南華得夫子之心，指其迹而非之，則所謂真者可默契矣。世人多病是經呰孔子，余謂南華之於孔子，獨得其所以尊之之實〔四〕，「正言若反」，蓋謂是也。

## 列御寇第三十二

列御寇之齊，中道而反，遇伯昬瞀人。伯昬瞀人曰：「奚方而反？」

曰：「吾驚焉。」

曰：「惡乎驚？」

曰：「吾甞食於十饕，而五饕先饋。」

伯昬瞀人曰：「若是，則汝何爲驚已？」

〔一〕「畱」，褚本作「留」，異體字。
〔二〕「拏」，褚本作「挐」。
〔三〕「疑」，褚本作「知」。
〔四〕「之之實」，褚本作「之妙」。

曰：「夫內誠不解（化），形（露）諜成光（華），以外鎮（服）人心，使人輕乎（他人）貴（爵）老（齒），而甇（聚）其所患（愛敬）。夫饔人，特爲食羹之貨，多餘之贏，其爲利也薄，其爲權也輕，而猶若（如此饋）食〔一〕，而況於萬乘之主乎。身勞於國而知盡於事，彼將（見我之光）任我以事而效（此甇患也）我以功，吾是以驚。」

伯昏瞀人曰：「善哉觀乎。汝處己人將保〈愛護〉汝矣！」

無幾何而往，則户外之屨滿矣。伯昏瞀人北面而立，敦杖蹙之乎頤（錯縱句），立有間（頃），不言而出。賓（儐）者以告列子，列子提屨，跣而走，暨（及）乎門，曰：「先生既來，曾不發藥乎？」

曰：「已矣，吾固告汝曰，人將保汝，果保汝矣。非汝能使人保汝，而汝不能使人無保汝也，而焉用之感豫出異也。必且有感，摇而（汝）本才（性良能，才一作身），又無謂（人告）也。與汝游者又莫汝告（若誤）也，彼所小言（偏見），盡（皆）人毒也。莫覺（受之則）莫悟，何〈能〉相孰（是非）也！〈觀〉巧者勞，而知者憂，〈不若〉無能者無所求，飽食而遨遊，汎若不繫之舟，虛而遨遊者也。」

【通義】「五饔」，先饋敬而不待沽也。列子自反存誠之功未化，露於詞氣之間，是以英華服人，使彼忘其老者、貴者而獨敬於我也。夫鬻饔之人，利薄權輕而猶以饔表敬，適齊見君不爲其所任用乎。任用必責效，則彼之身勞，知盡者我得代之，其甇患也爲何如。「汝處己」，言汝若只如此而不求更進，則人將愛護而從汝矣。「感豫出異」，言人感而悦，由我出之不同於常人耳。外既不常，内必摇其性，人方以爲豫，又

〔一〕考《莊子》他本，「食」當爲「是」之誤。

焉能知我性之摇動而告我耶。汝之弟子又莫汝若言，且必偏蔽，是皆戕性之毒藥，迷而不悟，又何能相誰，何而辨其是非也。此是莊子述舊聞者，非他人所擬也。

【義海】此章全見《列子》，止於「何相孰也」，其間有三兩字不同。南華添「巧者」以下數句，總結前義，愈[一]精彩，如光弼之將子儀軍也。按列子居鄭圃四十年，人無識者，則此「五漿先饋」當在居鄭之前，然見饋漿而驚，其察人檢己亦微矣。「户外屨滿」，則是不能韜晦。人争趨而保附之，汝焉用此感悦之道，出異以動人耶？凡有以感人者，必先摇其本性，彼方從而化之，又何説也？我若無心，鬼神莫能測，况於人乎？汝之朋友又莫與[二]告，徒以巧佞入人，而汝莫覺悟，何相熏烝[三]習熟若此？古文「熟」與「孰」同。争任巧知，以勞以憂，無肯安於無能者。此「無能」猶云「無爲」也。無爲，故無求，飽食以遨遊，汎若舟之不繫，亦虚而已矣。碧虚照《列子》本文，作「無多餘之贏[四]」。

鄭人緩也，呻吟裘氏之地。祇纔三年，而緩爲儒，〈如〉河潤〈鄉〉九里，澤及三族，使其弟爲墨。儒墨相與辯，其父助翟。十年而緩自殺。其父夢之曰：「使而汝子爲墨者，予也。闔何胡嘗視其良功，既爲秋栢之

[一] 褚本「愈」下有「觉」字。
[二] 「與」，褚本作「汝」。
[三] 「烝」，褚本作「蒸」，異體字。
[四] 「贏」，褚本作「羸」。

實矣？」

夫造物者之報人也，不報其人，而報其人之天。彼天故使彼弟。夫人以己爲有以異於人，以賤其親，〈猶〉齊人之共飲者相捽也。故曰今之世，皆緩也。自是有德者，以不知〈如此〉也，而況有道者乎！古者謂之遁天之刑。

聖人安居其所安心之天，不安居其所不安人之能；衆人安其所不安遁天，不安其所安。

【通義】此節中間有缺文。「闔胡嘗視其良，既爲秋柏之實」，諸解無意味，愚謂緩父之夢，父心之明也，謂父何不見其成弟之善，如時之秋、如栢之實，成其材開其生意，而乃黨弟以致我死乎。死十年而怨宿不忘，其爲儒也可知矣。莊子引此而斷之以爲今世皆緩，先原天之報人不以其能，以其心。能者天之所使也，緩以成弟之功過於人，而遽懟其親。鬼夢相校，猶齊人雖剛於氣，其相争者以醉非以性。今人皆以能相勝，是故皆緩也。有一德者不如此，而況有道自稱儒者乎。「秋」比緩，「栢實」比弟，上「彼」指天，下「彼」指弟，「夫人」指緩，「共飲」言酒，「所安」言性，「不安」言能。大意以才能自多，猶醉於酒者，骨肉傷殘不知其非，且至於自殞，其愚可悲也。言「闔」又言「胡」，懟之至也。

【義海】人各有正性，得之於天而不可移，緩之爲儒，翟之爲墨，皆天性本有，假學以成之耳。儒師堯舜，墨師大禹，皆學於聖人，儒主中庸，墨則流於兼愛，過猶不及，故聖門不取焉。當時儒墨並行，皆足以致貴顯，緩乃自謂己能爲儒，又能使弟爲墨，以此自多。二教指趣不同，遂相與辯。其父不能槩之以理，而偏助翟，爲緩者當順處而徐悟之，天性無不復之理，何遽至怨父而自殺？其所損亦多矣。餘憤未消，猶見夢於父，謂何不試視己冢上，其精靈已化爲楸柏之實。「實」，猶質也，言其堅貞不變，真性猶存。莊子於是斷之曰「造物之報人也，不報其人而報其人之天」，「報」，猶復；「天」，言性也。緩之化爲異物，不復其形矣，而能見夢以自陳，其性未嘗滅也。「彼故使彼」，結上文，言人形非久，性必有歸，一念所存，不可泯也。緩以怨憤而死，性猶不滅而化爲堅貞之木，然則養生之〔一〕得理盡年，遺累順化而復初者，其真性〔二〕歸當如何哉？鄭人之爲楸柏，語之似怪，按考〔三〕父之生鄧林，則亦或有之。蓋有情無情，生化何極？舉不離乎形器〔四〕之變幻，人〔五〕處其中而不自知，所以與之俱化。若知有所謂無形而不變者，則不受物化而能化物〔六〕矣。「夫人以己爲」〔七〕至「皆緩也」，所以責世儒之陋，所見若是，何望其通三才而理萬物？「有德者以不知」，言緩所以失道爲有知而分別耳。渾然不知所以，全其天也。「遁天之刑」，訓解不一，詳下文「所安」「所不安」即其證。或析爲別章，遂至經意不貫。言緩遁逃自然之理，而棄皆〔八〕父子兄弟之天，是「不安其所安」，怨憤而自之於刑戮，是「安其所不安」也。南華以「遁天之刑」一語結緩之公案，所

〔一〕褚本無「之」字。
〔二〕褚本「真性」下有「所」字。
〔三〕「考」，褚本作「夸」。
〔四〕「器」，褚本作「器」，異體字。
〔五〕褚本「人」前有「一」字。
〔六〕「能化物」，褚本作「化能物」。
〔七〕「夫人以己爲」，褚本作「夫人」。
〔八〕「皆」，褚本作「背」。

以爲後世不安天理而狠愎自戕者之戒云。

莊子曰：「知道易，勿言難。知而不言，所以之（合）天也；知而言之，所以之（入）人也；古之人，天而不人。」

朱泙（姓名）漫學屠龍於支離，益單（殫同）千金之家，三年技成，而無所用其巧。

聖人以必不必，故無兵（争）；衆人以不必必之，故多兵；順（習）於兵，故行〈常〉有求。兵，恃之（兵）則亡。

小夫之知，不離苞苴竿牘，敝精神乎蹇淺，而欲兼濟（通）道物，〈以及〉太一形（顯）虚。若是者，迷惑於宇宙，〈而〉形累不知太初。彼至人者，歸精神乎無始而甘冥（暝）乎無何有之鄉。水流乎無形，發泄乎太清。悲哉乎（錯綜句）汝爲知在毫毛，而不知大寧（定）！

【通義】此亦似有缺文，强爲之通。「知而不言」，猶屠龍之技無所用巧也，其志之常存者，以爲事屬於天，不可必此理之必然，故雖不用亦不怨不言也。衆人以不可必之天而期必於一己之私，故多争言。兵者，舉争兵之大者以爲言也，苟習於争而順其情欲之所往，則凡有行必出於機心，熟於争而不足畏犯，刑憲如飲食，恃此而行，必至於亡理也、勢也。此輩之識不過貨，與言之屑屑耳，其神蹇塞淺陋而欲兼通乎道之玄物之故，以達於太一虚不能矣。何也？小人者迷於身世，不知太初之不容言也，觀至人之如彼，則小人所爲不亦可憐哉，故曰「悲哉乎」。知爲太寧者，心神本寧，無我之前是太寧也，役於物而不寧物，去而寧復，而後可以見太寧。

【義海】知道而言，知之事也；知道忘言，聖之事也。聖則天矣。知者言道，猶足以弘教誨人，未爲深失也。世有淺學諛闻[一]而矜衒自足者，口雖不言而形色已言，又何足以知古人契合天理之妙哉？「屠龍」，諸解多貶題，與經意不侔，唯吕註得其旨，碧虚以「無益」名章，亦失之。今擬易名「忘妙」章，併述管見云：人從學求道，猶入海求龍，然而見龍者少，見而能屠者又幾何人。蓋以喻學道之難，而見道能忘爲尤難也。始於求龍而得見，則知吾身有無窮之變化；終於得龍而能屠，則明吾道有不形之至神。龍非尸居莫見，當求諸恍惚窅冥之間。屠非刀刃所加，故超乎砉嚮肯綮之外。窮神極妙，豈桑林之舞所能形容哉？「單千金之家」，即是空諸所有，至於千日功成而無所用其巧，則一以神遇，能解俱忘，不知龍爲何物、屠者何人也。禪宗有云：「龍牙山中龍，一見便心息」，即此初段工夫。竊詳「屠龍」四句，文絶奇而語甚簡，義與庖丁大章並驅。彼章末則猶存用，此則體冥而用亦忘，所以爲至。「聖人以必不必」，有者亦無之；「衆人以不必必」，無者强欲有之也。「兵」，謂嗜欲交戰於中者，其有無亦在人而已。凡順於兵者，欲行有求之志，不悟恃之而至於亡。小知從事遺問以敝精神，是亦自兵也。何曌乎志存兼濟以尊[二]天下之物，理窮太一以形天下之虚？太一，數之始，萬物自此離無入有，以形相禪，生生化化而不息者也。衆人迷惑乎宇宙，蓋以今之形累而不知太初之本無。至人則歸精神於無始，即太初無何有之鄉是也。水爲五行之首，可見而不可執，有形而又無形，故形降則流潤乎萬物，氣騰則發泄乎太清，隨陰陽而運，成造化

[一] 「闻」，褚本作「諛」。
[二] 「尊」，褚本作「導」。

之功者，有在於是。世人則役知於細微，而不知有太〔一〕寧之道同天運而不息。「太寧」，即真性之未動，此心之未萌。物感而應，即天一之生水，發泄乎太清之謂也。

宋人有曹商者，爲宋王使秦。其往也，得車數乘；王説之，益車百乘。反於宋，見莊子曰：「夫處窮閭厄巷，困窘織屨，槁項黄馘者，商之所短也；一悟萬乘之主，而從車百乘者，商之所長也。」莊子曰：「秦王有病，召醫，破癰潰痤者，得車一乘，舐痔者，得車五乘，所治愈下，得車愈多。子豈治其痔邪，何得車之多也？子行矣！」

【通義】曹商以偶然之得自驕，小人也。今鄙人過甚殆，非莊子之氣宇也。

【義海】曹商以車自侈，南華以道自尊。車侈一時而遺臭無窮，道尊萬世而流芳不歇。人之趨向可不謹耶。

魯哀公問乎顔闔曰：「吾以仲尼爲貞幹，國其有瘳乎？」曰：「殆哉圾乎，仲尼方且飾羽而畫，從事華辭綺語，以支紕繆爲旨，忍矯性以視臨民，而不〈自〉知〈其〉不信，受溺乎心，宰意主乎神，夫何足以上民！彼宜

〔一〕「太」，褚本作「大」，下同。

女與？予上声頤與？誤而可矣。今使民離實學僞，非所以視示民也，爲後世慮，不若休之，難治也。施於人而不忘，非天布也，商賈不齒言取。雖以士齒言取之，神真心者弗齒數棄。」

爲外刑者金與木也；爲內刑者，動與過也。宵人之離罹同外刑者，金木訊之；離內刑者，陰陽食之。夫免乎外內之刑者，唯真人能之。

【通義】「受乎心，宰乎神」，言其心安於僞而不信者，反爲神之主，猶久假不歸，惡知非有之意。「彼宜汝歟」，言其與汝相得否；予與也，欲與養之歟，不知而失，誤養之則可矣，若以爲貞幹而養之，使民離真實而學虛僞，非所以爲治也。彼以難行之事施於人而不忘，豈自然之常經哉。「齒」取以爲言也；商賈交易猶羞僞而不取，惟學僞之士或一取之，而中心之誠然者亦弗取也。「宵人」猶曰夜行郎，爲盜者畏人之見，故曰「宵人」，此比飾僞之內歉者。「陰陽食之」，胷中冰炭足以耗其血氣，非真人孰能免乎此。色厲內荏，猶穿窬之盜，正謂此也。顏闔嘗避魯聘，今出而言若此，亦亢倉子之徒歟。

【義海】哀公欲以仲尼爲佐，覬其國政有瘳，是病而求醫也。求之切者望必重，故問於[一]顏闔以印其心。闔遂歷陳時賢之弊，尚之無益，徒使殉迹生姦，民愈難治。仲尼，時賢之著者，借以立論。飾以羽毛，加之彩畫，喻從事浮華之辭，支離而不究[二]本源，矯揉其性以示民，而不知其不信己，而生姦以應之也。物

[一]「於」，褚本作「諸」。
[二]「究」，褚本作「究」，異體字。

至則以心受之，心受物則神主之，內不虛而外紛擾，與民同耳，何足以上民？闔又反問：彼仲尼果有益於〔二〕汝與？汝能自頤養其民與？「誤」應是「悟」，汝當於此省悟可也。如上所言，皆使人「離實學僞」，非所以示勸於世，不若勿爲之愈。民之難治，以其知多，實由爲民上者有以啓之。若此所爲，猶商賈之不可與士齒；雖一時以事齒之，如社祭鄉飲之類，其神亦不屑與之俱。言其趨向不同，賢不肖所以分也。彼學僞之宵人，宜其莫逃內外之刑矣。「宵人」，謂冥行而無知見，雖處白日，猶長夜也。渠作如此解再考〔三〕。「動」謂心念始差，「過」則見諸行事。過形而不可掩，所以金木訊之，陰陽食之。「食」，猶寇也。真人體純素而無爲，何內外刑之能及。

孔子曰：「凡人心險於山川，難於知天；天猶有春秋冬夏旦暮之期，人者厚貌深情。故有貌愿而益，有長若不肖，有順懁儇而達，有堅而縵，有緩而釬。故其就義若渴者，其去義若熱。故君子遠使之而觀其忠，近使之而觀其敬，煩使之而觀其能，卒然問焉而觀其知，急與之期而觀其信，委之以財而觀其仁，告之以危而觀其節，醉之以酒而觀其則，雜之以處而觀其色。九徵至，不肖人得矣。」

正考父，一命而傴，再命而僂，三命而俯，循牆而走，孰敢不軌。如而夫今時稱丈夫者，一命而呂鉅，再命而於車上儛，三命而名諸父，孰協唐許。

賊莫大乎德有心，而心有睫，及其有睫也而內視，內視而敗矣。凶德有五，中德爲首。何謂中德？中

〔二〕 褚本無「於」字。
〔三〕 「渠作如此解再考」，褚本無此句。

德也者，有以自好也，而吡匹尔反其所不爲者也。

窮有八極，達有三必，形有六府。美髯長大壯麗勇敢，八者，俱過人也，因以是窮。緣循偃佒於丈反，困畏不若人，三者俱通達。知慧外通，勇動多怨，仁義多責。達生之情者傀，達於知者肖；達大命者隨，達小命者遭。

【通義】此非體道者之言也，而誣孔子，寃哉。以言不言毖人，皆穿窬之類，「九徵」皆設詐以爲心者，李克之卜相，彼但即平素無心之應以爲據，君子以爲不若見垣一方人者之明，而況於聖人無將無迎明膚燭微者乎，亦非莊子之言也。通篇只成就一箇機變之巧。

【義海】天有寒暑晴雨之變，可以度數測也；地有山川澗谷之險，可以梯航濟也。人心方寸，其變其險有不可測、不可濟者，何耶？人心操存舍亡，出入無時，是爲難知難見者。然有所麗而形見焉，鑑貌察辭，亦可得其六七，但文〔一〕之以深厚，則此不免乎徵試。其心正者，形於動作無非正；其心邪者，形於動作無非邪。雖巧爲矯飾，終有不可得而掩者，此君子小人所以分也。其要在上之人欲不逾矩，平易近民，則天下之心猶一心也，天下之俗猶一家也，何慮其難知，何憂其難化哉？自「貌愿」至「若熱」，言其内外相反。自「遠使之」至「雜之處」，試其所守之蘊〔二〕。以九徵而得賢不肖之情，固善矣，然而已亦勞只，

〔一〕 褚本「文」前有「彼」字。
〔二〕 「蘊」，褚本作「堅」。

不若當事物之來，示之以虛，而徐觀其眼目定動，如見肺肝。況又言而信之，安可逃於衡鑒[一]。

正考父，孔子十代祖，宋大夫也。此叚猶是哀公與顔闔問答，曼衍[二]餘意。蓋謂聖賢處世，不以窮達累其心。三命而「循牆」，以達爲懼也；「三命而名諸父」，以達而驕也。皆不免寵辱驚心，安足以協[三]唐堯、許由之高致哉？堯之黄屋非心，由之不肯越爼[四]，出處雖殊，其心一也，故用以結前章之義。後又論世俗自好之弊，而不知窮達之由命也。爲德而有心，則分別生而惠不廣矣。又役心而有見，則知慮煩而内不静矣。惠不廣則害德，内不静則害心，故爲賊之大。「内視」，謂忖度其所欲爲，經營布置如在目前，規擬其必成，而敗亡繼之矣。釋氏説「五種眼」，惟天眼、肉眼在面，慧、法、佛眼皆在心。彼心眼顯成德之效，此心眼戒敗德之原，不戒乎敗，曷臻乎成？二家之論，相爲表裏。「凶德」有五：視、聽、言、貌、思之不由乎正者。心主中而爲首，因有以自好，謂人莫我及而訾毁之根[五]，敗德之始。加以四凶從之，何惡弗爲哉？人能自中德而反之，復猶未遠，轉凶爲吉，在人力行何如[六]耳。八極、三必，亦奇正相生，循環之理，猶人身府藏應陰陽之盈虚消長而不自知也。知慧所以養德，而用於外、通於事，則勇動而多怨；仁義所以廣惠，而博濟爲難，故不周而招責。「達生」者，傀然恬解；「達知」者，消然忘知。「大命」，隨而任之；

[一]「衡鑒」，褚本作「衡鑑耶」。
[二]「衍」，褚本作「術」，四庫本同朱本，当以朱本爲是。
[三]「協」，褚本作「協」，異體字。
[四]「爼」，褚本作「俎」，異體字。
[五]褚本無「根」字，「敗德之始」，褚本作「此敗德之始」。
[六]褚本無「何如」二字。

「小命」，安於所遇。賢人君子所以窮通皆樂而世患莫及者，以此〔一〕。

有見宋王者，錫車十乘，以其十乘驕穉莊子。莊子曰：「河上有家貧恃緯蕭而食者，其子没於淵，得千金之珠。其父謂其子曰：『取石來鍛之！夫千金之珠，必在九重之淵，而驪龍頷下，子能得珠者，必遭其睡也。使驪龍而寤，子尚奚微禍豈其微之有哉！』今宋國之深，非直九重之淵也；宋王之猛，非直驪龍也；子能得車者，必遭其睡也。使宋王而寤，子爲整粉矣！」

【通義】此校惄痔之喻大意頗同，亦非莊子語也。

【義海】「緯蕭」作〔二〕「葦簫」，言採薪以給食，碧虚本從之。其子没淵，泅戲得珠，非所望也，故亦不足〔三〕爲奇，而驪龍之睡寤曾弗介意，父欲取石鍛試，則有心矣，且謂驪龍若寤，將有粉身之禍，幸一生於萬死，淵其可復入哉？此喻奪人所欲者禍必重，縱瞰彼無心而得之，僥倖不可再也。「奚微之有」，或疑「微」下逸〔四〕「軀字」，理蓋不然，此四字正是奇筆，庸齋説爲當〔五〕。

〔一〕褚本文後有一段字训，云：「『予頤與』，『予』字難釋，當是『汝』。『肖』，音『消』，義同。」
〔二〕褚本「作」前有「一本」二字。
〔三〕「足」，褚本作「識」。
〔四〕「逸」，褚本作「逸」，異體字。
〔五〕褚本文後有「犧牛之喻，明不待釋」八字。

或聘於莊子。莊子應其使曰：「子見夫犧牛乎？衣以文繡，食以芻菽，及其牽而入於大廟，雖欲爲孤犢，其可得乎！」

【通義】功成不居乃免後患，然不居之道非功成之後可行也，當立功之始先有忘功忘能一段工夫，則雖立功而不自見其功，乃能不居，惟迫於不得已而後動，斯得矣。伊尹三聘而後出，復政厥辟而退居自老，其内外重輕之辯亦明矣乎。當其安於畎畮之中，由是以樂堯舜之道，其亦見有位之爲累也。不得已應聘而出，亦因夏之昏德，非天生人立君之意也，故其言曰「天之生斯民」云云。

【義海】犧牛之喻，與龜曳尾塗中義同，不釋〔二〕。

莊子將死，弟子欲厚葬之。莊子曰：「吾以天地爲棺槨，日月爲連璧，星辰爲珠璣，萬物爲齎送。吾葬具豈不備邪？何以加此。」

弟子曰：「吾恐烏鳶之食夫子也。」

莊子曰：「在上爲烏鳶食，在下爲螻蟻食，奪彼與此，何其偏也。」

〔二〕 褚本此句作「犧牛之喻，明不待釋」。

以不平平，其平也不平；以不徵徵，其徵也不徵。明者唯爲之使，神者徵之。夫明之不勝神也久矣，而愚者恃其所見，入於人，其功外也，不亦悲乎！

【通義】或謂此爲當世厚葬而發，竊惟譏之爲義，非聖哲之爲心，大抵只是洗滌拂除其有爲之心耳。且財者，民之命，厚葬費財，莫非奪民心而傷其命者，達觀之人故不屑於厚葬。在人子之於親，則亦隨其力與分，不敢過也。

【義海】古者因山爲墳，不封不樹，上無通臭，下不及泉，務藏形而已，則棺衾之朴素、葬〔一〕具之簡約可知。後世習尚滛〔二〕侈，璧玉珠璣，生前受用已爲過矣，用之飾棺，則明器之繁夥，塋隧之雄廣，固不待言。蓋由據尊恃貴，厚享於前，則送終之禮，勢不容薄。歷觀古之侈葬，如虎丘、驪山者，自以爲固可千萬年，終不免爲大盜積耳。今南華弟子欲厚葬其師，是亦人心所當盡，然猶蹈俗習故，故慨以天地爲棺槨〔三〕，達哉斯言，古所未道。楊王孫裸葬之説，劉伯倫荷鐘〔四〕之意，皆自此發。夫既委形於地，則烏鳶、螻蟻何以自免？曰：吾之生也，蓋本於無，而外烝〔五〕蚉蝨，内變蟯蚘，皆因我而有。及其死也，猶蜩甲、蛇蜕，委之而

〔一〕「塟」，褚本作「葬」，異體字。
〔二〕「滛」，褚本作「浮」。
〔三〕「故慨以天地爲棺槨」，褚本此句作「慨謂吾以天地爲棺槨」。
〔四〕「鐘」，褚本作「鍤」。
〔五〕「烝」，褚本作「蒸」，異體字。

往，神則無不之也，又何烏鳶、螻蟻之足慮哉？「明」，謂形之可見者，必藉[二]形中不可見者主之，欲動而動，欲止而止，其中有信，即此所謂「徵」也。不平者，形形有貧富壽夭之殊，神之在人則一。以神觀物，無有不平；以形觀物，則不平矣。「徵」者，叩[三]之而應，感之則通。若以不信親[三]物，物亦不信之矣。形本無徵，取徵於神，以外求徵於内，内重而外輕也。若以内求徵於外，則「其徵也不徵」；其徵也不徵，則「其平也不平」矣。「明者爲使」，動用有限；「神者徵之」，静體無極，故曰「明不勝神」也。真人立是論，非唯矯時俗厚塟之弊，抑使後世學者所重在内而不在外，所養在神而不在形。平徵之由已出，神明之暫相須也。信能造此，則與天地爲一，日星參光，棺槨而珠璧之，非過論也。

**褚氏總論**：南華、沖虚二真人，應期弘教，躋世清寧，遺訓流芳，千古蒙惠。二經旨趣互相發揮，蓋不可以優劣論。然本經首載列子御風猶有所待，而後篇引用不一。或議以漆園之才，縱横馳騁，自出環[四]奇，何不可者？而乃必蹈沖虚之轍邪？愚甞致思[五]其所以云：凡有德者必有言，言所以述行也，行同而言異者無之。造極玄談，古今一致，直言曲喻，正説反説，皆所以明道也。南華樂道前賢之善，舉其全章以寓己意者，十有六。其冥海章，列文甚畧，莊子特詳焉。故每章歸結，則時見出藍之青，精彩倍越。莊子得列

〔二〕「藉」，褚本作「籍」。
〔三〕「叩」，褚本作「扣」。
〔三〕「親」，褚本作「視」。
〔四〕「環」，褚本作「瓌」。
〔五〕「致思」，褚本作「考」。

文而愈富，列文賴莊子而愈彰。前謂御風有待，猶以迹觀；後取立言微妙，則以心契心〔一〕。編末又以「禦〔二〕寇」名篇，明所舉之不隱，歸趣之合轍也。然而當篇所載，《列》文無幾，疑爲郭氏删易也〔三〕。始乎饋漿之事，戒其出異惑〔四〕人，未幾而户外屨滿，不能使人無保也。次以緩翟争〔五〕，憤死化爲楸柏，遁自然而之刑戮，造物者報其人之天也。知道不言，如天之運；知而言之，其機淺矣。是以屠龍技成，無所用巧，用巧不足以效於屠龍。甘舐痔者，得車愈多，不多不足以旌其舐痔。皆所以警學徒而鍼時病也。至於賴禎榦〔六〕以扶國，不若休之；悟動過之刑，心當加謹；只九徵用而不肖得，三命至而恭慢分；八極三必之不常，一珠九淵〔七〕而僅得。又以喻處世應物之多端，貪名逐利之召患也。儻能因其有形，反究夫未始有物，則人間世之累可免矣。舍犧牛而爲孤犢，亦在人篤信而力行之耳〔八〕。篇末結以莊子死，示幻形不足戀，凡物必有終也。門人慮烏鳶之食，猶以世眼觀。唯至人忘形任化，無予奪之或偏；體神用明，顯平徵之不謬。此其所以離人入天，而登假乎道也歟。

〔一〕褚本無此「心」字。
〔二〕「禦」，褚本作「御」。
〔三〕「也」，褚本作「之」。
〔四〕「惑」，褚本作「感」。
〔五〕褚本「争」前有「交」字。
〔六〕「榦」，褚本作「幹」。
〔七〕「淵」，褚本作「殞」。
〔八〕褚本無此「耳」字。

# 天下第三十三

此篇乃本經之後序，序其祖老而不同於諸子之故。

天下之治方術者多矣，皆以其有爲不可加矣（冒）。古之所謂道術者，果惡乎〈在〉哉？曰：「無（偏全大小）乎不在。」曰：「神何由降？明何由出？」「聖有所生，王有所成，皆原於一。」

不離於宗，謂之天人。不離於精，謂之神人。不離於真，謂之至人。以天爲宗，以德爲本，以道爲門，兆於變化，謂之聖人。以仁爲恩（皆言有爲不與道術），以義爲理，以禮爲行，以樂爲和，熏然慈仁，謂之君子（首節之一）。以法爲分，以名爲表，以參爲驗，以稽爲決，其數一二三四（察察校籌）是也，百官以此相齒（獎譽），以事爲常，以衣食爲主，蕃息畜藏，老弱孤寡爲意，皆有以養，民之理也（首節之二）。

古（小講）之人其備乎！配神明，醇天地，育萬物，和天下，澤及百姓，明於本數，係於末度，六通四辟，小大精粗，其運無乎不在（首節之三）。其（入講）明（顯然）而在歷數者，舊法世傳之史，尚多有之。其在於詩書禮樂者，鄒魯之士（此二句非莊子語也），搢紳先生多能明之。詩以道志，書以道事，禮以道行，樂以道和，易以道陰陽，春秋以道名分。其數散於天下而設於中國者，百家之學，時或稱而道之（首節之四）。

天下大亂（大講），賢聖不明，道德不一，天下多得一察（竇誤）焉以自好。譬如耳目鼻口，皆有所明，不能相通。猶百家衆技也，皆有所長，時有所用。雖然，不該不偏，一曲之士也。〈是皆〉判天地之美，析萬物之理，察（窺測）古人之全〈者〉，寡（鮮）能備於天地之美，稱神明之（包）容。是故内聖外王之道，闇而不明，鬱而不發，天下之人各爲其所欲焉（爲），以自爲方（所向）。悲夫，百家往而不反，必不合矣。後世之學者，不幸不見天地之純，古人之大體，道術（此上論理）將爲天下裂（首節之五）。

不侈(第二節)於後世(此下即事以實之)，不靡於萬物，不暉(察)於數度，以繩墨自矯〈世〉，而(預)備世之(貧)急，古(光世)之道術有在於是者，墨翟禽滑釐聞其(古此)風而説之，爲之大過，已之大順。作爲非樂，命之曰節用；生不歌，死無服。墨子氾愛兼利而非鬬，其道不(無)怒；又好學而博，(尚)不(同)異，不與先王同，毁古之禮樂。(不同之實)黄帝有咸池，堯有大章，舜有大韶，禹有大夏，湯有大濩，文王有辟雍之樂，武王周公作武。古之喪禮，貴賤有儀，上下有等，天子棺椁七重，諸侯五重，大夫三重，士再重。今墨子獨生不歌，死不服，桐棺三寸而無椁，以爲法式。以此教人，恐不(非)愛人；以此自行，固不(非)愛己。未敗墨子道(終必敗而不行)，雖然，歌而非歌，哭而非哭，樂而非樂，是果類(近情)乎？其生也勤，其死也薄，其道大觳(兢兢)；使人憂，使人悲，其行難爲(繼)也，恐其不可以爲聖人之道，反天下之心(何也)，天下不堪〈也〉。墨子雖獨能任，柰天下何。離於天下，其去王也遠矣。

墨子稱(其)道曰：「昔者禹之湮洪水，決江河而通四夷九州也，名山三百，支川三千，小者無數。禹親自操槀耜，而九(鳩同)雜天下之川；腓無胈，脛無毛，沐甚風，櫛疾雨，置(安)萬國。禹，大聖也，而形勞天下也如此。」使後世之墨者，多以裘褐爲衣，以跂蹻爲服(用)，日夜不休，以自苦爲極，曰：「不能如此，非禹之道也，不足謂墨。」

相里(姓)勤(名)之弟子，五侯之徒，南方之墨者，苦獲(名)、已齒(名)、鄧陵子(名)之屬，俱誦墨經，而倍譎不同，相謂別墨；以堅白同異之辯相訾，以觭(音奇)偶不仵(異)之辭相應；以巨子(高徒)爲聖人，皆願爲之尸(主)，冀得爲其後世(法嗣)，至今不決。

墨翟禽滑釐之意(儉)則是，其行(太過)則非也。將使後世之墨者，必自苦以腓無胈、脛無毛相進(趨尚)而已矣。

亂之上(首)也，治之下(末)也。雖然，墨子真天下之(自)好也，將求之不得也，雖枯槁不舍也。才士也。

夫(第三節)不累於俗，不飾於物，不苟於人，不忮(貪求)於衆，願天下之安寧，以活民命，人我之養，畢足而止，以此〈表〉白〈其〉心，古(先哲)之道術有在於是者，宋鈃尹文聞其風而悦之，作爲華山之冠以自表，接萬物以別宥(寬)爲始；語心之容，命之曰心之行，以聏(音而　和)合驩以調海内，請欲置之以爲主。見侮不辱，救民之鬭，禁攻寢兵，救世之戰。以此周行天下，上説下教，雖天下不取，强聒而不舍者也，故曰上下見厭而强也。

雖然，其爲人太多，其自爲太少，曰：「請欲固置五升之飯足矣。」先生恐不得飽，弟子雖飢，不忘天下，日夜不休，曰：「我必(豈以)得活哉(爲意)！」圖傲乎救世之士哉！曰：「君子不爲苛察(宥反)，不以身假(殉)物。」(何也)以爲無益於天下者，用之不如已也，以禁攻寢兵爲外，以情欲寡淺爲内，其小大精粗其行適(僅)至是而止。

公(第四節)而不當(黨誤)，易而無私，决然無主(定見)，趣物而(合一)不兩(貳)，不顧於慮，不謀於知(巧)，於物無擇，與之俱往，古之道術有在於是者，彭蒙田駢慎到，聞其風而悦之，齊萬物以爲首(出)，曰：「天能覆之(物)而不能載之，地能載之而不能覆之，大道能包之而不能辯之，知萬物皆有所可，有所不可，故曰選則不(有去取)徧，教則不至(真)，道則無遺者矣。」

是故慎到棄知去己，而緣不得已，泠汰於物，以爲道(之)理，曰：知不知，將薄(迫)知，而後鄰(外來)傷之者也，謑髁無任(專倚)，而笑天下之尚賢也，縱脱無行，而非天下之大聖，椎拍輐(五管胡亂二反)(刑)斷(截)，與物宛轉，舍是與非，苟可以免，不師知慮，不知前後，魏(危誤)然而已矣。推而後行，曳而後往，若飄風之還，若羽之旋，若磨石之隧(回轉)，全而無非，動静無過，未嘗有罪。是何故？夫無知之物，無建(顯)己之患，無用知之累，動静不離於理，是以終身無譽。故曰至於若無知之物而已，無用賢聖〈之名〉，夫塊不失道。豪傑相與笑之曰：「慎到之道，非生人之行而至死人之理，適得怪焉。」

田駢亦然，學於彭蒙，得不教(性成)焉。彭蒙之師曰：「古之道人，至於莫之是、莫之非而已矣。其風窢(叢)然，惡可而言？」常反人，不見觀(取法於人)而不免於魭(五管反)斷。其所謂道非道，而所言之韙(偉同)不免於(世人之)非。彭蒙田駢慎到不知道。雖然，槩乎皆嘗有聞者也。

以(第五節)本爲精，以物爲粗，以有積爲不足，澹然獨與神明居，古之道術有在於是者，關尹老聃，聞其風而悅之，建之以常無有，主之以太一，以濡弱謙下爲表，以空虛不毀萬物爲實。

關尹曰：「在己無居，形物自著。其動若水，其靜若鏡，其應若響。芴乎若亡，寂乎若清，同焉者和，得焉者失。未嘗先人而嘗隨人。」

老聃曰：「知其雄守其雌，爲天下谿；知其白守其辱，爲天下谷。」人皆取先，己獨取後，曰受天下之垢；人皆取實，己獨取虛，無藏也故有餘，巋然而有餘。其行身也，徐(安)而不費(勞)，無爲也而笑巧；人皆求福，己獨曲全，曰苟免於咎。以深爲根，以約爲紀，曰堅則毀矣，銳則挫矣。常寬容於物，不削於人，可謂至極。

關尹老聃乎！古之博大真人哉！

芴(第六節)漠無形，變化無常，死與生與，天地並與，神明往(來)與！芒乎何之，忽乎何適，萬物畢羅(此豈莊自稱而曰古有聞風乎)，莫足以歸，古之道術有在於是者，莊周聞其風而悅之，以謬悠(虛而遠)之說，荒唐之言(曠大無拘)，無端(始)崖(終)之辭，時恣縱而不儻(苟)，不以觭(奇同)見之也。以天下爲沈濁，不可與莊(珍重)語，以卮言爲曼(無窮)衍，以重言爲真，以寓言爲廣。獨與天地精神往來（極高明而道中庸），而不敖倪於萬物，不譴（責人之）是非，以與世俗處。其書（莊自稱其書乎）雖瓌瑋，而連犿（和同）（抃）無傷也。其辭雖參差，而諔（滑稽）詭（譎）可觀。彼其充（道理）實不可以（無）已，上與造物者遊，而下與外死生無終始者爲友。其於本也，弘大而辟，深閎而肆，其於宗也，可謂稠（精）適（自然）而上遂（達）矣。雖然，其應於（造）化而解（超脱）於物也，其理（虛而不屈）不竭，其來（動而愈出）不蜕，芒乎昧乎，未之盡者（莫究其終）。

惠（第七節）施多方，其書五車，其道舛駁，其言也不中。麻（歷）物之意，曰：「至大無外謂之大一；至小無内謂之小一。無厚不可積也，其大千里。天與地卑，山與澤平。日方中方睨，物方生方死。大同而與小同異，此之謂小同異；萬物畢同畢異，此之謂大同異。南方無窮而有窮，今日適越而昔來。連環可解也。我知天下之中央，燕之北、越之南是也。汜愛萬物，天地一體也。」

惠施以此爲大，觀於天下而曉辯者，天下之辯者相與樂之。卵有毛，雞三足，郢有天下，犬可以爲羊，馬有卵，丁（蝦蟆）子有尾，火不熱，山出口，輪不蹍地，目不見，指不至，至不絶，龜長於蛇，矩不方，規不可以爲圓，鑿不圍枘，飛鳥之景（影）未嘗動也，鏃矢之疾而有不行不止之時，狗非犬，黄馬，驪牛，三（羊誤）白，狗黑，孤駒未嘗有母，一尺之棰，日取其半，萬世不竭。辯者以此與惠施相應，終身無窮。

（即）桓團公孫龍，辯者之徒，飾（眩蔽）人之心，易（亂）人之意，能勝人之口，不能服人之心，辯者之囿（圂圄）也。惠施日以其知（聰明）與人之辯，特與天下之辯者（或邪或正）爲怪（異），此其抵（極）也。

然惠施之口談，自以爲最賢，曰天地其壯乎！施存雄（傑）而無術。南方有倚（異高）人焉曰黄繚，問天地所以不墜不陷，風雨雷霆之故（非可言者）。惠施不辭而應，不慮而對，徧爲萬物説，説而不休，多而無已，猶以爲寡，益之以怪。以反人爲實，而欲以勝人爲名，是以與衆不適（合）也。弱於德，强於物，其塗（道）隩（隱暗）矣。由天地之道，觀惠施之能，其猶一蚉一䖟之勞者也。其於物也何庸(用)！夫充一尚可，曰(最)愈貴(之)道，幾(微)矣！惠施不能以此自寧(安)，〈何恠乎〉散於萬物而不厭〈異心乎〉，卒以善辯爲名。(二句倒用)惜乎惠施之才，駘(亂馳)蕩而不得，逐萬物(跡)而不反(失己)，是窮響以聲，形與影競走也。悲夫。

【通義】此以《天下》名篇，雖取篇首二字，實則該括萬物之義。余直以爲南華經之後序出於學莊之學者，非莊子作也。開口曰方術、曰有爲，正是斷案，謂其非堯舜孔孟之道，所尚者無爲也。其文分七節，首節又自分五段，「古之所謂道術者」至「謂之君子」，言道之在人，有此階級立標準也。「以仁爲恩」至「養，民之理」，言就人事中修道也。「古之人」至「無乎不在」，言至人合天者。「其明而在」至「稱而道之」，指儒者之效跡也，故曰「鄒魯之士縉紳先生多能明之」，意亦有不足者。「天下大亂」至「爲天下裂」，言百家衆技之亂人性也。此下至第七節，條理分明，自二至六皆稱道術聞風，第七獨無此語，闢其爲非道術而古無此風也。先關尹而次老聃，從前至此，歸宿於老聃，從偏而全也。次莊周，學有所承也。初言聖王原於神明之一，「不離於宗」，及論老子則曰「主之以太一」，論莊子則曰其於宗也稠適而上達，明其爲内聖外王之道，他皆非一，離宗矣。信其爲序者，從前序來見，諸子皆非大道之全，惟此籍則繼老子立言垂訓，與惠施之徒不同，亦非墨翟諸子所可並。欲學者知所辨也。郭子玄謂其書雖不經而爲百家之冠，蓋取諸此。「術」言方，一偏也，「術」言道，無方也。昭然在史籍儒紳百家者，皆道德不一，莫非裂道之因也。察古人之全，言一曲者用心侮智窺測神聖之全體不能冥會，是以鮮能備美稱容也。

「非樂」「節用」，《墨子》書中之篇名，言墨子作此書，欲天下之人生不歌而非樂，死無殯殮之服而節用，不近人情，去王道遠也。「以別宥爲始」，言其惟以在宥爲心，故凡遇物有過，必別尋一路，可宥之方，或不得已而不宥，非初心也。語者心之容也，故曰「心之行」。「合驩」以下，言身之行。「我必得活」「圖傲乎救世之士」，言自苦者非欲久生之故，亦以警夫托名救世而自利之人耳。「無主」，無固必也。「泠汰於物」，清泠潔浄，無物可撓之謂。「知不知，將薄知，而後隣傷之者」，言若求知其不知，以良知爲薄，故外來者得以蔽其明，是以欲言不言、欲行不行，於事無所任而笑人之非也。「惡可而言」，無是非之可言。「魭斷」如小魚之斷，死人之喻也。謂其不知道，又曰槩乎有聞，執己見不知道之無方，體不以能加人，不以智累己，其槩聞者如此而已。知白守辱遺黑，與榮互言也，博大真人，其與明詩書傳歷數道故典者何如也。「莫足以歸」，無物可着也。「不倘」非適然也。「本」者宗之根，「宗」者本之幹。「雖然」以下，言其書應天地之化，起於物表而出之不窮，源源之來，不煩剥換，深遠無窮，猶曰「書不盡言，言不盡意」也。

惠施之多方，先斷其「舛駁」，「不中」不必釋矣。鬳齋之解，十得六七，今參互而釋之，明其妄也。其所著書雖五車之多，歷攷其所談事物之意，不過於一之中又分大小，以見同中之異、異中之同耳。「無厚」，薄也，「積」則厚矣。千里之大，無厚之積也。天氣下降則亦卑矣，澤氣通於山則山澤平矣。「睨」，側視也。日方中側而視之，則非中矣。萬物方發生而其種必前日之死者，萬物之大不出小者之積，雖謂之小而合之可以爲大，則無同無異矣。南方，海也，本無窮而謂之方，則必有窮。獨言南者，天傾西北而海之居南者，遠於三方也。雖未至乎越而知有越之名，而後來則是今日方往，而亦可以爲昔來矣。兩環相連，雖不可解，環各自圓。燕北越南，固非天下之中，而燕越之人但知有燕越，則其國中亦爲天地之中也。大、觀，獨高也；「相與樂之」者，其説浸廣也。毛之在卵，雖未可見其性已具，卵有毛矣。雞本二足，必有運而行之者，是爲三矣。楚都於郢而自爲王，亦與得天下同矣。犬羊胎卵之名，因於人立變而更之，亦無不可。蝦蟆，楚人謂之丁子，其始也科斗，既有尾則謂丁子有尾亦可。水寒火熱亦人名之，空谷傳聲非山有口乎。行纔着地則不可轉，足不蹍地乎。目見而後指可至，然目不可至，而指不能見，則是其至者，目與指不可得而分絶也。龜長合止如此謂之長於蛇亦可。矩方規圓枘鑿之論，皆指其情不定於體也。鳥飛影隨，鳥動影不動矣。鏃之去雖疾，其在弦也則謂之止，其射侯則謂之行，離弦而未至，射侯未中，則是不行不止之時。狗犬一物也，名既可更，則黄馬驪牛羊白狗黑物與色皆無定名也。名以孤駒，非有母矣，不可言孤又言嘗有母也。一尺之捶，折而爲二，今日用此五寸，明日用彼五寸，雖旋轉萬世不盡可也。凡此以上，又皆學惠子者推廣其説，與惠子相應，終其身强辨而不已，此惠施日以其知與人之辨者。特其聽明，説多異於人，此其徒能以口舌勝人，自爲名譽，是以不和不適也。書其一人之身，尤不甚害，乃以爲最貴之道傳之於人，其日微也宜矣。在惠子且不能自安，況厭服於衆情乎。此惠子迷而不反，其才可惜也。「駘」，放也，聲響形影，不知本之喻也。

【義海】 此篇首論當時學者各殉已能，以有所施用爲不可加，而不知無爲自然之妙理，所以遠乎道。然則古之道術果惡乎在？曰：「無乎不在」。後人自爲其方，有以間之，國異家殊，而流爲方術矣。夫道術者，所以配神明而行治政，厚風教而通物情，使〔一〕由之不知，歸於自化。上古聖君所以端拱無爲，而視天民之阜也。其神明之所降出，則由事感後〔二〕而應，雖爲非爲。聖生王成，斯又神明施化之徵〔三〕。自「不離於宗」至「謂之聖人」，所以成乎天，則聖者之事，而神、至在其中。自「以仁爲恩」至「謂之君子」，所以成乎人，則王者之事。由道而見於治，故以内外言之。次叙法、名、數、度，《詩》、《書》、《禮》、《樂》，皆先王致治之具，待〔四〕其人而後行者也。道可「配神明」，則可「醇天地」；德可「育萬物」，則能「和天下」。「本數」，即所謂一。自一以往，皆末也。聖之所生，以一爲本；王之所成，因二以濟。本末相須，而治道備矣。古者聖王之爲治也密，其憂民也深，非唯求理於一時，直欲爲法於萬世。自「道志」至「名分」，皆聖人致治之迹也。有〔五〕治亂者，爲聖賢之指不明，道德之歸不一，學者徒貴已陳之芻狗，治莫致而妖異興焉。各得一端而自以爲大全，無異指蹄涔爲東海也。天地之大美，非道不能備；神明之形容，非德不能稱。彼自爲其方者，詎能造於是乎。結章數語，言意激切，有以見南華用心，猶夫子「時哉」之歎。「有爲不可加」，「爲」下當疊「爲」字。「欲焉」應是「欲爲」〔六〕。

不侈靡於萬物，不暉耀於禮儀，勤謹節儉以備世人之急。此禹之行見〔七〕於世者，墨翟、滑釐聞風而悦，

〔一〕褚本「使」下有「民」字。
〔二〕褚本無「後」字。
〔三〕「徵」，褚本作「效」。
〔四〕「待」，褚本作「得」。
〔五〕褚本「有」前有句「施之天下而效有淺深，見之事爲而政」。
〔六〕褚本文後有「詳文義可見」五字。
〔七〕「禹之行見」，褚本作「禹行之見」。

遂至爲之太過而勤苦難行，體之太拘〔一〕而枯槁無類。所〔二〕爲《非樂》《節用》以教天下，「生不歌，死不服」，即《非樂》《節用》之見於行者也。「汎愛」所以「兼利」，「非鬬」所以「不怒」，亦不失爲賢厚也。好學務博，覬人同己，則心猶好勝，未能忘己〔三〕。至於毁古之禮樂，則非獨悖乎聖典，亦拂天下哀樂之情，强民以難從，人己俱不愛矣。生勤死薄，苦觳憂悲，逆物情而人不堪，其去王道遠矣。墨子又稱大禹治水之功，勤勞若於人情不類矣。由是知墨子之道終於敗，不可行於天下後世也。當歌不歌，當哭不哭，其此，使後世學墨者必以善〔四〕苦爲極，而欲力扶其教，殊不知禹當洪水之變，父殛〔五〕而功不成，是又變中之變，遂刻苦捐軀，嗣成厥緒〔六〕，非可以爲常也。以處變之迹施之於常，無異病已而鍼灸，徒增瘡痛，不智孰甚焉？相里勤之徒又稱「別墨」，争相訾辯，推其業成者爲聖人。「巨子」，猶儒家云「碩儒」。皆繼〔七〕其後，至今不決。此自是一段，言當時墨學之中又有分别，墨翟、禽滑釐再續前話。其爲人之意則是，教人自苦則非；致亂則居首，致治則下術也。然而墨子真性所好，天下莫及，卒以立教於當時，固非聖人之道，亦可謂才士也夫。昔孟子闢楊墨，以爲非聖人之道，峻辭而力拒之，若不共戴天者，有以見衛道之切。南華

〔一〕「拘」，褚本作「循」。
〔二〕「所」，褚本作「作」。
〔三〕「忘己」，褚本作「克去其私」。
〔四〕「善」，褚本作「自」。
〔五〕「殛」，褚本作「拯」。
〔六〕「緒」，褚本作「績」。
〔七〕褚本「繼」前有「願」字。

又詳述墨氏之行事與其源流，申言其疵弊而不廢其所長，可謂公論而存恕。議不及楊氏，意存〔一〕其中矣。墨學大禹，楊學老聃，皆出聖人之門，有〔二〕所偏耳。猶師商同學於夫子，有過有不及。此楊墨之芽孽〔三〕也，故學不可不謹。

「不累」「不飾」，則心虛而守素；「不苟」「不忮」，則務誠而和樂。以此化俗接物，普願安全，既身不過享，則不妄求多積，自貽患害，是爲長安寧之道。以此立教於天下，明白本心而無隱情，宋尹聞風而悦，繼行其道。「華山之冠〔四〕」，以表行之方正均平。其接物以别善類、宥愚蒙爲本，則必不趨乎惡，亦足以厚風俗、興教化。但行之有弊，不若聖治之大全而可久也。「心之容」，猶云手容、足容，言其動止氣象。「心之行」，言其注措設施，大槩以本心之善見諸行事。和調海内，不鬬不怒，普安足養而止，此語有「惠而不知爲政」之意寓其中。「欲置以爲主」，願尊〔五〕承其教也。耐辱救鬬，寢兵止戰，皆守柔不争之義。「强聒〔六〕」「强見」，必欲人聽從其説。請五升之飰〔七〕，見其「自爲太少」，寧己饑而不忘天下，見其「爲人太多」「日夜不休」，至於罷極，而歎曰「我必得活哉」，言我勞苦以救人，造物必能活我也。今世之苦行頭

〔一〕「存」，褚本作「在」。
〔二〕褚本「有」前有「學」字。
〔三〕「孽」，褚本作「蘖」。
〔四〕「冠」，褚本作「冠」，異體字。
〔五〕「尊」，褚本作「遵」。
〔六〕「聒」，褚本作「恬」，當以朱本爲是。
〔七〕褚本此句作「請置五升之飯」。

陀〔一〕道者，勤儉於己而周悉爲人，頗似之，但不學無聞其弗及遠矣。「圖傲乎」此〔二〕句頗難釋，諸解唯郭註近之。此乃南華歎息之辭。「圖傲」，猶謀疏也，言其莽廣不切事情。二子欲以一己之力，濟天下之衆而不度其難行也。不務苛察，是謂善宥；不借物以榮身，無益於天下者已之，是謂善別也。外行則禁攻寢兵，使人各足而無争；内行則寡淺情欲，律己不貪而無患。事理雖有大小精粗，要其所行至於是而極，言其不能躋聖人堂奥，所以止於墨學而已。此段論當時墨家之弊，其間語有主賔〔三〕，宜審詳之。

能不黨則無私。善決〔四〕而不以己見爲主，使天下物趣皆歸於一。不慮不謀，與物俱往。三子聞風而悦，以其道同故也。其立教以「齊萬物」爲首。物本不齊，齊之者道。天地，物之至大，尚無全功，況他物乎？道包之而不辯〔五〕，此所以齊也。萬物有可有不可，選之、教之，愈不齊，會之以道，則無遺矣。故慎到棄知而若愚，去己而任物，不得已而應，雖爲非爲也。澄己之源，以清泠沙汰萬物，物無不從者矣。其知者出於不知，若但薄其知，猶近於傷性，必至於無知乃全也。謑髁不任事，故笑天下尚賢以爲治者。次句配上文，義自明白。「椎拍」，鞕笞；「輐斷」，即後文「魭斷」，謂刑戮〔六〕罪人。言雖任法用刑，而與物情宛轉，周浹公平而當理也。舍〔七〕世俗之所謂是非，而究極乎事理之實，則可以無患。「苟免」是其謙辭。

〔一〕「頭陀」，褚本作「陀頭」。
〔二〕「此」，褚本作「一」。
〔三〕「賔」，褚本作「賓」，異體字。
〔四〕「決」，褚本作「决」，異體字。
〔五〕「辯」，褚本作「辨」。
〔六〕「戮」，褚本作「截」。
〔七〕「舍」，褚本作「合」。

「不師知」，則忘前後之慮。塊[一]然若枯槁，推曳[二]而後動，其動也如風還羽磨，無心於動，故無過。夫無知之物不立己，不用知，動静無心，自與理合。譬既無矣，毀亦何存？故不慕聖賢之名，以塊然無知爲得道，而不知有感通潛化之理，所以豪傑笑怪，以爲死人無異也。田學於彭，但任物性自然，學以扶植之而不矯其本，故云「得不教焉」。謂學道至於莫之是非而已，言出如風過，竅然無心於是非之辯[三]，豈可復論其所以哉。是以常反人之情，不聚觀於天下。「聚觀」，與危其觀臺相類。然猶不免任法施刑，無法則又難治矣。其所謂道者非道，故所言雖當，亦不免爲人所非。三子皆未知道，其學嘗有聞於時，不可全泯也。詳南華所論，則彭蒙[四]、田、慎之學又優於苦獲、已齒之徒，故列於後，與關尹、老聃差近焉。

道爲生物之本，精微莫覩；物爲道之緒餘，粗質具陳。世人務積物以爲養，愈積而愈不足。虚空曠邈，神明所舍，并包廣納，無毀無成。雖天下萬物富有，亦安能勝虚空之無。人能澹然無欲，則體合太虚而與神明居矣。身外無積，胷中有餘，此關尹、老聃之所優爲也。萬物之有生於無，而人之妄情例着於有。能宂[五]常無固難，常無其有爲尤難，欲建立於常無有之地，非主以太一不可。「太一」者，有一而未形，即天地之先、人之性初也。能造于[六]是，則知夫未始有物，故「以濡弱謙下爲表」。「表」，謂見諸行事。故

[一]「塊」，褚本作「魏」，當從朱本。
[二]「曳」，褚本作「曳」，異體字。
[三]「辯」，褚本作「辨」。
[四]褚本無「蒙」字。
[五]「宂」，褚本作「究」，異體字。
[六]「造于」，褚本作「主於」。

與物處而不立敵，我空虚而不毁萬物。「不毁」，謂存而勿論。蓋以已忘物而自化〔一〕，何待毁物而爲無物之〔二〕？滿前則實也，虚之在我耳。「在己無居，形物自著」亦此意，水動、鏡静、谷應，皆喻無心自然之爲。「若亡」，不可得而有也；「若清」，不可得而撓也。同而混之則和，執而有之則失，是以不先而隨，終身無患。知雄守雌，見剛而思柔；知白守黑，處明而尚晦。溪、谷，喻善下而衆流歸之。「受天下之垢」，「有容德乃大」；「無藏故有餘」，「虚而不屈，動而愈出」也。如是則巋然立乎萬物之上，無一物介吾心，無一物非吾有矣。其行不躁而常自足，心樂無爲，不羡世巧。人皆求望外之福，己獨以曲全爲福，苟免於咎，福莫大焉。「深根」，謂内固；「約紀」，謂無録〔三〕。所以免堅毁而鋭挫也。寬而容物，則不削人肥己，可知矣。凡此皆聖〔四〕人立身處物之極致，而博大真人之粗迹也。按《道德經》「知〔五〕白守黑」，莊文小異。

「無形」「無常」，言道無物而神化；「死與」至「徃與」，言人任化而無極。「芒乎」至「以歸」，言忘適者無徃而非適。以謬悠之言，恣縱而不苟，猶云「猖狂妄行而蹈大方」。不使物見己之觭介，言混俗而不失道也。以天下不可與莊正之語，故立巵、重、寓言以致意焉。「獨與天地精神徃來」，則離人入天，放曠八極。「不傲倪於萬物」，不責人之是非，故處世而〔六〕應物而無忤。立言雖瓌瑋而與世順從，無所傷也。其辭參差不齊，即所謂「荒謬」；諔詭可觀，即所謂瓌瑋也。其中充實，而見諸外也如此。「與造

〔一〕此句褚本作「蓋己忘而物自化」。
〔二〕褚本無此「之」字。
〔三〕「無録」，褚本作「省緣」。
〔四〕「聖」，褚本作「世」。
〔五〕褚本「知」前有「云」字。
〔六〕褚本「而」下有「和光」二字。

物遊」「與無終始者友」，即與天地精神往來，不可形容其妙也。「其本弘大」「深閎」，猶云「以深爲根」，其宗「調適」「上遂」，猶云「以天爲宗」。「應化」，謂出生；「解物」，謂入死。言人處造化之中，爲化機所運，其理不可窮詰，其來不可脱〔一〕免。芒昧無盡，此其所以爲造化也。信能冥心於芒昧之際，而得其所以運化者，則可與天地精神往來，無愧乎稟靈〔二〕爲人矣。此段南華首於論化，次則自述其所言所行，後又歸結於化。明己能窮神知化，所以横説竪〔三〕説，無非道也。〇此卷〔四〕擬莊者十八九，出於莊意，十不及二三。

莊子第十卷　終

〔一〕「脱」，褚本作「蜕」。
〔二〕「靈」，褚本作「靈」，異體字。
〔三〕「竪」，褚本作「豎」，異體字。
〔四〕褚本無「此卷」以下一段文字。

# 褚氏後序自撰

莆田艾軒先生，先朝〔一〕工部侍郎文節林公，字謙之。一傳爲網山林公亦之，字學可。再傳爲乐山陳公藻，字元潔。皆有文集行於世。竹溪林公鬳齋先生，艾軒〔二〕之嫡嗣也，其口義有所受。序曰〔三〕：南華著經，篇分内外，所以述道德性命之幾微，内聖外王之道之指訣，禮乐刑政之大綱〔四〕，而立言超卓異乎諸子，卒難階梯，讀者俱謂僻誕〔五〕，然而淵雷夜光，不可泯也。《雜篇》則凡人間世之事，旁譬曲喻，具載無遺。雖經郭氏删葺，遺文叙事，盖仍其舊。至於末篇叙天下道術，皆不免於有爲，趍向或偏，未有久而無弊者，乍讀若紛亂，莫究指歸，夷考分章截然有理。一儒道，二墨教，三明治，四論法，五讚老，六叙莊，其論天下古今道術備矣。考其次第〔六〕，明其學出於老聃也。立言既多，慮學者以辭害意，故以評惠終焉。載其雄辯而闢其舛駁，使後人知所取〔七〕舍也。愚初讀莫窺端涯〔八〕，終卷至「惠施多方」以下，覺其〔九〕與《列子》

〔一〕李本無「先朝」二字。
〔二〕「艾軒」，李本作「樂軒」。
〔三〕褚本無「序曰」前一段文字。
〔四〕「所以述」至「大綱」，褚本作「所以述道德性命禮樂刑政之大綱，内聖外王之道有在於是」。
〔五〕褚本此句作「見謂僻誕」。
〔六〕褚本此句作「繼之以自敘」。
〔七〕「取」，褚本作「趣」。
〔八〕「莫窺端涯」，褚本作「是經」。
〔九〕「覺其」，褚本作「莫窺端涯」。

載公孫龍誑魏王之語絶相類，難以措思容喙，横於胸臆有年矣。淳祐丙午歲，幸遇西蜀無隱范先生遊京，獲侍講席幾二載，將徹席[一]，竊謂同學曰「是經疑難頗多，此爲最後一關，未審師意。若爲發明，度必有出於尋常聞見[二]之表者。」暨舉經文，衆皆凝神以聽。師乃具[三]問「諸友以此論爲何如？」衆謝不敏，願開迷雲。師曰：「本經有云：『恢恑憰怪，道通爲一』，存而勿論可也。」衆皆愕然，再請明訓。師默然良久曰：「若猶未悟耶？此非南華語，是其所闢以爲『舛駁』『不中』之言，焉用解爲？自『至大無外』至『天地一體』皆惠子之言。『雞三足』至『萬世而不竭』乃從學者相辯相應之辭[四]。時習佞給，務以譎恠相誇，肆言無軌，一至於此。或者不察，認爲莊子語，愈增疑議，皆不究其本源故也。郭氏知此而不明言，使觀者自得。世有好奇之士，爲彼恠語所惑，遂苦心焦思，生異見以求合其説，雖勤，何補於是？」衆心豁然，如發重覆而睹天日也。竊怪聖賢垂訓，啓迪後人，義海宏深，酌隨人量。箋註之學，見有差等[五]，須遇師匠心傳，庶免多岐之惑。否則死在惠施句裡，無由達南華向上一關，雖多方五車，不過一辯士耳。古語云「務學不如求[六]師」，至哉！師恩昊天罔極，兹因纂集諸解，凡七載舉[七]業，恭炷瓣香，西望

〔一〕「席」，褚本作「章」。
〔二〕「聞見」，褚本作「見聞」。
〔三〕「具」，褚本作「乃」。
〔四〕「乃從學者相辯相應之辭」，褚本作「乃從學辯者相應之辭」。
〔五〕「差等」，褚本作「等差」。
〔六〕褚本「求」前有「務」字。
〔七〕「舉」，褚本作「畢」。

九禮，儼乎無隱講師之在前，洋洋乎南華老仙之鑒〔一〕臨於上也。恨〔二〕當時同學，南北流亡，舊聆師誨，載〔三〕有闕遺，無從質正，徒深嘅嘆耳。師諱應元，字善甫，蜀之順慶人。學通内外，識究天人，静重端方，動必中禮，經所謂「不言而飲人以和，與人並立而使人化」者是也。江湖宿德，稔知其人，不復贅述，聊誌師徒慶會之因於卷末，俾後來者〔四〕知道源所自云。

咸淳庚午春，學徒武林褚伯秀誌〔五〕。

〔一〕「鑒」，褚本作「鑑」。
〔二〕褚本「恨」前有「所」字。
〔三〕「載」，褚本作「或」。
〔四〕褚本「者」前有「學」字。
〔五〕褚本「誌」前有「謹」字，四庫本《義海纂微》無署款。